O SISTEMA ÚNICO de ASSISTÊNCIA SOCIAL no BRASIL

disputas e resistências em movimento

Dados Internacionais de Catalogação na Publicação (CIP)
(Câmara Brasileira do Livro, SP, Brasil)

O Sistema Único de Assistência Social no Brasil : disputas e resistências em movimento / (Orgs.) Raquel Raichelis...[et al.]. — São Paulo : Cortez, 2019.

Vários autores.
Outros organizadores: Maria Ozanira da Silva e Silva, Berenice Rojas Couto, Maria Carmelita Yazbek
Apoio: CNPq.
Bibliografia.
ISBN 978-85-249-2760-7

1. Assistência social - Brasil 2. Política social 3. Políticas públicas 4. Sistema Único de Assistência Social - SUAS (Brasil) I. Raichelis, Raquel. II. Silva, Maria Ozanira da Silva e. III. Couto, Berenice Rojas. IV. Yazbek, Maria Carmelita.

19-31020 CDD-361.30981

Índices para catálogo sistemático:
1. SUAS : Sistema Único de Assistência Social : Brasil 361.30981

Cibele Maria Dias - Bibliotecária - CRB-8/9427

Raquel Raichelis
Maria Ozanira da Silva e Silva
Berenice Rojas Couto
Maria Carmelita Yazbek
(Orgs.)

O SISTEMA ÚNICO de ASSISTÊNCIA SOCIAL no BRASIL

disputas e resistências em movimento

São Paulo — SP

2019

CORTEZ EDITORA

Apoio
CNPq
Conselho Nacional de Desenvolvimento Científico e Tecnológico

O SISTEMA ÚNICO DE ASSISTÊNCIA SOCIAL NO BRASIL:
disputas e resistências em movimento
Raquel Raichelis • Maria Ozanira da Silva e Silva •
Berenice Rojas Couto • Maria Carmelita Yazbek (Orgs.)

Capa: de Sign Arte Visual
Preparação de originais: Agnaldo Alves, Jaci Dantas de Oliveira
Revisão: Maria de Lourdes de Almeida; Márcia Nunes
Diagramação: Linea Editora
Coordenação editorial: Danilo A. Q. Morales
Assessora Editorial: Maria Liduína de Oliveira e Silva
Editora-assistente: Priscila Flório Augusto

Direitos para esta edição
CORTEZ EDITORA
R. Monte Alegre, 1074 — Perdizes
05014-001 — São Paulo-SP
tel. (5511) 3864 0111; 3611 9616
cortez@cortezeditora.com.br
www.cortezeditora.com.br

Impresso no Brasil — novembro de 2019

Sumário

Lista de siglas e abreviaturas

ABEPSS — Associação Brasileira de Ensino e Pesquisa em Serviço Social
ACESSUAS — Programa Nacional de Promoção do Acesso ao Mundo do Trabalho
ALUMAR — Consórcio de Alumínio do Maranhão S.A.
BE — Benefícios Eventuais
BH — Belo Horizonte
BID — Banco Interamericano de Desenvolvimento
BPC — Benefício de Prestação Continuada
CADI — Centro de Acompanhamento e Desenvolvimento Infantil
CadÚnico — Cadastro Único
CapacitaSUAS — Programa Nacional de Capacitação do SUAS
CAS — Conselho de Assistência Social
CE — Ceará
CEAS — Conselho Estadual de Assistência Social
CENTRO POP — Centro de Referência Especializado para População em Situação de Rua
CF — Constituição Federal
CFESS — Conselho Federal de Serviço Social

CGS — Coordenação de Gestão do SUAS
CIB — Comissão Intergestores Bipartite
Cipave — Comissão Interna de Prevenção de Acidentes e Violência Escolar
CLT — Consolidação das Leis do Trabalho
CMAS — Conselho Municipal de Assistência Social
CMDCA — Conselho Municipal dos Direitos da Criança e do Adolescente
CNAS — Conselho Nacional de Assistência Social
CNI — Confederação Nacional da Indústria
CNPq — Conselho Nacional de Desenvolvimento Científico e Tecnológico
CODEPLAN — Companhia de Planejamento do Distrito Federal
CONGEMAS — Colegiado Nacional de Gestores Municipais de Assistência Social
COVS — Coordenação do Observatório da Vigilância Socioassistencial
CPAS — Coordenação de Pronto-Atendimento Social
CPSB — Coordenação de Proteção Social Básica
CPSE — Coordenação de Proteção Social Especial
CRAS — Centros de Referência de Assistência Social
CREAS — Centro de Referência Especializado de Assistência Social
Cress — Conselho Regional de Serviço Social
CRP — Conselho Regional de Psicologia
DAS — Departamento de Assistência Social
DF — Distrito Federal
DIEESE — Departamento Intersindical de Estatística e Estudos Socioeconômicos
DRADS — Diretoria Regional de Assistência e Desenvolvimento Social
ENPESS — Encontro Nacional de Pesquisadoras/es em Serviço Social

FAMURS — Federação das Associações de Municípios do Rio Grande do Sul
FAPEMA — Fundação de Amparo à Pesquisa e ao Desenvolvimento Científico e Tecnológico do Maranhão
FAPESPA — Fundação Amazônia de Amparo a Estudos e Pesquisas do Pará
FASC — Fundação de Assistência Social e Cidadania
FEE — Fundação de Economia e Estatística
FETSuas/MG — Fórum dos Trabalhadores/as do Sistema Único de Assistência Social do Estado de Minas Gerais
FETSuas-SP — Fórum Estadual de Trabalhadoras e Trabalhadores do Sistema Único de Assistência Social de São Paulo
FIEPA — Federação das Indústrias do Estado do Pará
FJP — Fundação João Pinheiro
FMAS — Fundo Municipal de Assistência Social
Fundação Seade — Fundação Sistema Estadual de Análise de Dados
GDF — Governo do Distrito Federal
GPS — Gabinete de Políticas Sociais
GT — Grupo de Trabalho
IBGE — Instituto Brasileiro de Geografia e Estatística
IDH — Índice de Desenvolvimento Humano
IDHM — Índice de Desenvolvimento Humano Municipal
IPEA — Instituto de Pesquisa Econômica Aplicada
IPECE — Instituto de Pesquisa e Estratégia Econômica do Ceará
LA — Liberdade Assistida
LGBT — Lésbicas, Gays, Bissexuais, Travestis, Transexuais ou Transgêneros
LOA — Lei Orçamentária Anual
LOAS — Lei Orgânica de Assistência Social
MA — Maranhão
MCTI — Ministério da Ciência, Tecnologia e Inovação

MDB — Movimento Democrático Brasileiro
MDS — Ministério do Desenvolvimento Social e Combate à Fome
MEI — Microempreendedor Individual
MG — Minas Gerais
MP — Ministério Público
MROSC — Marco Regulatório das Organizações da Sociedade Civil
MNPR — Movimento Nacional da População de Rua
MSE — Medidas Socioeducativas em Meio Aberto
MST — Movimento dos Trabalhadores Rurais Sem Terra
NOB — Norma Operacional Básica
NOB/RH/SUAS — Norma Operacional Básica de Recursos Humanos do SUAS
NOB/SUAS — Norma Operacional Básica do SUAS
NPJ — Núcleo de Proteção Jurídico Social e Apoio Psicológico
NT — Nota Técnica
OAB — Ordem dos Advogados do Brasil
ObservaSUAS — Observatório de Práticas do Sistema Único de Assistência Social
OIT — Organização Internacional do Trabalho
OSC — Organização da Sociedade Civil
PA — Pará
PAEFI — Proteção e Atendimento Especializado a Famílias e Indivíduos
PAIF — Serviço de Proteção e Atendimento Integral à Família
PAS — Política de Assistência Social
PBF — Programa Bolsa Família
PCCS — Plano de Carreira, Cargos e Salários
PDMAS-SP — Plano Decenal de Assistência Social da Cidade de São Paulo

PEC — Proposta de Emenda à Constituição
PETI — Programa de Erradicação do Trabalho Infantil
PIB — Produto Interno Bruto
PIM — Programa Primeira Infância Melhor
PJ — Pessoa Jurídica
PLOA — Proposta de Lei Orçamentária Anual
PMAS — Plano Municipal de Assistência Social
PMDI — Plano Mineiro de Desenvolvimento Integrado
PNAD — Pesquisa Nacional por Amostra de Domicílios
PNAS — Política Nacional de Assistência Social
PNEP/SUAS — Política Nacional de Educação Permanente do SUAS
PNUD — Programa das Nações Unidas para o Desenvolvimento
PP — Plano Plurianual
PPA — Plano Plurianual
PPC — Paridade do Poder de Compra
PR — Paraná
Proerd — Programa Educacional de Resistência às Drogas e à Violência
PSB — Proteção Social Básica
PSC — Prestação de Serviço à Comunidade
PSDB — Partido da Social Democracia Brasileira
PSE — Proteção Social Especial
PUC-RS — Pontifícia Universidade Católica do Rio Grande do Sul
PUC-SP — Pontifícia Universidade Católica de São Paulo
RPA — Recibo de Pagamento Autônomo
SAGI — Secretaria de Avaliação e Gestão da Informação
SASF — Serviço de Assistência Social à Família (São Paulo)
SBC — São Bernardo do Campo
SCFV — Serviço de Convivência e Fortalecimento de Vínculos
SEDF — Secretaria de Educação do Distrito Federal

SEDESE — Secretaria de Estado de Trabalho e Desenvolvimento Social de Minas Gerais

SEDESTMIDH-DF — Secretaria de Estado do Trabalho, Desenvolvimento Social, Mulheres, Igualdade Racial e Direitos Humanos do Distrito Federal

SEDS — Secretaria de Desenvolvimento Social do Estado de São Paulo

SEDS-PR — Secretaria de Estado da Família e Desenvolvimento Social do Paraná

SENAC — Serviço Nacional de Aprendizagem Comercial

SES — Secretaria de Estado da Saúde

SGD — Sistema de Garantia de Direitos

SIAPE — Sistema Integrado de Administração de Recursos Humanos

SIDRA — Sistema IBGE de Recuperação Automática

SMADS-SP — Secretaria Municipal de Assistência e Desenvolvimento Social de São Paulo

SNAS — Secretaria Nacional de Assistência Social

SP — São Paulo

SPS-CE — Secretaria de Proteção Social, Justiça, Mulheres e Direitos Humanos do Ceará

SSP-DF — Secretaria de Estado de Segurança Pública do Distrito Federal

STDS-CE — (antiga) Secretaria do Trabalho e Desenvolvimento Social do Ceará

SUAS — Sistema Único de Assistência Social

TCU — Tribunal de Contas da União

UECE — Universidade Estadual do Ceará

UFC — Universidade Federal do Ceará

UFMA — Universidade Federal do Maranhão

UFPA — Universidade Federal do Pará

Lista de Tabelas

Introdução geral

Capítulo 1

Capítulo 2

Capítulo 3

Lista de Quadros

Introdução geral

Capítulo 1

Capítulo 2

Capítulo 3

PREFÁCIO

A ousada iniciativa desta extensa pesquisa intitulada *O Sistema Único de Assistência Social no Brasil: disputas e resistências em movimento,* sob a coordenação geral da PUC-SP, abrangendo todo o território nacional e elegendo temática conquistada e inscrita na Constituição de 1988 (que representou a culminância jurídica de um processo de redemocratização do país após 21 anos de uma ditadura militar), é um indicador de que o Serviço Social brasileiro, em seus 83 anos de existência, não obstante contraditórios percalços e enfrentamentos, alargou consideravelmente o seu horizonte de perspectivas no campo científico, pedagógico e cultural.

A pesquisa, que teve aprovação e apoio financeiro do Conselho Nacional de Desenvolvimento Científico e Tecnológico (CNPq), procede uma análise da gênese, conteúdo, fundamentos e realidade da Política Nacional de Assistência Social (PNAS) e do Sistema Único de Assistência Social (SUAS) no Brasil, elegendo temática que desnuda e ilustra o embate em que a profissão sempre esteve inscrita de forma nem sempre consciente, revelando conquistas e perdas que reverberam no exercício e no conteúdo teórico-metodológico da formação das/os Assistentes Sociais. Situa-se no amplo universo institucional e conceitual oriundo desse embate na sociedade e no Estado brasileiro, mais especificamente no tenso campo da realidade dos direitos civis e políticos formulados em cartas constitucionais.

Sabe-se que é um lugar comum reconhecer a grande dimensão territorial/continental de nosso país, espaço desta pesquisa, com sua pluralidade de climas e de feições físico-territoriais que o enriquecem. Mas tem sido menos perceptível (ou até vista com preconceito), sua diversidade cultural de costumes e origens, bem como dos elementos que estão na base do que Lukács (1960) denomina a forma de atendimento às prioridades ontológicas do ser social (em que se destaca o trabalho e a forma de organização produtiva), os quais rebatem na vida da população demandante do SUAS. Esta dimensão continental do país (e suas diferenças internas) não intimidou as/os pesquisadoras/es, que adotaram uma excelente estratégia de pesquisa contemplando todas as regiões, com suas especificidades e diferenças, incluindo a participação de pesquisadores de todas elas, o que contribuiu sobremodo para abrir e apontar rumos futuros para novas investigações.

Está afirmado neste trabalho que a pesquisa na área do Serviço Social não combina com o medo, nem com o comodismo, nem com a desesperança, nem com resquícios de pobreza teórico-metodológica, exigindo ousadia e coragem. As referências ético-políticas, em que se encontra o compromisso com outra sociabilidade humana, impuseram-se para encorajar a superação de todas as dificuldades, principalmente nesta conjuntura de retrocessos e ataques ao saber filosófico e científico das ciências sociais por parte de um governo declaradamente inimigo do saber libertador, da liberdade de cátedra e da democracia. Governo que nos envergonha perante o mundo e que se mostra servil ante os Estados Unidos.

O objeto da pesquisa está circunscrito à dinâmica da Política Nacional de Assistência Social (PNAS) e do Sistema Único de Assistência Social (SUAS) — entidades e organismos de criação recente, que surgiram para fortalecer o Estado brasileiro em sua busca pela democratização do espaço público. Tal busca implicou esforços de afirmação e consolidação dessa política estatal, na organização de sua estrutura e equipamentos, para atender significativo contingente da população brasileira.

O tratamento dado pelos pesquisadores ao processo de investigação permite identificar uma inflexão substantiva de muitos profissionais nesse campo, ou seja, o esforço de rompimento com um passado de assistencialismo, clientelismo e paternalismo, ainda não erradicados das ações públicas de Proteção Social no país, mas já identificados em sua caducidade, subalternidade e incongruência, fazendo parte de uma estratégia de dominação, devendo ser erradicada quando se trata de avançar para além de uma democracia liberal limitada e atrasada em que o poder do povo só se manifesta pelo voto e ainda é visto como uma quimera.

Como registrou o trabalho da pesquisa, tais mudanças, sem dúvida, vêm contribuindo "para uma nova *arquitetura* pública para a Política Nacional de Assistência Social em distintos âmbitos — na oferta institucional, na organização e prestação de serviços, na gestão do trabalho, na produção de informações, no financiamento e no controle social" (p. 454). E não se pode olvidar "a participação ativa de assistentes sociais e de múltiplos sujeitos e organizações que assumiram a luta pela sua efetivação como campo de afirmação de direitos não contributivos" (p. 454).

A pesquisa tira dos subterrâneos conceituais e vislumbra a possibilidade de importante protagonismo, na luta por direitos, daqueles que são os destinatários da PNAS e do SUAS, que a linguagem oficial denomina genericamente de "usuários", pouco identificados, ainda, no interior do SUAS, em sua morfologia, em sua natureza e em sua fraqueza ou potência política, os quais costumam ser meras estatísticas nas descrições dos relatórios institucionais, mas que a pesquisa propõe saírem da invisibilidade. Quem são eles?

Trata-se da chamada superpopulação relativa (na linguagem popular identificados como "sobrantes" do mercado formal de trabalho), cujas formas de existência Karl Marx (2009) já identificava no interior das relações capitalistas de seu tempo. Diz ele que ela assume, continuamente, as três seguintes formas: flutuante, latente e estagnada (p. 744). Trata-se de um contingente cujo crescimento quantitativo no seio do modo de produção capitalista funciona como uma Lei.

No Brasil, segundo o IBGE, o número de desempregados nos três primeiros meses de 2019 foi de 13,4 milhões de pessoas (incluam-se aí suas famílias).

As diversificadas formas de sobrevivência desse contingente (os chamados "bicos") são vistas na realidade brasileira de Norte a Sul, em que trabalhadores tentam um ganho financeiro qualquer para resolver o ganha-pão do dia, ou puxando carroças para transportes de materiais pesados, ou vendendo doces, picolés, sorvetes, água e outros alimentos na abordagem de transeuntes ou de veículos, ou atuam na lavagem de carros em estacionamentos, ou estão presentes nas bancas das feiras onde se vendem também alimentos, churrasquinhos, frutas, açaí (Região Norte) e chopes, ou na plantação e colheita de pequenas roças. Enfim, é um grande contingente de força de trabalho inteiramente fora do mercado formal e do amparo de legislações trabalhistas, seja CLT ou Sistema Integrado de Administração de Recursos Humanos (SIAPE), onde estão registrados os servidores públicos do Estado brasileiro. Acrescente-se a população em condições dramáticas, vivenciando doenças invalidantes, habitando nas ruas ou embaixo de pontes, que no Brasil está exposta ou ao frio, às chuvas e à violência, ou outras formas de dependência físico-social.

A leitura completa da pesquisa suscita a lembrança de manifestações da categoria das/os assistentes sociais em que comparecem aprovações, críticas e recusas dessa política e desse sistema. São verbalizações que têm sido feitas a esse novo e organizado campo de trabalho no interior do espaço estatal no Brasil, em que a categoria das/os assistentes sociais é dominante e atua ancorada não só em uma teoria e uma metodologia do universo de sua formação, como também em um projeto ético-político concebido, mais do que formulado, comprometido com a transformação social.

Além das aprovações e críticas no próprio campo do Serviço Social, as recusas ancoram-se na crença de que a PNAS e o SUAS servem às estratégias dos dominantes e tem a função de amortecer e até esvaziar a luta de classes. Já as defesas processam a categoria metodológica da mediação, para propugnar a necessidade de fortalecimento e organização da classe trabalhadora no próprio seio da contradição capital x trabalho, sendo o acúmulo de conquistas necessário à vitória final. As duas posições estão presentes no debate contemporâneo do Serviço Social brasileiro e precisam ser processadas com diplomacia. Já as críticas são bem-vindas por todos/as.

Destaque-se um importante elemento consensual como resultado da pesquisa, qual seja, a identificação da precarização das "condições, relações e gestão do trabalho" no âmbito do SUAS em todas as regiões, que se sabe não serem exclusivas desse sistema, mas percorrem as políticas públicas no campo da Seguridade Social. Essa condição ilustra a injusta desigualdade interna das condições de trabalho no Estado brasileiro, onde estão presentes descasos *versus* privilégios no interior dos três poderes da República no Brasil. Sabe-se que o judiciário e o parlamento pouco ou nada têm a reclamar nesse quesito, pelo contrário, abocanham grande parte dos recursos estatais nesse âmbito.

Vale mencionar aqui, quanto às/aos trabalhadores do SUAS, o reconhecimento relativo que tiveram como uma "categoria emergente" cuja "identidade" encontra-se em construção. Tal reconhecimento, contudo, ainda não se tem traduzido em boas condições de trabalho e remunerações salariais.

Nesse movimento todo do universo da realidade brasileira e da pesquisa, lamentavelmente, como simboliza a canção de Caetano Veloso: o SUAS e a PNAS mal começaram "e já estão em desmonte". O recente percurso descendente da realidade brasileira, em que as últimas eleições foram precedidas e circundadas por fortes manifestações e ações ideológicas ultraconservadoras da chamada extrema-direita, inviabilizaram uma eleição limpa e democrática, ensejando a assunção, pelo voto, de um representante dos ideários da extinta ditadura militar, que assumiu a Presidência da República e cujas investidas verbais e ativas estão nos envergonhando perante o mundo.

Cortes de verbas, extinção de cargos e procedimentos internos, redução de equipamentos de infraestrutura no campo da educação, da saúde e das políticas sociais, estão em andamento no Estado brasileiro, não verdadeiramente como uma medida fiscal no âmbito econômico (como comparece no discurso do poder), mas como uma investida ***política*** da extrema-direita para enfraquecer a luta dos trabalhadores no Brasil.

Não obstante tudo isso, vale invocar uma categoria determinante da lógica dialética (que fundamenta nossos estudos e nossas ações): a categoria do ***movimento do universo e da história***. Nada escapa dessa lei universal. Eis porque permanecem acesas nossas esperanças, nossa disposição de luta e ações no rumo de transformações radicais em nossa sociedade e no mundo. A história mostra que a sociedade feudal foi extinta, a sociedade escravocrata também. A sociedade capitalista, hoje agonizante e predatória da vida e do meio ambiente, haverá de dar lugar a uma sociabilidade superior.

Contribuirão para isso nossas pesquisas científicas no campo social, as quais são extremamente necessárias e, mais do que isso, imprescindíveis.

Joaquina Barata
Professora aposentada da UFPA

Referências

LUKÁCS, Gyorgy. *Para uma ontologia do ser social*. São Paulo: Boitempo, 1960.

MARX, Karl. *O Capital. Crítica da economia política*. Livro 1, volume 2. Rio de Janeiro: Civilização Brasileira, 2009.

I

INTRODUÇÃO GERAL

contexto da pesquisa, a proposta metodológica e desenvolvimento do trabalho de campo

O livro *O Sistema Único de Assistência Social no Brasil: disputas e resistências em movimento* apresenta e problematiza resultados de estudos e investigação empírica desenvolvidos a partir do projeto **ESTUDO AVALIATIVO DA IMPLEMENTAÇÃO DO SISTEMA ÚNICO DE ASSISTÊNCIA SOCIAL NO BRASIL**[1]. Esta pesquisa foi conduzida no âmbito de uma rede de cooperação científico-acadêmica envolvendo pesquisadores/as das seguintes Universidades e Programas de Pós-Graduação: Programa de Pós-Graduação em Serviço Social da Pontifícia Universidade Católica de São Paulo (coordenação geral); Programa de Pós-Graduação em Políticas Públicas da Universidade Federal do Maranhão; Programa de Pós-Graduação em Serviço Social da Pontifícia Universidade Católica do Rio Grande do Sul; Programa de Pós-Graduação em Sociologia da Universidade Federal do Ceará; Programa de Pós-Graduação em Serviço Social da Universidade Estadual do Ceará; e Programa de Pós-Graduação em Serviço Social da Universidade Federal do Pará.

O objeto da investigação foi a Política de Assistência Social no Brasil, especificamente no que se refere à implementação do Sistema Único de Assistência Social (SUAS), considerando duas dimensões: análise crítica do conteúdo, dos fundamentos e da realidade da Política Nacional de Assistência Social (PNAS) e o processo de implementação do SUAS em nível nacional, contemplando a análise da gestão federal, estadual e municipal, considerando a articulação entre os três níveis de governo e destes com a sociedade; pesquisa de campo sobre a implementação do SUAS em uma amostra intencional de estados e municípios brasileiros. Foram selecionados enquanto espaços institucionais privilegiados para estudo da implementação do SUAS: os Centros de Referência de Assistência Social (CRAS), os Centros de Referência Especializados de Assistência Social (CREAS) e os Centros de Referência Especializados para População em Situação de Rua (CENTROS POP).

---

1. O projeto foi aprovado e recebeu financiamento do Conselho Nacional de Desenvolvimento Científico e Tecnológico (CNPq), em concorrência ao Edital Chamada: MCTI/CNPq/Universal 14/2014. Processo n. 443.362/2014-9.

O objetivo geral que orientou a pesquisa foi fortalecer a rede de cooperação científico-acadêmica entre Programas de Pós-Graduação consolidados, integrantes da Área de Serviço Social, em torno do eixo temático Política de Assistência Social, tendo em vista elevar o padrão de qualidade da formação acadêmico-profissional em nível de graduação e de pós-graduação, ampliar a produção científica desses Programas e contribuir com subsídios para a qualificação dos serviços, programas e benefícios que materializam a Política de Assistência Social no Brasil, enquanto os objetivos específicos se voltaram para:

- Desenvolver estudos sobre a Política de Assistência Social, tendo em vista avaliar e dimensionar o processo de implementação do SUAS e explicitar possíveis entraves e dificuldades para o aperfeiçoamento da Política de Assistência Social no Brasil.
- Desenvolver atividades de pesquisa e de formação de recursos humanos em nível de graduação e de pós-graduação envolvendo seis programas de pós-graduação.
- Possibilitar intercâmbio e troca de experiências entre programas de pós-graduação de diferentes regiões do país (Norte, Nordeste, Sudeste, Centro-Oeste e Sul), viabilizando a cooperação científico-acadêmica entre Grupos/Núcleos de pesquisa e pesquisadores.
- Propiciar a participação de alunos da graduação e de pós-graduação de cursos de mestrado e doutorado dos programas parceiros no desenvolvimento do projeto.
- Ampliar a formação de mestres e doutores e a produção científico-acadêmica dos programas de pós-graduação envolvidos.
- Subsidiar, a partir da socialização dos conhecimentos produzidos, a qualificação de processos de monitoramento e avaliação de programas sociais no campo da Assistência Social, contribuindo assim para que a Universidade cumpra seu compromisso social de colaborar para a democratização das políticas públicas voltadas à ampliação de direitos às classes e grupos subalternos da sociedade brasileira.

Quanto aos critérios para seleção dos espaços geográficos para desenvolvimento da pesquisa empírica, foram selecionados estados representativos de cada região do país, sendo um estado da Região Norte (Pará); o Distrito Federal, representando a Região Centro-Oeste; dois estados da Região Nordeste (Maranhão e Ceará); dois estados da Região Sudeste (São Paulo e Minas Gerais); e dois estados da Região Sul (Rio Grande do Sul e Paraná), totalizando sete estados e o Distrito Federal.

Os estados indicados foram selecionados por critério intencional, considerando aqueles onde residiam pesquisadores das equipes ou onde esses tivessem facilidade de contato. Em cada um desses estados foram selecionados, também intencionalmente, pelos pesquisadores responsáveis pelo estudo, com a participação de gestores estaduais e de técnicos assessores, 06 municípios onde o estudo foi desenvolvido em profundidade[2]: a capital do estado (metrópole); 01 município de porte grande; 01 município de porte médio; 02 municípios de porte pequeno nível 01 e 01 município de porte pequeno nível 02[3], totalizando, portanto, 40 municípios nos 07 estados mais o Distrito Federal[4].

O total de CRAS selecionados para o desenvolvimento da pesquisa empírica nos 40 municípios dos 07 estados e mais o Distrito Federal foi de 02 CRAS para as metrópoles; 02 para as cidades de porte grande; 02 para as cidades de porte médio; 01 para as cidades de porte pequeno nível 01 e 01 para as cidades de porte pequeno nível 02, totalizando 56 CRAS, selecionados pelos pesquisadores responsáveis pelo estudo em cada estado com a participação dos gestores municipais e técnicos assessores da Política de Assistência Social no respectivo município.

2. Nos estados do Rio Grande do Sul e Paraná foram selecionados 05 municípios em vez de 06.

3. Conforme adotado pela Política Nacional de Assistência Social de 2004, são considerados municípios pequenos nível 01 (até 20.000 habitantes); pequenos nível 02 (de 20.001 a 50.000 habitantes); municípios médios (50.001 a 100.000); municípios grandes (entre 100.001 a 900.000 habitantes) e as metrópoles, cidades com população de 900.000. O critério a ser considerado na seleção dos municípios dos diferentes portes é o nível de estruturação maior ou menor da Política de Assistência Social nos municípios dos estados selecionados.

4. Nos estados de Minas Gerais e São Paulo foram selecionados 02 municípios de grande porte, em vez de 02 de pequeno porte 1.

Participou da pesquisa empírica no Distrito Federal 01 CRAS também selecionado pelos/as pesquisadores/as com a participação do gestor distrital da Política de Assistência Social. No geral, foram estudados 57 CRAS.

Para escolha dos municípios e dos CRAS, foi considerada a diversidade da realidade do desenvolvimento da Política de Assistência Social, contemplando essa diversidade em cada município e em relação aos CRAS. Portanto, foram selecionados municípios com diferentes níveis de gestão, com destaque à gestão básica e gestão plena, considerados ainda os CRAS com pelo menos dois anos de funcionamento.

Quanto aos CREAS, foram selecionados 01 em cada estado e 01 no Distrito Federal, totalizando, por conseguinte, 08 CREAS, selecionados pelos pesquisadores responsáveis pelo estudo de cada estado da amostra, com a participação dos gestores estaduais e distrital e técnicos inseridos na implementação da Política de Assistência Social. Nesse aspecto, foi considerado o critério de maior abrangência regional dos CREAS no estado, de preferência envolvendo consórcios de municípios, criados por iniciativa dos estados. Já, os CENTROS POP, pela implantação recente[5], foram também selecionados 01 por estado participante da amostra e 01 no Distrito Federal, localizados em municípios de grande porte ou metrópole, totalizando 08 CENTROS POP, considerado o maior tempo de funcionamento, mínimo de um ano, sendo selecionados também com a participação de gestores e técnicos locais.

---

5. As informações nacionais sobre o funcionamento dos CENTROS POP foram colhidas pela primeira vez pelo Censo SUAS 2011, que apontou a existência de 90 equipamentos distribuídos em 21 unidades da federação, em todas as regiões brasileiras. O Censo SUAS 2012 indicou a existência de 105 CENTROS POP em todo o país, sendo 75 em municípios de grande porte e 27 em metrópoles (dos quais 26 na cidade de São Paulo). Entre 2011 e 2015, o número de CENTROS POP cresceu, passando de 90 unidades para 235 no período. Contudo, houve uma redução de cinco unidades entre 2015 e 2016, ano em que foram registradas 230 unidades. A Região Centro-Oeste foi a única que teve aumento, de uma unidade. A maior redução ocorreu na Região Sudeste, que em 2016 apesentava 102 CENTROS POP, cinco a menos que no ano anterior. (cf. Censo SUAS, 2016)

Em termos gerais, a Tabela 1 a seguir apresenta a composição dos estados integrantes da amostra da pesquisa empírica em termos do quantitativo de municípios, por porte populacional.

Tabela 1. Distribuição dos municípios pelos Estados da amostra da pesquisa segundo o porte

Estados	Munic. Pequeno porte I	Munic. Pequeno porte II	Munic. Médio porte	Munic. Grande porte	Metrópole	Total Geral
Pará	45	56	28	14	01	144
Maranhão	125	71	13	07	01	217
Ceará	92	58	26	07	01	184
Minas Gerais	667	117	37	31	01	853
São Paulo	392	117	60	73	03	645
Rio Grande do Sul	390	64	24	18	01	497
Paraná	310	57	14	17	01	399
Distrito Federal					01(mais 31 regiões administrativas)	01
Total	2021	540	202	167	10	2940

Fonte: IBGE, 2017. Disponível em: https://ww2.ibge.gov.br/home/estatistica/populacao/estimativa2017/estimativa_dou.shtm. Acesso em: 13 nov. 2018

A tabela indica que o total de municípios nos 07 estados e DF que compõem a amostra da pesquisa é de 2.940. Destes, 2.561 são de portes pequenos I e II, representando 87,1% dos municípios, isto é, são municípios com população de até 50.000 habitantes, conforme a Política Nacional de Assistência Social de 2004, detalhada na nota de rodapé de número 2. Considerando essa realidade, dos 06 municípios selecionados em cada estado, 03 foram de pequeno porte nível II e nível I, com pequenas variações em cada estado, conforme informado nas notas 2 e 4.

O Quadro 1 a seguir apresenta a relação dos municípios dos estados que compuseram a amostra para o estudo de campo e seus respectivos portes populacionais.

Quadro 1. Estados e Municípios integrantes da amostra da Pesquisa Empírica: porte populacional dos municípios

Estados e Municípios	Porte do Município
Ceará	
Fortaleza	Metrópole
Maracanaú	Grande
Crateús	Médio
Beberibe	Pequeno nível 2
Pindoretama	Pequeno nível 1
Pires Ferreira	Pequeno nível 1
Maranhão	
São Luís	Metrópole
Açailândia	Grande porte
Barreirinhas	Médio porte
Cururupu	Pequeno nível 2
Bacabeira	Pequeno nível 1
Davinópolis	Pequeno nível 1
Pará	
Belém	Metrópole
Abaetetuba	Grande porte
Breves	Médio porte
Salinópolis	Pequeno nível 2
Vitória do Xingu	Pequeno nível 1
Inhangapi	Pequeno nível 1
Minas Gerais	
Coronel Fabriciano	Grande porte
Uberaba	Grande porte
Janaúba	Médio porte
Araçuaí	Pequeno nível 1
Poço Fundo	Pequeno nível 2

Continua ➧

Quadro 1. Continuação

Estados e Municípios	Porte do Município
São Paulo	
São Paulo	Metrópole
São Bernardo do Campo	Grande porte
Hortolândia	Grande porte
Batatais	Médio porte
Iguape	Pequeno nível 1
Nova Canaã Paulista	Pequeno nível 2
Rio Grande do Sul	
Porto Alegre	Metrópole
Bento Gonçalves	Grande Porte
São Borja	Médio Porte
Dom Feliciano	Pequeno Porte nível 1
Butiá	Pequeno Porte nível 2
Paraná	
Curitiba	Metrópole
Londrina	Grande Porte
Ibiporã	Pequeno Porte nível 2
Cornélio Procópio	Pequeno Porte nível 2
Cerro Azul	Pequeno Porte nível 1
Distrito Federal	
Brasília	Metrópole
Ceilândia	Região administrativa
Taguatinga	Região Administrativa

Fonte: IBGE, SIDRA. Banco de Dados Agregados. *Censo Demográfico e Contagem da população*. Rio de Janeiro: IBGE, 2010

Para realização da pesquisa de campo, foram aplicados os seguintes procedimentos: Observação Sistemática dos CRAS, CREAS e CENTROS POP *in loco*; Entrevista semiestruturada com gestores estaduais, municipais e conselheiros, e Grupo Focal com técnicos, usuários e conselheiros[6]. A partir desses procedimentos, as informações

6. No caso dos estados de Minas Gerais e São Paulo e respectivos municípios da amostra, em função de uma escolha metodológica da equipe de pesquisa, os conselheiros não integraram os grupos focais, mas participaram de entrevistas semiestruturadas.

foram coletadas no período compreendido de 2016 a 2018, procedendo-se a transcrição dos áudios das entrevistas e das reuniões dos grupos focais e a sistematização das observações de campo, material posteriormente selecionado, classificado e organizado com vistas a articular o pensamento dos diferentes sujeitos envolvidos na pesquisa, tendo por referência os eixos temáticos definidos para orientar a investigação. Por fim, foram elaborados relatórios específicos sobre a PAS e a implementação do SUAS em cada município. Esses relatórios ofereceram o conteúdo básico para elaboração dos relatórios de cada estado, sendo ainda consolidado um relatório de abrangência regional, com a sistematização dos resultados da pesquisa empírica nas Regiões Norte e Nordeste, Sudeste, Sul e Centro-Oeste.

Em termos quantitativos, nas Regiões Norte e Nordeste foram realizadas as seguintes atividades de pesquisa: entrevistas semiestruturadas com gestores estaduais, municipais e prefeito: 27; grupos focais: 66, envolvendo a participação de 647 sujeitos participantes da pesquisa: técnicos, conselheiros e usuários; foram ainda realizadas um total de 35 visitas de observação em CRAS, CREAS, CENTROS POP e Núcleo de Atendimento Social. Na Região Sudeste, as atividades de campo envolveram 281 sujeitos entre gestores, conselheiros, trabalhadores e usuários. O diálogo com gestores municipais (13), com os dois gestores estaduais (MG e SP), com representantes dos conselhos municipais (15), com usuários (141) e com os trabalhadores do SUAS (112). Na Região Sul, foram 191 participantes da pesquisa, entre eles gestores estaduais e municipais (12); representantes dos conselhos municipais (12), com usuários (94) e trabalhadores do SUAS (73). Em Brasília, a pesquisa ouviu a gestora distrital, o secretário executivo do conselho distrital, três trabalhadores e sete usuários.

De modo geral, a pesquisa foi bem recebida pelas equipes e gestores/as dos estados e municípios da amostra em todas as regiões, com manifesto interesse de colaboração e apoio para que ela pudesse ser viabilizada, o que foi essencial pois tratou-se de uma investigação de grande envergadura pela abrangência, escala e diversidade de técnicas de coleta de dados.

Há que se registrar, contudo, algumas dificuldades que foram contornadas, como a necessidade de substituição de alguns municípios da amostra, dificuldades de contato inicial com gestores/as para obter a adesão à pesquisa e indicação de interlocutor/a para a elaboração da complexa agenda do trabalho de campo, cancelamentos e reagendamentos, substituição de gestores, e, finalmente, o momento de realização da pesquisa empírica coincidiu, em alguns municípios, com o período de término ou início de mandatos de gestões municipais, com o processo de *impeachment* da presidente Dilma Rousseff, com a realização de eleições municipais em 2016 e, como aconteceu no DF, a ocorrência de uma greve de trabalhadores/as prolongada por quatro meses, o que implicou que a pesquisa de campo fosse realizada apenas no segundo semestre de 2018.

Apesar de todas essas intercorrências, é preciso enfatizar que sem o apoio e o engajamento de gestores/as, assessores/as, trabalhadores/as, usuários/as, conselheiros/as não teria sido possível cumprir os objetivos da pesquisa. Mas há que se mencionar o compromisso, a seriedade e a obstinação das equipes de pesquisadores/as dos seis programas de pós-graduação, experientes e jovens pesquisadores/as, envolvidos/as nessa verdadeira aventura que é fazer pesquisa e produzir conhecimento em um País de dimensão continental como o Brasil, diverso em suas realidades geográfica e territorial, tendo que se deslocar por terra, céu e rio para poder acessar os sujeitos dessa pesquisa, os reais protagonistas de todo esse processo. Para nós, a realização desse projeto atestou uma vez mais, como mencionado ao longo do texto, o caráter pedagógico das pesquisas sociais e a potencialidade das técnicas de coleta coletiva, uma vez que instigam o grupo a refletir, articular-se e mobilizar-se.

Para além desta introdução, o livro segue com os capítulos que abordam os resultados da pesquisa empírica, destacando a implementação do SUAS nas respectivas regiões e no Distrito Federal, com as seguintes formulações:

Capítulo 1 — IMPLEMENTAÇÃO DO SUAS NOS ESTADOS DO MARANHÃO, PARÁ E CEARÁ: representação e confronto da realidade nas Regiões Norte e Nordeste;

Capítulo 2 — IMPLEMENTAÇÃO DO SUAS NOS ESTADOS DE SÃO PAULO E MINAS GERAIS: heterogeneidade da Política de Assistência Social na Região Sudeste;

Capítulo 3 — IMPLEMENTAÇÃO DO SUAS NOS ESTADOS DO RIO GRANDE DO SUL E PARANÁ: desafios para a garantia da Assistência Social da Região Sul;

Capítulo 4 — O SUAS NA REGIÃO CENTRO-OESTE: desafio da implementação no Distrito Federal.

Nos capítulos regionais são apresentadas e problematizadas uma caracterização socioeconômica dos espaços da pesquisa empírica considerando os 7 estados e o DF, além dos 40 municípios que compuseram a amostra da pesquisa empírica. Segue, em cada capítulo, a abordagem dos resultados da pesquisa de campo a partir dos eixos temáticos que orientaram os estudos: percepção dos sujeitos da pesquisa (gestores, técnicos, conselheiros e usuários) sobre a PAS e o SUAS; qualificação da Política de Assistência Social; serviços e benefícios socioassistenciais ofertados no âmbito do SUAS; trabalhadores e trabalhadoras do SUAS; participação dos usuários e controle social e vigilância socioassistencial. Cada capítulo regional apresenta uma conclusão com destaque dos achados mais relevantes identificados nas respectivas regiões.

Por último, é apresentada uma conclusão geral, na qual se busca realçar os achados mais relevantes identificados no decorrer de todo o processo investigativo, com especial atenção para convergências e especificidades da Política de Assistência Social e da implementação do SUAS, considerando a conjuntura atual de desmanche do SUAS no contexto das contrarreformas.

As organizadoras

II

RESULTADOS DA PESQUISA EMPÍRICA

implementação do SUAS nos estados por região

Capítulo 1

IMPLEMENTAÇÃO DO SUAS NOS ESTADOS DO MARANHÃO, PARÁ E CEARÁ:

representação e confronto da realidade nas Regiões Norte e Nordeste

Maria Ozanira da Silva e Silva
Maria Antonia Cardoso Nascimento
Annova Míriam Ferreira Carneiro
Leila Maria Passos de Souza Bezerra
Maria do Socorro Sousa de Araújo
Salviana de Maria Pastor Santos Sousa
Reinaldo Nobre Ponte
Alba Maria Pinho de Carvalho
Maria Eunice Ferreira Damasceno Pereira
Cleonice Correia Araújo
Leiriane Araújo Silva
Paula Raquel da Silva Jales
Sandra Helena Ribeiro Cruz
Valéria Ferreira Santos de Almada Lima

INTRODUÇÃO

O presente texto traz resultados de uma pesquisa realizada no contexto do projeto: *Avaliando a implementação do Sistema Único de Assistência Social na Região Norte e Nordeste: significado do SUAS para o enfrentamento à pobreza nas regiões mais pobres do Brasil*[1], projeto vinculado ao projeto nacional intitulado *Estudo avaliativo da implementação do Sistema Único de Assistência Social no* Brasil, financiado pelo CNPq.

O projeto em referência teve como objeto de investigação a Política de Assistência Social (PAS) nas regiões Norte e Nordeste, especificamente no que se refere à implementação do Sistema Único de Assistência Social (SUAS), focando em duas dimensões:

— Análise do conteúdo, dos fundamentos e da percepção que os sujeitos envolvidos na implementação do SUAS têm sobre a Política Nacional de Assistência Social (PNAS) e o SUAS;

— Investigação sobre a implementação do SUAS em uma amostra intencional das regiões Norte e Nordeste do Brasil, constituída pelos estados do Pará, Maranhão e Ceará, representados por uma amostra de 18 (dezoito) municípios.

---

1. Este projeto recebeu financiamento da Fundação de Amparo à Pesquisa e ao Desenvolvimento Científico e Tecnológico do Maranhão (FAPEMA), em concorrência ao Edital Universal/FAPEMA n. 40/2014 e do Conselho Nacional de Desenvolvimento Científico e Tecnológico (CNPq), em concorrência ao Edital Chamada Universal MCTI/CNPq n. 1/2016. Participaram do projeto pesquisadoras(es) dos Programa de Pós-Graduação em Políticas Públicas da Universidade Federal do Maranhão; Programa de Pós-Graduação em Sociologia da Universidade Federal do Ceará, Programa de Pós-Graduação em Serviço Social da Universidade Estadual do Ceará e Programa de Pós-Graduação em Serviço Social da Universidade Federal do Pará. Além das(os) autoras(es) deste capítulo, participaram do desenvolvimento da pesquisa, em momentos específicos do processo da investigação, as(os) pesquisadoras(es): integrando a equipe do Pará: Géssyca Anne Silva Baracho, Severino da Silva Martins Júnior, Débora Raimunda Ribeiro Costa, Olga Mirla Tabaranã Silva e Adriana Benedita Azevedo; integrando a equipe do Ceará: Irma Martins Moroni da Silveira, Rejane Batista Vasconcelos, Vânia Maria Vasconcelos de Castro e David Pereira de Castro Cruz.

A pesquisa teve como objetivo estabelecer uma rede de cooperação científico-acadêmica entre Programas de Pós-Graduação das regiões Norte e Nordeste, em torno do eixo temático Política de Assistência Social, tendo em vista elevar o padrão de qualidade da formação de profissionais em nível de graduação e de pós-graduação, ampliar a produção científica dos Programas envolvidos e contribuir para a qualificação dos serviços e programas que materializam a Política de Assistência Social.

Em termos metodológicos, a investigação foi orientada por pressupostos teórico-metodológicos de fundamentação crítico-dialética; estabeleceu critérios para seleção dos espaços geográficos, estados e municípios, e para seleção dos equipamentos onde a pesquisa empírica foi desenvolvida.

O espaço geográfico da pesquisa contemplou dois estados da Região Nordeste: Maranhão e Ceará e um da Região Norte, Pará, selecionados mediante critérios intencionais: aqueles onde residiam pesquisadores que já tivessem mantido interlocuções acadêmicas anteriores ou participado de projetos de pesquisa em parceria com a equipe proponente do projeto. Isso para facilitar os contatos necessários para o desenvolvimento da investigação. Posteriormente, foram selecionados, com a participação dos gestores estaduais e de técnicos da implementação do SUAS nos estados, 06 municípios em cada estado onde o estudo foi desenvolvido em profundidade: a capital; 01 município de porte grande; 01 município de porte médio; 02 municípios de porte pequeno nível 01 e 01 município de porte pequeno nível 02, totalizando, portanto, 18 municípios. Foram consideradas unidades operativas de referência para realização do estudo empírico Centros de Referência da Assistência Social (CRAS), Centros de Referência Especializado da Assistência Social (CREAS) e Serviço Especializado para População em Situação de Rua (CENTROS POP). O total de CRAS considerados nos 18 municípios dos 03 estados teve a seguinte composição: 02 CRAS para cada metrópole, as capitais (total de 06); 02 CRAS para cada município de porte grande (total de 06); 02 CRAS para cada município de porte médio (total de 06); 01 CRAS para cada município de porte pequeno nível 01 (total de 03) e 01 CRAS para cada município de porte pequeno nível 02 (total de 06), totalizando 27 CRAS. Para escolha dos municípios e dos CRAS, foi levado em consideração a diversidade da realidade do desenvolvimento da Política de Assistência Social, sendo selecionados municípios com níveis de gestão básica e gestão plena e CRAS com pelo menos dois anos de funcionamento. O estudo empírico foi desenvolvido em 03 CREAS e em 03 CENTROS POP, um em cada estado. Os municípios e os CRAS, CREAS e CENTRO POP foram selecionados com a participação dos gestores estaduais e técnicos executores da Política de Assistência Social, considerando o critério de maior abrangência regional dos CREAS e CENTROS POP, tempo mínimo de funcionamento de um ano (Silva *et al.*, 2016). Os estados do Pará, Maranhão e Ceará compõem-se de 545 municípios, 347 de portes pequenos I e II (63,66%) (IBGE, 2010a)[2]. Assim, para contemplar essa realidade, dos 06 municípios selecionados em cada estado, 03 foram de pequeno porte nível II e nível I, conforme demonstrado no quadro a seguir:

Quadro 1. Estados e Municípios integrantes da amostra da Pesquisa Empírica: porte dos municípios

Estados e Municípios	Porte dos Municípios
Ceará	
Fortaleza	Metrópole
Maracanaú	Grande
Crateús	Médio
Beberibe	Pequeno nível 2
Pindoretama	Pequeno nível 1
Pires Ferreira	Pequeno nível 1

Continua ▸

2. Foi considerada a indicação da Política Nacional de Assistência Social de 2004, que considera municípios pequenos nível 01 (até 20.000 habitantes); pequenos nível 02 (de 20.001 a 50.000 habitantes); municípios médios (50.001 a 100.000); municípios grandes (entre 100.001 a 900.000 habitantes) e as metrópoles, cidades com população de 900.000).

Quadro 1. Continuação

Estados e Municípios	Porte dos Municípios
Maranhão	
São Luís	Metrópole
Açailândia	Grande
Barreirinhas	Médio
Cururupu	Pequeno nível 2
Bacabeira	Pequeno nível 1
Davinópolis	Pequeno nível 1
Pará	
Belém	Metrópole
Abaetetuba	Grande
Breves	Médio
Salinópolis	Pequeno nível 2
Vitória do Xingu	Pequeno nível 1
Inhangapi	Pequeno nível 1

Fonte: IBGE, 2010a

Sobre os procedimentos de pesquisa foram utilizados: Observação Sistemática nos CRAS, CREAS e CENTROS POP *in loco;* Entrevista semiestruturada com gestores estaduais e municipais e Grupo Focal com técnicos, conselheiros e usuários. Em termos quantitativos, realizaram-se 27 entrevistas semiestruturadas com gestores estaduais, municipais e prefeito; 66 grupos focais, envolvendo 647 sujeitos participantes da pesquisa; um total de 35 visitas de observação em CRAS, CREAS, CENTROS POP e Núcleo de Atendimento Social.

O calendário das atividades de pesquisa foi elaborado pelos gestores e técnicos locais, e os técnicos também se responsabilizaram pela mobilização dos sujeitos indicados para participação no trabalho de campo: gestores municipais, técnicos, conselheiros e usuários.

Em relação à participação dos sujeitos da pesquisa, em geral, houve boa receptividade e a maioria demonstrou apoio aos propósitos da investigação. Registrou-se, todavia, a substituição de alguns municípios inicialmente selecionados por dificuldade de mobilização local, sendo substituídos por outros dos mesmos portes e realidades similares em termos do desenvolvimento da Política de Assistência Social e implementação do SUAS. Os usuários participantes nos grupos focais, por motivos diversos, apresentaram dificuldades em expor opiniões sobre as ações desenvolvidas no contexto do SUAS.

No processo de desenvolvimento da pesquisa de campo há que se registrar algumas situações de dificuldades enfrentadas. Nesse sentido, o maior destaque apontado pelas equipes dos três estados foram problemas para manter contatos iniciais por telefone ou e-mail com os gestores municipais para agendamento da pesquisa de campo em alguns municípios. Ademais, houve dificuldade inicial na definição de um período para realização da pesquisa em virtude de os gestores associarem a pesquisa a questões políticas partidárias, por estar ocorrendo o processo de *impeachment* da Presidenta Dilma Rousseff. Registrou-se, também, a tentativa de controle das atividades; adiamento ou cancelamento de agendas, às vezes com as pesquisadoras já nos municípios. Adiamentos também foram frequentes em relação a entrevistas com gestores estaduais e gestores de alguns municípios.

Ressalta-se, ainda, o não funcionamento ou funcionamento parcial de alguns CRAS quando da realização da pesquisa de campo, por não se encontrarem em pleno funcionamento em razão de os profissionais estarem com seus contratos de trabalho encerrados e com imprevisibilidade de serem recontratados, situação comum no mês de janeiro de cada ano em vários municípios.

Destaca-se, por fim, que a realização da pesquisa de campo coincidiu, em alguns municípios, com gestões municipais em final de mandato, pela realização de eleições municipais em 2016, e, em outros, as gestões municipais estavam iniciando o mandato. Nesse caso, foi possível, em alguns municípios, contar-se com a participação na entrevista com gestores que estavam saindo juntamente com gestores que estavam iniciando seu mandato.

Convém ressaltar que, mesmo com as dificuldades registradas para realização da pesquisa de campo, os técnicos, de modo geral, se mostraram interessados pela pesquisa, mantendo participação ativa no processo da investigação nos municípios.

Para além desta introdução, o texto segue abordando a realidade socioeconômica das regiões Norte e Nordeste, dos estados do Pará, Maranhão e Ceará e dos 18 municípios que compuseram uma amostra intencional representativa dessas regiões. Procuramos, na caracterização socioeconômica, pontuar traços marcantes da economia nas regiões Norte e Nordeste; estabelecer comparações sobre a realidade dos três estados com a realidade das regiões e do Brasil, bem como apresentar uma breve caracterização da socioeconomia dos municípios.

O item seguinte procura desenvolver uma abordagem de qualificação da Política de Assistência Social nos estados do Pará, Maranhão e Ceará, contextualizando a Política; apresenta, ainda, a realidade institucional e de gestão dos serviços e dos benefícios disponibilizados.

O próximo item é dedicado à apresentação, análise e problematização dos resultados do estudo empírico, procurando construir um esforço de articulação da realidade e da implementação do SUAS nos estados do Pará, Maranhão e Ceará com a realidade do SUAS nas regiões Norte e Nordeste. Nesse percurso, são apresentados os resultados da pesquisa sobre os principais eixos temáticos definidores do estudo: percepção dos sujeitos da pesquisa (gestores, técnicos, conselheiros e usuários) sobre a PAS e o SUAS; serviços, programas, projetos e benefícios disponibilizados nos CRAS, CREAS e CENTROS POP; composição das equipes, capacitação e condições de trabalho dos(as) trabalhadores(as) do SUAS; participação dos usuários na implementação do SUAS e controle social e nível de sistematização e o funcionamento da Vigilância Socioassistencial.

Por último, é apresentada uma conclusão com realce de convergências, divergências e especificidades da PAS e da implementação do SUAS.

Destacamos, assim, que temos clareza de que trabalhamos com uma amostra intencional de estados, municípios e equipamentos operadores da PAS. Portanto, não temos a intenção de generalizações, mas a busca de identificar e ressaltar convergências, divergências e especificidades que possam caracterizar o processo da implementação da PAS no âmbito do SUAS.

1. REGIÕES, ESTADOS E MUNICÍPIOS ESPAÇOS DA PESQUISA EMPÍRICA: realidade socioeconômica

Neste item é apresentada uma caracterização socioeconômica das duas regiões: Norte e Nordeste, dos três estados: Pará, Maranhão e Ceará e dos 18 municípios selecionados para comporem a amostra onde foi realizada a pesquisa empírica objeto do presente capítulo. Assim, analisa-se um conjunto de indicadores que configuram aspectos relevantes qualificadores da caracterização geográfica e da vida econômica e social do referido espaço empírico.

1.1 Breve configuração geográfica e econômica das Regiões e dos Estados espaços empíricos da pesquisa

O universo do estudo objeto do presente texto compreende as duas regiões mais pobres do Brasil: Região Norte e Região Nordeste.

A Região Norte está situada no âmbito da Amazônia Legal, compreendendo esta última, além dos estados do Acre, Amapá, Amazonas, Pará, Rondônia, Roraima e Tocantins (integrantes da Região Norte), parte do estado de Mato Grosso e dos municípios do estado do Maranhão localizados a oeste do meridiano 44°. Possui uma área territorial de 3.853.840,882 km^2 onde predomina um clima quente, dividido entre superúmido, úmido e semiúmido, com temperatura média superior a 18°C em todos os meses do ano. Já a Região Nordeste compreende uma área territorial menor, correspondente a 1.554.291,107 km^2, possuindo também um clima predominantemente quente, com temperatura média superior a 18°C em todos os meses do ano, dividido, porém, entre superúmido, úmido, semiúmido e semiárido. Compõem esta região os estados do Maranhão, Piauí, Ceará, Rio Grande do Norte, Paraíba, Pernambuco, Alagoas, Sergipe, Bahia.

Situados nessas regiões, foram selecionados três estados para comporem o espaço empírico da pesquisa: Ceará, Maranhão e Pará.

O Ceará é o 4º maior estado da Região Nordeste e o 17º entre os estados brasileiros em termos de extensão territorial, possuindo uma área de 148.886,3 km², sendo composto por 184 municípios.

O turismo se constitui em uma das principais atividades econômicas desenvolvidas, contando com atrativos muito diversificados, destacando-se os naturais, históricos, arqueológicos, religiosos, entre outros.

O comércio varejista é também um dos principais ramos do setor de serviços no estado, destacando-se o gênero de atividades mercadorias em geral com 24,70%, seguido de atividades de tecidos, vestuário e artigos de armarinho (21,75%) e de atividades de empresas de material para construção (7,42%). (Instituto de Pesquisa e Estratégia Econômica do Ceará — IPECE, 20--?)

O setor industrial do Ceará se constitui, também, em um componente significativo na economia do estado, destacando-se as indústrias de transformação e construção civil. Para as indústrias de transformação, os setores com maior número de indústrias são os de vestuário, calçados, artefatos, tecidos, couros e peles, seguidos do setor de produtos alimentares, setor de metalurgia e o setor de produtos de minerais não metálicos.

O estado do Maranhão, também localizado na Região Nordeste, numa faixa de transição, compreendida, em termos climáticos, entre o sertão semiárido e a Amazônia quente e úmida, abrange uma área de 331.983,3 km², possuindo 217 municípios.

A pecuária extensiva e a agricultura familiar são predominantes no estado, contando ainda com o extrativismo, a criação extensiva de animais de pequeno porte, a pesca e o uso comum dos recursos naturais, formando os contornos de uma economia camponesa, responsável pela reprodução de parcela considerável de sua população (Silva, 2013).

A partir da segunda metade da década de 1970, iniciou-se no estado a fase dos grandes projetos, sob a bandeira do Projeto Grande Carajás. Nesse contexto, assistiu-se à instalação da Companhia Vale do Rio Doce, com o aproveitamento da estrada de ferro existente, da ALUMAR (Consórcio de Alumínio do Maranhão S.A.) — consórcio multinacional voltado para a produção e exportação de lingotes de alumínio —, além da expansão, mediante a concessão de incentivos e subsídios federais e estaduais, de projetos agroindustriais destinados à produção de eucalipto e bambu para celulose, cana-de-açúcar, álcool e à pecuária bovina (Silva, 2013).

Mais recentemente, têm sobressaído investimentos no estado com vistas à produção de carvão a partir de reflorestamento de eucalipto para fazer face à diminuição da oferta de madeira proveniente de matas nativas do Pará e do Maranhão, como consequência da expansão da atividade de desmatamento voltada à produção de carvão e das crescentes restrições interpostas pela legislação ambiental. Ademais, merecem destaque, desde o final da década de 1970, uma nova frente de ocupação econômica, representada pelo avanço da agricultura graneleira mecanizada (voltada, principalmente para a produção de soja, mas também de milho, arroz e algodão), no sul do estado e, ao final da década de 1980, o surgimento de um segundo polo de agricultura graneleira mecanizada, na região leste do estado. Finalmente, no período compreendido entre 2010 e 2016, assistiu-se a um novo ciclo de investimentos no estado, concentrado nos ramos de petróleo e gás, de geração e distribuição de energia elétrica e de logística. (Silva, 2013)

O Pará, situado na Região Norte, corresponde ao 2º maior estado brasileiro em extensão territorial, possuindo uma área de 1.247.954,320 km² e compreendendo 144 municípios.

O contexto econômico e social do Pará, tal como o do Maranhão, está profundamente ligado à inserção da Amazônia na dinâmica capitalista global, na qual o estado ocupa, desde os anos 1970, uma posição estratégica, ou seja, como toda a Amazônia, se insere no processo de desenvolvimento brasileiro, no bojo da divisão internacional do trabalho, como fornecedor de *commodities* ao mercado internacional.

Os investimentos privados previstos para o estado do Pará, no período de 2015 a 2020, concentram-se, principalmente, nas regiões do Xingu, Grande Belém, Carajás e Tapajós, tendo priorizado setores como: energia, mineração, infraestrutura e logística, agronegócios, indústria em geral, além de petróleo e gás. (Fapespa; Fiepa, 2014) Tais regiões alojam projetos econômicos agropecuários, minerometalúrgicos e energéticos, com destaque para a exploração de bauxita pela Companhia Vale do Rio Doce em Parauapebas e a exploração de minério de ferro pelo Programa Grande Carajás, compreendendo o complexo mina-ferrovia-porto e a produção de alumina e alumínio pelo Projeto Albras-Alunorte, em Vila do Conde, Barcarena.

Registra-se, mais recentemente, o complexo de barragens Tapajós e a construção de três hidrelétricas, com destaque para Belo Monte, no rio Xingu, considerada mais importante do que Tucuruí, concluída na década de 1980, para prover a energia necessária ao abastecimento do Polo Industrial de Barcarena. A implantação do Polo Industrial em Barcarena e a hidrelétrica de Belo Monte são realizadas mediante intervenção e concessão de subsídio estadual.

1.2 Situando a realidade socioeconômica dos três estados da amostra da pesquisa empírica no contexto das Regiões Norte e Nordeste e Brasil

Segundo os dados das Contas Regionais referentes ao ano de 2015 (IBGE, 2017), entre os estados selecionados para o estudo, o Pará se destacava com o maior Produto Interno Bruto (PIB) (R$ 130,883 bilhões), contribuindo com 40,8% do PIB da Região Norte. Em segundo lugar, sobressaía o Ceará, que, com um PIB de R$ 130,621 bilhões, ostentava uma participação de 15,4% no PIB nordestino. Já o Maranhão, tomando-se como referência esse indicador, podia ser considerado o mais pobre dentre os estados selecionados para o estudo, cujo PIB equivalia a R$ 78,475 bilhões, representando apenas 9,3% do PIB nordestino.

Com um PIB per capita de R$ 15.974,98, equivalente a 87,27% da média da Região Norte, o estado do Pará apresentava a melhor situação também em termos desse indicador. Em segundo lugar se situava o Ceará, com um PIB per capita de R$ 14.637,10, valor este muito próximo (97,71%) da média nordestina. Mais uma vez, o Maranhão era o estado mais mal situado, com um PIB per capita de R$ 11.356,73, que representava 75,81% da média do Nordeste.

Centrando-se o foco da análise na configuração dos mercados de trabalho, observou-se, considerando-se a distribuição das pessoas em idade ativa, ocupadas na semana de referência, por grupamentos de atividade no trabalho principal, que o Maranhão se destacava como o estado mais agrícola, onde 17,1% da população ocupada se concentravam nesse setor, seguido do setor serviços (46,4%). Já no Ceará e no Pará, as participações do setor agrícola eram de 11,3% e 15,5%, respectivamente e, tal como nos planos nacional e regional, os maiores percentuais de ocupação se encontravam no setor Serviços (48,3% e 44,0%, respectivamente). O Ceará sobressaía como o estado com maior ocupação no setor industrial (12,1%) dentre os selecionados para o estudo, seguido do Pará (11,8%), ambos superando as médias de suas respectivas regiões. Já o Maranhão era o estado com menor participação do setor industrial, com apenas 6,0% da população ocupada nesse setor (IBGE, 2010b).

Quanto à distribuição das pessoas de 14 anos ou mais de idade, ocupadas na semana de referência por posição na ocupação, no segundo trimestre de 2018, observou-se que o Pará e o Maranhão sobressaíam como os estados com mercados de trabalho menos estruturados, o que se denota pela menor participação dos trabalhadores protegidos (empregados com carteira e militares e estatutários) no total da força de trabalho ocupada, equivalendo a apenas 29,6% e 29,8%, respectivamente. Enquanto isso, no Ceará, os trabalhadores com proteção trabalhista e previdenciária correspondiam a 36,9% do total dos ocupados, aproximando-se, portanto, da média do Nordeste (IBGE, 2018a).

Do ponto de vista da remuneração da força de trabalho, pode-se depreender que, dentre os estados selecionados, o que possuía o maior rendimento médio mensal de todos os trabalhos, efetivamente recebido pelas pessoas de 14 anos ou mais, ocupadas na semana de referência, no segundo trimestre de 2018, era o Pará, correspondente a R$ 1.455,00 (89,10% da média da Região Norte), seguido do Ceará (R$ 1.448,00) e do Maranhão (R$ 1.261,00), os quais representavam, respectivamente, 96,73% e 84,24% do rendimento médio do Nordeste (IBGE, 2018a).

Do ponto de vista educacional, constatou-se, a partir dos dados do IBGE (2010a), que o Maranhão se destacava pelo mais baixo nível de instrução da sua população de 10 anos ou mais, já que 61,0% não possuíam instrução ou tinham apenas o ensino fundamental incompleto, enquanto no Pará estes representavam 59,0% e no Ceará 56,0% da população de 10 anos ou mais. Já o Ceará sobressaía com o maior nível de instrução, superando inclusive a média do Nordeste, visto que 21,0% da sua população de 10 anos ou mais possuíam ensino médio completo ou superior incompleto e 5,0% possuíam ensino superior completo. Enquanto isso, no Pará, com índices inferiores aos da Região Norte, 19,0% se situavam no nível de ensino médio completo ou superior incompleto e 4,0% no ensino superior completo, sendo estes percentuais idênticos aos registrados para o Maranhão.

Do ponto de vista da oferta de serviços básicos, dentre os estados selecionados, em 2018, o Maranhão sobressaía com as piores coberturas em termos de rede geral de abastecimento de água (75,3%, contra 83,1% no Ceará e 85,7% no Pará). Por outro lado, o Pará era o mais deficitário em relação ao serviço de esgotamento sanitário (15,0%, contra 22,6% no Maranhão e 43,4% no Ceará). Já no tocante ao serviço de coleta do lixo, mais uma vez o Maranhão era o estado (pior) mais mal situado (51,2%%, contra 69,4% no Pará e 72% no Ceará) (IBGE, 2018b).

Tomando como referência o corte de renda de até 5,5 dólares diários, critério para definir linha de pobreza em países considerados, pelo Banco Mundial, como de renda média-alta, como é o caso do Brasil, os percentuais de domicílios situados nessa faixa de rendimento, em 2017, eram de 44,8%, na Região Nordeste e de 43,1% na Região Norte, contra 26,5% no conjunto do Brasil. Do ponto de vista estadual, mais uma vez o Maranhão exibia a pior situação, com 54,1%

dos domicílios vivendo em condições de pobreza, superando, portanto, a média do Nordeste. Em segundo lugar, se situava o Pará que, também superando a média da Região Norte, ostentava o índice de 46,0% de domicílios vivendo em condições de pobreza. Aproximando-se da média do Nordeste, o Ceará apresentava a melhor situação dentre os estados considerados, com taxa de pobreza correspondente a 44,7% (IBGE, 2018c).

Considerando-se, finalmente, o Índice de Desenvolvimento Humano Municipal (IDHM), observou-se que, no ano de 2014, dentre os estados selecionados, o Ceará se destacava com o maior IDHM (0,716), seguido do Maranhão (0,678), situando-se, portanto, o Pará em pior situação, em relação a este indicador, com um IDHM de 0,675 (IPEA, 2016). De qualquer forma, os três estados em análise ostentavam índices inferiores à média nacional (0,763), tal como constatado em relação à maioria dos indicadores eleitos para a análise aqui desenvolvida (IPEA, 2016).

A partir dessa breve caracterização socioeconômica, constata-se que dentre os estados que compuseram a amostra do estudo empírico, o Maranhão exibe o pior desempenho em relação a quase todos os indicadores, com exceção ao acesso ao serviço de esgotamento sanitário e ao IDHM, para os quais o Pará esboça situação de maior precariedade. De qualquer forma, os estados selecionados em seu conjunto se apresentam bem aquém da média brasileira no que tange ao desempenho de todos os indicadores analisados, o que demonstra a relevância deste estudo acerca da implementação do SUAS, tomando como referência empírica realidades socioeconômicas tão adversas.

1.3 Breve caracterização socioeconômica dos municípios da amostra da pesquisa empírica

Em conformidade com a proposta metodológica do projeto, foram selecionados 18 (dezoito) municípios para compor a amostra da pesquisa empírica, mantendo a seguinte composição: as 03 capitais (metrópoles); 03 municípios de porte grande; 03 municípios de porte médio; 03 municípios de porte pequeno nível 02 e 06 municípios de porte pequeno nível 01.

Os dados do Instituto Brasileiro de Geografia e Estatística (IBGE, 2010b, 2010c) evidenciam que as capitais, enquanto metrópoles, apresentavam elevado índice de urbanização: São Luís (94,45%), Belém (99,14%), chegando Fortaleza a alcançar um índice de 100% de urbanização. Os menores percentuais de urbanização eram registrados nos seguintes municípios de porte pequeno nível 1: Bacabeira (MA), com 22, 27%; Inhangapi (PA) com 27,61% e Pires Ferreira (CE) com 32,83%.

Mantendo as mesmas fontes, considerando-se a população ocupada na semana de referência distribuída por posições na ocupação, como era de esperar, as capitais apresentavam um percentual de trabalhadores protegidos[3] significativamente superior às médias dos seus respectivos estados: Belém com 48,88%, contra o Pará com 31,69%; Fortaleza com 52,93%, contra o Ceará com 39,07% e São Luís com 51,62% contra o Maranhão, ostentando o menor percentual entre os três estados, 27,54%. Dentre os demais municípios, os que apresentavam os maiores percentuais de trabalhadores desenvolvendo trabalhos protegidos eram: Maracanaú com 54,90% (município de grande porte no Ceará que integra a Região Metropolitana de Fortaleza), seguido de Açailândia com 41,17% (município de porte grande no Maranhão). Já os municípios com menores percentuais de trabalhadores desenvolvendo trabalhos protegidos eram: Vitória do Xingu com 12,42% (pequeno porte nível 01 no PA); Barreirinhas com 14,34% (médio porte no MA), Cururupu, com 13,65% (pequeno porte, nível 2 no MA) e Breves com 17,81% (médio porte no PA).

Sobre a população de 05 anos ou mais, alfabetizada, a fonte de dados já mencionada indicou que as três capitais apresentavam percentuais aproximados de pessoas alfabetizadas, mas todos superiores

---

3. No primeiro grupo foram incluídos empregados e trabalhadores domésticos com carteira de trabalho assinada, militares, estatutários e empregadores, enquanto as demais ocupações foram consideradas no grupo de trabalho desprotegido.

aos dos respectivos estados: São Luís com 86,40%; Belém com 87,61% e Fortaleza com 85,33%. Quando buscamos os demais municípios da amostra da pesquisa empírica com maiores índices de alfabetização, os três destaques eram: Maracanaú com 82,16% (município de porte grande que integra a área metropolitana de Fortaleza); Salinópolis com 77,81% (município de pequeno porte, nível 02 PA) e Abaetetuba com 76,06% (município porte grande do PA). Já os municípios com os menores índices de alfabetização eram: Breves com 60,19% (município porte médio do PA), seguido de Barreirinhas com 62,99% (município porte médio do MA) e Davinópolis com 66,55% (município porte pequeno nível 01 do MA).

Em relação à situação dos domicílios particulares permanentes quanto ao atendimento de serviços, merecem destaque os seguintes aspectos: quanto à *coleta do lixo*, verificamos um percentual significativamente mais elevado desse serviço nas capitais: Fortaleza com 98,75%; Belém com 90,72% e São Luís com 91,16%. Dentre os demais municípios, os com maiores incidências eram: Maracanaú com 95,95% (grande porte — CE), Açailândia com 84,23% (porte grande — MA) e Salinópolis com 79,79% (pequeno porte nível 2 — Pará). Já os municípios com menores incidências eram: Davinópolis com 35,8% (pequeno porte nível 01 — MA), Pires Ferreira com 34,79% (pequeno porte nível 01 — CE), Cururupu com 33,74% (pequeno porte nível 02 — MA) e Vitória do Xingu com 18,78% (pequeno porte nível 1 — PA); quanto à *energia elétrica*, mesmo as capitais, exceto Fortaleza, apresentavam um percentual que ainda não alcançava 80%. Assim, temos: Fortaleza com 93,31%; São Luís com 76,36% e Belém com 75,49%. Dos demais municípios, os que apresentavam percentual superior a 70% no que se refere ao atendimento de energia elétrica eram três, entre os 15: Maracanaú com 96,97%, de grande porte situado na região metropolitana de Fortaleza, Davinópolis com 85,47% (pequeno porte nível 01 — MA), Crateús com 72,09% (médio porte — CE). Os municípios com os menores percentuais, inferiores a 30%, também eram três: Abaetetuba com 26,66% (porte grande — PA), Vitória do Xingu com 20,67% (porte pequeno nível 01 — PA) e Beberibe com 17,75% (pequeno porte nível 02 — CE); quanto ao *abastecimento de água*, se considerarmos o atendimento pela rede geral, verificamos que Fortaleza era a capital com maior atendimento (93,31%), seguida de São Luís com 76,36% e Belém com 75,49%. Considerando os demais 15 municípios, os que apresentavam percentuais superiores a 70% eram: Maracanaú com 96,97% (grande porte — CE), Davinópolis com 85,47% (pequeno porte nível 01 — MA), Açailândia com 84,40% (médio porte — MA) e Crateús com 72,09% (médio porte — CE). Os municípios que apresentavam os menores percentuais, inferiores a 40%, eram: Pindoretama com 37,24% (porte pequeno nível 01 — CE), Breves com 24% (médio porte — PA) Barreirinhas com 33,74% (médio porte — MA), Abaetetuba com 26,66% (grande porte — PA) e Vitória do Xingu com 20,67% (pequeno porte nível 01 — PA); quanto ao *esgotamento sanitário*, se considerarmos a existência de rede geral de esgoto, segundo a mesma fonte de dados (IBGE 2010-a e b), verificamos que nenhum dos três estados, nem mesmo as capitais, apresentavam pelo menos 1% de rede geral de esgoto. Ainda sobre esgotamento sanitário, se considerada a inexistência de banheiro ou vaso sanitário nos domicílios, foram identificadas incidências superiores a 10% em três municípios: Bacabeira com 13,23% (porte pequeno nível 01 — MA), Crateús com 12,05% (porte médio — CE) e Pires Ferreira 18,65% (porte pequeno nível 01 — CE).

Analisando os dados sobre percentuais de pessoas pobres e de pessoas indigentes[4], verificamos entre os 18 municípios aqueles que apresentavam um percentual de pobres de 70% ou mais, assim constituídos: Barreirinhas com 82,36% (porte médio — MA); Bacabeira com 78,19% (pequeno porte nível 01 — MA), Pires Ferreira com 77,15% (pequeno porte nível 01 — CE), Beberibe 73,4% (pequeno porte nível 02 — CE), Breves 71,47% (porte médio — PA), Cururupu

4. Notas: * Percentual de pessoas com renda domiciliar per capita inferior a R$ 37,75, equivalentes a 1/4 do salário mínimo vigente em agosto de 2000.

** Percentual de pessoas com renda domiciliar per capita inferior a R$ 75,50, equivalentes a 1/2 salário mínimo vigente em agosto de 2000.

70,13% (pequeno porte nível 02 — MA). Considerando os municípios que apresentavam mais de 40% de pessoas vivendo em situação de indigência, têm-se os seguintes: Barreirinhas com 60,83% (porte médio — MA), Pires Ferreira com 50,69% (pequeno porte nível 01 — CE), Bacabeira com 49,31% (pequeno porte nível 01 — MA), Beberibe com 42,53% (pequeno porte nível 02 — CE), Cururupu com 41,51% (pequeno porte nível 02 — MA). (Instituto de Pesquisa e Estratégia Econômica do Ceará — IPECE, 20--?)

Considerando o Índice de Desenvolvimento Humano do Programa das Nações Unidas para o Desenvolvimento (PNUD, 2013), as três capitais apresentavam IDHM aproximados, superiores a 0,700: São Luís, com 0,768, Fortaleza com 0,754 e Belém com 0,746 e todos superiores ao IDHM dos seus respectivos estados, classificando-se, portanto, como de alto desenvolvimento humano. Dos demais 15 municípios, 10 apresentavam IDHM superiores a 0,600, sendo considerados de médio desenvolvimento humano, e os outros 05 municípios com IDHM superiores a 0,500 ostentavam uma situação considerada de baixo desenvolvimento humano. Os dois municípios que apresentavam os IDHM mais elevados eram: Maracanaú com 0,686 (grande porte — CE) e Açailândia, com 0,672 (grande porte — MA). Os dois municípios que apresentavam os menores IDHM eram: Breves com 0,503 (médio porte — PA) e Barreirinhas com 0,570 (médio porte — MA).

Em termos conclusivos, vale ressaltar que dos 18 municípios selecionados para a pesquisa empírica, os cinco que ostentavam o maior quantitativo de indicações negativas na análise dos indicadores selecionados, em ordem decrescente, eram: Barreirinhas (porte médio — MA) com 13 indicações, Vitória do Xingu (pequeno porte nível 01 — PA) com 10 indicações, Breves (médio porte — PA) com 9 indicações, Pires Ferreira (pequeno porte nível 1 — CE) com 8 indicações e Bacabeira (pequeno porte nível 2 — MA) com 6 indicações, verificando-se que o Pará e o Maranhão apresentavam, entre os seis municípios da amostra de cada um desses estados, dois municípios com os indicadores mais negativos.

2. QUALIFICANDO A POLÍTICA DE ASSISTÊNCIA SOCIAL NOS ESTADOS E NOS MUNICÍPIOS DA AMOSTRA DA PESQUISA EMPÍRICA: realidade institucional da gestão, dos serviços e benefícios

A contemporaneidade brasileira, ao longo de mais de três décadas, é marcada pelo processo de democratização, tendo a Constituição Federal de 1988 como a maior referência institucional, destacando-se a institucionalização do Sistema Brasileiro de Proteção Social, fincado no reconhecimento tardio dos direitos sociais. No processo de institucionalização democrática, a Assistência Social assume a condição de Política Pública, configurando o campo socioassistencial no âmbito da Seguridade Social.

A partir do texto Constitucional, a Política de Assistência Social (PAS) vivencia um processo de institucionalização, direcionado por grandes marcos históricos, a saber: promulgação da Lei Orgânica de Assistência Social (LOAS), em 1993; implantação da PNAS, em 2004 e da Norma Operacional Básica (NOB/SUAS), em 2005; criação do SUAS, em 2005, e sua regulamentação, em 2011, mediante a Lei n. 12.435.

No Pará, Maranhão e Ceará, em meados dos anos 1990, dando sequência às definições do texto constitucional de 1988 e, sobremodo, às diretrizes e princípios da LOAS, foi deflagrado o reordenamento institucional da Política de Assistência Social, em uma perspectiva descentralizada e participativa, com a criação de Secretarias Estaduais, como órgãos gestores, e de Conselhos e Fundos de Assistência Social, conforme exigências legais. É a criação de um sistema institucional da Política, a difundir-se, processualmente, na segunda metade de 1990, para os municípios, em meio à tradição assistencialista, mas ainda mantendo resquícios, a perpassar a institucionalidade da Assistência Social.

No tocante à implementação e gestão da Política Pública de Assistência Social, umas das diretrizes estabelecidas é a centralidade no território e na família, sendo a rede de serviços e benefícios socioassistenciais organizada territorialmente, ficando mais próxima das demandas e necessidades das famílias usuárias.

De fato, a territorialização é uma estratégia fundamental para a implementação da descentralização político-administrativa e para a participação dos sujeitos integrantes da Política de Assistência Social. A questão é o entendimento de território circunscrito na PNAS de 2004, no âmbito do Estado, sendo os municípios a menor escala administrativa governamental (Silva; Araújo, 2016). A rigor, o território não pode ser configurado apenas como as unidades político-administrativas dos municípios, desconsiderando toda a diversidade, inclusive territorial, existente nos 5.570 municípios brasileiros. Logo, os critérios utilizados pela PNAS para a territorialização são limitados por considerar os municípios como unidades político-administrativas, incorrendo em uma homogeneização das demandas postas à Política. (Silva; Araújo, 2016) Analistas sustentam a exigência de se compreender o território em sua multidimensionalidade política, econômica, física, simbólica e sociopolítica (Albagli, 2004).

Cabe ressaltar que, para definir o processo investigativo, foi considerado que essa classificação dos municípios pelo porte populacional, operada pela PNAS, estabelece uma hierarquia simplificadora, parecendo desconsiderar a diversidade constitutiva de cada município, sobremodo dos considerados de pequeno porte, criando uma invisibilidade das diferenças, no nível de configuração municipal. Nesse sentido, os municípios selecionados para compor a amostra para realização da pesquisa empírica incluíram outros critérios além do porte populacional, como o nível de gestão da PAS nos municípios e sua posição estratégica no contexto do estado.

Adentrando na realidade institucional da Gestão, dos 18 municípios constitutivos da Amostra nos três referidos estados, as informações levantadas revelaram que as três metrópoles — Belém, São Luís e Fortaleza — estão em nível de gestão plena. A totalidade de municípios da amostra de pequeno porte I e II e médio porte estão em nível de gestão básica. E os dois municípios de grande porte, um no Pará e um no Maranhão, estão também em gestão básica, e apenas o município de grande porte do Ceará, Maracanaú, está em nível de gestão plena. Esta configuração, embora indique um relativo avanço — já que nenhum município está em gestão inicial —, também sinaliza no sentido da necessidade de elevação no nível de gestão, tanto no âmbito dos estados quanto dos municípios.

2.1 Realidade institucional da gestão da Política de Assistência Social nos Estados do Pará, Maranhão e Ceará e nos municípios que compuseram a amostra da pesquisa empírica

A partir de meados da primeira década do século XXI, no âmbito dos governos de Luiz Inácio Lula da Silva (2003/2010) e primeiro governo Dilma Rousseff (2011/2014), o Brasil testemunhou uma das maiores transformações de um setor de política pública, efetivada, justamente, no âmbito da Política de Assistência Social. A PNAS de 2004 e o SUAS 2005/2011 propiciaram as bases para a construção da Assistência Social como Política de Proteção Social, operada no formato de um sistema público, não contributivo, descentralizado e participativo. Especificamente, o SUAS estabeleceu novos parâmetros que consolidaram o modo de gestão compartilhada, o cofinanciamento e a cooperação técnica entre os três entes federados, de modo articulado e complementar. De fato, o SUAS consubstancia os termos do Pacto Federativo no âmbito da Política de Assistência Social, demarcando a divisão de responsabilidades entre a União, os estados, o Distrito Federal e os municípios. Ademais, regula, em todo o território nacional, os serviços, programas, projetos e benefícios socioassistenciais a serem prestados em rede, conforme o porte do município e a complexidade dos serviços.

No âmbito da gestão da Política de Assistência Social, a partir de pesquisa documental e empírica, são enfocados três elementos-chaves: configurações do órgão gestor e perfil do(a) gestor(a); marcos legais e financiamento, com foco no pacto federativo.

Em um cotejo entre as realidades dos três estados nas regiões Norte/Nordeste, a pesquisa revelou que à época — 2016/2018 — no interior da estruturação institucional da Política de Assistência Social, constataram-se especificidades e similitudes: somente o Maranhão possuía órgão gestor exclusivo, organizado conforme as modalidades protetivas estabelecidas pelo SUAS, embora esse órgão receba a denominação de Secretaria de Desenvolvimento Social. Já nos estados do Pará e Ceará, a gestão da Assistência Social é desenvolvida por Secretarias multissetoriais, abrigando diferentes Políticas Públicas: Política de Trabalho, Emprego e Renda e Política de Assistência Social, no caso do Pará; Política de Trabalho, Política de Assistência Social e Política de Segurança Alimentar, no caso do Ceará. Nas duas Secretarias multissetoriais, a Política de Assistência Social estava inserida em uma instância institucional específica em termos de diretoria ou coordenação. Cabe ressaltar, como uma tendência a ser analisada, a vinculação institucional entre Política de Assistência Social e Política de Trabalho, considerando, inclusive, a tensão histórica entre Trabalho e Assistência Social, presente no debate contemporâneo.

Um outro aspecto em termos de gestão estadual, a ser registrado como um indicador positivo na implementação do SUAS, é que, nos três estados, foram encontrados os instrumentos de planejamento e pactuação no âmbito da Assistência Social, cabendo destacar: Comissão Intergestores Bipartite (CIB), como espaço de pactuação e decisão intergovernamental.

Adentrando especificamente na realidade institucional da gestão em nível municipal, considerando os 18 municípios dos três estados da amostra da pesquisa, é digno de nota a denominação conferida aos respectivos órgãos gestores, como um indicador de identidade institucional, revelando o seguinte quadro:

Quadro 2. Denominação do Órgão Gestor nos municípios da amostra nos Estados do Pará, Maranhão e Ceará

Denominação do Órgão Gestor Municipal	Número de Órgão Gestor por Estado
Secretaria Municipal de Assistência Social	4(PA); 5(MA); 4(CE)
Secretarias com denominações tradicionais ligadas a áreas correlatas (Trabalho/Promoção Social/Desenvolvimento Econômico e Social)	1(PA); 1(MA); 2(CE)
Outras denominações	1(PA)

Fonte: Silva *et al.*, 2018

O quadro anterior revela predominância do termo *Assistência Social* na denominação do órgão gestor dos 18 municípios, com resquícios de terminologias tradicionais em alguns órgãos, sendo que apenas em Belém do Pará tem-se uma denominação alheia ao campo das políticas públicas, qual seja, Fundação Papa João XXIII. Tal configuração revela um avanço no tocante à visibilidade e ao reconhecimento institucional da Política de Assistência Social em um tempo histórico relativamente curto, tomando como referência a estruturação do sistema institucional de Assistência Social em cada estado, após a promulgação da LOAS.

No que tange ao perfil dos gestores municipais da Política de Assistência Social, o quadro configurado foi o seguinte:

Quadro 3. Perfil dos Gestores Municipais

Perfil	Número por Estado
Técnico de Nível Superior	4(PA); 4(MA); 5(CE)
Técnico de Nível Médio cursando Ensino Superior	0(PA); 1(MA); 1(CE)
Primeira-Dama	2(PA); 1(MA); 0(CE)

Fonte: Silva *et al.*, 2018

É digno de nota, como indicativo de avanço, que a grande maioria dos gestores, nos 18 municípios da amostra, são técnicos de nível superior e, dentre estes, a maior parte com formação na área social (pedagogo, psicólogo, assistente social). Apenas em três municípios de pequeno porte, as gestoras eram *primeiras-damas*. Essa informação revela um esforço em imprimir caráter técnico e público na implementação da Política de Assistência Social. Sem embargo, não se pode ignorar a força do conservadorismo em marcas históricas que se ressignificam no presente (Martins Jr., 2017).

Outra dimensão da gestão a ser examinada refere-se aos Marcos Legais existentes nos estados e municípios investigados, adentrando, assim, no campo normativo da Política de Assistência Social que consagra, em nível legal, a criação de espaços, instâncias e a institucionalização de práticas socioassistenciais, garantindo que tais elementos escapem da discricionariedade da gestão, ou seja, da mera decisão da autoridade. De fato, o processo de construção da Assistência Social como política pública, no Brasil, tem-se constituído a partir da instituição de um conjunto de leis (federais, estaduais e municipais), portarias, decretos, normas e resoluções. É importante considerar que, em grande parte, essa legislação reflete a pressão social exercida por profissionais da área, gestores, conselheiros e usuários.

A partir da totalização dos dados referentes aos municípios dos três estados, foi possível perceber as tendências quanto ao marco normativo por estado e, consequentemente, por região. Assim, a totalidade dos municípios possui Conselhos Municipais de Assistência Social (CMAS) e Fundo Municipal de Assistência Social (FMAS), instituídos e regulamentados por lei. Esse aspecto deve ser justificado pela necessidade de atendimento aos critérios definidos pelo Governo Federal, em relação a estados e municípios, para o recebimento de recursos financeiros para a implementação da PAS, conforme definido em artigo da LOAS/SUAS (1993/2011).

Quanto à Lei Municipal de regulamentação do SUAS no âmbito geral dos três estados, somente três municípios do estado do Ceará: Fortaleza, Maracanaú e Crateús possuíam tal legislação em vigor, elaboradas e aprovadas em governos progressistas naqueles municípios. Revelou a pesquisa que, na totalidade dos municípios do Pará e do Maranhão e em 03 municípios do Ceará, não existe lei que regulamente o SUAS no âmbito municipal, o que representa um flanco aberto à discricionariedade, constituindo-se, assim, em fragilidade a ser superada.

A pesquisa mostrou, ademais, que a Política Municipal de Assistência Social (PMAS), enquanto um documento específico, ainda não existe no conjunto dos municípios pesquisados. De fato, os/as gestores/gestoras municipais e os/as trabalhadores/trabalhadoras reportaram-se à Política Nacional de Assistência Social como instrumento norteador utilizado para a execução da PAS nos municípios. Dessa forma, constata-se que a criação de leis específicas relacionadas à PAS, assim como a elaboração de Políticas Municipais voltadas para as realidades locais e definidas a partir do conhecimento da realidade de cada município, ainda se constituem um desafio a ser superado no âmbito do planejamento e execução da PAS nas regiões Norte e Nordeste.

A regulamentação dos benefícios eventuais evidencia avanços na Região Nordeste, especialmente nos estados do Maranhão e do Ceará, que apresentaram normatização em 100% e 85% dos municípios da amostra, respectivamente. Sem embargo, no Pará apenas 50% dos municípios da amostra apresentavam regulamentação dos Benefícios Eventuais. Nos três estados, os *déficits* de regulamentação dos benefícios eventuais foram encontrados principalmente nos municípios de pequeno porte, os quais são a maioria, dentre os municípios das regiões Norte e Nordeste. Há de se considerar que os Benefícios Eventuais, quando não regulamentados, permitem que práticas clientelistas e assistencialistas se mantenham e se reproduzam. E, mesmo com a regulamentação dos BE, a pesquisa revelou que, em muitas situações, o acesso a tais benefícios reforça práticas tradicionais de dependência.

Em uma síntese avaliativa sobre o campo normativo na gestão do SUAS, a pesquisa regional revelou que, apesar de todos os municípios da amostra possuírem determinados marcos legais no campo da Assistência Social, especialmente Conselhos e Fundos, o conjunto dos municípios precisam avançar em termos da legislação relacionada à PAS e ao SUAS. Desse modo, a criação de leis específicas, fundamentadas no conhecimento da população e das realidades locais, constitui-se ainda um desafio a ser enfrentado pelos municípios, de modo que a Política de Assistência Social seja implementada de forma democrática e, portanto, como direito, mediante critérios de acesso publicizados que afastem, ou, pelo menos, minimizem manobras políticas fundamentadas em práticas clientelistas que têm marcado historicamente essa Política.

Outra dimensão fundamental na gestão do SUAS que merece consideração é o financiamento e o cofinanciamento da Política. A NOB/SUAS (Brasil, 2012b) estabelece o financiamento compartilhado entre estados, municípios, Distrito Federal e União para a Política de Assistência Social, mediante fluxos de recursos aos Fundos de Assistência Social, em cada esfera de governo. As referências para a pactuação do cofinanciamento federal estão ligadas à população referenciada no município, à capacidade de atendimento dos equipamentos e das equipes.

A totalização dos dados sobre o financiamento da Política de Assistência Social, nos 18 municípios investigados no âmbito da pesquisa regional, circunscreveu uma tendência comum: predominância do financiamento federal na maioria dos municípios e insuficiência do cofinanciamento dos estados. De fato, tomando especificamente a realidade dos seis municípios da amostra por estado, o grau de dependência do financiamento federal é deveras significativo: 43% dos municípios recebiam acima de 60% de financiamentos federais. Ressalte-se que as capitais ostentavam quase 80% de dependência federal, o que revelou baixo investimento dos estados e também dos municípios na PAS.

Os desafios para a implementação de uma gestão do SUAS nos três estados investigados nas regiões Norte e Nordeste, em consonância com o que preconiza a PNAS/SUAS, ainda são de grande magnitude, agravados pela tendência atual de redução de investimentos para os programas sociais. Tal situação revela a necessidade de fortalecimento da resistência da sociedade para manutenção das conquistas até aqui alcançadas e superação das debilidades identificadas.

2.2 Realidade institucional dos serviços, benefícios e programas da Política e Assistência Social nos Estados do Pará, Maranhão e Ceará e nos municípios da amostra da pesquisa

Uma abordagem analítica da realidade institucional do SUAS, na perspectiva de qualificar a Política de Assistência Social, pressupõe configurar três dimensões centrais: Equipamentos institucionais;

Serviços de Proteção Social; Benefícios Socioassistenciais e Programa de Transferência de Renda.

2.2.1 Equipamentos institucionais do SUAS

Considerando dados de 2018 do Relatório de Informações Sociais do Ministério do Desenvolvimento Social (MDS), sobre as unidades de assistência social nos três estados da amostra da pesquisa, a configuração numérica assim se apresentou:

Tabela 1. Distribuição do total de CRAS, CREAS, CENTROS POP nos três Estados da amostra da pesquisa

Estados	CRAS	CREAS	CENTROS POP
Ceará	389	114	9
Maranhão	319	123	8
Pará	250	106	6

Fonte: Brasil, 2018

Uma peculiaridade nos três estados foi a identificação de expressivo número de equipes volantes: o Maranhão com 114 equipes volantes, em 92 municípios, sendo o que apresenta maior número; o Pará com 85 equipes volantes, em 44 municípios; o Ceará com 52 equipes volantes em 33 municípios. E, especificamente, o Pará, também e o Maranhão contavam com lanchas da Assistência Social, a saber: Pará com 44 lanchas da Assistência Social em 36 municípios ribeirinhos e o Maranhão com 14 lanchas da Assistência Social, em 14 municípios ribeirinhos (Brasil, 2018).

Focando na configuração dos CRAS nos referidos estados, constatamos a concentração de CRAS na área urbana, sendo emblemático o caso do estado do Pará que concentrava 91,6% de CRAS nas áreas urbanas e 8,4% nas áreas rurais. Cabe ressaltar que os três estados pesquisados contavam com CRAS para atendimento de povos e comunidades tradicionais.

Uma dimensão importante a considerar nos dezoitos municípios da amostra da pesquisa, nos três estados investigados, é o dimensionamento do potencial de atendimento do SUAS, circunscrevendo a distribuição do total de equipamentos em relação, inclusive, ao número de famílias cadastradas no Cadastro Único (CadÚnico). A pesquisa de campo revelou a ampliação gradativa de unidades públicas do SUAS nos municípios da amostra, sobretudo nas metrópoles, nos municípios de grande porte e de médio porte. No entanto, considerando as famílias cadastradas no CadÚnico, o número de unidades de Assistência Social é insuficiente para atender às reais demandas dos considerados territórios de vulnerabilidades e riscos sociais.

Em atendimento ao estabelecido na NOB/SUAS de 2012, no tocante ao número de famílias em atendimento em cada CRAS, constatou-se, especificamente em relação às três metrópoles investigadas, a exigência de ampliar consideravelmente o número de CRAS, nos seguintes termos: o dobro em Fortaleza, passando de 27 para 54 unidades; o triplo em Belém, passando de 12 para 36 unidades e o dobro em São Luís, passando de 20 para 40 unidades. Considerando especificamente o atendimento direto, além do número de CRAS ser insuficiente, um agravante é a equipe mínima de referência em cada CRAS, constituída de quatro profissionais de nível superior e quatro profissionais de nível médio, que, de fato, não tem condições de efetivar atendimento de 1.000 famílias por mês.

2.2.2 Serviços de Proteção Social no âmbito do SUAS

Avançando nas configurações da realidade institucional do SUAS nos estados da amostra da pesquisa, cabe adentrar nos serviços disponibilizados pela Política de Assistência Social nas respectivas unidades públicas, circunscrevendo tais serviços pelo tipo de proteção social e considerando a cobertura dos serviços nos estados investigados.

Direcionando o foco para o campo de Proteção Social Básica, destacaram-se dois serviços básicos desenvolvidos nos CRAS: Serviço de Proteção e Atenção Integral às Famílias (PAIF) e o Serviço de Convivência e Fortalecimento de Vínculos (SCFV). Ainda na Proteção Social Básica está tipificado o Serviço de Proteção Básica no Domicilio, ainda não regulamentado em todo o território nacional e sem maior expressão na Região Norte/Nordeste.

Considerando especificamente o PAIF, cabe avaliar a cobertura desse serviço em cada estado da amostra, considerando a demanda real de famílias referenciadas.

Quadro 4. Serviço de Proteção e Atendimento Integral à Família — PAIF

Serviços disponibilizados	Cobertura Ceará	Cobertura Maranhão	Cobertura Pará
Serviço de Proteção e Atendimento Integral à Família — PAIF	271.950 atendimentos	214.925 atendimentos	189.550 atendimentos

Fonte: Brasil, 2018

De fato, conforme a NOB/SUAS/2012, os CRAS, ao ofertarem o PAIF, precisam considerar o número de famílias referenciadas e o número de famílias previstas para atendimento/acompanhamento direto, números variáveis de acordo com o porte do município. Segundo quadro acima, já circunscrito anteriormente, no Ceará, Maranhão e Pará existem, respectivamente, 389 CRAS, 319 CRAS e 250 CRAS, envolvendo municípios de diferentes portes. Assim, a cobertura de 271.950 atendimentos no Ceará, de 214.925 atendimentos no Maranhão e de 189.500 atendimentos no Pará estava muito aquém do número de famílias referenciadas em cada unidade pública. E mais: essa cobertura do PAIF, nos três estados, estava aquém da demanda de atendimento direto/acompanhamento, via Plano de Acompanhamento Familiar que, segundo as orientações técnicas do PAIF, é destinado ás famílias que apresentam situações de vulnerabilidade social, a exigirem a proteção de Assistência Social para a garantia de seus direitos socioassistenciais, acesso aos direitos sociais e ampliação de sua capacidade protetiva. É preciso ter presente que o acompanhamento, diferentemente do atendimento, exige atenção específica do profissional para as particularidades de cada família, o que torna mais grave a insuficiente cobertura do PAIF (Brasil, 2012a).

O SCFV é realizado com grupos em situação de vulnerabilidade social, priorizando diferentes segmentos etários: criança, adolescente, jovens, adultos e idosos. Atua com metas estabelecidas para cada município, a partir das informações do CadÚnico. Se considerarmos os 184 municípios do Ceará, os 217 do Maranhão e os 144 do Pará e o público preferencial desse serviço, a pesquisa revelou que a cobertura de 94.960 usuários(as) no Ceará, 99.700 usuários(as) no Maranhão e de 76.930 usuários(as) no Pará é insuficiente para atender à demanda potencial. Nos municípios da amostra da pesquisa, a grande questão relativa ao SCFV é que os municípios não conseguiam atingir a demanda, no tocante ao público prioritário que, assim, permanece exposto ao risco social.

Incidindo o foco avaliativo para o campo da Proteção Social Especial, cabe delinear os serviços socioassistenciais oferecidos nos dois níveis de complexidade: proteção social de média complexidade e proteção social de alta complexidade.

No tocante à média complexidade, os Serviços Socioassistenciais concentravam-se nas metrópoles, espalhando-se nos municípios de grande e médio porte em cada estado da amostra da pesquisa, com uma cobertura insuficiente, considerando o agravamento da situação de violação de direitos no contexto contemporâneo da vida brasileira. Em atendimento ao estabelecido na PNAS, para cada 200 mil habitantes deve ser implantado um CREAS, entretanto, o número de CREAS está abaixo do estabelecido nos municípios da amostra da pesquisa. Particularmente, nos municípios de pequeno porte I e II, constatamos a restrição e insuficiência de CREAS regional, sobrecarregando, então, o CRAS com as demandas de média complexidade nos municípios.

Dados referentes aos três estados da amostra revelaram que, nos municípios inscritos na gestão básica, provavelmente de pequeno porte, é crescente a demanda pelos serviços de proteção social especial, sobretudo no que se refere às medidas direcionadas a crianças e adolescentes, demonstrando a necessidade de investimentos em serviços regionalizados que viabilizem esses atendimentos.

Merece destaque o serviço prioritário ofertado nos CREAS, qual seja, o Serviço de Proteção e Atendimento Especializado a Famílias e Indivíduos (PAEFI), direcionado para indivíduos e famílias atingidos por múltiplas formas de violação. Considerando o público-alvo desse serviço, a cobertura do PAEFI nos CREAS, em cada estado da amostra da pesquisa, ainda era insuficiente para atender a demanda real e a demanda reprimida.

Focando especificamente no Serviço Especializado em Abordagem Social, viabilizado pelo CREAS e CENTRO POP para crianças, adolescentes, jovens, adultos, idosos e famílias que utilizam esses equipamentos, a pesquisa, nos três estados da amostra, revelou a restrição na oferta desse serviço, tendo presente, inclusive, o número de equipes cofinanciadas para o desenvolvimento da abordagem social, qual seja: 20 no Ceará, 12 no Pará e 10 equipes no Maranhão.

Um outro Serviço de destaque no campo da Proteção Social de Média Complexidade é o Serviço de Proteção Social a Adolescente em Cumprimento de Medida Socioeducativa de Liberdade Assistida (LA) e de Prestação de Serviços à Comunidade (PSC). Tendo em vista a gravidade do quadro de violências, a atingir, de modo especial adolescente e jovens pobres das periferias, a cobertura do Serviço LA e PSC, em cada estado, era insuficiente. É emblemático o caso do estado do Pará, com atendimento em 41 municípios, com 68 grupos de adolescente e jovens, deixando 71% dos municípios descobertos. No Ceará, o serviço era desenvolvido somente em 48 CREAS, com 109 grupos de adolescente e jovens, segundo configurações apresentadas, respectivamente, no relatório do estado do Pará e no Relatório do estado do Ceará.

O Serviço Especializado para Pessoas em Situação de Rua, ofertado pelos CREAS ou pelo CENTRO POP, quando existente no município, assumia uma dimensão estratégica no trabalho socioassistencial, tendo em vista o quadro de pobreza a agravar-se na vida brasileira, tendo como um de seus indicadores o aumento do número de pessoas em situação de rua, com envolvimento em drogadição, comprometendo a dignidade e autonomia dos que habitam as ruas. A pesquisa revelou que, em cada estado da amostra, a cobertura desse serviço era deveras insuficiente. Merece especial destaque o restrito número de CENTROS POP em cada estado: 9 no Ceará, 8 no Maranhão e 6 no Pará. Em verdade, a grande maioria dos municípios cearenses, maranhenses e paraenses não dispõem de CENTRO POP, o que representa lacuna na PAS (Silva *et al.*, 2018).

Circunscrevendo o campo da Proteção Social de Alta Complexidade, é digno de nota que, nos três estados da amostra, os serviços incidiam no acolhimento institucional, congregando, sobretudo, unidades de abrigo. Os outros serviços socioassistenciais, nesse âmbito, são inexistentes nos referidos estados ou tinham cobertura irrisória.

O Serviço de Acolhimento Institucional é desenvolvido por uma rede de unidades, tanto municipal, como estadual. O Ceará conta com 81 unidades de acolhimento, sendo 69 municipais e 12 unidades estaduais, com serviços ofertados diretamente pela então Secretaria de Trabalho e Desenvolvimento Social do estado do Ceará. O Maranhão possuía unidades de acolhimento em 25 municípios, com 58 unidades, sendo 35 unidades de acolhimento na modalidade Abrigo Institucional, com execução direta do estado (Silva *et al.*, 2018).

Indiscutivelmente o serviço de acolhimento institucional marca, tradicionalmente, a trajetória da Assistência Social, constituindo, portanto, o serviço de maior proeminência na proteção social especial de alta complexidade. Ademais, cabe ressaltar que a oferta de acolhimento institucional pela rede pública estatal é deveras restrita, sendo a maioria desses serviços ofertados pela rede privada, com dificuldades, inclusive, de qualificação da cobertura em cada estado, a exigir uma investigação específica.

Por fim, considerando o quadro das regiões Norte e Nordeste, na condição de regiões mais pobres do País, os serviços de proteção social, ofertados pela Política Pública de Assistência Social nos estados do Maranhão, Pará e Ceará, são deveras insuficientes em relação à demanda real e, ainda, à demanda potencial, reprimida.

2.2.3 Benefícios Socioassistenciais e Programas de Transferência de Renda

Outra dimensão chave no âmbito da realidade institucional do SUAS são os benefícios socioassistenciais, com destaque para dois benefícios, ofertados em todo o território nacional: Benefício de Prestação Continuada — BPC, financiado com recursos da União; Benefícios Eventuais (BE), ofertados nos municípios, com cofinanciamento local e, eventualmente, com a participação do Estado.

O BPC, constante na LOAS, tem expressão significativa no contexto da população pobre, particularmente no Norte e Nordeste, considerando, inclusive, o valor do benefício de um salário mínimo. Assim sendo, é considerável o impacto que o BPC pode representar nas economias locais nos municípios de pequeno porte. E, embora os critérios para sua concessão sejam deveras restritivos, exigindo renda familiar per capita inferior a um quarto do salário mínimo, o BPC constitui um dos maiores avanços em termos de política não contributiva para proteção social dos idosos e pessoas com deficiência que vivenciam situação de vulnerabilidade social.

O quantitativo atendido pelo BPC em abril de 2019 foi o seguinte: no Pará 212.494, no Maranhão 192.193 e no Ceará 273.103 (Brasil, 2019).

Segundo a LOAS, os Benefícios Eventuais são instituídos e executados pelos municípios, exigindo regulamentação específica, mediante Lei ou Decreto Municipal e cobertura orçamentária.

Dentre os benefícios eventuais, o auxílio natalidade e auxílio funeral constituem oferta tradicional no âmbito da Assistência Social, sendo disponibilizado com maior frequência pelos municípios. Já os benefícios eventuais, categorizados no âmbito da vulnerabilidade provisória, em termos de cesta básica, de passagens para locomoção, de auxílio em relação à mudança de casa ou aluguel social, dependem das diretrizes municipais e da capacidade orçamentária de cada município.

Nos estados da amostra da pesquisa, a regulamentação dos benefícios eventuais alcançava a totalidade dos municípios, como no Ceará, ou uma parte considerável, como no Maranhão e no Pará. Especificamente nos 06 municípios da amostra em cada estado, no Maranhão e no Ceará, todos ofertavam benefícios eventuais regulamentados, sendo que no Pará três municípios ainda não tinham a referida regulamentação.

A questão reside na oferta real desses benefícios eventuais em cada município, tendo em vista a considerável demanda local, sendo a oferta sempre muito aquém da demanda. Em termos de disponibilidade orçamentária para execução dos benefícios eventuais, cabe ressaltar o baixo valor do cofinanciamento estadual ou, mesmo, a inexistência deste cofinanciamento em alguns municípios. Assim sendo, os benefícios eventuais ainda representavam uma dificuldade no âmbito da implementação do SUAS, sobremodo, nos municípios de pequeno porte.

No campo específico da transferência de renda, merece destaque o Programa Federal Bolsa Família, cuja operacionalização efetiva-se no âmbito da Política de Assistência Social, envolvendo, inclusive, o acompanhamento das famílias beneficiárias, efetivada nos espaços institucionais dos CRAS.

Concebido pelo Governo Federal, e implementado de forma descentralizada por cada município, o Bolsa Família apresenta uma abrangência considerável, contribuindo de forma efetiva para a diminuição da pobreza no país. É emblemático o fato de que, nos três estados da amostra da pesquisa, a cobertura do Bolsa Família ultrapassava o quantitativo de famílias pobres, circunscrito no Censo de 2010.

Quadro 5. Cobertura do Bolsa Família — BF — nos Estados da amostra da pesquisa

Benefício	Cobertura Ceará	Cobertura Maranhão	Cobertura Pará
Programa Bolsa Família — PBF	1.058.515 famílias beneficiadas	987.766 famílias beneficiadas	958.618 famílias beneficiadas

Fonte: Brasil, 2018

De forma inconteste, o Bolsa Família constitui um importante legado dos governos petistas no âmbito das chamadas Políticas de Enfrentamento à Pobreza.

Um outro Programa Federal, instituído em outubro de 2016, no governo de Michel Temer, é o Programa Criança Feliz que, em sua concepção e operacionalização, vai de encontro aos princípios, à perspectiva e às diretrizes do SUAS, trazendo de volta, inclusive, a figura do primeiro-damismo.

Em uma síntese avaliativa da realidade institucional dos serviços e benefícios ofertados no âmbito do SUAS nos estados do Pará, Maranhão e Ceará e, especificamente, nos municípios da amostra da pesquisa, uma primeira demarcação é quanto ao avanço da estruturação, organização e regulamentação da Política de Assistência Social no Brasil, justamente nos treze anos dos governos petistas. De fato, nesse período, constatamos uma significativa ampliação nas unidades públicas de assistência social- CRAS e CREAS, propiciando uma capilaridade institucional na oferta de Serviços e Benefícios Socioassistenciais, fazendo-os chegar aos territórios dos 5.570 municípios brasileiros.

Todavia, sobre os avanços na proteção social não contributiva no Brasil, cabe demarcar uma relativa distância na oferta de serviços socioassistenciais em relação a benefícios socioassistenciais e programas federais de transferência de renda. De fato, constatamos um grande número de beneficiários do BPC e do Bolsa Família, nos municípios dos três estados, sem acesso à proteção social materializada nos serviços socioassistenciais, cuja cobertura revela-se efetivamente insuficiente, tendo em vista demandas reais e potenciais nos considerados territórios de vulnerabilidade e riscos sociais.

Por fim, considerando a realidade institucional investigada e analisada no período 2016 a 2018, é digno de nota ressaltar o caráter ainda seletivo da Política Pública de Assistência Social, que se intensificou no governo de Michel Temer (2016-2018), com sinalizações de agravamento no governo Bolsonaro, iniciado em 2019. Inegavelmente, a estruturação e organização da Política de Assistência Social a partir do Golpe de 2016, vem sofrendo considerável retrocesso, embora com o registro de crescentes formas de resistência de grupos organizados da sociedade que emergem mesmo no âmbito da repressão e declínio da democracia no país.

3. RESULTADOS DA PESQUISA EMPÍRICA SOBRE A IMPLEMENTAÇÃO DO SUAS NOS ESTADOS DO PARÁ, MARANHÃO E CEARÁ: a realidade das Regiões Norte e Nordeste em questão

No espaço a seguir são apresentados e problematizados resultados da pesquisa empírica realizada nos dezoito municípios dos estados do Pará, Maranhão e Ceará. O conteúdo aborda os eixos temáticos que orientaram o desenvolvimento da pesquisa: percepção dos sujeitos: gestores municipais e estadual; técnicos, conselheiros e usuários sobre a PAS e o SUAS; serviços e benefícios disponibilizados nos CRAS, CREAS e CENTRO POP; trabalhadores(as) do SUAS; participação dos usuários no SUAS e controle social; sistematização e funcionamento da Vigilância Socioassistencial.

3.1 Percepção dos sujeitos da pesquisa sobre a Política de Assistência Social e o SUAS: gestores, técnicos, conselheiros e usuários

O presente item aborda a Política de Assistência Social e o SUAS, sob o ponto de vista dos(as) interlocutores(as) da pesquisa Avaliando a Implementação do Sistema Único de Assistência Social na Região Norte e Nordeste. Analisa, assim, percepções de gestores(as) estaduais e municipais, trabalhadores(as), conselheiros(as) e usuários(as) envolvidos na implementação dessa política pública, nos municípios pesquisados no Pará, Maranhão e Ceará, acerca da Política de Assistência Social e de seu correlato modelo de gestão.

O deslocamento semântico-político da assistência social para o campo da política pública estatal tem sido marcado por lutas simbólicas, com efeitos reais, saturadas de tensões, ambiguidades, avanços, recuos, desafios. Destarte, regulamentada pelo Estado brasileiro em 1934, a Assistência Social resguardou suas marcas conservadoras entremeadas à orientação liberal nos períodos subsequentes, a percorrer verdadeira *saga* da Assistência Social (Ceará, 2018) rumo ao seu reconhecimento no sistema de proteção social deste país. Somente a partir da LOAS (Lei n. 8.742/1993), tornou-se, juridicamente, *direito do cidadão e dever do Estado*. Esta lei normatiza os princípios previstos nos artigos 203 e 204 da Constituição Federal de 1988, relativos ao *direito à assistência social*.

A LOAS introduziu novas bases para a Assistência Social no campo da proteção social no Brasil, com intenção de garantir direitos socioassistenciais aos seus *usuários* e alicerçada em princípios democráticos fundamentais. (Brasil, 1993) De caráter não contributivo, destina-se a *quem dela necessitar*, desde que dentro de critérios de seletividades instituídos pelo Estado. A emancipação política, em perspectiva ampliada da satisfação das necessidades humanas na configuração da garantia de direitos sociais, encontra-se em tensionamento com a tendência à focalização em *mínimos sociais* de sobrevivência — em uma versão minimalista de cidadania —, sendo ambas anunciadas no texto da LOAS e disputadas por projetos ideopolíticos distintos.

Cabe salientar que muitas conquistas foram alcançadas no período de 2003 a 2014, com destaque à constituição e à implementação de benefícios, programas, projetos e serviços destinados ao enfrentamento de situações classificadas como de vulnerabilidades[5] e riscos sociais[6], conforme indicações da PNAS — 2004 (Brasil, 2005) e nas Normas

---

5. A *situação de vulnerabilidade social* abordada na PNAS é "[...] decorrente da pobreza, privação (ausência de renda, precário ou nulo acesso aos serviços públicos, dentre outros) e, ou, fragilização de vínculos afetivos — relacionais e de pertencimento social (discriminações etárias, étnicas, de gênero ou por deficiências, dentre outras) (Brasil, 2004, p. 27).

6. A situação de risco social emerge na PNAS (2004) como uma face da exclusão social: "[...] um processo que pode levar a um acirramento da desigualdade e da pobreza", associado

Operacionais Básicas da Assistência Social (Brasil, 2005, 2012b), que conformam as normativas jurídico-políticas centrais desta política pública e de seu modelo de gestão, o SUAS (Brasil, 2005, 2012b). A Norma Operacional Básica de Recursos Humanos (NOB-RH) (Brasil, 2005) e a Tipificação Nacional de Serviços Socioassistenciais (Resolução do Conselho Nacional de Assistência Social — CNAS n. 109/2009 e Resolução do CNAS n. 13/2014) merecem destaque, ainda, no processo de expansão jurídica e institucionalização da Assistência Social estatal nestes anos 2000.

Na PNAS (2004) encontram-se as bases para o comando único na gestão descentralizada da Política de Assistência Social — o SUAS — regulamentado pela Lei n. 12.435/2011 e pela Norma Operacional Básica (Brasil, 2012b), a disciplinar a gestão pública da Assistência Social brasileira. Tais normativas especificam o público usuário desta política pública e atribuem ao Estado a primazia para afiançar seguranças sociais fundamentais. No decurso dos dois mandatos do ex-presidente Luiz Inácio Lula da Silva (2003-2010, e do primeiro da ex-presidente Dilma Rousseff (2011-2014), houve ampliação e reconhecimento público da importância estratégica do campo socioassistencial estatal, conforme indicam os avanços nos marcos regulatórios da Política de Assistência Social e do SUAS, na organização institucional e na definição orçamentária nesta área. Passos significativos na implementação desse modelo de gestão rumo à sua consolidação em todo o País.

Mesmo ao considerar as tensões e críticas à tendência hegemônica de implementação dessa política pública e do SUAS durante os governos petistas, e em especial ao lançarmos o olhar crítico às particularidades dos estados e municípios em estudo, há que se reconhecer a amplitude assumida pelo campo socioassistencial estatal nesse período. Essa fase expansiva do SUAS começou a declinar ainda no segundo mandato inconcluso de Dilma Rousseff e, de forma substancial, no decurso do *golpeachment* em processo, que a destituiu da presidência

a situações socioeconômicas das famílias e "[...] que induzem à violação dos direitos de seus membros [...]" (Brasil, 2004, p. 30) e à fragilização e ruptura dos vínculos familiar e comunitário.

da república. Momento, portanto, de ascensão do governo ilegítimo do *presidente* Michel Temer, a representar um projeto econômico-político e cultural transnacional de viés híbrido neoliberal-neoconservador assumido pela ultradireita brasileira (Bezerra, 2018), entremeado a traços de um fascismo social (Santos; Meneses, 2009) crescente, alinhado aos interesses do capitalismo financeiro mundializado e de acumulação por espoliação social (Harvey, 2015). Tendência reiterada no projeto de governo do presidente eleito para o mandato de 2019 a 2022, a inspirar profundas incertezas quanto aos rumos do sistema de proteção social brasileiro, com proeminência o SUAS.

O item em tela centra-se na configuração da Política de Assistência Social e do SUAS nestes anos 2000, a delinear um campo minado por lutas simbólicas (Bezerra, 2015) e cujas tensões, avanços e desafios foram apreendidos nas práticas discursivas dos(as) sujeitos(as) desta pesquisa, a saber: *gestores(as) estaduais e municipais, trabalhadores(as), conselheiros(as) e usuários(as)*. Nos discursos desses(as) supracitados(as) interlocutores(as), identificaram-se pontos de confluências, divergências e particularidades acerca da Política de Assistência Social e do SUAS, a considerar as dinâmicas de materialização desta política pública e de seu modelo de gestão nos municípios pesquisados no Pará, Maranhão e Ceará.

A maioria dos relatos de *gestores(as) estaduais e municipais*, participantes da pesquisa, indicaram avanços da Política de Assistência Social em correlação com o SUAS nos anos 2000. Reconheceram os(as) usuários(as) da política na condição de sujeitos(as) de direitos, a enunciar uma compreensão da pobreza pluridimensional e imbricada à civilização do capital que a produz e reproduz. Salientaram, então, a Assistência Social na condição de política pública regulamentada, não contributiva, garantidora de direitos e política de Estado, portanto, com enfoque na responsabilidade e centralidade estatal.

A noção de pobreza configura-se em expressão-limite da questão social, produzida e reproduzida na noção de sociedade capitalista: fenômeno sócio-histórico e político, portanto, vinculado originalmente à lógica exploratória e opressora do capital em termos do modo de produção e reprodução da vida social. Adquiriu novas configurações e visibilidade pública nos anos 1990 e 2000, em meio ao seu adensamento no cerne do capitalismo contemporâneo. Condição que ultrapassa a insuficiência de renda para suprir necessidades materiais, a incluir ainda a negação de acesso e usufruto de: direitos sociais, de serviços básicos de infraestrutura urbana, de cultura e lazer; do direito ao trabalho socialmente protegido, posto que, por vezes, circunscrito a trabalhos precarizados e informais; bem como a negação de seus direitos civis.

O marco regulatório e os aspectos técnicos desta política pública expressam, conforme afirmaram gestores(as), avanços fundamentais no campo socioassistencial estatal a partir de sua regulamentação via Política Nacional de Assistência Social (Brasil, 2005) e de suas normativas operacionais, sobretudo, com a implementação do Sistema Único da Assistência Social (Brasil, 2005, 2012b). De acordo com suas percepções, tais normativas favoreceram melhor compreensão e operacionalização de seus conceitos e eixos estruturantes, de sua estrutura organizativa, de seus níveis de gestão (proteção social básica e proteção social especial), de sua dinâmica orçamentária, das instâncias de participação no controle social, do pacto federativo, da tipificação dos serviços socioassistenciais. Nessa direção, destacam-se as falas a seguir:

> *[...] Todo avanço que se deu na gestão da Assistência Social foi partir do SUAS, porque ele deixa claro todos os marcos legais das competências, das responsabilidades de todos os entes federados. Então, isso é ganho para a gestão de qualquer política. Se formos analisar o exercício de 2015, tivemos uma regularidade nos recursos da Assistência, nas transferências do governo federal para o estadual e os municípios. [...] Minha percepção da Assistência Social é de que, com o SUAS, é um modelo mais avançado que a gente tem de política pública [...].* (Informação verbal)[7].

7. Depoimento retirado da entrevista realizada com Secretário Estadual de Assistência Social, Pará.

> *Então, com o Sistema Único da Assistência ele vem organizando melhor. Quando chega uma demanda aqui na gestão, a gente já sabe pra onde encaminhar. Já identifica o que é da proteção básica, o que é da proteção especial. Então, fica mais fácil de trabalhar com o problema daquela família, daquele usuário. Com essa divisão também de média complexidade, alta complexidade ajuda muito porque a gente sabe como encaminhar para o CREAS, encaminhar para a Casa Abrigo ou para a Residência Inclusiva.* (Informação verbal)[8]

Entretanto, no tocante às condições gerais de funcionamento e implementação da Política de Assistência Social e do SUAS, discursos dos(as) gestores(as) nos três estados da pesquisa reconheceram sua não execução em consonância com seus dispositivos jurídico-políticos, a atribuírem tais limites-desafios aos aspectos ora pontuados: secundarização da Política de Assistência Social em relação à educação e à saúde, por parte dos gestores públicos; fragilização da intersetorialidade entre as políticas públicas sociais e da interdisciplinaridade entre trabalhadores(as) do SUAS; reprodução do assistencialismo e da cultura do favor nas práticas sociais locais, a debilitar o reconhecimento da assistência social como direito socioassistencial, sobretudo, por parte dos(as) usuários(as) e do poder legislativo municipal; incipiente visibilidade pública e reconhecimento social da Política de Assistência Social por dentro do Estado e da sociedade civil, a reiterar os influxos do estigma da pobreza de cariz conservador/moralizador e individualizante; cortes orçamentários e atrasos no repasse de recursos públicos federais, já evidenciados desde 2016, a considerar a prevalência do cofinanciamento federal indispensável ao funcionamento do SUAS em todo o território nacional. As ameaças iminentes de cortes orçamentários e desmontes impostos ao sistema de proteção social brasileiro, no qual se insere a recente Política Pública de Assistência Social, atravessou seus discursos.

---

8. Depoimento retirado da entrevista realizada com a Secretária Adjunta de Assistência Social do Maranhão.

Dentre os impasses expressos pelos(as) gestores(as) e compartilhados por trabalhadores(as), importa destacar a particularidade enunciada pelos(as) pesquisadores(as) do Pará (2017) em relação a este estado, qual seja: *o fator amazônico*, já que houve quase unanimidade dos(as) interlocutores(as) ao salientarem que as particularidades regionais da questão social paraense — em termos físico-geográficos e socioculturais pertinentes às populações ribeirinhas, quilombolas e indígenas — não estavam sendo consideradas na implementação do SUAS nos municípios da amostra neste estado, a colocar em risco a garantia de direitos a estas populações locais e a indicar dissonância com relação aos marcos regulatórios da Política de Assistência Social. A própria incorporação da abordagem territorial — em considerando distintas escalas territoriais — enquanto eixo estruturante da PNAS, parece fragilizada diante do *descaso com o fator amazônico* enunciado.

Discursos de *trabalhadores(as) do SUAS*, nos municípios paraenses, maranhenses e cearenses pesquisados, demonstraram conhecimento da Política de Assistência Social e de seu correlato modelo de gestão (SUAS) em termos de sua gênese, seu desenvolvimento, seus preceitos teóricos, técnicos e ideopolíticos. Evidenciaram seus marcos histórico regulatórios principais, sendo estes as referências fundantes em suas falas e que, supostamente, norteiam suas práticas profissionais. Predominou, dentre estes sujeitos, a versão positivada da Assistência Social, a evocarem a *máxima direito do cidadão e dever do Estado* para melhor expressar a sua configuração no patamar de política pública de Estado, com estruturação institucional, legislação e orçamento público específicos; de caráter participativo e descentralizado; com sistematicidade e tipificação nacional dos serviços, programas, projetos e benefícios socioassistenciais; além da definição das seguranças socioassistenciais.

Outro elemento recursivo nas percepções dos(as) trabalhadores(as) foi apontar tal política pública como possibilidade de acesso aos direitos socioassistenciais por parte de seus demandatários compreendidos na condição de *cidadãos de direitos*. Reforçaram a necessidade de socializar informações sobre o SUAS, seus serviços, projetos, programas e benefícios inscritos no campo dos direitos socioassistenciais, a referenciar-se nos marcos regulatórios como mediação significativa para romper com a cultura do favor ainda vigente nos discursos e práticas de distintos sujeitos(as) imbricados neste campo. Não obstante, algumas narrativas de técnicos(as) pareceram reiterar a figura estigmatizada e naturalizada do *pobre*, expressivos na reprodução das noções de pobreza, vulnerabilidade e riscos sociais, por vezes, reportados e circunscritos aos marcos regulatórios da PNAS (Brasil, 2004), sem problematizá-las em seus fundamentos teórico-políticos e em seus vínculos orgânicos com o capitalismo e enquanto refrações da questão social, a sinalizar um outro desafio a enfrentar.

Permaneceu o dilema-desafio estruturante do campo socioassistencial estatal afeito à cultura da cidadania e do direito: desnaturalizar a pobreza — em sua gênese estrutural e configurações contemporâneas — politizá-la no debate público, de forma a apreendê-la como expressão-limite da questão social nos marcos do capitalismo mundializado e em sua versão periférica e dependente no Brasil. Portanto, produzida e reproduzida na sociabilidade do capital, a ser decifrada e enfrentada em sua pluridimensionalidade (Bezerra, 2015), para fins de garantia de direitos. Em correlato, exige atentar-se para a natureza e os limites da Política de Assistência Social no paradoxo de "[...] assegurar proteção social para segmentos estruturalmente desprotegidos na civilização do capital" (Carvalho; Silveira, 2011, p. 21). Retoma-se a importância do debate crítico e politizado sobre o pertencimento dos(as) ditos(as) usuários(as) da Política de Assistência Social às classes trabalhadoras nas dinâmicas do capital, segundo já enunciado por Couto, Yazbek e Raichelis (2017), entretanto, ausente nos discursos dos(as) interlocutores(as) da pesquisa em tela. Trata-se de caminhar em direção à ruptura tanto com a cultura do favor/assistencialismo ora vigentes nas práticas sociais cotidianas que atravessam a implementação do SUAS, como com a perspectiva de inserção social minimalista, focalizada e seletiva daqueles que atenderem aos critérios rigorosos de seletividade e submeterem-se às normativas institucionais pertinentes ao campo socioassistencial estatal alinhado ao projeto político-cultural neoliberal à brasileira (Bezerra, 2018).

O Relatório de Pesquisa de Campo no estado do Ceará (Ceará, 2018) apontou a ênfase dada pelos(as) trabalhadores(as) do SUAS aos limites-desafios postos à sua implementação nas unidades públicas constitutivas da Proteção Social Básica (PSB) — os CRAS — e da Proteção Social Especial (PSE) de Média Complexidade — os CREAS e CENTRO POP — em âmbito municipal. Os(As) técnicos(as) focaram nas suas próprias relações e condições de trabalho precarizadas consideradas, portanto, em desacordo com a NOB/SUAS-RH (Brasil, 2006). Destacaram as implicações desta precarização do trabalho na descontinuidade dos serviços, programas, projetos e benefícios diante da rotatividade dos profissionais do SUAS; e na postergação e até inviabilização (temporária) do acesso dos(as) usuários(as) aos direitos socioassistenciais, operacionalizados nos CRAS, CREAS e CENTROS POP, conforme se observou durante o trabalho de campo.

Salienta-se a tendência de tecnificação e burocratização da Política de Assistência Social anos 2000, a prevalecer, nos relatos dos(as) técnicos(as), duas dimensões inquietantes presentes no campo socioassistencial estatal brasileiro, de acordo com o Relatório de Pesquisa de Campo no estado do Maranhão (Maranhão, 2017, p. 60): "[...] uma compreensão equivocada e estigmatizante acerca do pobre e da situação de pobreza" somada à preocupação central "[...] em conhecer e cumprir as exigências técnicas e legais instituídas pela PAS". Embora essa perspectiva não tenha sido enunciada pelos(as) técnicos(as) municipais do Pará e Ceará, a supracitada versão gestionária da Política também foi percebida no trabalho de campo em municípios cearenses da amostra da pesquisa.

As versões de parcela dos(as) *conselheiros(as)* de CMAS assemelharam-se às dos(as) técnicos(as) ao referendarem os marcos regulatórios da PNAS (Brasil, 2004) e dos SUAS (Brasil, 2005, 2012b) e enaltecerem a Assistência Social estatal como política pública de Estado e garantidora de direitos socioassistenciais. Buscaram diferenciá-la de práticas assistencialistas, de primeiro-damismo, de subalternidades instituídas e sem orçamento público definido, que anteriormente prevaleciam nesse campo. Todavia, parcela expressiva dos(as) conselheiros do Pará e do Ceará reconheceram traços de continuidade e hibridização das práticas mencionadas por dentro da institucionalidade democrática e socialmente protetiva da Política de Assistência Social e do SUAS em sua materialidade cotidiana em nível municipal. Nos discursos, a Política de Assistência Social resultou de movimentos sociais e políticos, a configurarem processos de construção permeados por disputas ideopolíticas, avanços e limites-desafios adensados no contexto de contrarreformas e desmontes do sistema de proteção social brasileiro.

Dentre as percepções acerca da Política de Assistência Social, proferidas por conselheiros(as) paraenses, o Relatório de Pesquisa de Campo no Estado do Pará (Pará, 2017) destacou três aspectos. Primeiro, denunciaram o reiterado *descaso com o fator amazônico* apesar das normatizações. Segundo, assinalaram a tendência de fragilização do exercício do controle social democrático em conjuntura de desmonte de direitos e ataque à democracia somada ao desconhecimento da natureza e funcionalidade dos CMAS por parte de alguns conselheiros. Terceiro, os limites postos pela constituição de equipe mínima de trabalhadores do SUAS e pela precarização de suas condições de trabalho enquanto tendências. Em relação ao terceiro item, apesar da existência da NOB/RH/SUAS (Brasil, 2006), observou-se, conforme relatórios de pesquisa dos três estados, que além da prevalência de equipes mínimas de trabalhadores(as) do SUAS, a recursiva precarização do trabalho dos(as) profissionais contribuem com a fragilização, descontinuidade e inviabilização do atendimento às demandas postas e à garantia da qualidade dos serviços oferecidos aos seus usuários. A fala a seguir sinaliza para esse limite-desafio no processo de implementação do SUAS no Ceará:

> *Falta muita coisa e eu vejo um grande entrave. O grande entrave é essa questão da descontinuidade do trabalho por conta da saída do trabalho, dos trabalhadores, periodicamente, por conta da gestão ou forma de contratação do trabalhador. Eu acho isso um grande entrave. Porque quebra o trabalho. O trabalho, que era pra ser continuado, perde o vínculo daquele profissional com a população. E pode comprometer a qualidade dos serviços do SUAS.*

> *Tem profissionais muito comprometidos com essa política, eu acredito que tem profissionais que trabalha com ela porque ama. Ama o ser humano, e ama o trabalho que faz. Mas é uma perda quando o profissional sai pela precariedade das condições de trabalho.* (Informação verbal)[9]

Sobre as percepções de *usuários(as)* acerca da Política de Assistência Social e do SUAS, recorrentes nos Relatórios de Pesquisa de Campo nos Estados do Pará (2017), Maranhão (2017) e Ceará (2018), buscou-se sintetizar significações predominantes e intrincadas em seus relatos. Por um lado, predominou o relativo *desconhecimento* da Assistência Social como política pública garantidora de direitos e do SUAS, em especial em termos de seus marcos regulatórios, das siglas adotadas, das noções conceituais que os alicerçam e, por vezes, de programas, projetos, serviços e benefícios socioassistenciais ofertados nos CRAS, CREAS e CENTROS POP. Por outro lado, embora não identificando, diretamente, CRAS, CREAS e CENTROS POP com a Política de Assistência Social e o SUAS, os reconheceram como espaços de *apoio, acolhimento, orientação, encaminhamentos*, de obtenção de informações, cursos, alguns benefícios emergenciais, inserção em serviços, programas e projetos socioassistenciais disponibilizados nessas unidades.

As percepções de usuários(as) expressaram, assim, seus saberes e suas experiências tecidos nas estruturas e dinâmicas das unidades públicas em seus territórios vividos, sobretudo, nas interações estabelecidas com os(as) trabalhadores(as) do SUAS em seus modos de operacionalização cotidiana da Política. Nesse sentido, coaduna-se com a interpretação de Bezerra (2018), ao salientar que, a Assistência Social estatal, sob a ótica de usuários(as), vem apreendida não como compreensão genérica, jurídico-política ou teórica, *mas como a vivem e a sentem cotidianamente*.

Nos discursos de usuários(as) salientou-se a *associação estabelecida*, por parcela significativa, *entre assistência social e a noção de ajuda ou benesse à reiterada figura do pobre incivil* (Telles, 1999), *o dito necessitado-carente*.

9. Depoimento retirado do Grupo Focal realizado com Conselheiros(as) de Fortaleza.

Tais significações denotam resquícios do assistencialismo e da cultura do favor/tutela inscritos por dentro da Política de Assistência Social. SUAS percepções tendem ainda a ser positivadas ou negativadas, a depender da qualidade da atuação profissional dos(as) trabalhadores(as) do SUAS, mesmo quando não implicada acesso direto aos benefícios socioassistenciais e à resolutividade de situações de necessidades que motivaram esses sujeitos a procurar os CRAS, CREAS ou CENTROS POP em seus municípios.

No Relatório de Pesquisa de Campo no Estado do Ceará (2018), mereceu destaque, nos discursos de usuários(as), uma peculiar *visão híbrida* da Política sinalizada no deslocamento político-cultural da Assistência Social como *ajuda* — cujo acesso depende do critério de *falta/precisão* — rumo a uma incipiente versão de *direito* relativa ao *apoio* estatal que, em face das situações de necessidades, não restrita ao caráter material, assegura políticas públicas sociais, com ênfase na Política de Assistência Social. O deslocamento semântico associava-se à forma de atendimento garantido pelos trabalhadores do SUAS, em especial, nos CRAS e CREAS e, em menor proporção, nos CENTROS POP cearenses, nos territórios referenciados. As relações e condições precarizadas de trabalho vivenciadas pelos profissionais não passaram, portanto, despercebidas também nos relatos de usuários(as) ao expressarem suas percepções negativadas da Política de Assistência Social, posto que enfatizaram suas implicações na descontinuidade e na parca qualidade do acesso aos serviços, benefícios, programas e projetos socioassistenciais.

Em última instância, cabe registrar outro aspecto relevante: parcela significativa dos(as) sujeitos(as) de pesquisa envolvidos(as) na implementação do SUAS expressaram urgência em construir alianças e frentes de lutas político-culturais em defesa do sistema de proteção social brasileiro, no qual a Assistência Social se inclui enquanto política pública imprescindível no contexto de confluência perversa entre neoliberalismo, neoconservadorismo e encrudescimento da função penal-punitiva do Estado. Considerou-se, então, relevante o relato emblemático de usuário(a) do SUAS cearense, a expressar tanto o reconhecimento da dimensão estratégica da Política de Assistência Social e do SUAS, como o desejo de lutar, coletivamente, pela garantia de direitos e defesa da Política. A partir de seus saberes, sentimentos e experiências cotidianas construídos *das e nas margens*, a incluir os aprendizados urdidos por dentro do campo socioassistencial estatal em tempos de SUAS (Brasil, 2005, 2012b), enunciou a seguinte *versão-lição*:

> *Hoje, eu vejo é uma mudança muito grande, porque tem o CRAS, tem o CREAS e eles trazem, pra gente, a Política Social. Cabe à gente enfrentar e buscar mais conhecimentos de lutar por aquilo que a gente tem direito, por aquilo que é direito da gente. Então, nós estamos aqui, nós não estamos só pra ouvir o que vieram pra explicar. Mas a gente está aqui, também, pra trabalhar junto, pra passar o que a gente já conhece, o que a gente sente, o que a gente tem que lutar, que é pelos nossos direitos. Se é um direito nosso, nós não temos que baixar a cabeça, nem cruzar os braços. Nós temos que levantar a cabeça e ter garra de lutar pelos nossos direitos. Porque eles estão lá, são todos poderosos lá, às nossas custas. Se eles tirarem o direito da nossa saúde, ele está nos matando. Se ele nos matar, quem vai botar eles lá no poder deles que eles querem? Então, é isso que nós temos que fazer: é lutar pelos nossos direitos e está sempre ao lado daqueles que tem a força de vontade de vir lutar, junto conosco, pelos nossos direitos.* (Informação verbal)[10]

As frentes de resistências e as lutas políticas são plurais, em consonância com a multiplicidade dos(as) protagonistas envolvidos(as) na defesa da PAS e na implementação do SUAS. Todavia, seus (suas) usuários(as) são cruciais e estratégicos nos processos políticos voltados à continuidade e consolidação dos direitos socioassistenciais no Brasil. Coaduna-se, assim, com o desafio teórico-político enunciado por Bezerra (2018): implodir a figura homogeneizadora de *usuário(a) da assistência social* para apreendê-lo(a) em seus modos de vida e resistências pluriversais. Implica abranger dimensões de interseccionalidades

---

10. Depoimento retirado do Grupo Focal realizado com os(as) usuários(as) do SUAS em Maracanaú.

entre classe social, gêneros, etnia-raça, geração, sexualidades situadas nos territórios e com suas territorialidades em construção. Para essa autora, reconhecer, decifrar e potencializar a pluriversalidade dos modos de vida, resistências e lutas dos(as) *sujeitos-usuários(as)*, seus trânsitos no campo socioassistencial, a partir das dinâmicas de seus territórios vividos inscritos nas margens urbanas, constitui-se em um dos desafios postos para a continuidade da Política de Assistência Social e do SUAS (Bezerra, 2018).

Em face das ameaças postas à inconclusa democratização brasileira, potencializadas com o encrudescimento do Estado penal-punitivo convergente com o desmonte do sistema de proteção social brasileiro, a formação político-educativa permanente, as resistências plurais e as lutas contra-hegemônicas rumo à radicalização da democracia e à emancipação humana constituem-se em caminhos trilhados pelas classes subalternas no Brasil contemporâneo.

3.2 Concepções e configurações da realidade dos serviços, programas, projetos e benefícios socioassistenciais ofertados no âmbito do SUAS nas Regiões Norte e Nordeste

O SUAS é constituído por um conjunto de serviços, programas, projetos e benefícios desenvolvidos no âmbito da PAS, que podem ser prestados diretamente pelas instituições públicas, ou indiretamente, mediante convênios com organizações sem fins lucrativos. (Yazbek, 2008) Todavia, considerando-se a diversidade de ações, faz-se necessário distinguir conceitualmente tais categorias, visto que não raramente os termos serviços, benefícios, programas e projetos são utilizados como sinônimos, mesmo tendo diferenças fundamentais como: seu caráter, ser permanente ou eventual, a forma de acompanhamento do público e o tipo de provisão prevista.

A efetivação dos benefícios socioassistenciais ocorre mediante repasse de bens materiais ou transferência de renda direta para indivíduos e famílias em situação de vulnerabilidade social. São, portanto, provisões que integram a proteção social básica; compõem a rede socioassistencial e são divididos em duas modalidades, conforme dispõe a LOAS/SUAS (Brasil, 2011a): Benefício de Prestação Continuada (BPC) e Benefícios Eventuais (BE). Acrescem-se a estes os benefícios vinculados ao Programa Bolsa Família[11], por se constituírem também provisões de natureza monetária.

No art. 23 da LOAS/SUAS (Brasil, 2011a), os serviços socioassistenciais são atividades com caráter continuado que objetivam contribuir para o fortalecimento da convivência familiar e comunitária; atender situações de direitos violados ou ameaçados; prestar apoio sociofamiliar; orientar/encaminhar famílias e indivíduos para outras políticas públicas.

Muniz e outros (2007, p. 40) propõem um conceito para os serviços socioassistenciais no qual os definem como:

> [...] meio de acesso a seguranças sociais que produz aquisições pessoais e sociais aos usuários e opera integradamente as funções de proteção social, defesa de direitos e vigilância socioassistencial, pelo desenvolvimento de atividades continuadas prestadas por um conjunto de provisões, recursos e atenções profissionalizadas, numa unidade física, com localização, abrangência territorial e público definido.

As autoras acrescentam que os serviços socioassistenciais são responsabilidade do Estado e como tal "[...] são regidos por normas técnicas, padrões, metodologias e protocolos e controles referenciados pelo SUAS" (Muniz *et al.*, 2007, p. 40). Nessa direção, destaca-se a Tipificação Nacional dos Serviços Socioassistenciais (Resolução CNAS n. 109, de 11 de novembro de 2009), instituída para organização e oferta dos serviços, padronização, em todo território nacional, com definição de conteúdos, público-alvo, finalidades e resultados a ser alcançados para a garantia dos direitos.

---

11. Os benefícios vinculados ao PBF são de várias modalidades: básico, variável, jovem, nutriz, gestante e superação da extrema pobreza.

Os serviços expressam respostas públicas diante das situações de privações econômicas, sociais, de fragilização de vínculos, acesso precário a bens diversos e às políticas públicas. Isso significa, conforme proposto, que "[...] para o SUAS as respostas devem impactar positivamente as condições sociais daqueles que deles se utilizam, requerem ou venham deles a necessitar." (Brasil; PUC-SP, 2013, p. 41).

Outro termo corrente no âmbito da PAS é o de programas. A LOAS os designa como "[...] ações integradas e complementares com objetivos, tempo e área de abrangência definidos para qualificar, incentivar e melhorar os benefícios e os serviços assistenciais" (Brasil, 1993, art. 24).

Para Jannuzzi (2014), os programas são empreendimentos complexos, que envolvem a contratação de pessoal técnico; disponibilidade de instrumentos; adequação de equipamentos públicos; alocação de recursos monetários; promoção de capacitação, de forma coordenada no tempo e no território. Muniz e outros (2007, p. 40) afirmam que programa pode significar, ainda:

> [...] um conjunto de ações estratégicas para articular benefícios e serviços socioassistenciais ou de outras políticas sociais para, num prazo definido, alcançar determinados objetivos ou lidar com determinadas necessidades sociais, com vistas ao atendimento das seguranças devidas aos cidadãos.

Depreende-se dessas concepções que o programa se constitui numa unidade de planejamento que gerencia/articula um conjunto de serviços e benefícios de uma determinada política pública ou se articula intersetorialmente com outras políticas para alcançar seus objetivos.

Já os projetos respondem a uma situação ou especificidade territorial, ou até podem qualificar e desenvolver determinadas metas de programas e serviços com objetivos e prazo de duração determinados (Muniz *et al.*, 2007).

Nesse sentido, os projetos constituem um conjunto de ações estratégicas e complementares em relação à proposta de um programa/política social. Diz a LOAS que os projetos,

> [...] compreendem a instituição de investimento econômico-social nos grupos populares, buscando subsidiar, financeira e tecnicamente, iniciativas que lhes garantam meios, capacidade produtiva e de gestão para melhoria das condições gerais de subsistência, elevação do padrão da qualidade de vida, a preservação do meio-ambiente e sua organização social (Brasil, 1993, art. 25).

No âmbito da PAS, a LOAS dá ênfase aos projetos de enfrentamento à pobreza, enquanto ações que concorrem para o alcance de metas de programas e serviços voltados para melhoria das condições de vida de indivíduos e famílias oriundos de camadas populares.

Diante do exposto, compreendem-se os serviços, programas, projetos e serviços socioassistenciais como unidades de atenção a indivíduos e famílias que possuem especificidades e, por essa razão, constituem-se categorias distintas. Entretanto, constituem um conjunto articulado de ações que traz o desafio para gestores, de integrá-las em rede para o alcance da proteção social sob a responsabilidade da PAS.

Isso posto, importa considerar a configuração e a realidade desse conjunto de provisões que compõem a Proteção Social assegurada pelo SUAS, organizado por níveis de proteção social e pela complexidade das atenções requeridas na realidade dos dezoitos municípios dos estados do Pará, Maranhão e Ceará, espaços geográficos da amostra da pesquisa.

Sobre os tipos de proteção social, a PAS se organiza em dois tipos: básica e especial. A básica tem como público-alvo indivíduos e famílias em situação de vulnerabilidade social decorrente da pobreza, privação e fragilização de vínculos. Tem como objetivo prevenir situações de risco, mediante o desenvolvimento de potencialidades, aquisições e o fortalecimento de vínculos familiares e comunitários. (Brasil, 2005)

A previsão é de que, na proteção básica, sejam desenvolvidos serviços, programas e projetos de acolhimento, convivência e socialização de famílias e indivíduos de acordo com a situação de vulnerabilidade expressa pelos demandantes. Do mesmo modo, os benefícios socioassistenciais, BPC, BE e o Bolsa Família compõem essa proteção pela sua natureza.

A proteção social especial destina-se a famílias e indivíduos em situação de risco pessoal e social em decorrência de abandono, maus-tratos, abuso sexual, uso de substâncias psicoativas, cumprimento de medidas socioeducativas, situação de rua, situação de trabalho infantil, dentre outras (Brasil, 2005).

Cabe considerar que a proteção social especial comporta níveis de complexidade, de acordo com as situações/demandas apresentadas por indivíduos e famílias. Assim, esse tipo de proteção se organiza por dois níveis de complexidade: média e alta. Na média complexidade, os serviços devem oferecer atendimentos a famílias e indivíduos cujos direitos foram violados, mas com vínculos familiar e comunitário mantidos, o que requer acompanhamento especializado e sistemático por uma equipe de profissionais. Dentre os serviços de proteção social especial de média complexidade previstos estão o de orientação e apoio sociofamiliar, plantão social, abordagem de rua, cuidado no domicílio, habilitação e reabilitação na comunidade das pessoas com deficiência, Medidas Socioeducativas em Meio Aberto (MSE) e Prestação de Serviço à Comunidade (PSC) (Brasil, 2005).

Na alta complexidade, a proteção especial envolve serviços que devem garantir proteção integral (alimentação, higienização, trabalho protegido, moradia) para indivíduos e famílias sem referência ou em situação de ameaça. Tais serviços voltam-se para o atendimento integral institucional, atendimentos em casa lar, república, casa de passagem, albergue, família substituta, família acolhedora, medidas socioeducativas restritivas e privativas de liberdade (Brasil, 2005).

De acordo com esse entendimento, os serviços, programas e benefícios são viabilizados e ofertados em Unidades de Atendimento: CRAS,

CREAS, CENTRO POP, Centro-Dia de Referência para Pessoa com Deficiência e suas Famílias e nas Unidades de Acolhimento: Casa Lar, Abrigo Institucional, República, Residência Inclusiva e Casa de Passagem.

A estruturação da PAS, mediante a forma de gestão do SUAS, do conjunto de serviços, programas, projetos e benefícios hierarquizados por tipo de proteção e níveis de complexidade, introduz a concepção de sistema orgânico com definição de responsabilidades para os entes federados e, consequentemente, impõe desafios para sua concretização, dada a complexidade que envolve o funcionamento da rede socioassistencial. Ademais, importa considerar os determinantes socioeconômicos e políticos que interferem na forma como esta política pública tem conseguido ser implementada na sociedade brasileira.

A esse respeito, Yazbek (2007, p. 47), referindo-se ao desenvolvimento da PAS sob a égide do SUAS, ressalta que: "[...] vivemos hoje um momento decisivo para a sua concretização num patamar de prioridade como política pública de proteção social direcionada à realização dos interesses das classes subalternizadas em nossa sociedade".

No contexto dos três estados e, por conseguinte, dos 18 municípios pesquisados, se verificou que as três capitais concentravam o maior número de equipamentos atendendo o que preconiza a Lei, quando orienta a existência do quantitativo de CRAS, CREAS e CENTRO POP a partir do tamanho da população. Todavia, a despeito das capitais possuírem o maior número de equipamentos, são os CRAS que se sobressaem[12], e, embora tenham como objetivo a Proteção Básica Social, são frequentemente obrigados a receberem as demandas de média complexidade, existentes nos municípios, que seriam para os CREAS. A inexpressiva oferta deste Centro constitui-se num aspecto a ser destacado, posto que municípios de pequeno porte eram inviabilizados de implantar CREAS, visto que o parâmetro para implantação é que o município tenha uma população de mais de 20.000 habitantes. (Brasil, 2011a) Todavia, a existência de demanda justificaria a garantia

12. O que não significa afirmar que o número desse equipamento nas capitais corresponda ao orientado pela Política e que sejam suficientes para atender às demandas.

do atendimento das famílias em CREAS Regionalizados. Uma reflexão recorrente nos relatos dos técnicos interlocutores da pesquisa nos três estados sobre essa situação pode ser ilustrada nas falas a seguir:

> *Nós não temos um número de habitantes, conforme a exigência da NOB SUAS, para aderir um CREAS. Mas não deixamos de atender. Criamos uma sala depois que veio o monitoramento para atender demandas individuais em dias determinados pela psicóloga e pelo jurídico. Então, a psicóloga, além de atender a básica também faz esse atendimento individualizado, porque nós não temos a contrarreferência para encaminhar para o CREAS de Imperatriz e a Regional não atende. Então, não deixamos de atender a demanda, mas é assim!* (Informação verbal)[13]

Assim, de modo geral, a maioria dos CRAS oferta todos os serviços definidos pela Política Nacional, como PAIF, SCFV, Acolhimento de Crianças e Adolescentes, Medidas Socioeducativas, CadÚnico, BPC, BF e os BE.

No que se refere à situação dos equipamentos nos municípios pesquisados, pôde-se identificar que a maioria funcionava em casas e prédios alugados pela Prefeitura. Nem as capitais que ofereciam as melhores condições estavam isentas desta condição. Em razão dos aluguéis, havia mudanças constantes que incidiam sobre a capacidade de atendimento, conforme atesta o relato a seguir:

> *[...] uma coisa que precisa dentro do Sistema Único de Assistência é você ser referência né, ter o espaço próprio né, que não se tem. De 2009 pra cá, que é o período que estou no CRAS, nós tivemos três casas em vias de ir para a quarta. Falam né que a gente vai ganhar uma sede mais adequada né e isso é uma coisa que é muito ruim, porque você não tem um espaço próprio com acomodação ideal, se a gente demorar um pouquinho mais aqui vai escurecer e não temos luz. Fora outras necessidades básicas, água, a exemplo, não trouxe o copo novamente porque não tinha.* (Informação verbal)[14]

---

13. Depoimento retirado do Grupo Focal realizado com uma técnica de Davinópolis.
14. Depoimento retirado do Grupo Focal realizado com uma técnica de São Luís.

Sobre a estrutura física dos Centros de Referência, a maioria apresentava condições inadequadas no que se refere aos espaços (tamanho, quantidade, distribuição e ventilação). Portanto, a maioria desses locais não atendia as indicações contidas nas Orientações Técnicas relativas aos CRAS e CREAS (Brasil, 2011b) no que diz respeito à infraestrutura, identificação e organização do espaço físico, fatores esses que pareciam limitar a capacidade de atendimento dessas unidades e dificultar qualidade ao trabalho das equipes. O relato a seguir é elucidativo da questão:

> *O espaço do CENTRO POP, assim, né, não é adequado porque não tem sala pra cada profissional. Às vezes (pausa) tem uma sala lá maior, que o psicólogo e o advogado atendem ao mesmo tempo. Fica difícil dependendo do serviço de cada um. Não vai ter aquela conversa com cada um, individual. É individual por cada usuário. Um acaba ouvindo a conversa do outro e acaba até dando um limite para o trabalho do psicólogo ou do advogado.* (Informação verbal)[15]

Quanto à oferta dos serviços socioassistenciais, destacaram-se o improviso e o atendimento emergencial de demandas espontâneas como práticas que prevaleciam no âmbito dos Centros de Referência. Isso ocorria pelo desconhecimento de demandas coletivas e da realidade na qual o público da PAS estava inserido. Práticas que precisam ser superadas mediante a afirmação de iniciativas que valorizem também demandas de caráter coletivo, o que passa necessariamente pelo conhecimento do território.

No que se refere à transferência de renda para as famílias e indivíduos em situação de vulnerabilidade social, identificou-se que os benefícios continuados existentes, nos municípios pesquisados, são o BF e o BPC que contemplam número expressivo de beneficiários. O Bolsa Família vem alcançando uma cobertura de atendimento superior a 100% da população alvo: pobre e extremamente pobres, em

15. Depoimento retirado do Grupo Focal realizado trabalhadores(as) do SUAS em Fortaleza.

11 dos 18 municípios. A pesquisa também demonstrou a inexistência de benefícios continuados de iniciativa municipal ou estadual, o que revestia de maior relevância a transferência direta de renda federal no atendimento às situações de pobreza das famílias.

Quanto aos benefícios eventuais previstos no art. 22 da LOAS, as informações obtidas nos municípios demonstraram que a concessão dos mesmos ocorria em todos os municípios pesquisados, e eram estabelecidos a partir de lei específica, na maioria não regulamentada. Destaca-se que, na maioria dos municípios, técnicos e gestoras ressaltaram o fato de a demanda pelos benefícios ser sempre superior à oferta. O relato a seguir é expressivo do que foi informado como realidade da materialização dos referidos benefícios:

> *Quando chegam os benefícios, no caso do benefício eventual, quando tem as cestas básicas, a gente faz as concessões. Mas não é mensal, não é. Já passou de três, quatro meses sem chegar nada. Então, quando chega, a gente vai fazer, ver para quem a gente vai conceder, quem são as famílias beneficiadas. Normalmente são as pessoas do PAIF, a gente faz a visita, já estamos acompanhando, quando chega, a gente faz só as concessões.* (Informação verbal)[16]

No que diz respeito ao tipo de benefício eventual ofertado, constatou-se que a maioria dos municípios ofertava o auxílio-natalidade e auxílio-funeral. Todavia, os municípios não tinham informações sistematizadas sobre a quantidade de benefícios concedidos. Esse fato parece apontar para a necessidade de organização da gestão nesse aspecto, como forma de propiciar o controle social para garantia de direitos pelas famílias que deles necessitarem e também como forma de garantir elementos para o monitoramento e avaliação sobre a oferta dos benefícios eventuais.

A regulamentação dos benefícios eventuais, com definição de critérios para sua concessão, a partir da instituição de lei municipal,

---

16. Depoimento retirado do Grupo Focal realizado trabalhadores(as) do SUAS em Fortaleza.

visando romper com o clientelismo arraigado, sobretudo nos municípios de portes menores, deve ser definida com a participação efetiva do CMAS. Todavia, a pesquisa demonstrou, nos municípios estudados, que a concessão de benefícios eventuais, mediante critérios legalmente definidos, ainda era um desafio a ser enfrentado pela maioria, visto que, dos 18 (dezoito) municípios, somente em 2 (dois), técnicos e gestores afirmaram não haver interferência política no processo de concessão. Nos demais municípios, parecia ainda existir a interferência de práticas clientelistas e assistencialistas no acesso dos usuários aos benefícios eventuais e demais proteções sociais asseguradas pelo SUAS, o que dificultava a consolidação da PAS como política pública de direitos. Uma fala que sintetiza os relatos socializados pode ser observada nos termos a seguir:

> *Eu diria que um dos maiores obstáculos à consolidação do SUAS no Pará é a câmara municipal. Os vereadores não aceitam a regulação da Política de Assistência como direito porque têm medo de perder o instrumento que mantêm eles no poder: o assistencialismo* (Informação verbal)[17].

É necessário, portanto, romper com a ideia do direito como favor prestado sem regularidade e, através de um centralismo decisório, romper com a ideia de que esta política é financiada apenas com recursos públicos residuais e, por fim, romper com a lógica de gestão dos recursos de maneira clientelista e patrimonialista (Yazbek, 2008).

Sobre a capacidade de atendimento dos equipamentos, a pesquisa demonstrou, a partir das observações e depoimentos nos grupos focais e entrevistas, que todos os municípios pesquisados apresentavam limitações. Verificou-se que, no geral, havia um esforço em cumprir as orientações previstas nas normas técnicas para CRAS, CREAS, CENTRO POP e, efetivamente, constatou-se que houve avanços, porém, o volume crescente de demandas, o grau de complexidade

---

17. Depoimento retirado da entrevista realizada com a Gestora da Secretaria de Assistência Social em Abaetetuba.

destas, os recursos escassos associados à burocratização do aparato estatal impunham limites à capacidade de atendimento da PAS nos municípios pesquisados.

Nessa direção, entendia a maioria dos técnicos, que *"[...] a capacidade de atendimento do CRAS é reduzida também porque a rede socioassistencial disponível é muito limitada" (Informação verbal)*[18]. Em Belém, foi destacada a grande demanda de idosas pelos SCFV e a insuficiente oferta de participação no grupo de idosos que, além de impor limite de acesso às usuárias, definia o tempo de vinculação ao Serviço, restrito a dois anos.

Sobre conhecimento, pôde-se apreender a partir dos relatos que, em todos os municípios, principalmente nos CRAS e CREAS, os usuários dos serviços ofertados apresentaram muita dificuldade em falar sobre a PAS e o SUAS. Convém salientar que, dentre os serviços e benefícios de maior visibilidade na ótica dos usuários, no âmbito dos CRAS, destacaram-se os SCFV, nos seus diferentes acompanhamentos grupais e o BF. Já no âmbito dos CREAS, os serviços de maior visibilidade para os usuários foram as medidas socioeducativas de LA e PSC. Ademais, notou-se que os usuários demonstraram desconhecimento sobre o conjunto dos serviços disponibilizados pela Política. Não obstante, observou-se que a elucidação sobre a PAS se expressava quando da avaliação da qualidade dos serviços buscados individualmente. Quando o demandante era atendido, a Política era avaliada positivamente, como fica claro em relatos do tipo:

> *Eu, minha família depende totalmente do CRAS, dos serviços que só tem aqui. Não consigo imaginar nós, e todos pobres, né? Sem o CRAS. As meninas, as técnicas, são muito boas. Nos atendem direitinho. Nos escutam e fazem de tudo pra resolver nossos problemas.* (Informação verbal)[19].

18. Depoimento retirado do Grupo Focal realizado com Técnicos de Davinópolis.
19. Depoimento retirado do Grupo Focal realizado com usuários de Breves.

Ainda em relação às apreciações dos usuários sobre o CRAS, ressaltaram, como elemento importante, a gratuidade de acesso aos serviços operacionalizados, como os cursos e ações socioeducativas. O BF foi o programa mais conhecido nos municípios. É reveladora a fala de uma usuária ao afirmar a relevância dos cursos ofertados no CRAS: *O mais importante que é gratuito, porque às vezes a gente tem vontade de botar os filhos em outros projetos (cursos), mas são pagos ou ocorrem em outra cidade. Os daqui são gratuitos. (Informação verbal)*[20]

Exceção na fala dos usuários em relação ao conhecimento da Política e à qualidade dos serviços ofertados, pode ser relacionada às reflexões desenvolvidas pelas pessoas que frequentavam o CENTRO POP. Esse segmento demonstrou conhecimento dos serviços socioassistenciais no Brasil. Assim, as manifestações dos usuários dos CENTROS POP sobre conhecimento, acesso e qualidade dos serviços ilustraram questões fundamentais que podem ser compreendidas pelo relato a seguir:

> *[...] Uma das coisas que eu queria falar é sobre o negócio das atividades que podia melhorar aqui. Não é criticando a atividade, é que podia melhorar as atividades. Por quê? As atividades que eles trazem não traz benefício pra nós assim, benefício bom, porque geralmente é uma atividade de dança, atividade pra pintar, tá entendendo? Então, podia melhorar do seguinte jeito: podia arranjar um estudo, umas qualificações, uns cursos técnicos, um curso de informática, que tem muitos aqui que não sabem nem mexer em computador nenhum, tá entendendo? Podia não ser aqui, mas podia ser externamente, arranjava com a prefeitura, em outros lugares que a prefeitura tem, tá entendendo? Pra melhorar, pra ter uma coisa mais concreta* (Informação verbal)[21].

A relevância do trabalho como reivindicação para usuários do CENTRO POP tem sido destacada em outras pesquisas sobre o tema,

---

20. Depoimento retirado do Grupo Focal realizado com usuários de Fortaleza.

21. Depoimento retirado do Grupo Focal realizado com Usuário de Belém.

como de Silva (2006), que evidencia que o desemprego é uma das motivações que constituem a população de rua.

Fica claro que, para além da realidade encontrada nos CENTRO POP dos três estados, verificou-se que o anseio, o desejo e o sonho de se atingir condições para o trabalho se faz presente para a maioria de usuários entrevistados, seja adulto, homens, mulheres, jovens ou adolescentes. A busca dos serviços socioassistenciais nos municípios pesquisados, por diferentes segmentos populacionais que se encontravam em situação de vulnerabilidade socioeconômica, étnica/racial e de gênero, significava a esperança de se abrir possibilidade de formação ou capacitação para o trabalho como estratégia de subsistência e melhoria de vida.

Outro aspecto destacado durante a realização da pesquisa refere-se ao acesso dos usuários aos equipamentos. Nessa questão, pode-se afirmar que a maioria dos equipamentos disponibilizados pelos municípios, para a implementação da PAS, nem sempre atendia aos requisitos colocados pelas normativas do SUAS, uma vez que a maioria não estava localizada próxima dos territórios mais pobres para permitir o acesso dos usuários. Um dos relatos expressivos nesse sentido, manifestado, principalmente pelos interlocutores dos estados do Maranhão e Ceará, pode ser percebido na fala que enfatiza:

> *Nós mudamos duas vezes, para um lugar em que as famílias já não tinham tanto acesso, depois mudou para um lugar ainda pior, para uma rua escondida, as pessoas têm dificuldade de encontrar, o bairro é onde tem a maior demanda, mas o prédio está mal localizado, é de difícil acesso, as pessoas têm dificuldade, é difícil até para ensinar, não tem ponto de referência. Essa é a questão, a demanda acaba caindo, é disso que ela está falando.* (Informação verbal)[22]

Na Amazônia, o território, no interior das discussões sobre a materialização do SUAS, tem sido identificado como *fator amazônico*,

---

22. Depoimento retirado do Grupo Focal realizado com Técnicos e Conselheiros de Açailândia.

expressão que, nas palavras de Teixeira (2013), embora remeta à dívida social que o Estado brasileiro tem com a região, precisa ser ressignificada, uma vez que datada nas décadas de 1970/1980, no contexto da ditadura militar, objetivava enfatizar apenas os aspectos que dificultavam a *integração* da Região ao Sudeste do País, isto é, suas longas distâncias, seu clima quente e úmido, as chuvas torrenciais e seus insetos.

Na percepção dos interlocutores do Pará, o grande dilema da Política Nacional de Assistência Social ocorria na região Amazônica. Nela, ficava claro o hiato entre o legal e o real. Como exemplo evidenciado, citam-se as concepções distintas entre técnicos do MDS e técnicos da região, estes últimos reivindicando a materialização do que consta na lei, como ilustra o relato a seguir:

> *Em um momento eu fiz a interrogação para o técnico do Ministério se o CRAS Quilombola era itinerante e soube que o MDS não reconhece como tal. Eu digo: mas dadas as características? E ele colocou: não, não reconhece como itinerante. Não reconhece e não cofinancia. Então nós não temos equipe itinerante cofinanciada pelo MDS, porque ele não reconhece a nossa realidade mesmo com o fator amazônico. Então, essa era a nossa grande luta de sermos reconhecidos como município diferente, porque somos diferentes. Dentro da região Amazônica tem diversas realidades que a gente tem certa dificuldade que o MDS saia do gabinete venha para cá reconhecer a nossa realidade pra poder escrever política pública para a nossa região, mas infelizmente nós já temos uma política padrão, o Brasil inteiro, pelo menos nós já temos, mas nós queremos muito mais do que é isso, nós queremos ser reconhecidos também como uma realidade presente dentro do território brasileiro e que precisa ser enxergada como tal a luta foi grande. Conseguimos já em 2013, na NOB/SUAS ser reconhecido como fator amazônico, se não me engano no artigo n. 62 da NOB/SUAS aprovada em 2013, mas não é só isso, não é só ser reconhecido. O reconhecimento não foi fácil, mas já foi. Hoje nós queremos o cofinanciamento diferenciado, porque nós precisamos disso. Hoje nós somos reconhecidos, tudo bem, ótimo, mas isso ficou no papel e isso não pode ser letra morta. Então, tem que ser além do que tá escrito.* (Informação verbal)[23]

23. Depoimento retirado do Grupo Focal realizado Conselheiros do CMAS em Abaetetuba.

A não materialização da singularidade da PAS, na particularidade Amazônica, foi ilustrada pelos informantes através do tratamento dado aos usuários, em especial, das populações tradicionais da área rural pela ausência nos municípios pesquisados de espaço físico de CRAS Quilombola e Indígena. Algumas ações dirigidas para os referidos usuários, por exemplo, as orientações sobre o BF e o BPC, ocorriam em escolas e centro comunitários, remetendo ao fato de que o discurso era do reconhecimento da heterogeneidade, mas a prática era da reprodução da homogeneidade, numa demonstração de que, na regulamentação, a diversidade pode ser acionada como prática discursiva sem prejuízo da manutenção da desigualdade.

Para os técnicos locais a adversidade geográfica não se constituía um problema, mas que ela precisava de tratamento distinto e, muitas vezes, tentava concretizá-la por meio de *estratégias diferentes*, ou seja, tornando o *impossível* para o institucional, possível para o gestor e para o técnico.

Outra questão a ser mencionada, com repercussão direta na qualidade do trabalho realizado nos Centros de Referência nos três estados, diz respeito aos recursos humanos envolvidos na oferta dos serviços e concessão de benefícios. Com a pesquisa, evidenciou-se que a maioria dos municípios nos três estados não tinha realizado concurso para composição do quadro de pessoal da PAS, prevalecendo o tipo de vínculo empregatício de contrato temporário. Desse modo, a falta de estabilidade dos profissionais, equipe reduzida, alta rotatividade, baixos salários nos municípios onde trabalhavam dificultavam a sistemática de acompanhamento das famílias e comprometia a qualificação da PAS e do seu sistema de gestão, o SUAS, sendo um dos maiores desafios da PAS a constituição de equipes técnicas de referência nos termos preconizados pela NOB/SUAS (Brasil, 2006).

O conteúdo procura elucidar que a avaliação da capacidade de atendimento, conhecimento, acesso e qualidade dos serviços ofertados nos equipamentos da PAS no Pará, Maranhão e Ceará apresentava estreita relação com o nível de organização da implementação do SUAS nos municípios da amostra da pesquisa. Nesse sentido, nos municípios em que as ações estavam mais desenvolvidas, a despeito das dificuldades apresentadas, o SUAS conseguiu avançar no atendimento dos seus usuários, com reconhecimento desses da importância da gratuidade dos serviços ofertados para suas vidas, com o expressivo número de CRAS, ainda que não contemplasse a demanda e a publicização da PAS como direito social. A própria instituição do SUAS, no país, representa um avanço democrático na consolidação de uma política pública que tem sua importância e lugar numa sociedade fortemente marcada pela pobreza e desigualdade regional e social.

3.3 Morfologia do trabalho no SUAS: composição, capacitação e condições de trabalho das equipes técnicas nos Estados do Pará, Maranhão e Ceará

O presente item aborda o processo de implementação do SUAS nos estados do Pará, Maranhão e Ceará. Seu fio condutor é a ideia de que o perfil das equipes técnicas, situadas nesse campo, reflete a atual configuração do mundo do trabalho no Brasil cujas marcas centrais são hoje a instabilidade e a insegurança[24]. São traços estruturais que tendem a se acentuar, a partir do desmonte da legislação trabalhista ocorrido no governo Temer (2016-2108)[25].

Para traçar o formato dos trabalhadores(as) do SUAS nos estados do Norte e Nordeste do Brasil, os pesquisadores levaram em consideração três aspectos centrais: composição, capacitação e condições de trabalho das equipes técnicas.

24. Para Carvalho (2014), nas balizas do capitalismo, milhões de trabalhadores jovens-adultos vivem numa espécie de presenteísmo contínuo, sem uma relação orgânica com o passado público da época em que vivem e sem perspectiva de futuro. Conferir também Alves (2012).

25. Reforma Trabalhista no Brasil de 2017 ocorrida durante o governo Temer (2016-2018) e que provocou mudanças relevantes na Consolidação das Leis do Trabalho (CLT).

3.3.1 Composição das equipes

A regulação do trabalho no campo da Assistência Social é expressa pela NOB-RH de 2006. Nela, as equipes de referência devem ser constituídas por "[...] servidores efetivos responsáveis pela organização e oferta de serviços, programas, projetos e benefícios de proteção social básica e especial" (Brasil, 2006. p. 25). Para a oferta do trabalho nos CRAS, as equipes devem estar distribuídas de acordo com o porte do município[26] e, em relação aos CREAS, tal distribuição deve levar em conta o nível de gestão municipal[27].

Nos estados pesquisados no Norte e Nordeste, as equipes apresentavam a composição expressa no quadro a seguir:

Quadro 6. Quadro de Pessoal da PAS distribuído nos municípios dos Estados da amostra da pesquisa empírica

Estados/ municípios	Tipo de profissional	Nível de formação	Vínculo empregatício
CEARÁ (Pires Ferreira, Pindoretama, Beberibe, Crateús, Maracanaú e Fortaleza)	Assistente Social — 253 Psicólogo — 83 Pedagogo — 107 Advogado — 26 Outras Profissões de Nível Superior — 106	Ensino Fundamental — 296 Ensino Médio — 1.143 Ensino Superior — 574 **Total de Trabalhadores — 2.013**	Estatutários — 248 Celetistas — 531 Comissionados — 201 Outros Vínculos — 1.033

Continua ▸

26. Pequeno Porte I (2.500 famílias referenciadas): 2 técnicos de nível superior, sendo um profissional assistente social e outro preferencialmente psicólogo, 2 técnicos de nível médio; Pequeno Porte II (até 3500 famílias referenciadas): 3 técnicos de nível superior, sendo dois profissionais assistentes sociais e preferencialmente um psicólogo, 3 técnicos nível médio; Médio, Grande, Metrópole e DF (a cada 5.000 famílias referenciadas): 4 técnicos de nível superior, sendo dois profissionais assistentes sociais, um psicólogo e um profissional que compõe o SUAS e 4 técnicos de nível médio.

27. Municípios em gestão inicial e básica (atendimento de 50 pessoas): 1 coordenador, 1 assistente social, 1 psicólogo, 1 advogado, 2 profissionais de nível superior ou médio e 1 auxiliar administrativo; municípios em gestão plena e estados com serviços regionais (atendimento de 80 pessoas):1 coordenador, 2 assistentes sociais, 2 psicólogos, 1 advogado, 4 profissionais de nível superior ou médio e 2 auxiliares administrativos.

Quadro 6. Continuação

Estados/ municípios	Tipo de profissional	Nível de formação	Vínculo empregatício
MARANHÃO (São Luís, Açailândia, Bacabeira, Barreirinhas, Cururupu e Davinópolis)	Assistente Social — 209 Psicólogo — 61 Pedagogo — 83 Advogado — 20 Outras Profissões de Nível Superior — 112	Ensino Fundamental — 168 Ensino Médio — 865 Ensino Superior — 473 **Total de Trabalhadores — 1.506**	Estatutários — 189 Comissionados — 306 Contratos temporários — 170 Outros Vínculos — 901
PARÁ (Abaetetuba, Belém, Breves, Inhangapi, Salinas e Vitória do Xingu)	Assistente Social — 173 Psicólogo — 63 Pedagogo — 65 Advogado — 11 Outras Profissões de Nível Superior — 35	Ensino Fundamental — **sem registro** Ensino Médio — 651 Ensino Superior — 395 **Total de Trabalhadores — 1.046**	Estatutários — 594 Celetistas — 27 Comissionado (DAS) — 89 Contratos temporários — 365

Fonte: Ceará, 2018 / Maranhão, 2017 / Pará, 2017

Comparando-se os dados do Quadro 6, pode-se observar que o estado com o maior número de trabalhadores é o Ceará. Em termos da formação, embora a norma defina paridade entre profissionais de nível superior e médio, estes predominam nos três estados. Na composição das equipes de referência, coerentemente com a tradição da área de Assistência Social e as indicações da NOB-RH/SUAS (Brasil, 2006, 2011a), preponderam os assistentes sociais. E, embora os psicólogos constituam uma categoria profissional que deve compor as equipes básicas, estão em menor número que os pedagogos em todos os estados considerados na pesquisa.

Outro achado importante, coerente com o contexto de crise do capital e de degradação do mundo do trabalho, é a tendência de se constituírem equipes com o número mínimo de pessoal exigido pela legislação: assistente social, psicólogo, pedagogo e advogado, no caso do CREAS. Em alguns municípios, verifica-se certa tendência de ampliar as equipes de referências com suporte na Resolução 17 de 20 de junho de 2011 do CNAS, incorporando economista doméstico, pedagogo, sociólogo, terapeuta ocupacional, musicoterapeuta e antropólogo. Alguns participantes da pesquisa, inclusive, defendem a premência da incorporação de antropólogos, visto que entenderiam melhor as particularidades de alguns territórios que comportam comunidades tradicionais como indígenas e quilombolas.

3.3.2 Capacitação dos trabalhadores

Como é sabido, o esforço coletivo de reconfiguração do campo da Assistência Social incluiu redefinição dos parâmetros organizativos do trabalho no âmbito do SUAS, com vistas a romper com a ideia de *banalização* da qualidade e da injustiça social no cotidiano de trabalho e da crença de que não há expertise em relação ao labor ali desenvolvido. Nesse sentido, estabelecer normas, exigir formação e qualificação profissional para o atendimento significou, também, atribuir importância aos demandatários dessa política pública, compreendidos como sujeitos de direitos.

Porém, apesar dessa normatização, ainda se verificou a prevalência de profissionais sem a qualificação adequada responsáveis pela implementação da Política de Assistência Social. Um exemplo relevante é o quadro da Secretaria de Trabalho e Desenvolvimento Social (STDS) do Ceará. Nesse órgão público, se somados o número de profissionais de nível médio (824), com os de nível fundamental (321), havia, no momento da pesquisa, 1.145 trabalhadores (75% do total), encarregados de atividades-meio, enquanto o número de profissionais de nível superior (366), que desenvolviam as atividades-fim, correspondia a 25% do universo de profissionais da STDS (Ceará, 2017). Tal quadro, portanto, indica que o legislado não vem correspondendo ao praticado nesse campo específico.

Outro aspecto importante no âmbito das normativas da PNAS é o processo de Capacitação Permanente. A NOB-RH preconiza que a capacitação dos trabalhadores deve possibilitar a produção e difusão de conhecimentos direcionados ao desenvolvimento de habilidades e capacidades técnicas e gerenciais para fomentar controle social e socialização das informações aos usuários.

O processo de capacitação permanente é campo tensionado. Em primeiro lugar, pela sua relação direta com as exigências postas aos trabalhadores no atual contexto sócio-histórico, contribuindo para ocultar a essência do fenômeno do desemprego e da precarização das relações de trabalho, embora as críticas, em geral, apareçam contra a ausência de uma ação sistematizada nesse campo ou contra a impropriedade do seu atual formato:

> *Realmente, não política de educação permanente. Parte dos profissionais faz esforço de qualificar-se, inclusive sem afastamento, aproveitando licenças. Isso desestimula a permanência na área da assistência. social. O sonho é ir para saúde.* (Informação verbal)[28]

O segundo ponto tensionado está materializado no programa CapacitaSUAS, que é desenvolvido em módulos e concentrado em cidades-polo. Como é inviável o deslocamento do conjunto de profissionais para o estudo, e nem sempre é possível criar estratégias de socialização do conhecimento, alguns entrevistados entendem que há quebra de informações essenciais para o desenvolvimento das atividades. É o que reflete o depoimento a seguir: *"Acaba não dando continuidade, porque se você vai no primeiro módulo e não vai no segundo [...] E ninguém passa as informações adiante [...]" (Informações verbais)*[29].

O terceiro ponto tensionado no processo de capacitação, ilustrado nos depoimentos, a seguir, diz respeito aos limites da própria capacitação, tanto em relação aos conteúdos selecionados quanto às suas formas organização e ministração.

---

28. Depoimento retirado do grupo focal realizado com Técnica de Maracanaú.

29. Depoimento retirado do Grupo Focal realizado com Técnicos e Conselheiros de Açailândia.

> *O treinamento desenvolvido no contexto do CapacitaSuAs deveria incluir revisão de novos conceitos, explicação das nomenclaturas, funções e descrição de cargos, um conhecimento abrangente sobre o assunto...* (Informação verbal)[30]

Enfim, alguns entrevistados entendem que, por se destinar a trabalhadores(as) temporários(as), as capacitações realizadas tornam-se onerosas, repetitivas e ineficazes. Não é possível, portanto, formar um corpo de profissionais efetivos e qualificados para atuação na Política de Assistência Social.

3.3.3 Condições de trabalho

Elemento fundamental na pesquisa realizada, a categoria condições de trabalho associa a existência de equipamentos, espaço físico e ambiente *on line* adequado à qualidade das relações de trabalho construídas para efetivação das ações preconizadas pelo SUAS.

Em relação a essa questão, a pesquisa evidenciou que, na maioria dos municípios, as condições infraestruturais não se coadunam com os requisitos exigidos para o funcionamento de CRAS, CREAS e CENTROS POP. Nesse campo, destacam-se, como mais relevantes, os meios de transporte (carros) e comunicação (telefone) inadequados ou insuficientes para viabilizar o atendimento das demandas postas aos profissionais; o espaço físico de atendimento que, em alguns casos, não permite o adequado sigilo dos diálogos realizados entre profissional e usuário; e o sistema web/SUAS que nem sempre funciona de forma adequada, dificultando o registro das informações municipais. Tais obstáculos refletem-se na implementação dos serviços desenvolvidos: atendimento dos demandantes, processos de busca ativa e constituição de sistemas de planejamento, implementação, monitoramento e avaliação das ações.

---

30. Depoimento retirado do Grupo Focal realizado com Conselheiros de São Luís.

No que diz respeito às relações de trabalho, pôde-se verificar que as normas legais que devem orientar o contrato de trabalho no Brasil não são obedecidas na maioria dos municípios pesquisados[31], redundando em relações precarizadas. No caso do SUAS, texto da NOB-RH, publicado em 2005, alertava que a precarização do trabalho e a falta de renovação de quadros técnicos, preexistente quando da formulação dessa norma, criou, além da "[...] defasagem de profissionais qualificados, enorme contingente de pessoal na condição de prestadores de serviços, sem estabilidade de emprego, sem direitos trabalhistas e sem possibilidade de continuidade das atividades" (Brasil, 2005, p. 15).

Há de se recordar que tal problemática reflete a feição atual da forma de regulação capitalista e seus rebatimentos no Brasil. Porém, os trabalhadores vinculados ao campo da Assistência Social estão entre os que mais padecem, no país, sob os efeitos da crise estrutural do capitalismo que se expressa mediante precariedade dos vínculos contratuais, condições inadequadas ao exercício laboral e baixos salários.

O mais comum nos vários municípios pesquisados é a contratação temporária, situação que obstaculiza um atendimento apropriado aos demandantes da Política, conforme ilustra o relato a seguir:

> *Sabemos que esta situação de precariedade dos vínculos contratuais e trabalhistas acarretam prejuízos ao andamento das ações, refletindo na qualidade do trabalho em decorrência das constantes necessidades de adaptações e na quebra do vínculo de confiança já estabelecido entre o usuário e as equipes alocadas nos equipamentos. (CRAS, CREAS e CENTROS POP)* (Informação verbal)[32]

Do ponto de vista do número de trabalhadores(as) do SUAS, diferentemente do que propõem as normas legais, as equipes de

31. As relações internacionais de trabalho passaram a ser reguladas e protegidas desde 1919, quando da instituição da Organização Internacional do Trabalho (OIT), situada em Genebra, na Suíça.

32. Depoimento retirado do Grupo Focal realizado com Técnicos e Conselheiros de Açailândia.

referência são insuficientes para atender as demandas advindas dos espaços territoriais classificados como de vulnerabilidade e de risco social, tendo-se que ampliar a capilaridade do trabalho socioassistencial com o apoio das chamadas equipes volantes que prestam serviços em locais de difícil acesso (entre as quais, áreas rurais, calhas de rios, assentamentos, comunidades indígenas, quilombolas).

Os(as) trabalhadores(as) entrevistados foram unânimes, assim, ao tratarem das restrições numéricas das equipes que as tornam incapazes de atender os contingentes de famílias referenciadas, comprometendo a natureza do trabalho socioassistencial. Em verdade, conforme a proposta original da PAS, o conceito de territorialização, ao contemplar áreas consideradas de vulnerabilidade e risco social, impõe a necessidade de ampliação, sobretudo, do número de CRAS em diferentes bairros e comunidades.

Embora se identifique expansão das categorias de trabalhadores engajadas no SUAS, não se verifica melhoria das condições laborais, mantendo-se o histórico processo de precarização presente nesse campo da política social, o que pode ser visualizado, pelo menos, sob três diferentes feições.

A primeira é a ampliação do número de trabalhadores(as) sem vínculo permanente com a PNAS, sobretudo, terceirizados (serviços de limpeza e manutenção) e com contratos temporários, caso das equipes mínimas de referência, geralmente inclusas mediante seleção pública simplificada e concurso público (este último em número gradativamente decrescente). Em alguns casos, é utilizada uma forma de licitação na qual os profissionais, ao final do ano, são demitidos e retornam no ano seguinte. Trabalham, assim, 11 meses e passam 1 mês desempregados à espera da renovação do contrato.

No que se refere aos vínculos empregatícios, conforme pode ser visualizado no Quadro 6, a maioria dos trabalhadores, no momento da pesquisa, ainda buscavam consolidar relações de trabalho protegidas, embora sem extravasar o descontentamento subliminar presente nessa busca de forma coletiva e organizada. O trabalho desprotegido, que se constitui em flagrante desrespeito à NOB-RH, revelando a crescente desfiguração do trabalho no Brasil, conforme problematiza Antunes (2018). Para esse autor, "[...] hoje estamos diante de um novo vilipêndio em relação aos direitos do trabalho no país, cujo significado tem requintes comparáveis aos da escravidão"[33] (Antunes, 2018, p. 170).

Para alguns gestores, as explicações para essas formas precárias de vinculação dos trabalhadores é, de um lado, a inaptidão revelada por muitos municípios para geração de receita própria, o que lhes impõe a condição de sobreviver com recursos de transferências federais. De outro lado, a configuração da Lei de Responsabilidade Fiscal que inflige limites severos para contratação no serviço público.

A precarização de vínculos trabalhistas não aparece com nitidez nas falas de técnicos entrevistados em alguns municípios, sobretudo, naqueles onde os profissionais gozam de relativa estabilidade, talvez porque em situação de desemprego estrutural, seja mais prudente não questionar os obstáculos e limites de modo a manter o que existe, mesmo que seja de caráter precário. Porém, outros entrevistados afirmaram que vivenciavam contexto de perdas: dificuldade de terem faltas abonadas, mesmo em situação de adoecimento; desconto de gratificações para os que apresentam mais de um atestado médico em três meses; corte da gratificação por insalubridade; congelamento de gratificações que estão em lei; ausência de reajuste ou mudança de data-base para reajuste salarial, inclusive este abaixo da inflação; demissões repentinas; redução de salário de contratados sem aviso prévio; seleções com propostas de salários baixos; desrespeito às regras de promoção e progressão do Plano de Cargos e Carreiras, quando este existe, dentre outras.

Desse modo, tanto alguns trabalhadores e também gestores deixam de ver a si próprios e aos usuários como classe[34], reproduzindo, no local de trabalho, a alienação imposta pela natureza mesma do capitalismo em que pobreza e desigualdade são condições naturalizadas (Marx, 1974)[35]. Os fóruns dos trabalhadores, criados em

33. Sobre a nova morfologia do trabalho, conferir Raichelis (2018).

34. Conferir sobre o tema em Miranda (2016).

35. Para ampliar a discussão, conferir sobre o tema em Arretche (2015).

alguns municípios como espaços destinados a construir estratégias para enfrentamento dessa alienação e para resolução de problemas trabalhistas específicos são esvaziados e acabam não cumprindo sua finalidade básica.

A segunda feição relacionada às condições de trabalho diz respeito ao pagamento de salários aviltantes, comparando-se trabalhadores do SUAS com outros que desenvolvem atividades semelhantes, em outros espaços laborais. Há, ainda, diferenciação salarial dentre as distintas categorias profissionais que compõem as próprias equipes de referência nos CRAS. Embora não seja a regra, há municípios que remuneram e incentivam os trabalhadores por meio de gratificações, porém, é importante lembrar que, do ponto de vista conceitual, esses incentivos são agregados conjunturais repassados como complemento ou reconhecimento da importância que determinados trabalhadores assumem.

As dificuldades dos municípios em cumprir as normas trabalhistas ou de agregar número suficiente de trabalhadores para o desenvolvimento das atividades relacionadas ao SUAS redundam na terceira feição do que se está denominando de condições de trabalho.

Dois elementos compõem essa terceira feição. De um lado, a duplicação da jornada de trabalho e a rotatividade de trabalhadores, encontrando-se situações em que há técnicos(as) com exercício em distintos espaços laborais, muitas vezes, em mais de um município, em busca de ampliação do seu rendimento. De outro lado, tem-se a dificuldade de construir política adequada de qualificação profissional, em consonância com a NOB-RH/SUAS (Ferreira, 2011). Conforme já mencionado neste texto, de acordo com essa normativa, a capacitação dos trabalhadores da área da Assistência Social deve ser promovida com a finalidade de produzir e difundir conhecimentos direcionados ao desenvolvimento de habilidades e capacidades técnicas e gerenciais, ao efetivo exercício das ações no SUAS, ao controle social e à socialização das informações aos usuários para o aprimoramento da política pública.

No contexto das reflexões desenvolvidas, apesar dos avanços que o SUAS representa em termos dos direitos conquistados, continua-se a reforçar a histórica secundarização da Assistência Social que, para alguns entrevistados permanece, nos municípios, como campo social relegado, considerando outras políticas sociais como Saúde e Educação.

Pode-se concluir que as três feições que refletem a categoria condições de trabalho constituem-se em círculo vicioso: problemas relacionados à crise estrutural do sistema e ao processo de gestão dos municípios obstaculizam a construção de uma política de recursos humanos e a instabilidade funcional inutiliza esforços empreendidos de educação continuada dos técnicos, o que reforça os problemas históricos relacionados ao campo da Assistência Social.

É importante ressaltar, porém, que as equipes técnicas demonstraram compreender a necessidade de esforço coletivo no sentido de adequar a PAS ao caráter público, descentralizado e participativo definido pelo SUAS. Reconheceram, ainda, a necessidade de aprofundamento de conhecimentos e práticas que propiciem a construção de estratégias coletivas de gestão com a participação dos usuários, o que só é possível com uma equipe técnica de referência, qualificada, contratada em consonância com o preconizado pela NOB-RH/SUAS.

3.4 Participação dos usuários na implementação do SUAS e controle social

O presente texto abordará a questão da participação dos usuários na implementação do SUAS e o controle social da Política de Assistência Social nos 18 (dezoito) municípios da amostra da pesquisa empírica situados nos estados do Pará, Maranhão e Ceará. Optou-se por uma aproximação teórica que procura destacar o debate sobre os conselhos de políticas públicas, a partir de alguns autores e da análise dos relatos e observações do cotidiano dos conselhos municipais dos estados mencionados.

Os conselhos gestores de políticas públicas, também chamados de conselhos setoriais, são oriundos da inovação institucional presente na Constituição Federal de 1988. Para Tatagiba (2002, p. 50),

> Tornados obrigatórios em vários níveis de definição das políticas, foram considerados legalmente indispensáveis para o repasse de recursos federais para os estados e municípios, constituindo-se como peças centrais no processo de descentralização e democratização das políticas sociais.

A referida autora destaca a conformação legal dos conselhos, fazendo uso da citação de Moreira (1999, p. 65) nos seguintes termos:

> [...] [os conselhos] são órgãos concebidos para influir constitutivamente na vontade normativa do Estado, mediante o exercício de competências conferidas pelas respectivas leis criadoras, que devem trazer as linhas definidoras de seu campo de atuação. Não podem os conselhos deliberar sobre matérias que extrapolem os setores das políticas sociais sob sua responsabilidade, nem sobre questões que extravasem o âmbito da esfera de governo onde foram criados e das atribuições que lhes foram conferidas [...].

Nesse sentido,

> Os conselhos de políticas públicas são, portanto, espaços públicos de composição plural e paritária entre Estado e sociedade civil, de natureza deliberativa, cuja função é formular e controlar a execução das políticas públicas setoriais (Tatagiba, 2002, p. 54).

Ainda segundo a autora, dentre os conselhos de políticas públicas setoriais, identificam-se os conselhos de Saúde, da Criança e do Adolescente e da Assistência Social. Os conselhos de Assistência Social, segundo a Lei Orgânica de Assistência Social (Brasil, 1993, art. 5, art. 9º § 3, Art. 30 incisos 1-3) se definem pelos seguintes termos:

> Art. 5º. A organização da assistência social tem como base as seguintes diretrizes: [...] II — participação da população por meio das organizações representativas, na formulação das políticas e no controle das ações em todos os níveis.

> Art. 9º. O funcionamento das entidades e organizações de assistência social depende de prévia inscrição no respectivo Conselho Municipal de Assistência Social, ou no Conselho de Assistência Social do Distrito Federal, conforme o caso.
>
> Art. 30. É condição para repasses aos municípios, os estados e ao distrito federal, dos recursos de que trata esta Lei, a efetiva instituição e funcionamento de: I — Conselho de Assistência Social. De composição paritária entre governo e sociedade civil; II — Fundo de Assistência Social, com orientação e controle dos respectivos conselhos de Assistência Social; III — Plano de Assistencial Social'.

A promulgação da LOAS impôs novo processo de organização e estruturação da Assistência Social em todo o território nacional como resultado de mobilização e participação dos sujeitos que protagonizam a defesa e garantia dos direitos sociais para todos. A aprovação da PNAS em 2004, do SUAS em 2005 e da NOB em 2012, são marcos importantes para essa área. O SUAS, constituído nessa visão paradigmática, tem como um dos seus desafios [...] a participação do usuário nos espaços de controle social e na gestão dos serviços socioassistenciais, transitando da inaceitável condição de subalternidade para sua efetiva e autônoma afirmação como sujeito de direitos (Brasil, 2009, p. 4).

Importante ressaltar que, pela tradição construída, todo o marco regulatório da Assistência Social é permeado pela prerrogativa da participação popular, enquanto estratégia de se reconhecer cidadania e garantir democraticamente o acesso à PAS nos municípios brasileiros e no Distrito Federal. É verdade, contudo, que, embora seja prevista legalmente, a participação, pensada como acesso igual às instâncias decisórias para os sujeitos, no âmbito da PAS e do SUAS, ainda se constitui em grande desafio para os operadores e usuários dessa política pública. O SUAS admite em seu marco regulatório a importância e a necessidade de se garantir a participação como estratégia de inclusão social, mas, que na realidade, se apresenta como desafio.

Paiva, Rocha e Carraro (2010, p. 256), analisando os primeiros cinco anos pós advento do SUAS, constatam que a "[...] reconstrução orgânica da política de assistência social a partir da participação popular constitui-se, portanto, como uma força expressiva na ruptura do legado histórico que ainda persiste no âmbito dessa política pública", confirmando os desafios que se colocam para a questão da participação no âmbito da Assistência Social, sobretudo, nos últimos anos em que o Brasil vive os efeitos do golpe de 2016[36] que culminou com a eleição de um presidente de caráter ultraconservador, adotando medidas que retiram direitos sociais conquistados desde os anos 1940, com a Consolidação das Leis do Trabalho (CLT).

A partir desse marco histórico-político, a questão da participação e do controle social passaram a ser considerados uma ameaça ao projeto do atual governo federal de extrema-direita, que intentou cancelar a realização da Conferência de Assistência Social prevista para acontecer em 2019, além de assinar, no dia 11 de abril, o Decreto n. 9.759/2019, propondo a extinção de vários espaços de participação e controle social, conquistados com a Constituição Federal de 1988. Nesse sentido, é perceptível a intenção de desmonte de vários dispositivos estruturantes da PNAS, em particular o princípio constitucional de *participação e descentralização*, o que demonstra a urgência da reação das forças populares e democráticas na defesa da Política de Assistência Social.

O exposto sugere que o controle social se relaciona com a ação soberana da população através de suas organizações para garantia de direitos sociais e repousa nas relações que envolvem a luta pelo poder. Pode ser indireta, feita através dos sistemas de freios e contrapesos, e, diretamente, pela população e usuários dos serviços públicos com o uso de canais legalizados ou não institucionalizados, caso da mídia,

---

36. Durante a realização da pesquisa de campo, o Brasil viveu duro golpe institucional e midiático, com o *impeachment* da Presidenta Dilma Rousseff em 2016 e a posse do vice-presidente, articulador político do partido Movimento Democrático Brasileiro (MDB), que organizou as bases para que o *novo* presidente consolidasse o conjunto de medidas neoliberais — em curso —, como o *enxugamento* da máquina administrativa, materializada na extinção de vários ministérios, conselhos, colegiados; redução e cortes orçamentários em políticas essenciais como educação, saúde, assistência social e a previdência, que querem a todo custo fazer a sociedade acreditar que é necessário reformá-la para salvar o país da crise.

dos movimentos sociais, do orçamento participativo, das igrejas, dos sindicatos, das associações. A existência dos Conselhos e Conferências, como organismos institucionalizados, seria uma forma de colocar a discussão do controle social num patamar político para além da mera vigilância e o reconhecimento dos representantes da sociedade como protagonistas (Gohn, 2000).

Nos três estados em estudo: Pará, Maranhão e Ceará, a participação e o controle social aparecem como um campo político a ser conquistado pelos operadores e usuários do SUAS, pois, embora seu arcabouço legal aponte a participação efetiva como uma de suas diretrizes, os sujeitos dessa Política, representados por trabalhadores e usuários, apresentam atuação bastante limitada ou quase nenhuma. Do ponto de vista administrativo, os municípios pesquisados atendem legalmente aos dispositivos do art. 30 da LOAS, que define os critérios relacionados ao controle social para que municípios se habilitem ao Fundo Nacional de Assistência Social. Os municípios investigados possuem seus conselhos formados, entretanto, isso, *per si*, não garante o efetivo controle social com participação dos sujeitos do SUAS.

Parte dos sujeitos do SUAS reconhece os espaços de controle como lugares de efetivo exercício da democracia, porém, apontam a não participação dos usuários como grande obstáculo para efetivação de direitos sociais nesse âmbito.

> *Eu penso que o nó da Política é a participação do usuário. O usuário não participa, aqui, no Conselho. Essa é uma questão que eu acho que tem que ser discutida, não sei por onde começar isso, mas a entidade que representa o usuário, não é o usuário, então o usuário não fala. Raras são as representações de usuários que falam, né? O usuário não vem aqui, né? [...] No Conselho a gente está justamente acompanhando mais a gestão da Política, daquilo que o governo faz, mas as entidades não. Elas nunca trazem a realidade delas para o Conselho. A preocupação da gente, do Conselho, tanto das entidades civil quanto do poder público, é o que as entidades fazem realmente. Então, eu acho que pelo menos nas reuniões que eu estou, há dois anos, no Conselho, não se teve uma discussão do*

> *fazer da entidade, o impacto que ela tem, o controle, a parceria com órgão público, se essa união do órgão com a entidade está atingindo seu objetivo, o dinheiro que está sendo investido se está sendo aplicado. Essa discussão nunca chega a nível do Conselho.* (Informação verbal)[37]

Observa-se, que, embora haja sujeitos com pouco domínio sobre os fundamentos da Política e sobre os instrumentos normativos do SUAS, a maioria dos envolvidos parece ter assimilado o discurso que justifica a importância de uma gestão compartilhada e do controle da sociedade sobre as ações do governo, conforme preconiza a lei acima ilustrada. No entanto, para os conselheiros e as conselheiras participantes da pesquisa, sejam governamentais ou não governamentais, as falas têm a mesma sintonia:

> *Não é fácil a gente articular a sociedade civil hoje. A gente ainda percebe dos próprios conselheiros um desconhecimento do que fazer como conselheiro. Quando cheguei aqui eu não sabia nem porque eu tinha vindo, mas eu fui pro Conselho. Às vezes a gente percebe que o conselheiro não representa a população ou a sociedade, ele tá representando a entidade dele, ou seja, o governo e seus interesses políticos partidários.* (Informação verbal)[38]

> *[...] há um interesse muito pessoal, um interesse de garantir as questões da própria instituição no conselho de assistência. Como eu sou da sociedade civil eu posso falar com toda tranquilidade e também participo de outros conselhos, a gente tem um diferencial no conselho de assistência porque os técnicos que estão lá, do governo, muitas vezes brigam mais pelas questões da política do que a própria sociedade civil, ou seja, não é o CRAS que deve indicar a pessoa para representação de usuário, não é. Os que foram assim, os que chegaram lá dessa forma, não permaneceram.* (Informação verbal)[39]

As falas evidenciam a dificuldade em articular e garantir a participação de usuários no processo de controle social, pois a despeito

---

37. Depoimento retirado do Grupo Focal realizado com Conselheiras em São Luís.
38. Depoimento retirado do Grupo Focal realizado com Técnicos e Conselheiros de Belém.
39. Depoimento retirado do Grupo Focal realizado com Técnicos e Conselheiros de Belém.

desta se colocar como exigência à formação dos CMAS, foram identificados sérios limites para sua real atuação como sujeito com poder de interlocução, conforme preconizam os parâmetros legais. Mesmo nos municípios em que se verificou algum avanço, constata-se ou a ausência de usuários nos conselhos, ou, quando estão presentes, não têm discernimento do papel que deveriam desempenhar enquanto conselheiros municipais.

Os usuários que vêm do CRAS e CREAS não são formados para o exercício do controle social, na perspectiva da democratização da política pública. Nesse sentido, esses equipamentos públicos falham por não exercerem um papel educativo/pedagógico para que os usuários possam assumir sua condição de cidadãos de direito e representantes de um coletivo para além do que está prescrito na Constituição e na LOAS. Se o reconhecimento constitucional foi uma conquista dos usuários, sua ação como sujeito de direito ainda carece de materialização.

Associa-se ainda o fato de que na maioria dos municípios pesquisados, os conselhos são conduzidos pelos gestores dos órgãos de Assistência Social, transformando-os em lugar de reprodução da concepção clientelista, fisiológica, assistencialista, da política do favor, tornando ainda mais distante a consolidação do SUAS, enquanto política pública descentralizada e participativa de Assistência Social.

Assim, têm-se nos municípios pesquisados conselheiros indicados pelos gestores ou articulados e mobilizados por eles, sem que a sociedade civil, representante dos interesses dos usuários, tenha participação em qualquer processo de escolha, tornando o controle social da PAS em instrumento do poder executivo municipal.

Para alguns entrevistados, a efetivação da participação e do controle social precisa estar articulada à superação das marcas históricas da Assistência Social (imediatismo, clientelismo e assistencialismo). Nesse sentido, a mudança paradigmática apontada pelo SUAS é tida como um desafio para a maioria dos que se posicionaram, dessa forma, na pesquisa. Isso porque entendem que nas instâncias municipais, a utilização de critérios político-clientelistas para indicação dos dirigentes ainda se sobrepõe ao critério técnico e de direito. Essa prevalência, inclusive com a manutenção do primeiro-damismo, favorece a elaboração de agendas que influenciam, diretamente, processos de decisão política contrapostos, muitas vezes, às normativas do SUAS, e aos interesses da população usuária dos serviços de Assistência Social.

> *As ações da Política de Assistência Social ainda são muito usadas como moeda de troca. Infelizmente, tal movimento é decepcionante. Eu, como assistente social, tive muitos sonhos que foram esquecidos, vão passando os anos de formação e a gente vai se desgastando com aquilo ali, porque você faz, faz, e não vê resultado.* (Informação verbal)[40]

Apesar de alguns gestores afirmarem empenho no fortalecimento dos conselhos, percebeu-se que a mobilização de conselheiros da sociedade civil é insuficiente: essas convocações e assembleias ocorrem, muitas vezes, tão somente para assegurar o *processo democrático* e aprovar pautas vinculadas à liberação de recursos. Não foi constatado trabalho permanente no âmbito dos municípios que prepare os conselheiros para assumir sua responsabilidade pública. As capacitações, quando realizadas, foram avaliadas como insuficientes para qualificar o desempenho das funções requisitadas. Houve depoimentos que culpabilizaram conselheiros por não buscarem informações e qualificação, uma vez que o MDS oferta cursos *online*.

Definição hierárquica das pautas a serem votadas; discussões de assuntos paralelos; morosidade na deliberação de algumas matérias; falta de conhecimento dos conselheiros, especialmente os da sociedade civil; falta de participação nas reuniões, tanto dos representantes governamentais, como não governamentais; e influência da política partidária são apontadas pelos sujeitos da pesquisa como principais limites ao trabalho e desenvolvimento do controle social nos municípios. Alguns discursos revelaram dependência do CMAS

40. Depoimento retirado do Grupo Focal realizado com Conselheiras de São Luís.

à administração municipal revitalizando a prática de controle social na perspectiva do poder instituído.

Nesse sentido, as marcas históricas da Assistência Social, a deliberada interferência de alguns gestores e técnicos na configuração dos CMAS rebatem diretamente na desconstrução da identidade social dos usuários e conselheiros como interlocutores políticos e legítimos no trabalho de construção das novas formas de gestão da Assistência Social regulamentadas pelo SUAS. É o que as falas, a seguir, refletem:

> *Ele (usuário) é representado, mas ele não sabe nem quem representa, não tem articulação nenhuma de quem representa o usuário com o usuário, o máximo que ele representa é a direção dessa entidade, mas o usuário não tem conhecimento. Isso é que permite a duplicidade de paradigma da Política, porque, como o usuário não sabe, ele recebe a Política como caridade. Talvez seria emancipação, a emancipação do usuário, o reconhecimento do usuário em estar usuário dessa política num determinado momento. Então, não tem, não tem nenhuma participação, o usuário não faz controle da Política, o usuário não discute o controle, o usuário nem sabe se pode participar do Conselho.* (Informação verbal)[41]

> *Eu acho que acontece na maioria dos conselhos, a pessoa é indicada para ser conselheira, ela não tem a menor identificação com essa questão de conselho, mas acaba tendo que participar.* (Informação verbal)[42]

Observe-se a existência e a hipótese de que a indicação de nomes pelo prefeito ou outro membro do executivo municipal para exercer a função de conselheiro acaba se tornando uma imposição e não uma opção das pessoas visando fortalecer o espaço conquistado constitucionalmente.

Nesse sentido, para alguns sujeitos participantes da pesquisa, entre os desafios postos para favorecer a compreensão do SUAS, como direito e instância de participação política, destacam-se o

41. Depoimento retirado do Grupo Focal realizado com Conselheiras em São Luís.

42. Depoimento retirado do Grupo Focal realizado com Técnicos em São Luís.

aprofundamento de conhecimentos e práticas que propiciem a construção de estratégias coletivas de gestão. Entendem que isso só é *possível "[...] com uma equipe técnica de referência, qualificada, contratada mediante concursos públicos, em consonância com as prerrogativas da NOB-RH/ SUAS" (Informação verbal)*[43], o que ainda não acontece na maioria dos municípios pesquisados nos três estados.

3.4.1 Regulamentação das instâncias de controle e estrutura dos equipamentos utilizados no exercício do controle social

A questão da participação e do controle social no SUAS está situada num conjunto de dispositivos legais na esfera dos três poderes constituintes da Política de Assistência Social. Esse arcabouço institucional (sobretudo elementos centrais que definem a LOAS, a PNAS 2004, a NOB/SUAS e a NOB-RH/SUAS) foi incorporado pelos sujeitos responsáveis pela implementação do SUAS nos municípios, o que foi apontado tanto por técnicos, quanto por alguns conselheiros e gestores, como avanço da institucionalidade da Política em tela.

Os estudos mencionados sobre o papel dos conselhos revelam que a função básica deles é a de avalizar, no campo da Assistência Social, o cumprimento de duas funções básicas da democracia: a participação e a *accountability* do sistema, de modo a contribuir para romper com um traço histórico do processo de formação da sociedade brasileira — a privatização do espaço público por agentes privados e, por conseguinte, alterar as condições de materialização física dos CMAS (Côrtes, 2005; Gohn 2000; Raichelis, 2000; Tatagiba, 2002).

A maioria dos municípios, nos três estados, ainda não conta com imóveis próprios e equipamentos adequados para criar e manter referência num determinado território, que garantam a acessibilidade aos usuários e a prioridade estabelecida para implantar serviços. Para os sujeitos da pesquisa, os conselhos não dispõem de infraestrutura

43. Depoimento retirado do Grupo Focal realizado com Conselheiros de Barreirinhas.

adequada ao seu pleno funcionamento: *"Não temos nada, não tem armário, só o arquivo com as pastas, mas mobiliário não, a gente usa tudo do Conselho Municipal de Direito da Criança e do Adolescente (CMDCA). Nem computador; usamos o particular da secretaria"; "No documento referente ao funcionamento dos conselhos de assistência diz tudo o que deve ter. Não temos nada daquilo, não temos nem sede própria". (Informações verbais)*[44]

A inexistência de espaço físico adequado é reconhecida como óbice ao debate dos conselheiros, às ações de capacitação, ao planejamento e à implementação de outras ações de caráter coletivo necessárias ao exercício do controle social. Na maioria dos municípios pesquisados, os conselhos enfrentavam problemas de infraestrutura, autonomia e protagonismo, o que levou à constatação da distância entre a intenção de que os conselhos se constituíssem em espaço privilegiado de discussão da PAS em âmbito municipal, e a realidade revela limitações, mas com possibilidades de superação, como podemos perceber nas falas dos conselheiros a seguir:

> *Aqui no nosso município estamos estruturando o conselho, mana, agora nós ganhamos este espaço, que eu venho brigando há muito tempo, porque não temos condições de alugar, a situação financeira não cabe. E eu entrei em parceria com a Educação aonde era o depósito da Educação, que se encontra aqui na rua principal, muito bonito o espaço lá e eu vinha buscando, buscando e eu consegui. Então, nós vamos agora mobiliar, fizemos a compra, né, todo o equipamento para ele. Estamos comprando um carro também, já foi licitado, é para deixar à disposição do Conselho. O espaço vai ficar maravilhoso. Os conselheiros me disseram que na hora que a gente entregar vão sair na avenida fazendo festa [...].* (Informação verbal)[45]

Como se pode perceber, há críticas sobre o abandono do poder público municipal em relação ao espaço dos conselhos. O caso relatado acima é uma exceção entre os municípios pesquisados. Foi recorrente nos municípios a existência de apenas uma sala alugada para abrigar

---

44. Depoimento retirado do Grupo Focal realizado com Conselheiros de Fortaleza.

45. Depoimento retirado do Grupo Focal realizado com Técnicos e Conselheiros de Belém.

todos os conselhos setoriais e a mesma se encontrava em condições precárias. A junção dos conselhos foi apontada como incoerência em relação à missão de fiscalização: *"[...] dividem o espaço com o conselho da criança, mas, o CMAS não está satisfeito [...]. Há pendências administrativas desde 2013, 2014 e 2015"*. (Informação verbal)[46]

A maioria dos conselhos municipais pesquisados tem uma profissional assumindo o trabalho de secretária executiva, que se fosse, realmente, desenvolvido segundo as orientações inerentes ao cargo, poder-se-ia obter melhores resultados. As secretárias executivas, em algumas das colocações feitas nas entrevistas e nos grupos focais, têm outras ocupações técnicas (dão suporte a mais de um conselho) e ainda realizam convocações, organizam pautas de reuniões, redigem editais e atas, organizam fóruns visando à escolha de conselheiros, organizam conferências municipais, entre outras atividades. A presença de alguém com qualidade técnica para apoiar as ações dos Conselhos Municipais de Assistência Social é ressaltada como uma das reivindicações.

Verifica-se, assim, que, nos municípios pesquisados nas regiões Norte e Nordeste, as condições de estruturas para funcionamento do controle social não recebem prioridade no âmbito da PAS. Isso porque nos três estados constatou-se o funcionamento dos conselhos em espaços alugados, improvisados, sem equipamentos adequados e com limitado pessoal de apoio, o que termina situando o controle social como uma dimensão formal, prevista em lei. Já a participação popular e de usuários na gestão compartilhada é ainda uma realidade distante.

3.4.2 Dinâmica do controle social

Nos municípios pesquisados, a dinâmica da representação, segundo técnicos entrevistados "[...] tem sido objeto de reflexões" (Informação verbal)[47]. Nessas análises, considera-se como fundamen-

46. Depoimento retirado do Grupo Focal realizado com Técnicos e Conselheiros de Abaetetuba.

47. Depoimento retirado do Grupo Focal realizado com Técnicos de São Luís.

tal, para cumprir as exigências normativas do SUAS e como forma de materializar a democracia, *"[...] questionar o próprio sentido do controle social nas situações concretas dos municípios em que a cultura político-clientelista ainda predomina"*. (Informação verbal)[48]

Alguns conselheiros mencionaram a Conferência Municipal de Assistência Social como estratégia para *ouvir a voz* do povo.

> *[...] nas Conferências o que se fez? Lá nos CRAS procurou regionalizar pra ele poder participar, o usuário, porque talvez ele não venha na Conferência, mas pelo menos escutar qual a proposta que ele tem, como ele tá sentindo a Política, né, participar do planejamento, né, os próximos dez anos, nessa perspectiva de escutar muito, o que se tem que evoluir na Política, o controle social.* (Informação verbal)[49]

As conferências municipais foram destaque na fala de alguns gestores, trabalhadores e conselheiros como espaços de proposição e de avaliação da política municipal. Essas conferências reúnem, além de conselheiros, entidades socioassistenciais, usuários e convidados, abrindo a possibilidade para conhecimento da sociedade acerca da Política de Assistência Social. Na maioria das vezes são precedidas por uma palestra do tema principal, seguida de trabalhos de grupo. Trata-se de um evento democrático, principalmente quando se pensa no passado quando tudo vinha de cima, como se houvesse um doador e um receptor, conforme analisa Côrtes (2005). O relato a seguir também reitera a referida hipótese de análise:

> *Sim, é algo que não foi colocado aqui que eu queria ressaltar: a questão da importância das conferências. Certo? Como um campo democrático, um espaço democrático, onde a gente pode na realidade conversar, dialogar, trocar ideias, estudar, conhecer e assim. É tão bom que lá tem briga, lá tem briga para participar da Conferência estadual.* (Informação verbal)[50]

---

48. Depoimento retirado do Grupo Focal realizado com Técnicos de São Luís.
49. Depoimento retirado do Grupo Focal realizado com Conselheiras de São Luís.
50. Depoimento retirado do Grupo Focal realizado com Conselheiras em Crateús.

A participação de uma das gestoras ouvidas em espaços de debate e deliberação nacionais, como a CIB, o Colegiado Nacional de Gestores Municipais de Assistência Social (CONGEMAS) e o assento no Fórum de Metrópoles Brasileiras, para discutir a particularidade do SUAS e a conformação de demandas e do próprio cofinanciamento foram apontados como fator que vem contribuindo para clarear limites e possibilidades do processo de participação. Alguns problemas, porém, são apontados como óbices aos processos de participação e controle social: composição do CMAS com número limitado de entidades da sociedade civil; indicação de representantes feita pelo próprio governo municipal; tendência à simplificação de questões complexas, reduzindo o debate público; ausência de condições materiais para participação dos usuários; falta de capacitação de parte dos representantes da sociedade civil para o debate com os dirigentes e falta de vontade política para efetivar a participação.

Esses obstáculos, que foram observados na maioria dos municípios, indicam que o controle social, concebido na perspectiva da democratização dos direitos, é mais nominal que efetivo, o que favorece o referendo das ações definidas pelos dirigentes, a influência no processo decisório, de grupos políticos com interesses clientelistas e de grupos econômicos com interesses privados, desviando a direção da proposta original do SUAS e das reais necessidades da população demandante dos serviços de Assistência Social.

Sem embargo, há que se considerar que nas regiões em análise, que registram práticas no campo da cultura política ainda muito influenciadas pelo coronelismo-clientelismo e pelo aparelhamento das organizações da sociedade civil, escassas especialmente nos municípios de pequeno porte, a simples existência da obrigação legal-institucional de constituir-se conselhos *paritários*, hoje, inclusive incluindo representantes dos usuários, já se pode considerar um avanço, pois tensiona o poder dominante e cria possibilidades de resistências institucionalizadas capitaneadas pelas organizações da sociedade civil, especialmente as mais politizadas e representativas.

Do que foi observado, pode-se concluir que os espaços de controle social expresso pela participação dos segmentos subalternizados estão na PAS; nos municípios da amostra da pesquisa no Norte e Nordeste ainda se encontram em lenta construção, apresentando escassas conquistas e um longo percurso a ser vencido, considerando as normativas do SUAS e, até mesmo, a débil importância atribuída a essa dimensão da gestão pública pelos entrevistados.

3.5 A Vigilância Socioassistencial na Região Norte e Nordeste: conceituação, sistematização e funcionamento

O SUAS, na acepção do processo de implementação da Política de Assistência Social, estabelece três funções a serem desenvolvidas de forma concomitante e indissociável. Trata-se das funções de Proteção Social, Defesa de Direitos e Vigilância Socioassistencial. Embora específicas, são complementares e pressupõem articulação na construção de referências para o alcance dos objetivos propostos pelo SUAS. As reflexões que seguem tratam da Vigilância Socioassistencial como uma função que corresponde ao planejamento, produção, organização e sistematização de informações sobre a realidade vivenciada nos territórios, visando a identificação e prevenção de situações de vulnerabilidade, risco pessoal e social de famílias e indivíduos (Brasil, 2005).

3.5.1 Vigilância Socioassistencial no contexto do SUAS: aspectos conceituais e problematizadores

Partimos do pressuposto de que a Vigilância Socioassistencial constitui matéria recente e pouco explorada na compreensão dos sujeitos da Política de Assistência Social. Todavia, consideramos que, a despeito da novidade enquanto temática e dos poucos avanços na sua elaboração conceitual, a Vigilância Socioassistencial evidencia um processo sistemático e crescente de reflexões e consolidação do acervo de informações referentes à estruturação e operacionalização da Política de Assistência Social.

Em termos normativos, a Lei n. 12.435 de 6 de julho de 2011, que altera o artigo 2º da Lei Orgânica da Assistência, introduz o inciso II que define como um dos objetivos da Assistência Social: "[...] a vigilância socioassistencial, que visa analisar territorialmente a capacidade protetiva das famílias e nela a ocorrência de vulnerabilidades, de ameaças, de vitimizações e danos" (Brasil, 1993). Essa mesma Lei acrescenta, na LOAS, o parágrafo único do artigo 6º que caracteriza a Vigilância Socioassistencial como um dos instrumentos das proteções da Assistência Social que identifica e previne as situações de risco e vulnerabilidade social e seus agravos no território (Brasil, 2011a). A NOB/SUAS (Brasil, 2012b) apresenta a Vigilância Socioassistencial como função da Política de Assistência Social destinada a construir, organizar, analisar e socializar informações territorializadas referentes a situações de vulnerabilidade e riscos sociais das famílias e serviços socioassistenciais ofertados.

A LOAS estabelece três objetivos para a Assistência Social: a proteção social, "[...] que visa à garantia da vida, à redução de danos e à prevenção da incidência de riscos"; a Vigilância Socioassistencial "[...] que visa a analisar territorialmente a capacidade protetiva das famílias e nela a ocorrência de vulnerabilidades, de ameaças, de vitimizações e danos"; e a defesa de direitos "[...] que visa a garantir o pleno acesso aos direitos no conjunto das provisões socioassistenciais" (Brasil, 1993, art. 2º). Encontra-se estruturada a partir de dois eixos: a Vigilância de Riscos e Vulnerabilidades e a Vigilância de Padrões e Serviços. A partir desses dois eixos, são articuladas, de um lado, as informações referentes às incidências de violações e necessidades de proteção da população e, de outro lado, as características e a capacidade de distribuição da rede de proteção social instalada para a oferta dos serviços socioassistenciais.

A Vigilância Socioassistencial instituída pela PNAS tem como base um conjunto articulado de categorias que constituem a sua base conceitual e instituem uma abordagem específica para a produção de conhecimentos, visando a fundamentação, o planejamento e o desenvolvimento da Política de Assistência Social nos Estados e municípios. Essa base é composta pelos conceitos de vulnerabilidade social, risco e território, os quais possibilitam a análise das relações entre necessidades e ofertas. Esses conceitos constituem-se eixos fundantes da Vigilância Socioassistencial, visto que sua efetivação se dá mediante a realização de estudos sistemáticos acerca das situações de vulnerabilidade e risco pessoal e social vivenciados pelas famílias nos municípios.

A vulnerabilidade social parte do pressuposto de que usuários(as), em situação de vulnerabilidade, podem ser conduzidos a processos excludentes e, o território, como espaço histórica e socialmente determinado. Permeado por contradições, é espaço de propensão e iminência de riscos e vulnerabilidades, também determinados socialmente. A implementação da Vigilância Socioassistencial implica, portanto, o conhecimento das vulnerabilidades sociais e riscos sociais presentes nos territórios e na identificação da capacidade de alcance pela rede de serviços socioassistenciais, das demandas apresentadas pela população demandatária. O risco visa identificar e conhecer probabilidades e iminências de contingências de caráter pessoal e social "[...] que incidem sobre famílias/pessoas nos diferentes ciclos de vida (crianças, adolescentes, jovens, adultos e idosos)", no sentido de proposição de ações e estratégias direcionadas a prevenção e redução de agravos (Brasil, 2005, p. 39).

É no âmbito dos municípios que as situações de vulnerabilidade social e risco social ocorrem como expressões da questão social, o que remete à importância do conhecimento do território como espaço de vivências, de contradições a exigir efetividade das ações, tendo em vista a prevenção e o enfrentamento de tais situações. É no território que estão inseridas as redes de serviços direcionados a identificação, prevenção e enfrentamento da vulnerabilidade e risco social, pautadas em informações e conhecimentos produzidos sistematicamente, expressos na construção de diagnósticos consistentes acerca da realidade dos municípios.

A produção de conhecimentos constitui fonte de trabalho da Vigilância Socioassistencial, no sentido de produzir, sistematizar dados e informações, bem como construir indicadores e índices de situações e áreas de maior incidência de risco e vulnerabilidade social. Na sua composição, os diagnósticos socioassistenciais, o planejamento, o monitoramento e a avaliação assumem centralidade. Nesse sentido, a Vigilância Socioassistencial, é concebida como "[...] área de gestão da informação orientada para fundamentar as atividades de planejamento, supervisão e execução dos serviços socioassistenciais". (Brasil, 2005, p. 39) Configura-se, portanto, como estratégia central na elaboração de programas sociais e, sobretudo, na avaliação dos serviços socioassistenciais. A instituição da Vigilância Socioassistencial, como estratégia de gestão, colabora para que os objetivos do SUAS sejam alcançados, mediante implementação de um sistema de monitoramento, prevenção e enfrentamento de riscos e vulnerabilidades. Nesse sentido, a construção de um diagnóstico social dos territórios, vistos a partir das suas múltiplas relações, assume centralidade como subsídio para tomada de decisões, planejamento, monitoramento, execução e avaliação das ações, possibilitando uma gestão dos serviços em consonância com as demandas e as potencialidades das famílias.

O exposto permite constatar que a Vigilância Socioassistencial, como uma das funções da PAS, busca uma ruptura com práticas de improvisação e de atendimento emergencial das demandas espontâneas e individuais. Também busca romper com o desconhecimento das demandas coletivas e da realidade vivenciada pelos demandantes da Política. Nesse sentido, a Vigilância Socioassistencial põe em destaque o desafio de superação do imediatismo, do emergencial, da improvisação e fragmentação das ações, que historicamente marcaram e continuam marcando o campo da Assistência Social no Brasil. A superação de tais práticas é historicamente possível mediante iniciativas que promovam o conhecimento da realidade e, ampliação da cobertura e qualidade dos serviços. (Maranhão, 2017)

Todavia, importa chamar a atenção para a utilização do termo *vigilância* junto ao vocábulo socioassistencial em uma política pública ainda atravessada pela cultura do assistencialismo e de práticas de controle/vigilância/punição dos *pobres* reiteradas neste século XXI.

Segundo o Relatório Final de Pesquisa de Campo no estado do Ceará (2018, p. 172):

> [...] Diferentemente da área da saúde, em que a Vigilância Sanitária pode aparecer mais como precaução, cuidado com a saúde, a Vigilância Socioassistencial é passível de ser interpretada na perspectiva do controle, do policiamento e da fiscalização de usuários e profissionais [...]. A cultura assistencialista, que permeia as práticas da Assistência Social, juntamente com o desconhecimento das legislações oficiais, podem justificar interpretações equivocadas da Vigilância Socioassistencial, acarretando punição para aqueles que deveriam ser protegidos pelo Estado (Silva, 2015). Por isso, a necessidade de reflexão sobre todo o significado que o termo "vigilância" encerra na história da Assistência Social, tradicionalmente espaço de troca de favores e oportunismo eleitoral.

Dessa forma, faz-se necessário compreender o termo *vigilância* como prevenção, promoção, proteção aos sujeitos/famílias, suas condições de vida e os serviços socioassistenciais prestados nos territórios. Vulnerabilidade social, risco e território são, portanto, a base conceitual da concepção de Vigilância instituída na PNAS.

Sendo o território o *lócus* no qual se expressam as vulnerabilidades e os riscos sociais determinados socialmente, não se pode restringir o seu entendimento ao espaço físico. Esta noção polissêmica vem adotada, nesta reflexão, no sentido de *espaço socialmente construído, território usado, relacional e dinâmico, territórios vividos*, ou seja, lugar praticado e socialmente significado pelos(as) sujeitos(as) que deles se apropriam em suas teias relacionais cotidianas, a considerar tanto suas necessidades (materiais e imateriais), como seus movimentos, situações, experiências, interações socioculturais (simbólicas) e relações de poder intraterritoriais e entre territórios (Bezerra, 2015; Koga, 2003; Santos, 2008). Esta perspectiva converge com a noção incorporada pela PNAS "[...] a partir da leitura territorial como expressão do conjunto de relações, condições de acessos inaugurados pelas análises de Milton Santos, que interpreta a cidade com significado vivo a partir dos 'atores que dela se utilizam'" (Brasil, 2005, p. 43). Acerca desta noção de território e sua importância para a Vigilância Socioassistencial, importa destacar a análise construída pelos(as) pesquisadores(as) do estado do Pará no Relatório Final da Pesquisa de Campo (Pará, 2017, p. 93):

> [...] Trata-se de uma avançada e complexa definição teórica, que condiciona o entendimento dessa função da PAS, de modo a ultrapassar uma concepção restritiva ligada a controle e produção de dados de forma vertical e autoritária. Tal concepção coloca a Vigilância Socioassistencial como campo estratégico, criando novas práticas de registro e análise da realidade voltada ao aprimoramento da gestão, do cotidiano dos processos de trabalho e do controle social.

Desta feita, a implantação e implementação da Vigilância Socioassistencial nos estados e municípios vislumbra proporcionar processos de planejamento, monitoramento e avaliação da Política de Assistência Social em relação às vulnerabilidades sociais e os riscos sociais materializadas nos territórios, bem como a abrangência e a qualidade dos serviços ofertados, de maneira a garantir a perspectiva de totalidade da questão social e a intersetorialidade das políticas públicas sociais. Os trabalhadores do SUAS, lotados nos equipamentos socioassistenciais (CRAS, CREAS e CENTROS POP), com destaque para os técnicos, são fundamentais no registro de dados, no intercâmbio dessas informações nos e entre os equipamentos, bem como nas análises feitas pelo setor de Vigilância Socioassistencial para melhoria dos serviços. Além destes, considera-se pertinente que usuários(as) e suas famílias, que disponibilizam informações sobre suas condições de vida, sejam incluídos nos processos de avaliação do acesso e da qualidade da prestação dos serviços socioassistenciais, nos níveis de gestão e de execução da Política de Assistência Social.

O Relatório de Pesquisa de Campo no Estado do Pará (Pará, 2017) salienta que a não criação de um setor de Vigilância Socioassistencial pode fortalecer o discurso de atribuir essa função a um profissional dos equipamentos socioassistenciais, a implicar, assim, não contratação de equipe específica para sistematização e análise das informações. Já a setorialização pode burocratizar o tratamento dos dados, perdendo a dimensão de totalidade. Por isso, coaduna-se com o fluxo de referência e contrarreferência para a Vigilância Socioassistencial propostos por Martinelli, Silva e Santos (2015), conforme explicitado no Relatório de Pesquisa de Campo no Estado do Ceará (Ceará, 2018, p. 175-176):

> a) Registro gerado pelas proteções: básica e especial; b) Troca de informações entre os serviços; c) Encaminhamento das informações à Vigilância Socioassistencial; d) Sistematização das informações pela Vigilância Socioassistencial; e) Agrupamento, análise, processamento e devolução das informações para os trabalhadores e usuários que geraram as primeiras bases.

O potencial da Vigilância Socioassistencial está tanto na produção de dados, como na incidência destes nas ações profissionais, com o objetivo de qualificação dos serviços, programas, projetos e benefícios socioassistenciais. Só o conhecimento da totalidade da realidade em que a política pública é executada pode superar práticas de improvisação e atendimento emergencial das demandas espontâneas e individuais, que marcam a história da Assistência Social brasileira, segundo destacado no Relatório de Pesquisa de Campo no Estado do Maranhão (Maranhão, 2017).

A partir dessas aproximações, busca-se, no item seguinte, analisar a Vigilância Socioassistencial, tomando por referência uma realidade empírica em que foram levantados dados e informações referentes à sua implementação no processo de construção da Política de Assistência Social nos municípios pesquisados nos estados do Ceará, Maranhão e Pará das regiões Norte e Nordeste do país.

3.5.2 Realidade da Vigilância Socioassistencial nos Estados do Ceará, Maranhão e Pará

Os estados do Maranhão e do Pará possuem, no organograma das Secretarias responsáveis pela Política Estadual de Assistência

Social, um setor específico de Vigilância Socioassistencial. No Pará foi constatado que a equipe estadual é multidisciplinar e experiente, mas insuficiente para cobrir as demandas deste território. Apesar de não possuir um setor específico de Vigilância Socioassistencial no Ceará, gestores e técnicos de alguns municípios informaram a existência de monitoramento pela STDS, embora tenham afirmado não obterem as devolutivas das avaliações.

Dos 18 (dezoito) municípios pesquisados, seis têm setor de Vigilância Socioassistencial, sendo um no Maranhão (São Luís), dois no Pará (Belém e Abaetetuba) e três no Ceará (Fortaleza, Maracanaú e Crateús). Consistem em metrópoles e municípios de grande e médio porte, o que denota entraves nos municípios de pequeno porte para estruturação dessa função da Política de Assistência Social, embora alguns deles reconheçam a sua importância. No Pará foi registrado que os municípios de pequeno porte pesquisados possuem dificuldades técnica e financeira por parte da Secretaria Estadual. No Ceará, os municípios de Beberibe e Pindoretama destacaram-se como principais empecilhos para sua materialização a fragilidade no compromisso político dos gestores e o número reduzido de profissionais para implementar a Vigilância Socioassistencial. No Maranhão foi registrado que todos os municípios da amostra confirmaram obstáculos na contratação de pessoal, por terem que arcar com os custos das equipes profissionais.

No Ceará, foi registrado apenas um município de pequeno porte I integrante da amostra da pesquisa que tem profissionais para fazer o monitoramento e avaliação dos serviços socioassistenciais, do Programa Bolsa Família e do CadÚnico, através de um conjunto de tabelas, fórmulas e indicadores no Excel, criados por profissional de psicologia, que também é técnica de referência do equipamento de proteção social básica. No CRAS, a inserção e verificação dos dados no sistema também são de responsabilidade dessa profissional. Na Secretaria municipal, a responsabilidade é dos funcionários do CadÚnico. As informações tabuladas e sistematizadas através de gráficos são socializadas com os trabalhadores do SUAS e contribuem para o acompanhamento de famílias e usuários, conforme Relatório de Pesquisa de Campo no Estado do Ceará (2018).

Mesmo que alguns estados e municípios pesquisados tenham setor específico de Vigilância Socioassistencial e os equipamentos produzam dados sobre os atendimentos realizados, especialmente os solicitados pelo MDS, não implica existir a troca de informações entre os serviços socioassistenciais, nem a disseminação dos dados enviados ao setor, como apresentado nas falas a seguir:

> *A gente tá precisando sistematizar, eu acho que é bem aí. É o olhar da Vigilância, porque, às vezes, a secretária chega, "quantas pessoas vocês têm em aluguel social, quantas no Bolsa Família, quantas estão atendidas, acompanhadas?" Os dados existem só que a gente precisa saber o que vai fazer com eles. Aí a gente se vê perdida porque essa sistematização não acontece.* (Informação verbal)[51]

> *[...] O que acontece! Nós enviamos os dados mensalmente, mas se a gente precisa de... uma pesquisa [...], pedir os dados do CREAS [...], por exemplo! A gente tem que retomar a planilha, contabilizar tudo novamente ou mesmo mensalmente, tá enviando esse dado para a Secretaria, ou seja, acaba que o movimento oposto, nós é que temos que dar uma resposta do todo, enquanto a secretaria nos deveria dar um feedback, já que mensalmente os relatórios são enviados. [...] O [relatório] condensado? Não! Então, ele [o coordenador do CREAS] encaminha... Não existe [...] uma reunião para falar sobre isso. [...] A gente passa esses dados para ele aí ele condensa, encaminha e encerra o assunto.* (Informação verbal)[52]

Dessa forma, a sistematização e a análise das informações pelo setor de Vigilância Socioassistencial e seu retorno aos equipamentos para uma percepção de totalidade da materialização da política pública parece não ocorrer em todos os municípios pesquisados. Além disso, a maior parte dos dados produzidos se limita a oferta de serviços e

51. Depoimento retirado do Grupo Focal realizado com a Técnica do CRAS de São Luís.

52. Depoimento retirado do Grupo Focal realizado com os(as) Trabalhadores(as) de Fortaleza.

de benefícios, não sendo levado em consideração o perfil socioeconômico, o diagnóstico de vulnerabilidades sociais, destituições e riscos sociais referentes às famílias em seus respectivos territórios vividos, conforme destacado no Relatório da Pesquisa de Campo no Estado do Maranhão (Maranhão, 2017, p. 92):

> [...] essa função não se encontra estruturada e não vem ocorrendo de forma sistematizada nos municípios pesquisados, ou seja, é um eixo que não vem se efetivando, conforme as orientações do SUAS. Informações referentes aos usuários, contendo o perfil socioeconômico destes, não estão sendo sistematizadas no sentido de configurar-se em diagnóstico mais amplo da realidade dos municípios quanto às situações de vulnerabilidade, destituições e riscos [...].

A pesquisa revelou que apenas um município no Pará e um no Maranhão possuíam diagnóstico socioterritorial, estando o deste último desatualizado, segundo registrado nos Relatórios de Pesquisa de Campo dos citados estados. A equipe de pesquisadoras do Ceará (2018) apontou três municípios cearenses que possuíam diagnóstico socioterritorial, sendo um deles feito mediante consultoria externa, o que pode dificultar a compreensão dos territórios e das condições de vida das famílias residentes por parte dos trabalhadores do SUAS.

No Pará foi registrada na capital, Belém, uma experiência de produção de boletins semestrais como estratégia de devolutiva das informações para o planejamento nos equipamentos, avançando em relação às outras capitais. Segundo a gestora da supracitada metrópole:

> *[...] a gente faz boletim semestral. [...] Todo mês nós recebemos os relatórios de todos os espaços. A gente insere no sistema nacional, a gente insere no banco de dados local; mas aí como fazer a devolutiva pros espaços, né? Como fazer? Aí foi quando a gente teve a ideia de elaborar boletins. No semestre eu pego todos os CRAS, os relatórios de todos os CRAS, faço tabela, nós temos um técnico de referência pra cada complexidade lá na vigilância, da básica, da média e da alta e a gente faz tabelas, faz comparativos*

> *entre CRAS. [...] Isso tem gerado momentos fecundos de discussão. Porque a gente pega, põe na sala todo mundo e a gente vai discutir como tá um, como tá outro, o que que foi alcançado, o que que não foi alcançado. Então, é a forma de dar devolutiva, ver se eles estão alcançando a meta ou se não estão alcançando, ver se precisam reestruturar. Então, a gente faz isso em agosto com os dados do primeiro semestre e a gente faz no começo do ano com os dados do ano todo. Tem sido superimportante.* (Informação verbal)[53]

No município paraense de Breves, apesar de não ter setor de Vigilância Socioassistencial, registraram-se processos de monitoramento e sistematização de dados. Mais uma vez, o desafio é na socialização das informações, que não acontece como previsto pelas normativas nacionais, conforme ressaltou a equipe de pesquisadores(as) do Pará (2017).

Já Maracanaú, município cearense, destacou-se pela idealização e implementação, em 2014, de um Observatório de Práticas do Sistema Único de Assistência Social (ObservaSUAS), que realizou dois seminários e mostras de relatos de experiências e pesquisas no âmbito do SUAS. Apresenta papel significativo na produção, disseminação de conhecimento e qualificação de seus profissionais, como assinalaram as pesquisadoras da equipe do Ceará (Ceará, 2018).

Crateús, outro município cearense, informou que a Vigilância Socioassistencial orienta, principalmente, o cumprimento do pacto de aprimoramento de gestão e a localização dos equipamentos socioassistenciais. Além disso, representante da gestão descreveu experiência de articulação com a Polícia Civil do município para levantamento de casos de violências. De acordo com o Relatório de Pesquisa de Campo no Estado do Ceará (2018), tanto em Fortaleza, como em Crateús, registrou-se a carência de ferramentas de compilação das violações de direitos vivenciadas pelas famílias e sujeitos, uma vez que o CREAS atende indivíduos que sofrem e vivenciam violações e violências.

53. Depoimento retirado da entrevista realizada com a Gestora de Belém.

É mister ressaltar que, em alguns municípios pesquisados nos três estados (Ceará, Pará e Maranhão), o registro das informações ainda é manual, o que pode dificultar a tabulação, a organização e a sistematização de informações nos equipamentos socioassistenciais, quando ela existe. Falta investimento em computadores, acesso à internet e a sistemas informacionais locais para viabilizar tal processo.

Em relação à compreensão de Vigilância Socioassistencial pelos participantes da pesquisa, a maioria dos gestores reconhece a existência da função na LOAS; os trabalhadores do SUAS e os conselheiros apresentaram concepções coerentes com as definições da NOB/SUAS. Foram constatadas percepções equivocadas e também não conhecimento. Usuários(as) de todos os municípios mostraram desconhecimento da Vigilância Socioassistencial. No Maranhão, gestoras e equipe técnica de alguns municípios informaram que, somente após a participação no CapacitaSUAS,[54] foi explicitado a respeito do que é a Vigilância Socioassistencial e sua função no contexto da PAS. Na análise da equipe de pesquisadoras do Maranhão (2017, p. 96), extensiva às realidades dos municípios pesquisados nos estados do Ceará e do Pará, ressalta-se que:

> [...] há problema de ausência de aprofundamento conceitual sobre a matéria em questão, o que exige reflexões conceituais do tema no sentido de avançar no debate sobre as bases conceituais que sustentam a Vigilância Socioassistencial. Essas bases precisam amplamente ser discutidas e problematizadas, tais como: território, risco e vulnerabilidade sociais. Contudo, conforme assinalamos, trata-se de uma discussão que está posta, a exigir dos sujeitos os conhecimentos necessários para a construção de mecanismos de efetivação dessa função.

54. Programa Nacional de Capacitação do Sistema Único de Assistência Social cujo objetivo consiste no aprimoramento da gestão do SUAS mediante formação continuada de gestores, técnicos e conselheiros da rede socioassistencial do SUAS com oferta de cursos permanentes, financiados com recursos do governo federal.

Pelo exposto, constata-se que a Vigilância Socioassistencial não vem assumindo centralidade na dinâmica de trabalho de gestores(as) e equipes técnicas das políticas estaduais e municipais de assistência social que integraram a amostra da pesquisa. Apesar de alguns municípios apresentarem iniciativas e experiências para a materialização da função, ainda são muitos os obstáculos para que a Vigilância Socioassistencial alcance os objetivos e a estrutura estabelecidos na NOB/SUAS (Brasil, 2012b), a fim de garantir análise e planejamento a partir de uma visão de totalidade da realidade em que a política pública é implementada.

CONCLUSÃO: convergências, divergências, especificidades e perspectivas da Política de Assistência Social e da implementação do SUAS nas Regiões Norte e Nordeste

A presente conclusão foi elaborada a partir de pesquisa empírica realizada nos 18 municípios selecionados para compor a amostra geográfica da pesquisa nos estados do Pará, Maranhão e Ceará. Os conteúdos foram construídos, principalmente, através de manifestações dos diferentes sujeitos da pesquisa: gestores municipais e estaduais, técnicos, conselheiros e usuários, sendo complementadas por observações desenvolvidas pelas(os) pesquisadoras(es) nos campos investigados e nos equipamentos selecionados para o estudo: CRAS, CREAS e CENTROS POP.

Na sistematização da conclusão, destacamos possíveis avanços, limites e perspectivas, identificadas no contexto de implementação do SUAS, procurando ressaltar possíveis convergências, divergências e especificidades da Política de Assistência Social e da implementação do SUAS, nos estados mencionados.

No processo da investigação, conforme exposto, verificamos maior prevalência de indicações de limites ou dificuldades para fazer avançar a implementação do SUAS nos municípios pesquisados, com indicações de desafios e perspectivas e registro de poucas situações pontuadas como recuos.

1. Realidade e contradições dos avanços identificados

O principal destaque, em termos de avanços nos três estados, situa-se no campo da *institucionalidade da Política de Assistência Social em direção à sua construção como direito.* Esse aspecto foi situado no nível de ordenamento legal dos órgãos gestores municipais; pelo aprimoramento e regulação de Benefícios Eventuais; ampliação de novos programas, projetos e ações, com elevação de prestação de serviços e benefícios, com incremento de atendimentos e demandas apresentadas na realidade local dos municípios; reorganização da proteção social básica e especial e seus serviços, em conformidade com a Tipificação Nacional, propiciando condições de melhor identificação, funcionamento e institucionalização dos serviços; planejamento das ações, com o Plano de Acompanhamento, Monitoramento e Avaliação; elaboração do Plano Plurianual (PP) e da Lei Orçamentária Anuais (LOA) com a participação de profissionais vinculados à gestão da PAS em alguns municípios; melhoria de estruturas administrativas na prestação de serviços em conformidade com as normativas da PAS; progressiva assimilação e incorporação do arcabouço jurídico institucional pelos sujeitos responsáveis pela implementação do SUAS; busca de ultrapassagem do clientelismo, com maior compreensão das normativas e defesa da Assistência Social como direito de cidadania, embora, contraditoriamente, tenha se identificado nas falas dos sujeitos entrevistados que o entendimento acerca da Política, ainda é limitado, sobretudo nos municípios de pequeno porte, os quais recebem mais influência da cultura do favor, do clientelismo e do assistencialismo, direcionando a demandarem ações imediatistas; avanços no reconhecimento relativo dos(as) trabalhadores(as) do SUAS como uma categoria emergente, com uma identidade em construção, em meio a processos de precarização no âmbito da gestão do trabalho; reconhecimento relativo dos(as) usuários(as) do SUAS como sujeitos(as) de direitos por parte de parcela significativa das equipes técnicas, conselheiros e gestores, apesar dos traços persistentes da cultura do favor/da benesse, do assistencialismo; existência de lei municipal de estabelecimento e regulamentação do SUAS em alguns municípios; contatos diretos de gestores e gestoras da Assistência Social em alguns municípios com as equipes de referência atuantes nos equipamentos; reconhecimento da importância dos CRAS, CREAS e CENTROS POP por parte de seus usuários, com atribuição de distintos significados desses equipamentos no universo de vida das populações vulnerabilizadas e vivendo situações de risco; vontade política de parte considerável dos(as) trabalhadores(as) do SUAS nos municípios, na perspectiva de compromisso ético-político com a população usuária da Assistência Social.

Ainda em relação a avanços, de alguma forma decorrentes da institucionalidade da PAS, a pesquisa realizada nos estados do Maranhão, Ceará e Pará revelou que, na grande maioria dos municípios, foi identificada a adoção do comando único e a superação, mesmo que formal, do primeiro-damismo na gestão da Política de Assistência Social. Todavia, foi ressaltado que o critério político para indicação dos gestores ainda se sobressai ao critério técnico, com indicações de pessoas aliadas ao grupo político do prefeito, nem sempre com capacitação técnica no campo da PAS e do SUAS, em vários municípios. Nesse aspecto, em alguns municípios, foi mencionado o descompromisso do executivo municipal com os princípios da PAS, ocorrendo, inclusive, interferência no sentido de direcionar determinadas demandas para a prefeitura, com reiteração de práticas clientelistas.

Finalmente, ainda no campo dos avanços registrados no âmbito da Política de Assistência Social, a pesquisa identificou o despontar dos usuários como sujeitos da Política, com representação específica de usuários em grande parte dos Conselhos Paritários de Assistência Social nos municípios pesquisados e alternância da presidência entre representantes governamentais e não governamentais nos Conselhos. Ademais, os usuários, com destaque à população em situação de rua, vêm atuando de modo significativo no campo das lutas e organizações políticas, pautando reivindicações e instituindo fóruns como espaço de resistência.

A contradição identificada nos avanços da institucionalidade da Política de Assistência Social como direito, ao mesmo tempo que fortalece, distância a Política dos avanços normativos conquistados na prática da implementação do SUAS, centrando, portanto, os avanços alcançados nos aspectos legais, normativos e operacionais, com expressiva dificuldade em traduzir em ações concretas os princípios e diretrizes da PAS. Ademais, foi ainda percebida fragilidade, por parte dos sujeitos da pesquisa, inclusive os profissionais, para contextualização da PAS em âmbito nacional, estadual e municipal, dificultando a percepção da Política como processo e produto de relações históricas, sociais, políticas, dificultando articulação entre domínio técnico, teórico e político, conforme relato de gestoras, técnicos e conselheiros.

2. Prevalência de limites e dificuldades para implementação do SUAS

Na pesquisa realizada no Pará, Maranhão e Ceará, ficou clara a prevalência do que podem ser considerados limites e dificuldades para implementação da Política de Assistência Social no âmbito do SUAS, senão, vejamos:

a) Sobre os *prédios* onde funcionam os CRAS e CREAS, foram destacadas diversas inadequações na estrutura físico-operacional dos equipamentos sociais em desconsideração aos pré-requisitos para funcionamento dos Centros. Na maioria dos municípios, os prédios tinham espaços pequenos e inadequados para o atendimento e acompanhamento das famílias; pouca ventilação e não dispunham de climatização. Muitos não ostentavam a identificação dos equipamentos e, na grande maioria, eram alugados; ademais, nem todos os CRAS se encontravam em áreas de vulnerabilidade, instalados em prédios sem acessibilidade e alguns localizados em área central da cidade, onde há grande fluxo de pessoas que se deslocam dos povoados e de ilhas existentes em alguns municípios. Em grande parte dos CRAS e CREAS, além dos problemas de espaço físico, poucos dispunham de equipamentos e materiais adequados ao funcionamento dos trabalhos, como insuficiência de computadores, telefones, carros e funcionamento precário da internet. No estado do Pará, o único CRAS rural, dirigido para uma comunidade quilombola, não dispunha de sede física e de uma equipe técnica compatível com as necessidades do município, além do registro de uma situação específica de falta de garantia de equipamentos como lanchas volantes em alguns municípios ribeirinhos para atender à particularidade da navegação nos rios, em descumprimento ao *fator amazônico* por parte da PAS no Estado. Ademais, foi destacada insegurança no exercício do trabalho socioassistencial, com profissionais expostos a constantes situações de violência nos ditos *territórios de risco*, onde ocorre atuação de facções criminosas e trabalhadoras(es) transitam sem as condições de segurança, nem mesmo crachá de identificação, podendo ser confundidos com a própria polícia.

b) Sobre o *Quadro de pessoal do SUAS*, na grande maioria dos municípios pesquisados, o quadro de pessoal foi considerado insuficiente, composto por profissionais contratados, com alta rotatividade, condições de trabalho instáveis e precárias; baixos salários, ensejando a descontinuidade das ações e a realização de um trabalho de *referência* pelo contínuo recomeçar que essa situação provoca. Em alguns municípios, os técnicos desempenhavam dupla função no âmbito do SUAS, com equipes mínimas incompletas, curta permanência dos profissionais nos respectivos municípios durante a semana. Foram encontrados, em alguns municípios, CRAS quase desativados, no momento da pesquisa, em razão da falta de técnicos cujos contratos encontravam-se encerrados e sem renovação. Identificou-se ainda, nos três estados, falta de participação sistemática dos técnicos em atividades de educação permanente, registrando-se tão somente capacitações pontuais, sendo apontada a insuficiência do Capacita SUAS por limitar-se ao atendimento de alguns técnicos das equipes municipais.

Soma-se a essa situação a ausência de uma política de planos, cargos e salários conforme prescrito, situação não devidamente enfrentada pelas fragilidades no processo de organização dos(as) trabalhadores(as) do SUAS nos diferentes municípios, destacando-se a inexistência de Fórum de Trabalhadores(as) na maioria dos municípios.

Apesar dos limites mencionados, foi frequente se verificar, na relação com o quadro de técnicos, a demonstração de empenho e compromisso com a implementação da Política, revelados pela demonstração de postura de autocrítica e preocupação em definir instrumentais que possam desenvolver um trabalho de forma mais qualificada, além de considerar a necessidade de instituir estratégias criativas de trabalho para potencializar ações e recursos existentes.

c) Sobre o *Cofinanciamento da PAS*, destaques foram atribuídos a limitações financeiras para contratação das equipes técnicas e para a devida execução dos serviços e benefícios conforme a demanda, em decorrência de poucos recursos federais e municipais disponibilizados para os municípios e a não participação ou tímida participação dos estados no cofinanciamento da Política, numa desconsideração do pacto federativo com comprometimento do desempenho da Política. Verificou-se, também, na maioria dos municípios, desconhecimento em relação ao orçamento da PAS por parte dos responsáveis pela implementação dos serviços e benefícios acerca da gestão dos recursos financeiros e sua distribuição nos equipamentos.

d) Sobre a *Vigilância Socioassistencial*, no geral, a pesquisa evidenciou que o Sistema é incipiente ou praticamente inexistente em vários municípios, limitando o trabalho de possíveis sistemas de planejamento, monitoramento e avaliação e a própria implementação dos serviços desenvolvidos. Em decorrência, verificou-se fragilidade no sistema de informações acerca da PAS aos usuários quanto à Política e aos serviços prestados, situação que contribui para que os usuários tenham dificuldade em associar os equipamentos

CRAS e CREAS e os serviços prestados no âmbito desses equipamentos com a Política de Assistência Social, sendo frequente o CRAS ser concebido como a própria Política. Em resumo, o eixo da Vigilância Socioassistencial não vem assumindo centralidade na dinâmica do trabalho dos equipamentos, na grande maioria dos municípios, denotando-se ausência de banco de dados e de diagnósticos acerca das condições de pobreza, que permitam identificar as demandas da população beneficiária. Ademais, foi mencionada a falta de investimento municipal em sistemas informacionais próprios e pouco conhecimento de gestores(as), trabalhadores(as) e conselheiros(as) sobre o que é realmente a Vigilância Socioassistencial.

e) Sobre a *fragilidade do controle social e da participação dos usuários* no contexto do SUAS, foi registrada fragilidade da participação dos Conselhos na dinâmica do SUAS em termos do exercício do controle social, demonstrando, por vezes, incipiente compreensão do que realmente seja esse controle social, agravado com inexpressiva participação dos usuários no processo de implementação da Política nos municípios. A fragilidade do controle social e de participação efetiva dos sujeitos da Política nas instâncias de discussão, pactuação e decisão acentua-se pela inexistência de espaço físico e de condições materiais e humanas para funcionamento dos CMAS e a não adoção de estratégias de fortalecimento dos Conselhos e de adoção de ações de qualificação para participação visando a efetividade do controle social. Acrescentou-se ainda a influência da política partidária em determinados conselhos e a fragilidade do exercício de mobilização para a participação e controle social, apesar de discursos comprometidos de técnicos e conselheiros sobre a democratização das relações sociais, não oportunizando que os usuários da Política sejam chamados a participar, conhecer, debater e se apropriar dos diversos aspectos da Política, no sentido de qualificar e elevar o nível de consciência social.

f) Sobre a *Rede Sociassistencial*, no geral, essa foi considerada insuficiente e de funcionamento precário para atender às demandas da população, o que impõe a necessidade de definição de responsabilidades e criação de estratégias para o fortalecimento e efetividade do trabalho em rede.

Por último, merece destaque a indicação de perspectivas que devem ser consideradas na conjuntura recente de desmonte de direitos e de subfinanciamento das ações socioassistenciais implementadas pelo SUAS e dos benefícios implementados no âmbito da PAS, aprofundadas a partir do Golpe 2016. Isso por estarmos vivenciando a exacerbação do neoliberalismo, com priorização de *políticas de austeridade* em termos de desmonte de conquistas e direitos, mais grave ainda com a disponibilização do patrimônio brasileiro para grandes empresas internacionais. Nesse cenário, a Política de Assistência Social vem sofrendo com o desmonte do SUAS, com comprometimento do avanço na dinâmica de consolidação que vinha ocorrendo no SUAS, nos municípios brasileiros.

Pelo exposto, podemos concluir que a convergência principal que vem ocorrendo sobre a realidade da PAS e da implementação do SUAS nos 18 municípios de três estados das regiões Norte e Nordeste se manifesta pelo avanço na institucionalidade da Política rumo à sua construção como direito, embora nessa realidade se sobressaiam contradições de práticas institucionais de conteúdos legais, normativos e operacionais, mas ainda permeadas pela cultura do assistencialismo e, por vezes, da filantropia. Verificamos que os traços mais marcantes no avanço da institucionalidade da PAS e da implementação do SUAS convergem para a busca de superação do primeiro-damismo, mesmo que, essencialmente, ainda em termos formais; pela instituição do comando único da Política e pelo despontar dos usuários enquanto sujeitos. Todavia, ao longo do percurso investigativo, podemos perceber que, principalmente em determinados municípios de pequeno porte, têm-se ainda, de forma marcante, processos relativamente precários na implementação do SUAS, registrando-se, por vezes, ingerências da política partidária na dinâmica da Política de Assistência Social. Essa realidade impõe que os avanços no campo de convergências sejam considerados na contradição e na diversidade da realidade dos municípios.

É oportuno, ainda, destacar que a pesquisa evidenciou no estado do Pará, enquanto especificidade da realidade da Região Norte, a inobservância do Fator Amazônico, determinado na Resolução nº 33, de 12 de dezembro de 2012, que demanda a observância da cultura da população da região, mas, sobretudo, reconhece peculiaridades de condições para locomoção e acesso aos moradores, principalmente as populações ribeirinhas. Essa realidade coloca demandas e exigências que precisam ser consideradas no âmbito da PAS e da implementação do SUAS, o que não vem ocorrendo satisfatoriamente.

Por fim, destaca-se na implementação do SUAS nas regiões Norte e Nordeste, representadas por 18 municípios dos estados do Pará, Maranhão e Ceará, tratar-se de uma dinâmica complexa, contraditória, não linear e de uma Política que procura se construir e se reconstruir, rompendo com uma longa história do não direito em direção à construção de direitos fundamentais que garantam o direito à vida com dignidade daqueles que da Política de Assistência Social necessitarem.

Referências

ALBAGLI, S. Território e territorialidade. *In:* SACHS, L. (Org.). *Territórios em movimento:* cultura e identidade como estratégia de inserção competitiva. Rio de Janeiro: Sebrae, 2004.

ALVES, G. O enigma do precariado e a nova temporalidade histórico do capital. *Blog da Boitempo*, São Paulo, 2012. Partes 1, 2 e 3. Disponível em: http://boitempoeditorial.wordpress.com/2012/14/o-enigma-do-precariado. Acesso em: 22 jul. 2018.

ANTUNES, R. *O privilégio da servidão:* o novo proletariado de serviços na era digital. São Paulo: Boitempo, 2018.

ARRETCHE, M. *Trajetórias das desigualdades*: como o Brasil mudou nos últimos cinquenta anos. São Paulo: Editora Unesp, 2015.

BEZERRA, L. M. P. de S. *De "territórios vulneráveis/de riscos sociais" aos territórios vividos nas margens urbanas:* uma análise da implementação do Sistema Único de Assistência Social em Fortaleza-CE. 2018. Relatório de Pesquisa de Estágio Pós-Doutoral — Programa de Pós-Graduação em Sociologia, Universidade Federal do Ceará, Fortaleza, 2018.

______. *Pobreza e lugar(es) nas margens urbanas:* lutas de classificação em territórios estigmatizados do Grande Bom Jardim, 2015. Tese (Doutorado em Sociologia) — Programa de Pós-Graduação em Sociologia, Universidade Federal do Ceará, Fortaleza, 2015.

BOSCHETTI, I. Tensões e possibilidades da Política de Assistência Social em contexto de crise do capital. *Argumentum,* Florianópolis, v. 8, n. 2, p. 16-29, 2016.

BRASIL. Ministério do Desenvolvimento Social e Combate à Fome. *Relatório de Programas e Ações.* Brasília (DF), 2019. Disponível em: https://aplicacoes.mds.gov.br/sagi/ri/relatorios/mds/index.php?codigo=15. Acesso em: 10 jul. 2019.

______. Ministério do Desenvolvimento Social e Combate à Fome. *Relatório de Informações Sociais.* Brasília (DF): MDS, 2018.

______. Ministério do Desenvolvimento Social e Combate à Fome. Secretaria Nacional de Assistência Social. *Orientações Técnicas PAIF:* trabalho social com famílias no Serviço de Proteção e Atendimento a Família. Brasília (DF): MDS, 2012a.

______. Ministério do Desenvolvimento Social e Combate à Fome. Secretaria Nacional de Assistência Social. *Política Nacional de Assistência Social — Norma Operacional Básica NOB/SUAS.* reimp. Brasília (DF): MDS, 2012b.

______. Ministério do Desenvolvimento Social e Combate à Fome. Lei n. 12.435, de 6 de julho de 2011. Altera a Lei n. 8.742, de 7 de dezembro de 1993, que dispõe sobre a organização da Assistência Social. *Diário Oficial da União,* Brasília (DF), 2011a. Disponível em: http://www.planalto.gov.br/. Acesso em: 7 jan. 2019.

______. Ministério do Desenvolvimento Social e Combate à Fome. Secretaria Nacional de Assistência Social. *Orientações Técnicas:* Centro de Referência Especializado de Assistência Social — CREAS. Brasília (DF), 2011b.

BRASIL. Ministério do Desenvolvimento Social e Combate à Fome. Secretaria Nacional de Assistência Social. *Tipificação Nacional de Serviços Socioassistenciais*. Brasília (DF): MDS, 2009.

_____. Ministério do Desenvolvimento Social e Combate à Fome. Secretaria Nacional de Assistência Social. *Norma Operacional Básica de Recursos Humanos do SUAS — NOB-RH/SUAS*. Brasília (DF): MDS, 2006. Disponível em: www.mds.gov.br/suas/legislacao-1/nob/norma_operacional_de_rh_suas.pdf. Acesso em: 13 jul. 2008.

_____. Ministério do Desenvolvimento Social e Combate à Fome. Secretaria Nacional de Assistência Social. *Política Nacional de Assistência Social (PNAS) — Norma Operacional Básica (NOB/SUAS)*. Brasília (DF), 2005.

_____. Ministério do Desenvolvimento Social e Combate à Fome. Secretaria Nacional de Assistência Social. Política Nacional de Assistência Social. Brasília: nov. 2004. Disponível em: http://www.sesc.com.br/mesabrasil/doc/Pol%C3%ADtica-Nacional.pdf. Acesso em: 30 ago. 2019.

_____. Ministério do Desenvolvimento Social e Combate à Fome. Lei n. 8.742, de 7 de dezembro de 1993. Lei Orgânica da Assistência Social (LOAS). Dispõe sobre a organização da assistência social e dá outras providências. *Diário Oficial da União*, Brasília (DF), 1993.

BRASIL; PUC-SP — Pontifícia Universidade Católica de São Paulo. Centro de Estudos e Desenvolvimento de Projetos Especiais. *Proteção de Assistência Social:* Segurança de Acesso a Benefícios e Serviços de Qualidade. 1. ed. Brasília (DF), 2013. (CapacitaSUAS, v. 2).

CARVALHO, A. M. P. de. Precarização estrutural do trabalho na civilização do capital em crise: o precariado como enigma contemporâneo. *Revista de Políticas Públicas*, São Luís, v. 18, n. esp., p. 225-239, 2014.

CARVALHO, A. M. P. de; SILVEIRA, I. M. M. da. A consolidação da Assistência Social como política pública no século XXI: o desafio da Educação Permanente como princípio estratégico na gestão do trabalho. *In:* BRASIL. Ministério do Desenvolvimento Social e Combate à Fome. Secretaria Nacional de Assistência Social. *Gestão do Trabalho no Âmbito do SUAS:* uma contribuição necessária. Brasília (DF), 2011.

CEARÁ. *Relatório Final — Projeto Avaliando a Implementação do Sistema Único de Assistência Social na Região Norte e Nordeste*: significado do SUAS para o enfrentamento à pobreza nas regiões mais pobres do Brasil. Fortaleza: Universidade Federal do Ceará, 2018. Elaborado por Alba Maria Pinho de Carvalho e outras pesquisadoras. Mimeo.

CÔRTES, S. M. V. Arcabouço histórico-institucional e a conformação de conselhos municipais de políticas públicas. *Educar em Revista*, Curitiba, n. 25, p. 143-174, 2005.

COUTO, B. R.; YAZBEK, M. C.; RAICHELIS, R. A política nacional de assistência social e o SUAS: apresentando e problematizando fundamentos e conceitos. *In*: COUTO, B. R.; YAZBEK, M. C.; SILVA, M. O. e S.; RAICHELIS, R. (Orgs.). 5. ed. rev. atual. *O Sistema Único de Assistência Social no Brasil:* uma realidade em movimento. São Paulo: Cortez, 2017.

FAPESPA — Fundação Amazônia de Amparo a Estudos e Pesquisas do Pará; FIEPA — Federação das Indústrias do Pará. *Diagnóstico plurianual dos 38 Municípios Paraenses*. Belém, 2014. Disponível em: http://www.fapespa.pa.gov.br/. Acesso em: 1. jan. 2016.

FERREIRA, S. da S. *NOB-RH Anotada e Comentada*. Brasília (DF): MDS; Secretaria Nacional de Assistência Social, 2011.

GOHN, M. G. O papel dos conselhos gestores na gestão urbana. *In:* CONSEJO LATINOAMERICANO DE CIENCIAS SOCIALES. *Repensando La experiencia urbana de América Latina:* cuestiones, conceptos y valores. Ciudad de Buenos Aires, 2000. Disponível em: http://bibliotecavirtual.clacso.org.ar/clacso/gt/20100930071318/10ghn.pdf. Acesso em: 3 maio 2019.

HARVEY, D. *O enigma do capital:* e as crises do capitalismo. Tradução João Alexandre Peschanski. São Paulo: Boitempo, 2015.

IBGE. Instituto Brasileiro de Geografia e Estatística. *Pesquisa Nacional por Amostra de Domicílios Contínua — Trimestral*. Rio de Janeiro, 2018a. Disponível em: https://ww2.ibge.gov.br/home/estatistica/indicadores/trabalhoerendimento/pnad_conti nua/default.shtm. Acesso em: 16 out. 2018.

______. Instituto Brasileiro de Geografia e Estatística. *Pesquisa Nacional por Amostra de Domicílios Contínua — anual*. Rio de Janeiro, 2018b. Disponível em:

https://www.ibge.gov.br/estatisticas/sociais/trabalho/17270-pnadcontinua.html?=&t=resultados. Acesso em: 5 jun. 2019.

______. Instituto Brasileiro de Geografia e Estatística. *Síntese de Indicadores Sociais*: análise das condições de vida da população brasileira. Rio de Janeiro, 2018c. Disponível em: https://biblioteca.ibge.gov.br/index.php/bibliotecacatalogo?view=detalhes&id=2101629. Acesso em: 5 jun. 2019.

______. Instituto Brasileiro de Geografia e Estatística. *Contas Regionais do Brasil:* 2015. Rio de Janeiro, 2017. Disponível em: https://www.ibge.gov.br/estatisticas-novoportal/economicas/contas-nacionais/9054contas-regionais-do-brasil.html?=&t=downloads. Acesso em: 16 out. 2018.

______. Instituto Brasileiro de Geografia e Estatística. *Censo Demográfico.* Rio de Janeiro, 2010a.

______. Instituto Brasileiro de Geografia e Estatística. *Cidades@.* Rio de Janeiro, 2010b.

______. Instituto Brasileiro de Geografia e Estatística. *Estados@.* Rio de Janeiro, 2010c.

IPEA — Instituto de Pesquisa Econômica Aplicada. *Ipeadata.* Rio de Janeiro, 2016. Disponível em: http://www.ipeadata.gov.br/Default.aspx. Acesso em: 23 out. 2018.

IPECE — Instituto de Pesquisa e Estratégia Econômica do Ceará. *Ceará em mapas.* Fortaleza, 20--? Informações de 2000-2016. Disponível em: http://www2.ipece.ce.gov.br/atlas/. Acesso em: 22 nov. 2018.

JANNUZZI, P. de M. Avaliação de Programas Sociais: conceitos e referenciais de quem a realiza. Temas em destaque. *Estudos em Avaliação Educacional,* São Paulo, v. 25, n. 58, p. 22-42, 2014.

KOGA, D. *Medidas de cidades:* entre territórios de vida e territórios vividos. São Paulo: Cortez, 2003.

MARANHÃO. *Relatório Final — Projeto Avaliando a Implementação do Sistema Único de Assistência Social na Região Norte e Nordeste:* significado do SUAS para o enfrentamento à pobreza nas regiões mais pobres do Brasil. São Luís: Universidade Federal do Maranhão, 2017. Elaborado por Maria Ozanira da Silva e Silva e outras pesquisadoras. Mimeo.

MARTINELLI, T.; SILVA, M. B.; SANTOS, S. R. dos. Vigilância Socioassistencial na Política de Assistência Social: concepções e operacionalidade. *Revista Katálysis*. Florianópolis, v. 18, n. 1, p. 104-112, jan./jun. 2015.

MARTINS JR., S. da S. *Cultura política na gestão do SUAS:* um estudo em municípios de pequeno porte do Pará. 2017. Dissertação (Mestrado em Serviço Social) — Universidade Federal do Pará, Belém, 2017.

MARX, K. *Introdução à crítica da economia política*. São Paulo: Abril Cultural, 1974. (Coleção Os Pensadores).

MIRANDA, M. L. *A reinvenção dos dias:* ética e resistência emancipatória no Serviço Social contemporâneo. 2019. Tese (Doutorado em Políticas Públicas) — Programa de Pós-Graduação em Políticas, Universidade Federal do Maranhão, 2016.

MOREIRA, M. T. V. Instâncias deliberativas dos sistemas descentralizados e participativos das políticas públicas de cunho social: contorno jurídico dos conselhos. *Informativo Cepam,* São Paulo, p. 65-69, 1999.

MUNIZ, E. *et al.* O conceito de serviços socioassistenciais: uma contribuição para o debate. VI Conferência Nacional de Assistência Social, de 14 a 17 de dezembro de 2007. *Caderno de textos.* Brasília (DF): CNAS/MDS, 2007.

PAIVA, B.; ROCHA, M.; CARRARO, D. Participação popular e assistência social: contraditória dimensão de um especial direito. *Revista Katálysis,* Florianópolis, v. 13, n. 2, p. 250-259, 2010.

PARÁ. *Relatório Final — Projeto Avaliando a Implementação do Sistema Único de Assistência Social na Região Norte e Nordeste:* significado do SUAS para o enfrentamento à pobreza nas regiões mais pobres do Brasil. Belém: Universidade Federal do Pará. 2017. Elaborado por Sandra Helena Ribeiro Cruz e outros pesquisadores. Mimeo.

PNUD. Programa das Nações Unidas para o Desenvolvimento. *IDH:* rankings. Brasília (DF), 2013.

RAICHELIS, R. Serviço Social: trabalho e profissão na trama do capitalismo contemporâneo. *In:* RAICHELIS, R.; VICENTE, D.; ALBUQUERQUE, V. (Orgs.). *A nova morfologia do trabalho no serviço social.* São Paulo: Cortez, 2018.

______. *Esfera pública e conselhos de assistência social:* caminhos da construção democrática. São Paulo: Cortez, 2000.

SANTOS, B. de S.; MENESES, M. P. (Orgs.). *Epistemologias do Sul.* Coimbra: Edições Almedina, 2009.

SANTOS, M. *Da totalidade ao lugar.* São Paulo: Edusp, 2008.

SILVA, J.; ARAÚJO, M. do S. S. de. Territorialização e diversidade étnica na Política Nacional de Assistência Social: caminhos divergentes. *In:* TEIXEIRA, S. (Org.). *Política de Assistência Social e Temas correlatos.* Campinas, SP: Papel Social, 2016.

SILVA, L. L. *Mudanças recentes no mundo do trabalho e o fenômeno população em situação de rua — 1995-2005.* Brasília, DF: UnB, 2006.

SILVA, M. O. da S. e *et al. Relatório Final de Pesquisa de Campo das Regiões Norte e Nordeste do Projeto Avaliando a Implementação do Sistema Único de Assistência Social na Região Norte e Nordeste:* significado do SUAS para o enfrentamento à pobreza nas regiões mais pobres do Brasil. São Luís: Universidade Federal do Maranhão, 2018. Mimeo.

SILVA, M. O. da S. e *et al. Projeto de Pesquisa — Avaliando a implementação do Sistema Único de Assistência Social na Região Norte e Nordeste:* significado do SUAS para o enfrentamento à pobreza nas regiões mais pobres do Brasil. São Luís: GAEPP, 2016. Mimeo.

SILVA, M. O. da S. e (Org.). *O Bolsa Família no enfrentamento à pobreza no Maranhão e Piauí.* 2. ed. São Paulo: Cortez, 2013.

TATAGIBA, L. *Os conselhos gestores e a democratização das políticas públicas no Brasil.* São Paulo: Paz e Terra, 2002.

TELLES, V. da S. *Direitos sociais*: afinal, do que se trata? Belo Horizonte: UFMG, 1999.

TEIXEIRA, J. B. A Amazônia e a interface com o SUAS. *In:* CRUZ, J. F. da *et al. 20 anos da Lei Orgânica de Assistência Social.* Brasília, DF: MDS, 2013.

YAZBEK, M. C. Estado, políticas sociais e implementação do SUAS. *In:* BRASIL. Ministério do Desenvolvimento Social e Combate à Fome; Pontifícia Universidade Católica de São Paulo (PUC-SP). Instituto de Estudos Especiais e Desenvolvimento de Projetos Especiais. *SUAS:* configurando os eixos de mudança. 1. ed. Brasília, DF, 2008. (CapacitaSUAS, v. 1)

______. A gestão do SUAS. VII Conferência Nacional de Assistência Social, de 14 a 17 de dezembro de 2009. *Caderno de textos.* Brasília (DF): CNAS/MDS, 2009.

Capítulo 2

IMPLEMENTAÇÃO DO SUAS NOS ESTADOS DE SÃO PAULO E MINAS GERAIS: heterogeneidade da Política de Assistência Social na Região Sudeste

Raquel Raichelis
Rosangela Dias Oliveira da Paz
Damares Vicente
Érika Mayume Horibe
Joana Maria Gouveia Franco Duarte
Nathália Lopes C. Brant
Maria Carmelita Yazbek
Carola Carbajal Arregui
Vânia Nery
Grazielle Nayara Felício Silva
Karina Caputti Vidal
Tiago Gomes Cordeiro*

* Este capítulo teve como base a investigação desenvolvida por uma equipe de pesquisadoras/es do Programa de Estudos Pós-Graduados em Serviço Social da PUC-SP. Além das/os autoras/es desse texto, participaram da pesquisa em diferentes momentos: Maria Lucia Martinelli, Antonia Oliveira, Elizabete Rosa, Marilene Sant'Anna e Valéria Albuquerque.

INTRODUÇÃO: contexto da pesquisa, desenvolvimento da metodologia e aprendizados da pesquisa empírica nos municípios da Região Sudeste

Em termos de método, a pesquisa na Região Sudeste orientou-se por pressupostos teórico-metodológicos de fundamentação crítico--dialética, estabeleceu critérios para seleção dos espaços geográficos para realização do levantamento de campo e priorizou como procedimentos de pesquisa: a Observação Sistemática *in loco*; a Entrevista semiestruturada e o Grupo Focal.

O estudo na Região Sudeste, realizado nos estados de Minas Gerais e São Paulo, orientou-se pela mesma proposta metodológica da pesquisa nacional, realizando a pesquisa em 06 municípios para cada um dos estados, selecionados em função da presença de portes populacionais diversos[1], das especificidades regionais, formação sócio--histórica e dinâmicas sociodemográficas das diferentes cidades, bem como de graus diferenciados de implementação da política e do SUAS.

As metrópoles representadas por Belo Horizonte e São Paulo apresentam características e desafios próprios de grandes cidades polos das Regiões Metropolitanas. Belo Horizonte é o município mais populoso do estado de Minas Gerais e o terceiro de maior densidade populacional da Região Sudeste, após São Paulo e Rio de Janeiro. A história da assistência social no município está ligada ao protagonismo, à construção de referências técnico-normativas e à militância na implementação da Política Nacional de Assistência Social e do SUAS no país. São Paulo, por sua vez, a maior metrópole da América Latina, é o município mais populoso do estado, da Região Sudeste e do Brasil. A grande diversidade territorial, social, econômica, política e

1. Conforme adotado pela Política Nacional de Assistência Social de 2004, são considerados municípios de pequeno porte 01 (até 20.000 habitantes); município de pequeno porte II (de 20.001 a 50.000 habitantes); municípios de médio porte (50.001 a 100.000); municípios de grande porte (entre 100.001 a 900.000 habitantes) e as metrópoles, cidades com população de, ou acima de, 900.0000.

populacional de São Paulo coloca como exigência considerar as implicações do ponto de vista da gestão e da política de assistência social em termos de escalas. De um total de 96 distritos que compõem a cidade, 54 agregam uma população equivalente a muitas cidades brasileiras de grande porte, que variam de 100.000 a 600.000 habitantes. Nessa perspectiva, o II Plano Decenal de Assistência Social do município afirma que a cidade de São Paulo não pode ser considerada ou analisada como mais um município dentre os 5.570 do país. A objetivação dessa diferença em termos de porte populacional e de escalas exige forte engenharia de gestão territorializada e unitária na política de assistência social (São Paulo (Município), 2016, p. 17). Considerando a trajetória da PNAS no estado de São Paulo, constata-se as dificuldades e a recência de sua implementação, quando comparadas com o estado de Minas Gerais e as demais unidades da Federação.

Os municípios de grande porte foram contemplados com Coronel Fabriciano e Uberaba, em Minas Gerais, e São Bernardo do Campo e Hortolândia, em São Paulo. Coronel Fabriciano e São Bernardo do Campo possuem como elemento comum a trajetória do movimento sindical decorrente da relevância dos processos de industrialização nesses municípios. São Bernardo do Campo, historicamente ligado à forte presença de indústrias automotivas, foi berço do *Novo Sindicalismo*, a partir dos anos 1980. Coronel Fabriciano tem forte tradição de lutas do movimento sindical, com longos períodos de gestões democráticas que consolidaram a política de assistência social no município. Hortolândia, em São Paulo, é um município recente, emancipado de Sumaré em 1991, em função da instalação de indústrias atraídas pelo incentivo fiscal na Região Metropolitana de Campinas. Uberaba, localizado na mesorregião do Triângulo Mineiro/Alto Paranaíba, possui significativa presença do agronegócio e alta concentração fundiária (43,33% da área total do munícipio é representada por grandes latifúndios), que deriva, ao mesmo tempo, numa expressiva presença do Movimento dos Trabalhadores Rurais Sem Terra (MST), com 3 assentamentos rurais e 2 acampamentos (Masson, 2016, p. 127).

Como municípios de médio porte foram considerados Janaúba, situado na mesorregião do norte de Minas Gerais, e Batatais, localizado na região nordeste do estado de São Paulo. Nos municípios de médio porte é possível observar o aumento da incidência da população rural, quando comparados com as cidades de grande porte. Nesses municípios, inclusive, o desenho da política municipal de assistência social prevê um CRAS Rural, no caso de Janaúba, e equipes volantes em Batatais para o atendimento da população que reside na área rural. Mas, de fato, na análise dos dados dos municípios da pesquisa, constatou-se que quanto menor o porte do município, maior é a incidência de população residindo em áreas rurais. O que foi comprovado tanto em Poço Fundo, em Minas Gerais, como em Nova Canaã Paulista em São Paulo, ambos municípios de pequeno porte I, que apresentam os maiores percentuais de população rural no total das cidades estudadas. Completam a amostra de municípios da pesquisa a cidade de Araçuaí (pequeno porte II), em Minas Gerais, localizada no Vale do Jequitinhonha, uma região conhecida pelo alto índice de pobreza e com alarmantes indicadores sociais de pobreza, quando comparados ao estado mineiro, mas com a riqueza da mistura de raças na qual se destaca a presença de diversas etnias indígenas. Em Iguape, município litorâneo do estado de São Paulo, de pequeno porte II, destaca-se a incidência de assentamentos rurais, população ribeirinha, comunidades indígenas e quilombolas (Quadro 1).

O trabalho de campo acompanhou o desenho da pesquisa nacional, com a realização de: a) entrevistas com gestor municipal e com representante(s) do conselho municipal, em cada município, e com o gestor estadual no caso das metrópoles; b) grupos focais com trabalhadores e com usuários de CRAS em todos os municípios, e com usuários de CREAS e usuários de Centro POP nas metrópoles e municípios de grande porte; c) observação direta dos equipamentos dos Centros de Referências, nos CRAS em todos os municípios, nos CREAS nas metrópoles e nos municípios de grande porte e nos CENTROS POP nas metrópoles, conforme mostra o Quadro 2.

Quadro 1. Critérios específicos para seleção dos municípios para composição da amostra a ser pesquisada no Estado

Unidade da Federação	Municípios	Critérios de seleção e especificidades dos municípios
Minas Gerais	Belo Horizonte	Metrópole. Forte incidência de região metropolitana. Totalidade da população em área urbana. Município mais populoso do estado. Indicado pelo alto grau de implementação do SUAS.
	Coronel Fabriciano	Grande porte, essencialmente urbano/Indicado como alto grau de implementação
	Uberaba	Grande porte, essencialmente urbano/Presença de movimentos sociais/indicado como implementação moderada
	Janaúba	Médio porte, essencialmente urbano
	Araçuaí	Pequeno porte II, presença de ruralidades
	Poço Fundo	Município de pequeno porte I, alta incidência de população em área rural.
São Paulo	São Paulo	Maior metrópole da América Latina com grande diversidade territorial, social, econômica, política e populacional. Forte incidência de região metropolitana. Totalidade da população em área urbana. Município mais populoso do estado.
	São Bernardo do Campo	Grande porte, município com presença forte de indústrias automotivas e berço do Novo Sindicalismo a partir dos anos 1980.
	Hortolândia	Grande porte, município com histórico de boa implantação do SUAS
	Batatais	Médio porte, estância turística.
	Iguape	Pequeno porte II, município litorâneo, com assentamentos rurais, população ribeirinha, comunidades indígenas e quilombolas.
	Nova Canaã Paulista	Município de pequeno porte I e majoritariamente rural

Fonte: PUC-SP, Relatórios de Pesquisa, 2016/2017

Quadro 2. Especificação das atividades de pesquisa realizadas nos municípios da Região Sudeste

Municípios	Entrevistas	Grupos Focais	Observação
Metrópoles	Com Gestor Estadual, Gestor Municipal e com Conselho Municipal	Com trabalhadores, com Usuários de CRAS, com Usuários do CREAS, com usuários do CentroPop	Em CRAS, CREAS e CentroPOP
Grande Porte	Com Gestor Municipal e com Conselho Municipal	Com trabalhadores, com Usuários de CRAS.	Em CRAS e CREAS
Médio Porte	Com Gestor Municipal e com Conselho Municipal	Com trabalhadores, com Usuários de CRAS,	Em CRAS
Pequeno Porte II	Com Gestor Municipal e com Conselho Municipal	Com trabalhadores, com Usuários de CRAS,	Em CRAS
Pequeno Porte I	Com Gestor Municipal e com Conselho Municipal	Com trabalhadores, com Usuários de CRAS,	Em CRAS

Fonte: PUC-SP, Relatórios de Pesquisa, 2016/2017

Dessa forma, as atividades de campo envolveram 281 sujeitos entre gestores, conselheiros, trabalhadores e usuários. O diálogo com gestores municipais (13), com os dois gestores estaduais (MG e SP), com representantes dos conselhos municipais (15), com usuários (141) e com os trabalhadores do SUAS (112) consolidou como diretriz de pesquisa a exigência de contemplar e amplificar as vozes de todos os sujeitos que fazem parte da política de assistência social, com especial atenção aos usuários e aos trabalhadores do SUAS, para aprofundamento das questões norteadoras da pesquisa apresentadas no capítulo introdutório do livro.

Tabela 1. Participantes da pesquisa por município e Unidade da Federação

Municípios/Unidades da Federação/Região	Total de gestores Municipais entrevistados	Total de conselheiros entrevistados	Total de usuários que participaram dos grupos focais	Total de trabalhadores que participaram dos grupos focais	Total de participantes
Belo Horizonte	1	2	20	26	49
Coronel Fabriciano	1	2	12	12	27
Uberaba	1	1	7	7	16
Janaúba	1	2	10	10	23
Araçuaí	1	1	9	10	21
Poço Fundo	1	1	10	6	18
Minas Gerais	6	9	68	71	154
São Paulo	1	1	35	5	42
São Bernardo do Campo (*)	2	1	6	8	17
Hortolândia	1	1	6	9	17
Batatais	1	1	10	6	18
Iguape	1	1	6	8	16
Nova Canaã Paulista	1	1	10	3	15
São Paulo	7	6	73	41	126
Região Sudeste	13	15	141	112	281

Fonte: PUC-SP, Relatórios de Pesquisa, 2016/2017

* *Foram realizadas entrevistas com duas gestões.*

1. CONFIGURAÇÕES SOCIODEMOGRÁFICAS E ECONÔMICAS DA REGIÃO SUDESTE

A Região Sudeste agrega 42,1% do total da população brasileira e está composta por 1.668 municípios, que representam 30% do total de cidades do país. Minas Gerais é a unidade da Federação com maior número de municípios e a segunda em número de habitantes, enquanto São Paulo é o estado com maior concentração populacional e o segundo em número de municípios no país. Considerando apenas a Região Sudeste, São Paulo representa um pouco mais da metade do total da população dos quatro estados que a compõem, sendo que um outro quarto (24%) corresponde ao estado de Minas Gerais.

Tabela 2. População residente e municípios do Brasil, da Região Sudeste e das Unidades da Federação consideradas no estudo — 2º Trimestre de 2018

	População residente		Municípios	
	Total (1000 pessoas)	%	Total	%
Brasil	208.409	100,0	5.570	100,0
Sudeste	87.711	42,1	1.668	29,9
São Paulo	45.538	51,9	645	38,7
Minas Gerais	21.040	24,0	853	51,1

Fonte: IBGE, 2018

Minas Gerais, quarta unidade da federação com a maior área territorial, agrega 853 municípios, distribuídos em 17 *territórios de desenvolvimento*, em função do modelo de regionalização adotado pelo governo estadual[2]. Está configurado preponderantemente por municípios de pequeno porte I (78,2%), que somados aos 13,7% de pequeno porte II, totalizam 92% do total de municípios do estado e agregam 42% da população do estado. Mas, ao mesmo tempo, as 31 cidades de grande porte e a metrópole, que representam 3,7% do total dos municípios mineiros, concentram, de outro lado, 45% do total da população. As 43 cidades de médio porte representam 4,3% e agregam, pela sua vez 17% do total da população do estado. Em Minas Gerais, a densidade populacional dos municípios de pequeno porte I (15,6 hab./km^2) é 484 vezes menor que a da Metrópole/Belo Horizonte

2. Em Minas Gerais, as discussões sobre o modelo de regionalização surgem em 2011, mas ganham relevância a partir de 2015, quando o órgão estadual assume como principal diretriz a responsabilidade do Estado pela coordenação, articulação e oferta dos serviços especializados, considerando a alta incidência de municípios com menos de 50 mil habitantes no estado. Em Minas Gerais, dos 853 municípios, 787 possuem menos de 50 mil habitantes, o que corresponde a 92% do total de municípios. Para aprofundamento, consulte (Minas Gerais. Secretaria de Estado de Trabalho e Desenvolvimento Social. *Caderno de Orientações dos Serviços Regionalizados de Proteção Social Especial*. Belo Horizonte: SEDESE, 2018).

(7.555,4 hab./km^2), o que permite identificar as especificidades de pequenas cidades que apresentam menor densidade demográfica, e por consequência, maior espalhamento da população, típicas de municípios com extensas áreas rurais.

O estado de São Paulo está constituído por 645 municípios, distribuídos em 26 Diretorias Regionais de Assistência e Desenvolvimento Social (DRADS), segundo modelo de regionalização adotado desde 2005[3]. A incidência de municípios de pequeno porte I em São Paulo é menor do que a observada em Minas Gerais, mesmo assim, representam mais da metade do total de municípios do estado paulista. Os municípios de pequeno porte I representam 60,8% do total das cidades paulistas, que somados ao 11,3% dos municípios de pequeno porte II, totalizam 72,1% e agregam 15,6% do total da população do estado. O maior contingente populacional no estado de São Paulo é identificado em 76 municípios (as três metrópoles e as 73 cidades de grande porte) que concentram quase dois terços do total da população (74,9%), sendo que a cidade de São Paulo, com aproximadamente 12 milhões de habitantes, concentra, sozinha, um quarto do total da população do estado. Os municípios de médio porte representam 9,3% do total das cidades paulistas e agregam 9,5% da população (Brasil, 2015b); (Sposati, 2016).

Tabela 3. Municípios por porte populacional: Minas Gerais e São Paulo

	Minas Gerais		São Paulo	
	Total	%	Total	%
Pequeno Porte 1	667	78,2	392	60,8
Pequeno Porte 2	117	13,7	117	18,1
Médio Porte	37	4,3	60	9,3
Grande Porte	31	3,6	73	11,3
Metrópole	1	0,1	3	0,5
Total	853	100,0	645	100,0

Fonte: Brasil, 2015b

3. Para maior conhecimento das atribuições das DRADS em São Paulo, consultar Decreto n. 49.688, de 17 de junho de 2005.

Nessa perspectiva, os estados da Região Sudeste acompanham a tendência nacional de concentração populacional em portes de municípios que representam especificidades contrastantes a serem consideradas na implementação das políticas setoriais, e especificamente na política de assistência social. A organização da rede e as condições de acesso a serviços socioassistenciais não podem ser pensadas de forma homogênea quando considerados os contrastes de densidades demográficas entre os municípios de pequeno porte e os de grande porte ou metrópoles. Esses dois extremos na tipologia de porte populacional de municípios apresentam desafios a serem enfrentados do ponto de vista da mobilidade urbana que condicionam o acesso aos serviços socioassistenciais. Nas metrópoles e cidades de grande porte, as barreiras de acesso dizem respeito às configurações das regiões metropolitanas com alto grau de conurbação e de mobilidade urbana, mas com definição de acesso às políticas setoriais na base de critérios e limites político-administrativos municipais. Ou seja, o morador da região metropolitana que passa a maior parte do seu tempo em bairros distantes e/ou em outros municípios somente consegue acessar aos serviços tendo como base o local de residência, no geral, em dias úteis e em horário comercial. No outro extremo, os moradores de municípios de pequeno porte, com baixa densidade populacional e grandes extensões territoriais em áreas rurais, também enfrentam barreiras de acesso relacionadas à distância dos serviços em relação aos locais de moradia da população. Essas características exigem especificidades nas formas e dinâmicas de funcionamento dos serviços socioassistenciais, com presença de equipes/serviços volantes e acesso variado e acessível de transporte, além de horários ampliados e flexíveis de funcionamento das unidades de referência e dos serviços, de acordo com as especificidades locais, o que frequentemente não ocorre considerando os dados revelados pela pesquisa.

Do ponto de vista demográfico, as unidades da federação acompanham a tendência nacional de envelhecimento da população, já apontada pelas análises desde o último Censo Demográfico. Em 2010, o grupo etário de até 15 anos de idade representava 22,8% do total da população mineira e 21,4% da população paulista. Espera-se que, em 2030, essa proporção diminua a 17%, respectivamente. Os idosos, por sua vez, estão incrementando a sua participação. As pessoas com mais de 59 anos representavam, em 2010, 8,1% do total da população mineira e 11,6% da população paulista. Em 2050, a Fundação João Pinheiro e a Fundação Seade estimam que essa faixa etária irá representar em torno de um terço da população total em cada estado, 28,7% em Minas Gerais e 32,6% em São Paulo (Fundação João Pinheiro, 2018; Fundação Seade, 2019).

Os dois estados têm não só presença como sobreposição de grupos específicos nos diversos municípios. O estudo que subsidiou a realização do II Plano Decenal de Assistência Social, tendo como base de dados o CensoSUAS, de 2015, destaca que em Minas Gerais as maiores incidências foram observadas na indicação de grupos quilombolas em 111 cidades, ciganos, em 59 cidades, grupos ribeirinhos e população indígena em 20 cidades e grupos de artesãos extrativistas em oito municípios. Em São Paulo a maior incidência foi identificada nos grupos de ciganos registrados em 30 cidades, indígenas em 24 cidades e população quilombola em 16 municípios (Brasil, 2015a). Segundo o Censo Demográfico de 2010, o estado de Minas Gerais agrega 31.112 pessoas que se autodeclararam indígenas, o que representa 3,8% do total do Brasil. No estado de São Paulo, as 41.794 pessoas que se autodeclaram indígenas representam 5,1% do total, sendo que a cidade de São Paulo, com 12.977 é o quinto maior município do país em termos quantitativos de população indígena e a maior concentração em área urbana do país (Brasil/IBGE, 2012).

A Região Sudeste é responsável por mais da metade da economia do país, contribuindo com 55,3% do PIB nacional. A maior economia da região, localizada no estado de São Paulo, representa, em termos de PIB, 58,1% da produção do Sudeste. O PIB per capita de São Paulo de R$ 39.122,28 é superior à média regional e nacional. Minas Gerais, por sua vez, representa 16,6% da produção regional e o PIB per capita (R$ 23.646,21) está abaixo dos patamares alcançados em nível nacional e regional.

Tabela 4. Produto Interno Bruto — PIB a preços correntes e PIB *per capita* do Brasil, Sudeste, Minas Gerais e São Paulo

	PIB		
	Preços correntes (1 000 000 R$)	%	Per capita
Brasil	5.316.455	100,0	26.445,72
Sudeste	2.938.240	55,3	34.789,79
Minas Gerais	486.955	16,6	23.646,21
São Paulo	1.708.222	58,1	39.122,28

Fonte: IBGE, 2015c

A Região Sudeste vem perdendo progressivamente participação em relação ao PIB nacional como resultado do aumento da participação das outras regiões e da queda do peso da indústria de transformação, principalmente, em São Paulo e Minas Gerais (Dieese, 2015, p.9). De fato, do ponto de vista setorial a maior incidência do peso das atividades econômicas no PIB regional está localizada, em primeiro lugar, no segmento serviços (incluindo a intermediação financeira) e no segmento industrial, mas com maior ênfase, nos últimos anos, na indústria extrativa mineral.

Para além da incidência da indústria e, especialmente dos serviços, a novidade na economia paulista, das últimas décadas, ocorre em função das descobertas do pré-sal. A entrada em operação da extração de petróleo e gás fizeram com que esse setor, que praticamente não existia no estado, se tornasse, em 2014, o terceiro maior produtor nacional (Fundação Seade, 2017). No caso de Minas Gerais, historicamente, e especialmente de forma mais acentuada nas últimas décadas, a especialização da economia esteve e está determinada pelo crescente peso do extrativismo mineiro-metal, com importante participação na pauta de exportação brasileira, em forma de *commodities*. Segundo a Fundação João Pinheiro (2015), o setor mineral responde por 19,4% das exportações brasileiras. Do total de bens minerais exportados, 62,1% compreendem bens primários, que não sofreram grandes transformações na indústria e consequentemente dependem da baixa intensidade na utilização de mão de obra.

Diante dessa configuração, somente os serviços e o comércio representavam, em 2015, 63% do total de ocupados no Brasil, 68% da Região Sudeste, 70% do estado de São Paulo e 59% de Minas Gerais. Na produção agrícola regional, destacam-se a incidência da cana-de-açúcar, da soja e da laranja. O Sudeste é responsável pela maior parte da produção da cana-de-açúcar, parte da qual está concentrada no estado de Minas Gerais, sendo que São Paulo sozinho agrega 50% do total da produção. A atividade agrícola em Minas Gerais agrega 17% do total de pessoas ocupadas, acima de São Paulo (3%), do Sudeste (7%) e do Brasil (14%). No setor secundário (indústria e construção) São Paulo concentra 26% da mão de obra, com patamares acima de Minas Gerais (22%), da Região Sudeste (24%) e do país (22%).

Esses números indicam como a reestruturação produtiva em curso desde os anos 70 do século passado, com drástica transformação e diminuição da produção industrial, incide sobre a economia e sobre o mercado de trabalho, alterando significativamente as relações entre capital e trabalho, desfavorecendo o trabalho. Também a própria estrutura e organização do estado se transforma mercantilizando os serviços essenciais, como saúde, educação e outros, que tendem a ser cada vez mais ofertados como serviços privados que visam lucro, e por meio de contratações de trabalhadores/as de forma temporária e desprotegida de direitos trabalhistas.

Tabela 5. Pessoas em Idade Ativa distribuídas por grupamentos de atividade no trabalho principal do Brasil, Região Sudeste, Minas Gerais e São Paulo

	Pessoas de 15 anos ou mais de idade, em idade ativa, ocupadas na semana de referência					
	Total	Distribuição (%)				
		Agrícola	Industrial	Construção	Comércio e reparação	Serviços
Brasil	98.621	14,2	13,1	9,2	18,2	45,2
Sudeste	42.319	7,1	14,8	9,2	18,4	50,5
Minas Gerais	10.663	17,6	13,3	9,3	17,0	42,7
São Paulo	22.087	3,1	17,5	8,5	18,8	52,1

Fonte: IBGE, 2015b

A economia da Região Sudeste expressa portanto o movimento e as contradições típicas do capitalismo periférico da América Latina, no atual padrão exportador de especialização produtiva, que, segundo Osório (2016), está caracterizado pelo abandono/perda da participação da indústria na economia (mesmo em países como o Brasil e o México que possuem setores industriais de peso, mas que perdem significação em relação ao PIB, às exportações e ao desenvolvimento tecnológico), reedição da exploração de recursos naturais e de exportação de matérias primas que têm sido uma constante na história econômica latino-americana, e descenso brutal das condições de trabalho, dos salários e das condições de vida e de bem-estar social.

> O sistema mundial capitalista sofre uma profunda readequação que dá passo à conformação de uma nova divisão internacional do trabalho, onde a região voltará, como padrão dominante, à condição de exportadora de matérias-primas e alimentos, com exceção de algumas poucas economias onde se conservará a importância de certas atividades de "maquila" eletrônica e de vestuário, montagem de automóveis e produção de partes, com pouca tecnologia. O padrão exportador de especialização produtiva se apoia em vantagens naturais, como o petróleo, minerais diversos, produtos agrícolas como verduras, grãos, frutas, carnes e madeira, e em produtos industriais a exemplo dos mencionados anteriormente. O funcionamento do novo padrão está associado à venda massiva de empresas públicas, que acelera a acumulação de capitais, e de políticas agressivas de reduções salariais e de eliminação de direitos sociais, medidas estas que favorecem a capacidade de competição dos capitais e seus produtos no mercado mundial. Estas perdas, aliadas à generalização crescente da precarização laboral e à subcontratação, elevaram a superexploração a níveis que a região acreditava que havia superado (Osório, 2016, p. 523).

Trata-se ainda de um sistema econômico e produtivo que estabelece um padrão predatório de utilização de recursos naturais e de geração descontrolada de resíduos, desconsiderando a observância de parâmetros ambientais, da viabilidade econômica e de justiça social.

Minas Gerais representa o caso mais emblemático da Região Sudeste se consideramos os impactos ambientais, econômicos e de desproteção social decorrentes do rompimento das barragens na região de Mariana e Brumadinho. Paralelamente, o estado apresenta um quadro de deficiências do ponto de vista de infraestrutura urbana, se consideramos que um terço dos domicílios mineiros ainda não são atendidos por rede geral coletora de esgoto, 13,3% não estão conectados à rede de abastecimento de água e 10,6% não possuem coleta de lixo.

Tabela 6. Domicílios particulares permanentes atendidos pelos serviços: rede geral de abastecimento de água, rede coletora de esgoto, fossa séptica ligada à rede coletora, coleta de lixo, iluminação elétrica e telefone

	Total	Atendidos por serviços (%)					
		Rede geral de abastecimento de água	Rede coletora de esgoto	Fossa séptica ligada à rede coletora	Coleta de lixo	Iluminação elétrica	Telefone
Brasil	67.039	85,4	57,6	5,9	89,8	99,7	93,5
Sudeste	29.131	92,1	85,4	2,3	96,2	99,9	96,0
Minas Gerais	6.965	86,6	78,4	0,7	89,4	99,8	93,9
São Paulo	14.856	96,3	90,4	1,8	99,1	99,9	97,1

Fonte: IBGE, 2015b

2. CARACTERIZAÇÃO SOCIOECONÔMICA DOS MUNICÍPIOS PESQUISADOS

A referência de porte populacional dos municípios quando aliada à leitura de densidades demográficas permite desvendar as particularidades da relação urbano-rural e das dinâmicas que decorrem dessas configurações.

O município de São Paulo com quase 12 milhões de habitantes é cinco vezes mais populoso que Belo Horizonte. A densidade demográfica em São Paulo (7.398 hab./km^2) é 507 vezes maior que o município de Iguape (14 hab./km^2), de pequeno porte II. Belo Horizonte possui uma densidade demográfica (7.170 hab./km^2) 15 vezes maior que um município de grande porte como Coronel Fabriciano e 449 vezes maior que a apresentada pelo município de Araçuaí (16 hab./km^2), de pequeno porte II.

Conforme diminui o porte do município aumenta a incidência de população assentada em áreas rurais. No estado de São Paulo, 4,1% da população reside em áreas rurais. A sua incidência na metrópole é de 0,9%, aumenta para 1,7% no município de grande porte como São Bernardo do Campo, no caso do município de médio porte como Batatais cresce para 11,6%. Já no município de pequeno porte I, Nova Canaã Paulista 58,4% dos seus habitantes residem em área rural. Situação similar é percebida em Minas Gerais. Enquanto em Uberaba, município de grande porte, 2,2% da população reside em área rural, essa proporção aumenta para 9,3% em Janaúba (médio porte), para 34,9% em Araçuaí (pequeno porte II) e para 41% em Poço Fundo (pequeno porte I).

Em contraposição as metrópoles e os municípios de grande porte apresentam, também, proporção de população em área urbana acima das médias estaduais. Enquanto no estado de São Paulo, 95,9% da população reside em área urbana, essa incidência aumenta para 99,1% na cidade de São Paulo, 98,3% em São Bernardo do Campo e 100,0% em Hortolândia. No estado de Minas Gerais a população que reside em área urbana é 85,3% e aumenta para 100,0% na metrópole, 97,8% em Uberaba e 98,7% em Coronel Fabriciano, ambos de grande porte.

Por outro lado, as dinâmicas de ocupação dos territórios e a relação urbano/rural estão relacionadas com as características topográficas e elementos ambientais das cidades brasileiras. No caso da cidade de São Paulo, por exemplo, parte da população que reside na área rural e inclusive na área urbana está localizada em áreas de proteção ambiental que abrigam também as terras indígenas, áreas de produção agrícola e as cabeceiras dos cursos de água formadoras das represas Guarapiranga e Billings, importantes mananciais de abastecimento. Tanto São Paulo como Belo Horizonte também apresentam a existência de povos indígenas em áreas urbanas consolidadas, como observado, exigindo que a proteção social assuma contornos particulares que demandam estratégias específicas.

Essas particularidades exigem a apropriação de mediações na configuração da rede socioassistencial e leituras atentas em relação a como se configuram as expressões particulares da questão social nos diferentes territórios. Dessa forma, a política de assistência social em Minas Gerais e São Paulo exigem interpretar e tornar efetivo o acesso aos direitos e serviços socioassistenciais tanto em contextos altamente urbanizados, como em configurações que apresentam características diferenciadas de ruralidades.

A condição de informalidade e a precarização das relações de trabalho também aumentam conforme diminui o porte populacional dos municípios.

Ao somar os trabalhadores que não possuem carteira de trabalho assinada, os que realizam atividades por conta própria, os não remunerados e os trabalhadores na produção do próprio consumo observa-se que enquanto na cidade São Paulo esse conjunto de trabalhadores representa 35,3% do total de pessoas ocupadas, nos municípios de pequeno porte II (Iguape) e I (Nova Canaã Paulista) aumenta para 63,9% e para 66,3%, respectivamente. Em Minas Gerais, Belo Horizonte apresenta 34,6% de trabalhadores em condição de informalidade, cresce para 56,1% no município de Janaúba (médio porte) e alcança 72,0% em Poço Fundo (pequeno porte II).

Paralelamente, os altos índices de trabalhadores por conta própria, em todos os municípios, podem indicar a presença de atividades intermitentes, temporárias, sazonais, os assim chamados "bicos", com renda incerta e pequena, na maior parte das vezes.

Tabela 7. Distribuição da população residente por situação de domicílio

	Porte populacional	População residente					Densidade demográfica (hab./km²)
		Total	Situação do domicílio				
			Urbana		Rural		
			Total	%	Total	%	
São Paulo		41.262.199	39.585.251	95,9	1.676.948	4,1	166,2
São Paulo	Metrópole	11.253.503	11.152.344	99,1	101.159	0,9	7.398,2
São Bernardo do Campo	Grande	765.463	752.658	98,3	12.805	1,7	1.869,3
Hortolândia	Grande	192.692	192.692	100,0	...	...	3.094,1
Batatais	Médio	56.476	49.945	88,4	6.531	11,6	66,4
Iguape	Pequeno II	28.841	24.687	85,6	4.154	14,4	14,5
Nova Canaã Paulista	Pequeno I	2.114	880	41,6	1.234	58,4	16,9
Minas Gerais		19.597.330	16.715.216	85,3	2.882.114	14,7	33,4
Belo Horizonte	Metrópole	2.375.151	2.375.151	100,0	...	...	7.167,0
Uberaba	Grande	295.988	289.376	97,8	6.612	2,2	65,4
Coronel Fabriciano	Grande	103.694	102.395	98,7	1.299	1,3	468,6
Janaúba	Médio	66.803	60.570	90,7	6.233	9,3	30,6
Araçuaí	Pequeno II	36.013	23.435	65,1	12.578	34,9	16,1
Poço Fundo	Pequeno I	15.959	9.281	58,2	6.678	41,8	33,6

Fonte: IBGE, 2010

Tabela 8. Distribuição da população ocupada por posição na ocupação

	Pessoas com 10 anos ou mais de idade, ocupadas na semana de referência								
		Distribuição por posição na ocupação (%)							
	Total	Com carteira de trabalho assinada	Militares e Estatutários	Empregadores	Sem carteira de trabalho assinada	Conta própria	Não remunerados	Trabalhadores na produção do próprio consumo	Total em condição de informalidade e/ou desproteção (*)
São Paulo	**20.001.272**	**58,9**	**3,5**	**2,3**	**15,5**	**18,3**	**1,1**	**0,5**	**35,4**
São Paulo	5.549.787	59,0	3,2	2,5	15,1	18,9	1,2	0,1	35,3
São Bernardo do Campo	379.259	63,0	2,8	2,4	14,1	16,5	1,1	0,1	31,8
Hortolândia	91.625	64,6	3,4	1,0	13,1	16,4	1,3	0,2	31,0
Batatais	27.889	60,0	2,6	3,1	14,5	18,3	1,0	0,6	34,4
Iguape	11.837	30,9	4,0	1,2	26,2	31,1	2,9	3,7	63,9
Nova Canaã Paulista	1.062	25,1	7,9	0,7	29,3	27,1	2,4	7,4	66,3
Minas Gerais	**9.264.527**	**46,3**	**6,4**	**2,0**	**20,7**	**20,0**	**1,4**	**3,2**	**45,3**
Belo Horizonte	1.207.107	58,4	6,8	0,3	12,8	20,7	0,9	0,2	34,6
Uberaba	153.880	56,0	6,6	2,2	13,6	20,6	0,7	0,4	35,2
Coronel Fabriciano	44.516	56,8	5,0	1,7	17,4	17,1	0,8	1,3	36,6
Janaúba	29.114	32,7	9,4	1,8	32,4	17,6	2,0	4,2	56,1
Araçuaí	14.294	30,9	7,0	1,7	23,0	22,8	2,7	12,0	60,4
Poço Fundo	8.472	18,6	6,3	3,1	27,4	38,4	2,3	3,8	72,0

Fonte: IBGE, 2010

A condição de informalidade e prevalência da mão de obra ocupada no setor terciário de serviços repercutem em desigualdades estruturais em termos de rendimentos e ficam evidenciadas nos estados e nos municípios pesquisados. Mesmo na década de 2010, quando o emprego e o emprego formal cresceram, esse aumento se deu particularmente, em empregos com rendimentos que não superavam os dois salários mínimos (Pochmann, 2012).

Ao considerar as pessoas acima de 10 anos por faixas de rendimento observa-se que no estado de São Paulo 47,2% da população possui renda de até 1 salário mínimo nacional, proporção que aumenta para 61,5% em Minas Gerais. Os municípios de pequeno e médio porte ficam com incidências acima das médias estaduais. Em São Paulo as maiores discrepâncias são observadas nos municípios de pequeno porte: em Iguape, que alcança 66,4%, e em Nova Canaã Paulista com 61,7%. Em Minas Gerais as cidades de médio e pequeno porte apresentam as maiores incidências: Janaúba (médio porte) 76,7%, Araçuaí (pequeno porte II) 79,2% e Poço Fundo (pequeno porte II) 63,3%.

Desigualdades expressas também no acesso à educação quando consideramos que 41,9% e 52,7% das pessoas com 10 anos ou mais em São Paulo e em Minas Gerais, respectivamente, não completaram o ensino fundamental. No estado de São Paulo os municípios que apresentam incidências acima da média estadual são Hortolândia (45,7%), Batatais (47,4), sendo que nos municípios de pequeno porte aumenta para 55,4% em Iguape e para 63,0% em Nova Canaã Paulista. Em Minas Gerais, os municípios de médio e pequeno porte também ficam acima da média estadual: Janaúba (56,3%), Araçuaí (64,2%), sendo a maior incidência observada em Poço Fundo com 68,9%.

As disparidades em termos de rendimento e educação influenciam os patamares diferenciados no Índice de Desenvolvimento Humano Municipal. Observa-se que Belo Horizonte está acima do IDH do estado, e que conforme diminui o porte populacional dos municípios também decresce o IDH dos municípios. No estado de São Paulo, as cidades de São Paulo e São Bernardo do Campo apresentam melhores posições, ambas em 0,805, inclusive melhores que o IDH do estado

Tabela 9. Pessoas de 10 anos ou mais de idade, distribuídas por classes de rendimento nominal mensal em salário mínimo

	Pessoas com 10 anos ou mais de idade												
	Total	Classes de rendimento nominal mensal (%)											
		Sem rendimento	Até 1/4 de s.m.	Mais de 1/4 a 1/2 s.m.	Mais de 1/2 a 1 s.m.	Mais de 1 a 2 s.m.	Mais de 2 a 3 s.m.	Mais de 3 a 5 s.m.	Mais de 5 a 10 s.m.	Mais de 10 a 15 s.m.	Mais de 15 a 20 s.m.	Mais de 20 a 30 s.m.	Mais de 30 s.m.
São Paulo	35.723.254	30,8	1,9	1,7	12,9	25,5	9,9	8,2	5,8	1,3	0,9	0,6	0,5
São Paulo	9.783.868	32,0	1,0	1,2	10,4	23,6	9,6	8,8	7,7	2,0	1,5	1,1	1,0
São Bernardo do Campo	665.427	31,0	1,5	1,3	10,2	23,1	10,4	10,3	8,1	1,8	1,1	0,6	0,5
Hortolândia	164.679	34,7	1,7	1,5	11,7	28,3	10,7	7,2	3,5	0,4	0,1	0,1	0,1
Batatais	49.370	28,8	2,4	2,0	14,6	24,9	11,7	8,8	4,8	0,9	0,5	0,2	0,4
Iguape	24.378	34,1	4,7	4,3	23,3	17,8	6,9	5,5	2,5	0,4	0,2	0,1	0,2
Nova Canaã Paulista	1.918	22,1	4,0	4,7	30,9	25,6	7,6	4,1	0,8	0,1	0,1	0,0	0,0
Minas Gerais	16.890.981	30,0	3,9	3,5	24,1	21,1	6,7	5,3	3,6	0,8	0,5	0,3	0,3
Belo Horizonte	2.096.678	26,7	1,7	1,5	16,1	22,2	8,8	8,7	8,1	2,3	1,7	1,2	1,1
Uberaba	259.646	26,4	1,2	1,9	18,5	25,8	10,1	8,0	5,5	1,2	0,7	0,4	0,3
Coronel Fabriciano	89.253	33,5	3,8	2,4	19,4	21,1	8,1	6,6	3,9	0,6	0,1	0,3	0,1
Janaúba	56.132	33,5	7,0	6,5	29,7	13,9	4,0	3,2	1,5	0,3	0,2	0,1	0,2
Araçuaí	30.398	36,5	8,7	6,2	27,8	13,3	3,3	2,3	1,1	0,3	0,1	0,1	0,1
Poço Fundo	13.985	24,5	2,4	4,2	32,2	21,6	6,6	5,2	1,9	0,6	0,3	0,2	0,1

Fonte: IBGE, 2010

Tabela 10. Pessoas de 10 anos ou mais de idade por nível de instrução

	Pessoas de 10 anos ou mais de idade					
		Nível de instrução (%)				
	Total	Sem instrução e Ensino Fundamental incompleto	Ensino Fundamental completo e Ensino Médio incompleto	Ensino Médio Completo e Ensino Superior incompleto	Ensino Superior completo	Não determinado
São Paulo	35.723.255	41,9	18,8	26,8	11,7	0,8
São Paulo	9.783.869	37,6	18,4	26,7	16,1	1,2
São Bernardo do Campo	665.428	35,2	18,7	30,0	15,0	0,9
Hortolândia	164.678	45,7	21,1	27,7	4,5	1,0
Batatais	49.370	47,4	18,9	22,9	10,5	0,3
Iguape	24.378	55,4	17,5	19,9	6,9	0,3
Nova Canaã Paulista	1.917	63,0	12,7	21,2	3,0	0,1
Minas Gerais	16.890.981	52,7	17,1	21,7	7,9	0,6
Belo Horizonte	2.096.678	35,5	16,6	29,7	17,6	0,7
Uberaba	259.645	41,8	19,5	26,3	12,1	0,3
Coronel Fabriciano	89.253	46,3	20,1	26,5	6,5	0,7
Janaúba	56.134	56,3	16,6	20,9	5,9	0,2
Araçuaí	30.400	64,2	16,5	15,1	3,6	0,6
Poço Fundo	13.985	68,9	12,5	12,3	6,2	0,2

Fonte: IBGE, 2010

(0,783) que, por sua vez, é melhor que o nacional (0,755). Dos municípios pesquisados, Nova Canaã Paulista fica com o pior desempenho (0,715), inferior, inclusive, a Iguape (0,715).

Tabela 11. IDHM por município

	IDHM
São Paulo	**0,783**
São Paulo	0,805
São Bernardo do Campo	0,805
Hortolândia	0,756
Batatais	0,761
Iguape	0,726
Nova Canaã Paulista	0,715
Minas Gerais	**0,731**
Belo Horizonte	0,810
Uberaba	0,772
Coronel Fabriciano	0,755
Janaúba	0,696
Araçuaí	0,663
Poço Fundo	0,691

Fonte: PNUD, IDH, 2013

Paralelamente, o relatório divulgado, em 2017, pela Oxfam Brasil, intitulado "A distância que nos une: um retrato das desigualdades brasileiras", escancarou a distância que, de fato, aparta a sociedade brasileira quando aponta que "apenas seis pessoas possuem riqueza equivalente ao patrimônio dos 100 milhões de brasileiros mais pobres e que os 5% mais ricos detêm a mesma fatia de renda que os demais 95% da população" (Oxfam, 2017, p. 6). Segundo o estudo, um trabalhador que ganha um salário mínimo, por mês, levaria 19 anos para receber o equivalente ao ganho de um mês de uma pessoa extremamente rica (Oxfam, 2017, p. 6). De fato, assim como detectado nos estados de São Paulo e Minas, no Brasil, a maioria dos brasileiros (6 em cada 10 pessoas) têm uma renda média per capita de até um salário mínimo por mês. Essa desigualdade estrutural se agrava quando consideradas as categorias de gênero e raça. A renda média da mulher era de R$938,00, enquanto a do homem aumentava para R$1.508,00. Disparidade maior foi detectada em relação ao quesito raça. Considerando todas as rendas, a população que se autodeclarava branca ganhava, em média por mês, o dobro do auferido pela população que se autodeclarava negra, ou seja, R$1.589,00 e R$898,00, respectivamente. Segundo o estudo, se mantida a tendência de redução de desigualdades das duas décadas anteriores as mulheres alcançariam equiparação salarial somente em 2047 e a população negra somente em 2089.

Disparidades que se agravam quando o Relatório da Oxfam, de 2019, revela uma franca reversão da tendência das últimas décadas, expressa no aumento da proporção de pobres que voltou aos mesmos níveis de 2012; na estagnação da média dos salários da população negra equiparada aos patamares de 2011 e o recuo da equiparação entre mulheres e homens, detectado entre 2016 e 2017.

3. QUALIFICANDO A POLÍTICA DE ASSISTÊNCIA SOCIAL NOS ESTADOS DE SÃO PAULO E MINAS GERAIS E NOS MUNICÍPIOS QUE COMPÕEM A AMOSTRA DA PESQUISA EMPÍRICA

Preliminarmente é fundamental destacar que o âmbito estadual de execução das Políticas Sociais tem na Constituição Federal de 1988 uma nova organização federativa, na qual adquire competências compartilhadas entre União e Municípios. Todavia, os processos de descentralização e repartição de responsabilidades, ainda nos dias atuais, enfrentam dificuldades para sua efetivação diante das demandas sociais por proteção social presentes no país. Na Assistência Social, mesmo após a promulgação da LOAS em 1993, alterada em 2011, segundo os novos paradigmas do SUAS e demais normativos, persiste a baixa efetividade das responsabilidades da instância estadual para organização do Sistema de forma compartilhada entre os entes federativos, já que cabe ao estado, dentre outras competências:

- destinar recursos financeiros aos municípios, a título de participação no custeio do pagamento dos benefícios eventuais de que trata o art. 22, da LOAS, mediante critérios estabelecidos pelo Conselho Estadual de Assistência Social — CEAS;
- cofinanciar, por meio de transferência regular e automática, na modalidade fundo a fundo, os serviços, programas, projetos e benefícios eventuais e o aprimoramento da gestão, em âmbito regional e local;
- apoiar técnica e financeiramente os municípios na implantação da vigilância socioassistencial;
- instituir plano estadual de capacitação e educação permanente (Brasil, 1993 e 2011, art.13 e 2012, art. 15).

Ampliando as definições apontadas na LOAS atualizada em 2011, a Norma Operacional Básica do SUAS em sua edição de 2012 apontou a necessidade de um novo sistema de cooperação entre as instâncias, com destaque atribuído ao papel do estado enquanto uma das prioridades para o aprimoramento do SUAS. Buscou-se assim, superar o histórico papel periférico dos governos estaduais diante do protagonismo dos âmbitos federal e municipal na Política de Assistência Social. É nesse contexto que será analisada e problematizada a gestão da política estadual de assistência social dos estados de Minas Gerais e São Paulo constantes da amostra da pesquisa.

3.1 Realidade institucional da Gestão da Política de Assistência Social nos Estados de São Paulo e Minas Gerais e nos municípios da amostra

A instituição da Política Estadual de Assistência Social em Minas Gerais foi estabelecida pela Lei n. 12.262 de julho de 1996, portanto, três anos após a promulgação da Lei Orgânica de Assistência Social no nível nacional. Sob as diretrizes do SUAS em 2011 foi realizada a revisão e atualização do marco legal inicial da Assistência Social no estado (Minas Gerais, SEDESE, 2015).

Do ponto de vista da estrutura, a Política de Assistência Social no Estado de Minas Gerais é coordenada pela Secretaria de Estado de Trabalho e Desenvolvimento Social (SEDESE), composta por sua vez, pelas Subsecretarias de Assistência Social e de Trabalho e Emprego. A primeira, visa promover a formulação, a implementação e a coordenação do Sistema Único de Assistência Social — SUAS. A Subsecretaria de Trabalho e Emprego está voltada à promoção e ao desenvolvimento econômico e geração de *trabalho decente*, nos termos definidos pela OIT[4].

A antiga e tensa relação entre as competências da política de assistência social e as questões relacionadas ao trabalho, segundo a gestora estadual, apresenta avanços *pois estão vinculando o atendimento ao público do Cadastro Único, do Bolsa Família a ser indicado pelos CRAS.* Nesse sentido, entende que

> *esta construção é muito distinta do que tinha anteriormente, já que aproveitaram o fato das duas políticas estarem na mesma secretaria para dar um salto e qualificar o público da assistência social. Portanto, trata-se de priorizar as cooperativas que têm o público da assistência social. A assistência social entra para potencializar, juntar, profissionalizar.* (Gestora estadual, MG)

4. Formalizado pela OIT em 1999, busca "promover o crescimento econômico sustentado, inclusivo e sustentável, emprego pleno e produtivo e trabalho decente para todas e todos". O trabalho decente é o ponto de convergência dos quatro objetivos estratégicos da OIT: 1. Respeito aos direitos no trabalho, especialmente aqueles definidos como fundamentais (liberdade sindical, direito de negociação coletiva, eliminação de todas as formas de discriminação em matéria de emprego e ocupação e erradicação de todas as formas de trabalho forçado e trabalho infantil); 2. Promoção do emprego produtivo e de qualidade; 3. Ampliação da proteção social; e 4. Fortalecimento do diálogo social.

A secretaria é representada por 22 Diretorias Regionais que congregam um conjunto de municípios promovendo a integração das políticas públicas de Assistência Social e do Trabalho nos *territórios de desenvolvimento*. Uma nova reorganização do estado foi implementada a partir de 2015, na qual os 853 municípios foram divididos em 17 (dezessete) Territórios de Desenvolvimento, que consistem no "*espaço de desenvolvimento econômico e social, formado por municípios, no interior do qual se organizam pessoas e grupos sociais, enraizados por suas identidades e culturas*" (Minas Gerais, SEDESE, 2018b).

Ao mesmo tempo, o processo de descentralização das Políticas Públicas pós Constituição de 1988 conferiu aos municípios a responsabilidade da prestação de serviços públicos na garantia dos direitos sociais e, por consequência, a necessidade de ampliação de sua capacidade de planejamento e gestão. Tal dinâmica permitiu o desvelamento das realidades territoriais que ultrapassam os limites municipais, alcançando regiões com demandas sociais de âmbito intermunicipal. Conforme menciona Nozabielli (2008, p. 28):

> De fato, nesta relação entre sistema de gestão de política pública e território, há movimentos complexos que a leitura de indicadores generalizados não captura e não explica. Essa vertente impõe a necessidade de articulação e construção de diferentes escalas de abordagem territorial.

Nesse cenário, a abordagem regional torna-se um mecanismo de enfrentamento de vulnerabilidades e riscos sociais avizinhados nos territórios, considerando que

> A regionalização, nesse caso, significa não só definir um espaço mais ampliado de oferta dos serviços, mas também estabelecer novas relações de comando e de controle dessa oferta, incorporando novos parâmetros tanto para a gestão quanto para as relações entre Estado e sociedade (Minas Gerais, SEDESE, 2015, p. 23).

No tocante à regionalização, a Norma Operacional Básica do SUAS de 2012 destaca enquanto responsabilidades do ente estadual:

- estimular e apoiar técnica e financeiramente as associações e consórcios municipais na prestação de serviços de assistência social;
- organizar, coordenar e prestar serviços regionalizados da proteção social especial de média e alta complexidade de acordo com o diagnóstico socioterritorial e os critérios pactuados na CIB e deliberados pelo CEAS;
- coordenar o processo de definição dos fluxos de referência e contrarreferência dos serviços regionalizados, acordado com os municípios e pactuado na CIB;
- organizar, coordenar, articular, acompanhar e monitorar a rede socioassistencial nos âmbitos estadual e regionais.

Dos 853 municípios do estado de Minas Gerais, 787 possuem menos de 50 mil habitantes, o que corresponde a 92% dos municípios do estado, demandando da instância estadual apoio técnico e financeiro na oferta de serviços socioassistenciais. Assim, com a constituição da nova gestão, em consonância com os normativos do SUAS, a SEDESE inicia a partir de 2015, após longo período de debate, a construção da proposta estadual de regionalização dos serviços da PSE, reafirmando a diretriz da responsabilidade do estado pela coordenação, articulação e oferta dos serviços especializados.

> [...] principalmente em municípios de pequeno porte e que não possuem serviços de Proteção Social Especial, uma das estratégias definidas nas normativas do SUAS é a regionalização. Segundo estas normativas, a regionalização deve ser implementada nas situações em que a demanda local não justifique a disponibilização de serviços continuados e/ou nos casos em que o município, devido ao seu porte, não tenha condições de gestão individual de serviços de Proteção Social Especial em seu Território (Minas Gerais, SEDESE, 2018b, p. 33).

O processo de regionalização adotado em Minas Gerais, em acordo com organização do Estado em *Territórios de Desenvolvimento*, foi um avanço no reordenamento da gestão da Política de Assistência Social como um sistema político administrativo descentralizado e participativo envolvendo o estado e os municípios. Foram construídos espaços de participação política no âmbito da gestão e deliberação da Política de Assistência Social, além de conferir visibilidade e reconhecimento das especificidades históricas, culturais e naturais de cada município.

No estado de São Paulo, a Política de Assistência Social está alocada na Secretaria Estadual de Desenvolvimento Social — SEDS. Respondendo diretamente ao Secretário da Pasta, encontram-se cinco Coordenadorias (Gestão Estratégica, Ação Social, Desenvolvimento Social, Administração de fundos e Convênios, Segurança Alimentar e Nutricional). A Política de Assistência Social é coordenada pela Coordenadoria de Ação Social e se efetiva nos 645 municípios paulistas por meio de 26 DRADS — Diretoria Regional de Assistência e Desenvolvimento Social.

Embora cada município esteja vinculado a uma das 26 DRADS, que possuem como funções básicas orientar e assistir municípios e entidades sociais[5], o número exíguo de profissionais e a diversidade

5. I — orientar e assistir municípios e entidades sociais na implementação e no acompanhamento de políticas e programas de assistência e desenvolvimento social sob orientação técnica dos Grupos que compõem a Coordenadoria; II — executar as atividades previstas para a Coordenadoria de Ação Social no âmbito regional da Diretoria, observadas as diretrizes por ela estabelecidas; III — fomentar o estabelecimento e o aperfeiçoamento das redes sociais locais, integrando a ação dos Conselhos, municípios e entidades empresariais e sociais; IV — estimular e orientar a formação e o funcionamento de Conselhos e Fundos Municipais de Assistência Social; V — produzir informações para as Coordenadorias, que sirvam de base à tomada de decisões, ao planejamento e ao controle de atividades de interesse da Secretaria; VI — receber os pedidos e formalizar os expedientes e processos para celebração de convênios e examinar sua viabilidade administrativa, orçamentária e financeira, emitindo parecer, bem assim quanto ao registro de entidades e organizações sociais; VII — formalizar correspondências preliminares e documentação de convênio com entidades e municípios, relativa aos recursos do Estado; VIII — acompanhar e controlar convênios e similares; IX — avaliar e emitir pareceres técnicos acerca dos trabalhos conveniados e sobre as entidades e organizações sociais; X — manifestar-se sobre os trabalhos dos municípios, com vista à sua qualificação para a Gestão Municipal; XI — colaborar com outros órgãos do Estado na execução dos programas; XII — participar de eventos e reuniões com prefeituras e entidades diversas sobre matéria referente à assistência social; XIII — divulgar as ações da Pasta junto aos veículos de comunicação regionais, bem como encaminhar cópia das notícias veiculadas na mídia local, de acordo com orientação do Departamento de Comunicação Institucional; XIV — representar a Secretaria em âmbito regional

entre os municípios, inclusive político-partidárias, praticamente inviabiliza essas ações.

A regionalização no estado de São Paulo data da década de 1950 do século passado articulada diretamente ao processo de industrialização do país e conforme Souza (2015), se estruturou por meio de um "modelo baseado no critério da intencionalidade do gestor público e não no exame "geoespacial", e levou em consideração basicamente duas variáveis: a natureza do serviço público e a capacidade de cobertura daquele serviço, ou seja, a abrangência geográfica segue as regras das ofertas institucionais selecionadas e não as necessidades e demandas das populações em seus respectivos territórios.

As ações do ente estatal, representado pelas Diretoras/es de DRADS, são pontuais, esporádicas, basicamente burocráticas e administrativas, especialmente no controle orçamentário, reproduzindo

> [...] a lógica do descongestionamento da capital com escritórios no interior do Estado para funções administrativas. Voltados para uma ação de controle e de submissão para a manutenção do território político de poder, sem aprofundar o papel de gestão territorial de diferentes municípios para a captação das demandas regionais e para a intervenção que cabe ao Estado, de identificar a necessidade de cobertura de serviços regionais de proteção social, quando a demanda não justificar a implantação de serviços municipais, além de orientar e apoiar os municípios na adesão, implantação e cofinanciamento dos serviços, benefícios, programas e projetos que compõem a rede SUAS (Souza, 2015, p. 132).

e sub-regional junto a outros órgãos públicos e privados, Conselhos e Fóruns de Assistência Social. § 1º — As Diretorias Regionais de Assistência e Desenvolvimento Social da Capital, da Grande São Paulo Norte e da Grande São Paulo Oeste, além das previstas neste artigo, têm a atribuição de supervisionar a gestão dos Centros de Acompanhamento e Desenvolvimento Infantil — CADIs integrantes da estrutura de cada uma.§ 2º — Os Centros de Acompanhamento e Desenvolvimento Infantil — CADIs têm as atribuições definidas nos termos dos Decretos n. 35.130, de 16 de junho de 1992, e n. 38.941, de 22 de julho de 1994. Disponível em: http://www.desenvolvimentosocial.São Paulo.gov.br/lenoticia.php?id=274. Acesso em: 27 jan. 2019.

Segundo entrevista com a secretária adjunta[6], a organização das DRADS não corresponde às necessidades colocadas pelo SUAS, ou seja, falta estrutura (recursos humanos, materiais e financeiros) para implantar e acompanhar as especificidades requeridas pelos diversos níveis de complexidade das proteções no SUAS. Segundo a entrevistada,

> *cada uma funciona de um jeito e a intermediação entre o nível estadual e o municipal é inconsistente, à medida que quando se busca, por exemplo, implantar uma Resolução padronizando uma determinada questão, surgem muitas divergências dadas as particularidades e a desarticulação entre os municípios, ainda que componham uma mesma região.* (Gestora adjunta estadual, SP).

Esse destaque é fundamental para compreender a heterogeneidade e a fragilidade na implementação do SUAS no estado de São Paulo evidenciada na pesquisa. Apesar dos esforços realizados em nível nacional, e do alto grau de institucionalidade alcançado pela Política em todo o país, produzindo orientações técnicas, organizando sistemas de informações etc., falta à maioria dos municípios uma ação efetiva por parte do nível estadual na assessoria, coordenação, articulações intermunicipais, supervisão e capacitação de profissionais, gestores/as e conselhos de direitos.

As realidades institucionais dos estados de São Paulo e Minas Gerais apontam ainda para tendências díspares, sendo mais preponderante na gestão estadual paulista a histórica presença do primeiro-damismo e do Fundo de Solidariedade[7], em contraposição a diretriz de comando único do SUAS, conforme mencionado pela entrevistada.

---

6. Embora a entrevista tenha sido agendada com o secretário da pasta, um imprevisto na sua agenda impediu que ele a realizasse, delegando o compromisso à secretária adjunta.

7. O Fundo Social de São Paulo é a entidade oficial de filantropia do estado de São Paulo com presença em grande parte dos municípios paulistas.

> *Essa é uma dimensão cultural muito forte no Estado de São Paulo, é uma cultura muito forte, o primeiro-damismo com o Fundo da Solidariedade, da forma como é gerado, ele está enraizado só em São Paulo. Nessa perspectiva, ele reforça o primeiro-damismo e confunde o que é assistência com ações voluntárias, enfim, confunde muito, uma área que já tem essa história.* (Gestora adjunta estadual, SP)

No caso dos municípios mineiros, as gestoras/es relatam que o *primeiro-damismo* é uma questão que aos poucos vem sendo superada, principalmente em função da transformação de programas em serviços, a partir dos normativos do SUAS, da realização de concursos públicos e pela maior incidência do cargo de secretária(o) ser assumido por profissionais com formação na área.

Analisar a incidência dessas questões nas gestões estaduais e municipais contribui para a identificação do grau de fortalecimento da concepção de assistência social como direito em contrapartida à prevalência da lógica do assistencialismo, do favor e do fisiologismo que vigorou na história da política de assistência social, e que se perpetua em contextos marcados pelas contrarreformas com forte retração do Estado e da justiça social. Segundo Silveira (2017, p. 504), "o que está em risco são as conquistas sociais engendradas nas lutas por dignidade, bem como as possibilidades institucionais e políticas de defesa dos direitos na via institucional".

Os procedimentos adotados para a implementação da Política Nacional de Educação Permanente (PNEP) do Sistema Único de Assistência Social (Brasil, 2013) nos estados e municípios de São Paulo e Minas Gerais constituem outro aspecto marcado por disparidades quanto às estratégias de qualificação da força de trabalho no SUAS, no que se refere aos processos e conteúdos abordados, bem como o alcance de gestores, trabalhadores, conselheiros e usuários.

A PNEP/SUAS (Brasil, 2013) postula que o trabalho no SUAS resulta da ação combinada de duas funções complementares orientadas para o reconhecimento dos direitos socioassistenciais: as funções de gestão e de provimento dos serviços e benefícios socioassistenciais. A estas estão associadas a função do controle social do SUAS e o princípio da participação popular, considerando a institucionalidade dos Conselhos de Assistência Social enquanto instâncias colegiadas deliberativas.

Por outro lado, é digno de nota o fato de São Paulo ter sido o último estado a realizar, em 2016, a primeira edição do Capacita-SUAS[8]. Sobre essa particularidade, segundo a secretária adjunta da SEDS tal fato foi justificado em função do setor responsável na Secretaria (administração, fundos e convênios) desconhecer no que consiste o SUAS e, por consequência, a importância da educação permanente.

Esta questão pode indicar um dos desafios ainda a ser enfrentado quanto à profissionalização do SUAS paulista, sobretudo para aqueles municípios com maior dependência das diretrizes e ações da gestão do estado, já que a implementação de processos de qualificação dos trabalhadores ainda é secundária, de precário domínio e priorização por parte do ente estadual. Em contrapartida, em que pese a tardia implementação do Capacita-SUAS, segundo a representante estadual, há uma preocupação em afirmar a profissionalização da área, exemplificada na busca pela implementação de medidas de combate aos programas de voluntariado no âmbito da SEDS.

> *Quando a gente chegou tinha um programa chamado São Paulo voluntário, e a gente acabou com ele, definitivamente a gente não quer isso na nossa secretaria, não tinha nada a ver com a política de assistência, estava aqui não sei porque, a ideia era articular voluntários no serviço público, mas a gente não quer confundir o SUAS com isso. [..] O nosso grande esforço é para profissionalizar a área* (Gestora adjunta estadual, SP).

---

8. A Resolução CNAS n. 08/2012, institui o Programa Nacional de Capacitação do SUAS (CapacitaSUAS) e aprova os procedimentos e critérios para adesão dos Estados e do Distrito Federal ao cofinanciamento federal do Programa Nacional de Capacitação do SUAS — CapacitaSUAS, visando: a) garantir a oferta de formação permanente para qualificar profissionais do SUAS no que se refere ao provimento dos serviços e benefícios socioassistenciais; b) capacitar técnicos e gestores do SUAS para a implementação das ações dos Planos Estratégicos do governo brasileiro; c) induzir o compromisso e responsabilidade do pacto federativo do SUAS com a Educação Permanente junto às Secretarias Estaduais e ao Distrito Federal; d) aprimorar a gestão do SUAS nos municípios, estados e Distrito Federal.

A convivência do "novo" com o "velho", ou seja, de perspectivas e práticas pretéritas no campo da Política de Assistência Social vinculadas ao primeiro-damismo, ao voluntariado, ao uso do órgão gestor enquanto espaço de domínio político partidário[9] com as normativas e diretrizes voltadas ao exercício da gestão compartilhada, tem resultado, em alguns aspectos, num modo próprio de gestão da Política de Assistência Social no estado de São Paulo, paralelo ou mesmo divergente do SUAS, conforme afirma a gestora,

> *[...] porque a gente está organizando muita coisa que nos últimos dez anos aqui não tinha o mesmo entendimento que a gente, então a gente está fazendo um monte de coisas ao mesmo tempo para tentar chegar ali no quanto o SUAS caminhou* (Gestora adjunta estadual, SP).

Adotar a educação permanente enquanto diretriz do órgão gestor significa reconhecer que os cotidianos de trabalho demandam espaços de reflexão para a revisão de práticas, enquanto estratégias de enfrentamento dos obstáculos diários tanto na prestação de serviços socioassistenciais quanto na maior capacidade de gestão dos entes federados.

Trata-se de considerar neste cenário, as novas exigências para o trabalho oriundas da ampliação da dimensão normativa da assistência social, assim como, as requisições para reafirmá-la enquanto direito social desencadeadas a partir de 2004. A crescente complexidade de questão social aliada ao incremento institucional do SUAS ratifica a necessidade da proposição de novos conteúdos teórico-metodológicos capazes de construir saberes afetos à especificidade da Política de Assistência Social na identificação de vulnerabilidades e riscos sociais dos territórios, no desenvolvimento do trabalho social e na mobilização popular.

---

9. Vale destacar que a gestão da Assistência Social no Estado de São Paulo está desde 1994 sob a direção do PSDB. Desde então, apenas políticos tucanos ganharam as eleições para o Executivo Estadual. Esse quadro ajudou na consolidação do partido executivos de muitos municípios e levou à criação de uma estrutura e dinâmica descentralizadas próprias de gestão.

Em contrapartida, a gestão de Minas Gerais adotou 3 prioridades na gestão segundo a entrevistada[10]. Considerada a maior prioridade, o *QualificaSUAS* visou alcançar a meta de qualificar 1.200 trabalhadores até o final da gestão em 2018. Segundo a gestora estadual, o CapacitaSUAS

> *foi implementado de modo descentralizado para que os trabalhadores não tenham que viajar mais do que 80 km. Será para todos os municípios de Minas Gerais, começando pelo financiamento, proteção social básica depois a especial* (Gestora estadual, MG).

De modo geral, os trabalhadores e trabalhadoras concursados/as são a maioria nos municípios pesquisados em Minas Gerais, com exceção de Poço Fundo e Janaúba. Este aspecto é importante de ser destacado no sentido de reafirmar as diretrizes da Norma Operacional Básica de Recursos Humanos — NOB/SUAS-RH (Brasil, 2006) no que se refere ao estabelecimento de vínculos permanentes dos trabalhadores para ratificar o SUAS enquanto Política Pública de Seguridade Social e romper com a prevalência histórica da área marcada pela impermanência e descontinuidade na oferta de serviços e benefícios socioassistenciais, características marcantes de vínculos e condições frágeis de trabalho.

A gestora estadual de Minas Gerais entende que o grande avanço da assistência social em todos os territórios, seja no Jequitinhonha ou no CRAS de Belo Horizonte, é o fato de o trabalhador saber o que é o SUAS, lutar pelo SUAS, pela intervenção profissional circunscrita às especificidades da Política de Assistência Social. Destaca que convocaram todas as pessoas do concurso e conseguiram montar uma equipe, com uma dupla composta por assistente social e psicólogo em cada uma das regionais da Secretaria (22) e mais um diretor regional. Enfatiza a importância desse processo: "*isso me encanta, para mim um*

---

10. Proteção especial, QualificaSUAS e Assessoramento técnico para gastos orientados.

dos maiores avanços que a gente teve foi esse, o que a gente não teve com o usuário, a gente teve com o trabalhador" (gestora estadual, MG).

Dos municípios pesquisados em Minas Gerais, a maioria possui secretaria exclusiva para a Política de Assistência Social, com exceção de Araçuaí que divide sua estrutura com a área de Direitos Humanos, Cultura e Esporte e Belo Horizonte, compartilhando, enquanto subsecretaria, a mesma institucionalidade com Segurança Alimentar e Nutricional e Direito e Cidadania.

Todavia, outro aspecto a destacar, à exceção de Coronel Fabriciano, refere-se ao fato de que nenhum município da amostra da pesquisa utiliza o termo assistência social de modo exclusivo na nomenclatura do órgão gestor, o que pode revelar uma indefinição significativa quanto a identidade da Assistência Social enquanto Política Pública setorial, ou mesmo uma secundarização desta área face às demais Políticas Sociais.

Do mesmo modo, no estado de São Paulo, as palavras "Desenvolvimento", "Cidadania", "Promoção" e "Segurança Alimentar" aparecem atreladas à Política de Assistência Social. A exclusividade na nomenclatura do órgão gestor está presente apenas em Batatais e Nova Canaã Paulista.

Portanto, nos municípios pesquisados em Minas Gerais e São Paulo, para além da prevalência do compartilhamento com outras áreas, observa-se que do ponto de vista institucional ainda é necessário para assistência social denominar-se Desenvolvimento, Ação e Promoção Social, diluindo sua especificidade enquanto Política Pública e perpetuando signos que o SUAS busca superar.

No estado de Minas Gerais, do ponto de vista dos recursos financeiros, se alguns municípios apresentam estruturas mais consolidadas para a oferta de serviços socioassistenciais, como no caso de Uberaba e Coronel Fabriciano, outros ainda se encontram em estágio precário de organização no que se refere às rotinas internas do órgão gestor, assim como, na interlocução com o MDS[11], conforme menciona a ges-

11. Atual Ministério da Cidadania resultante da união dos antigos Ministério do Desenvolvimento Social (MDS), Ministério do Esporte e Ministério da Cultura.

tora de Poço Fundo, ao relatar o início de seu trabalho no município de pequeno porte I.

> *[...] não havia documentos das gestões anteriores, não tínhamos acesso aos sistemas do MDS, não havia mobiliário e nem acesso às contas do Fundo Municipal de Assistência Social. A Secretaria de Ação Social ficou fechada no período de outubro/2012 a janeiro/2013 e todos os funcionários contratados que trabalhavam neste local foram demitidos. Ocorreram muitas dificuldades com relação aos recursos recebidos pelo governo federal, pois o município não sabia como poderia utilizar esses recursos. Atualmente, todo o recurso utilizado pela política é proveniente dos repasses estadual e federal, o município não determina nenhum recurso específico, somente em algumas situações que isso ocorre. A secretaria não possui um CNPJ, utiliza o mesmo da prefeitura. Os benefícios eventuais existentes no município utilizam o recurso do piso mineiro* (Gestora municipal, Poço Fundo/MG).

Em que pese as iniciativas do governo federal de disponibilizar informações quanto aos recursos cofinanciados, prevalece ainda baixa capacidade institucional no tocante ao manejo dos gastos públicos, gerando recursos parados nos Fundos Municipais de Assistência Social. Segundo a gestora estadual de Minas Gerais, nos municípios, "o contador não deixa gastar, a "lógica do contador" predomina e em alguns casos, o secretário não sabe o poder que tem e os jurídicos não conhecem a nova legislação".

Tais fatores, de modo isolado ou conjugados, revelam a existência ainda de um precário domínio dessa área do conhecimento, especialmente no que se refere ao orçamento e ao financiamento da assistência social, ponto de importância estratégica para a qualificação da prestação de serviços socioassistenciais à população, considerando que recursos financeiros continuados resultam na materialização do SUAS enquanto Política Pública. Diante desse cenário, na trilha da instituição do Piso Mineiro em 2010[12], a gestão estadual adotou

12. O Piso Mineiro de Assistência Social, regulamentado por meio da Resolução Sedese n. 459/2010, consiste em um valor básico dos serviços e benefícios para o cofinanciamento

enquanto diretriz o *assessoramento técnico aos municípios para gastos orientados*, implementando processos de orientação aos municípios com o envolvimento dos profissionais das 22 diretorias regionais. Considera-se que a manutenção de tal estratégia favorece o fortalecimento da competência precípua da gestão estadual no que se refere ao acompanhamento e assessoria aos municípios.

Em São Paulo, no que se refere ao orçamento da Política de Assistência Social, os repasses no ano de 2015 dos três entes federativos demonstram um aporte de recursos estaduais majoritariamente inferiores aos aportes municipais e federais. Segundo a representante da gestão estadual de São Paulo o processo de comunicação entre o governo federal, estados e municípios ainda não está ajustado.

As gestoras/es municipais entrevistadas consideram positiva a implantação da PNAS e do SUAS, no entanto apontam problemas quanto às exigências dos serviços mínimos a serem implementados frente ao pouco/insuficiente recurso que recebem como cofinanciamento, ponderando ainda, que o custo maior fica com os municípios. Embora avaliem que os custos dos serviços são altos, notadamente dos recursos humanos, constatam que houve um avanço à medida que o financiamento da prestação de todos os serviços socioassistenciais está alocado no Fundo Municipal. Segundo relatos, o Governo Federal repassa uma verba que embora não seja algo ideal, atende parcela das despesas, enquanto o governo estadual pouco repassa.

Ratificando tais elementos encontrados no trabalho de campo da pesquisa, em estudo realizado em 2013 e 2014, no qual analisa os elementos constitutivos do pacto federativo tripartite no tocante ao financiamento das ações do SUAS, Sposati aponta que:

> O financiamento do SUAS vem operando com uma sobrecarga para o ente municipal, sobretudo para dar respostas ao cidadão no campo dos serviços socioassistenciais. Há baixa participação do ente estadual

---

estadual, em complementaridade ao financiamento federal e municipal. Disponível em: http://social.mg.gov.br/component/gmg/page/1707-piso-mineiro-social. Acesso em: 27 jun. 2019.

> no financiamento da consolidação do SUAS, embora os recursos para o SUAS, especificamente nas despesas federais, são menores do que o aplicado pelos Estados (Sposati, 2015, p. 60).

Além de considerar que as metrópoles brasileiras possuem menor dependência do cofinanciamento estadual e federal para a execução do SUAS, o que de modo inverso ocorre com os municípios de menor porte, cabe ressaltar que atualmente não existe uma regulamentação do percentual mínimo de investimento na execução da política de assistência social, como ocorre com a educação e a saúde, onde é assegurada a garantia da definição constitucional de um piso como referência legal para a união, estados e municípios.

Apesar de constituir um debate histórico e relevante para a Política de Assistência Social até hoje essa questão não foi equacionada. Além desse aspecto, o predomínio da desregulamentação neoliberal das políticas sociais na conjuntura atual indica certamente impeditivos para afiançar a ampliação da destinação dos recursos financeiros, ou mesmo o estabelecimento de um piso orçamentário obrigatório para o SUAS.

Do ponto de vista dos marcos legais, leis municipais do SUAS e Benefícios Eventuais, no município de São Paulo observa-se uma ausência de formalização, o que pode demonstrar um desconhecimento da legislação por parte da gestão municipal, ou mesmo, frágil reconhecimento quanto à importância dos instrumentos normativos enquanto ferramentas para o fortalecimento do SUAS. Em contrapartida, em Minas Gerais a Lei do SUAS apresenta-se mais consolidada, diferentemente dos Benefícios eventuais, onde se observa frágil regulamentação, inclusive na metrópole, capital do estado.

Foi constatado nos dois estados o fortalecimento da execução de parcela considerável dos serviços da política de assistência social por entidades e organizações de assistência social. Esse aspecto da política merece estudo mais apurado, já que em vários municípios gestoras/es e trabalhadoras/es mencionaram que o trabalho das organizações privadas ocorre com critérios próprios e em desalinhamento com o SUAS.

No estado de Minas Gerais a falta de adequação dos serviços prestados pelas entidades e organizações de assistência social aos parâmetros do SUAS apareceu em Belo Horizonte a partir da expressão "entidades ingovernáveis", mas também na disputa política com organizações que possuem uma longa trajetória de atuação nos municípios e com forte presença nos territórios.

Notou-se ainda forte influência das Igrejas com maior concentração nas entidades que operam na proteção social especial de alta complexidade, principalmente em Belo Horizonte, com poucas (ou nenhuma) possibilidades da intervenção direta do Estado na garantia da efetividade dos serviços na alta complexidade.

Há ainda a presença de entidades e organizações de assistência social na contratação de trabalhadores, precarizando o vínculo de trabalho. No caso mineiro, a menor presença das entidades foi observada em Poço Fundo, pois considerando o porte do município (pequeno porte), todos os serviços desenvolvidos ocorrem pela administração direta da Prefeitura.

Esses mesmos aspectos também foram observados nos municípios paulistas, onde a concentração de entidades e organizações de assistência social, ocorre principalmente nos municípios maiores, como é o caso da capital paulista, onde a Secretaria Municipal de Assistência e Desenvolvimento Social (SMADS) é responsável pela implementação do SUAS. Em sua estruturação tem firmados 1.256 termos de colaboração que ofertam 219.822 vagas nos diversos serviços da Proteção Básica e Especial, registrando uma rede de serviços socioassistenciais com 360 entidades e organizações de assistência social parceiras, com orçamento mensal de R$ 83.566.643,68, constituindo o município que apresenta o maior número de entidades parceiras, segundo fonte oficial[13].

13. Dados referentes ao mês de maio de 2018. Disponível em: http://www.prefeitura.São Paulo.gov.br/cidade/secretarias/upload/chamadas/raio_x_maio_2018_1528383843.pdf. Acesso em: 14 jun. 2019.

As unidades estatais (CRAS, CREAS, CENTROS POP) instaladas nos territórios das 32 Supervisões de Assistência Social — SAS e subordinadas ao Gabinete do prefeito são responsáveis por firmar Termos de Colaboração[14] e supervisionar a prestação dos serviços socioassistenciais da cidade, constituindo segundo a gestora

> *[...] Um desafio gigante que tem em São Paulo, que não é dessa gestão, mas um desafio pelo fato dos serviços serem conveniados, todos, tirando o que a gente já falou, isso é minha leitura de quem chegou na assistência social há quatro anos, é que você tem quase que uma disputa entre os servidores da administração direta que são supervisores dos serviços e as organizações conveniadas que são as executoras há muito tempo do serviço, há mais de 30 anos, e a assistência social enquanto política pública [...]* (Gestora municipal, São Paulo/SP).

Em São Bernardo do Campo, a Conselheira entrevistada identificou vinte e uma (21) entidades e organizações de assistência social inscritas. Em Hortolândia, um dos entrevistados refere a existência de seis (6) entidades sociais conveniadas no município que prestam serviços. No município de Batatais, o conselheiro entrevistado relata que existem dezessete (17) entidades conveniadas e que este é um diferencial do município. Nos municípios de Nova Canaã e Iguape não há entidades sociais conveniadas.

Uma particularidade do município de São Paulo é a execução do trabalho do PAIF e PAEFI, que pela tipificação nacional é de responsabilidade das unidades públicas estatais, CRAS e CREAS. Na capital, as atividades do PAIF são desenvolvidas por serviços denominados de SASF — Serviço de Assistência Social à Família, e na Proteção Especial, pelo NPJ — Núcleo de Proteção Jurídico Social e Apoio Psicológico. Quanto ao PAEFI, a equipe contratada do NPJ

14. Conforme definido pela Lei Federal nº 13.019/2014, conhecida como MROSC, regulamentada pelo Decreto Municipal nº 57.575/2016 e Portaria 55/SMADS/2017.

realiza o trabalho na sede do próprio CREAS, supervisionada pela equipe concursada do CREAS.

Essa particularidade impacta diretamente os significados e os conteúdos do trabalho de garantia de direitos previstos pela Política de Assistência Social. Foi possível observar em todos os grupos focais realizados com usuários/as nos CRAS, CREAS e CENTRO POP que na maioria das vezes essas entidades possuem forte identidade religiosa e imprimem um cunho doutrinário, caritativo e meritocrático às ações.

Quanto à relação com as entidades e organizações de assistência social conveniadas, notam-se muitas dificuldades em razão da presença das marcas do conservadorismo e do assistencialismo, pois algumas possuem mais de 30 anos de existência no município, constituindo segundo a gestora um desafio a ser enfrentado no tocante à compatibilização da influência histórica das entidades e organizações nos territórios com as diretrizes do SUAS.

> *[...] você pega a assistência social, fortalece enquanto política pública, garantidora de direitos na Constituição Federal, você cria um Sistema Único de Assistência Social, você tem que uniformizar a política, então de São Paulo, para pegar o desafio de São Paulo, que é o que eu enxergo, você vai ter que uniformizar serviços que eram prestados pelas organizações da forma como eles entendiam corretos, cada um com a sua boa vontade, cada um do seu jeito, e aí você chega num estado que diz, olha, eu vou repassar dinheiro para você, eu vou, mas vai ter que ser desse jeito, o formato é esse, então o CCA, o núcleo de serviço da norte vai ter que funcionar com os mesmos princípios da sul, e isso foi um grande desconforto, porque cada um acha que a sua lógica é a correta* (Gestora municipal, São Paulo/SP).

É importante destacar que o marco legal da Política de Assistência Social aponta em suas diretrizes para a organização da assistência social a "*primazia da responsabilidade do Estado na condução da política de assistência social em cada esfera de governo*" (Brasil, 1993, art. 5º), além de assinalar que,

> As ações na área de assistência social são organizadas em sistema descentralizado e participativo, constituído pelas entidades e organizações de assistência social abrangidas por esta lei, que articule meios, esforços e recursos, e por um conjunto de instâncias deliberativas compostas pelos diversos setores envolvidos na área (Brasil, 1993, art. 6º).

De modo complementar, com base nas diretrizes do SUAS, a lei n. 12.435/2011, indica enquanto um dos objetivos da gestão das ações da assistência social "integrar a rede pública e privada de serviços, programas, projetos e benefícios de assistência social" (Brasil, 2011, art. 6º). Considerando que "a presença do Estado na Assistência Social se fez sentir tardiamente, uma vez que a prestação de serviços se inaugura pelas entidades assistenciais" (Chiachio, 2011, p. 108), o aparato legal inaugurado em 1993 com a LOAS e sedimentado com a implementação do SUAS, legitima um processo de validação da presença das organizações e entidades da assistência social na oferta dos serviços socioassistenciais, desde que subordinada aos princípios e diretrizes do Sistema Único (vínculo SUAS).

Apesar dos instrumentos regulatórios instituídos na última década e adotados por alguns municípios, o trabalho de campo da presente pesquisa demonstrou a relevância ainda presente da reflexão sobre os desafios enfrentados para a efetivação da primazia da responsabilidade do Estado, conforme apontado na LOAS, nas relações estabelecidas com as *organizações da sociedade civil (OSC)*[15]. A pertinência desse debate permanece atual ao considerar a crescente e prevalente presença das OSC de natureza religiosa e/ou caritativas na execução direta dos serviços socioassistenciais e os impactos junto à população no tocante à sua apropriação enquanto direito, já que

> Entre a forma histórica em que se constituíram as atenções no campo da assistência social e o horizonte conceitual que se pretende imprimir, há

15. Denominação empregada com o advento da Lei Federal n. 13.019/2014, conhecida como Lei do Marco Regulatório das Organizações da Sociedade Civil — MROSC.

uma mudança a ser processada. Não é claro o caráter da relação entre o Estado e as organizações sociais neste campo e se estabelece nesta área uma complexa relação, que acaba escamoteando o dever do Estado e submetendo à atenção a benesse do setor privado (Chiachio, 2011, p.195).

3.2 Política, diretrizes e prioridades da gestão da Política de Assistência Social e implementação do SUAS

A pesquisa de campo em Minas Gerais e São Paulo apontou existir duas compreensões distintas da PNAS e do SUAS, uma na perspectiva de política pública de proteção social de Estado e outra que dialoga com traços ainda assistencialistas. Essas estão intimamente relacionadas à posição política da gestão, à trajetória e formação da/o gestora/o e à relação estabelecida entre os entes federativos.

Embora haja, muitas vezes, um distanciamento entre a gestão estadual e as municipais. No caso de Minas Gerais, nos municípios pesquisados, notou-se que o ente estadual alavancou processos e recursos, facilitando assim, a implantação do SUAS naqueles municípios, a partir do processo de Regionalização dos serviços da proteção social especial.

Por sua vez, no estado de São Paulo constata-se o persistente distanciamento entre a gestão estadual e as municipais, fato esse denotado nos municípios pesquisados, nos quais, destacam-se o incipiente cofinanciamento, a perpetuação do primeiro-damismo e de práticas via Fundo Social de Solidariedade, expondo uma espécie de descaso quanto às diretrizes do SUAS, ou mesmo o seu não reconhecimento enquanto um sistema de âmbito nacional no campo da Política de Assistência Social. Conforme exemplificam as/os entrevistadas/os:

> *No estado a relação é bem complicada [...] e eu acho que tem uma relação de diálogo boa com a DRADS, mas o repasse do financiamento do estado, o estado não reconhece o sistema único de assistência social, então não tem critério republicano de transferência [...]. Mais de 6 milhões do município,*

> *mais de X milhões do federal e 2 milhões do estado* (Gestor, São Bernardo do Campo/SP).

Nos dois estados foi citada pelas/os gestoras/es estaduais a importância da assistência social como política pública de garantia de direitos, reconhecendo nos últimos anos os avanços para a implantação do SUAS, contudo observa-se ainda desafios e fragilidades na implantação, como: recursos humanos reduzidos, engessamento dos recursos, baixo orçamento e uma compreensão da gestão municipal, que muitas vezes, diverge da perspectiva de garantia de direitos, além de revelar que em alguns municípios, a assistência social ainda é tratada como estratégia para manter seus munícipes sob tutela.

> *Em Poço Fundo a política de assistência social não era tratada enquanto uma política de direito, e sim enquanto ações utilizadas pelo poder público local como favores. Muitas famílias recebiam os benefícios da assistência sem ter direito a esses, não eram famílias que estavam no critério para receber esses benefícios* (Gestora municipal, Poço Fundo/MG).

No que tange às prioridades das gestões, foi observado nos municípios dos dois estados que o foco da implantação da política de assistência social ainda passa pela proteção social básica, principalmente nos CRAS, via atividades desenvolvidas junto às famílias no PAIF, como oficinas artísticas e grupos denominados de "orientação social".

Embora note-se o foco na PSB, houve relatos sobre o aumento dos serviços de proteção social especial, com a implantação de CREAS e Centros-POP, e no caso da gestão estadual de Minas Gerais foi mencionada a prioridade de alavancar a Proteção Social Especial a partir da implantação do Plano de Regionalização em conjunto com o Ministério Público, realizando diagnóstico em todas as regiões e elegendo enquanto principal diretriz a instalação dos CREAS Regionais e dos demais serviços socioassistenciais de média e alta complexidade.

Em alguns municípios, como no caso de São Bernardo do Campo/SP, foi mencionado pelos entrevistados que a gestão focou o investimento na PSE, já que a PSB estava implantada com os CRAS nos territórios. Importante destacar a força das marcas históricas da assistência social no cotidiano das gestões e dos serviços, na medida em que observa-se ainda a convivência de serviços e programas da PSB vinculados às diretrizes do SUAS e práticas antagônicas aos preceitos da PNAS mas que, segundo os entrevistados, não poderiam ser encerrados repentinamente:

> *[...] tinha serviço que você não podia desmontar, pega fralda por exemplo, existe um vazio na política nacional, nós fomos tentando focar o público da assistência social e tentar enxugar o atendimento, mas já tinha uma tradição de atender, era impossível deixar de atender e deixar essa população descoberta* (Gestora, São Bernardo do Campo/SP).

Como uma alternativa para ampliar os atendimentos foram mencionadas pelas(os) entrevistadas(os) na região do ABC Paulista modalidades de serviços consorciados por diversos municípios, tanto para a criação de Grupos de Trabalho (GTs), quanto para o atendimento de crianças e mulheres vítimas de violência e para a educação permanente das equipes técnicas.

> *Tem consórcio intermunicipal e ele tem vários GTs construídos, o da assistência social é um deles, tem vários outros, tem da criança, nós conseguimos fazer uma coisa bem legal que foi a formação [...] com a PUC/SP, mais de 100 trabalhadoras/es, da região, dos sete municípios, através de financiamento entre os municípios, foi uma experiência muito positiva, tinha a ideia de construir uma articulação melhor no POP rua, casa de passagem, porque nós já temos um serviço regional que é uma experiência muito bem sucedida, que é duas casas abrigo regionais para mulheres vítimas de violência, isso é do GT mulher, é uma experiência que tem sete anos já, partilha de cofinanciamento e direção colegiada, isso entre os sete municípios existe. Inclusive tem o PPA regional. Agora no GT da assistência social houve uma rotatividade muito grande entre os gestores, e pouca valorização de algumas cidades, [...] sem poder de decisão, então isso dificulta a consolidação do GT, isso é uma coisa que precisa retomar*

> *e enfrentar. Da criança, por exemplo, teve um avanço, foi feita a formação dos conselhos tutelares na região, na medida socioeducativa* (Gestora, São Bernardo do Campo/SP).

Outro destaque são as iniciativas de intersetorialidade, que no estado de Minas Gerais parecem ter uma maior incidência se comparadas a São Paulo, como no caso de Belo Horizonte, em que o programa BH Cidadania[16], articula as ações de esporte, assistência social, saúde, educação, habitação, e limpeza urbana. Nessa perspectiva, podemos dizer que:

> A intersetorialidade passa a ser alvo das discussões no processo de implementação da política de assistência, muitas vezes expressa por meio de palavras que têm sentido similar, como, por exemplo, a interface — conexão —, em que "os serviços de proteção social têm estreita interface com o sistema de garantia de direito, exigindo, muitas vezes, uma gestão mais complexa e compartilhada" (Brasil, 2004, p. 31 *apud* Nascimento, 2010, p. 109).

É preciso considerar que as políticas sociais não são pensadas de forma intersetorial e a gestão pública ainda encontra dificuldades para instituir uma ação assentada na intersetorialidade entre as áreas de atuação diante das complexas questões que afetam os cotidianos

16. O BH Cidadania é um programa desenvolvido pela Secretaria Municipal de Políticas Sociais da Prefeitura de Belo Horizonte. Foi criado para descentralizar o atendimento ao cidadão, levando para as comunidades mais vulneráveis, de forma intersetorial, os serviços públicos que englobam as áreas de educação, saúde, esporte e lazer, abastecimento, assistência social, cultura, direitos humanos e cidadania, transferência de renda, segurança alimentar e nutricional, inclusão produtiva, inclusão digital e intervenções urbanas. O programa foi estruturado a partir dos princípios de descentralização, intersetorialidade, territorialidade e participação cidadã. O BH Cidadania inaugurou na capital mineira um novo modelo de gestão das políticas sociais, com ações integradas intersecretariais e com foco na família. O BH Cidadania começou a ser implantado no início de 2002, como projeto-piloto, em nove núcleos localizados em cada uma das regiões administrativas da cidade. Em 2011 já existiam 33 núcleos, beneficiando aproximadamente 165 mil famílias. Disponível em: https://www.cidadessustentaveis.org.br/boas-praticas/bh-cidadania-programa-de-desenvolvimento-integrado. Acesso em: 27 jun. 2019.

de vida dos cidadãos. Alguns fatores podem estar relacionados a este cenário, no caso da assistência social, talvez ainda persistam marcas históricas do assistencialismo e da política de troca de favores que resistem à uma institucionalidade púbica do campo de atuação do SUAS, gerando demandas equivocadas por parte dos outros agentes públicos, inclusive das demais políticas setoriais.

Embora as/os trabalhadoras/es reconheçam que as demandas postas pela população exigiriam uma intervenção conjugada de diversas políticas setoriais (em especial da saúde, assistência social, educação e trabalho), a adoção do território enquanto uma unidade de gestão intersetorial em contraposição às estruturas verticalizadas da gestão pública, ainda consiste em desafio a ser enfrentado.

Nota-se a necessidade de debater melhor a especificidade da Assistência Social, pois, por exemplo, em função do Programa Bolsa Família, este acaba por assumir demandas da Educação e Saúde, além de incumbir-se da defesa do usuário no acesso a outras políticas sociais. Os relatos reconhecem um importante papel desenvolvido pela Assistência Social na articulação com outros direitos sociais e o fortalecimento intersetorial.

Campo polêmico de debate, à Assistência Social prevalece ainda a exigência por provocar e garantir a efetividade da ação intersetorial, ou por não ter construído e consolidado sua própria setorialidade, ou por ser um campo de Política Pública mais próximo do reconhecimento do conjunto das necessidades sociais do indivíduo e das famílias dos grupos subalternos.

A intersetorialidade em Coronel Fabriciano/MG avançou, adotando a estratégia do matriciamento com a saúde mental na construção de protocolos com os diversos serviços para o acolhimento dos casos violência, abarcando ainda, o Ministério Público e a Educação. Embora ainda persista a associação da intersetorialidade às discussões de casos e atendimentos pontuais, afetos especialmente à Política de Saúde, de modo geral, os municípios pesquisados atribuíram avanços nas experiências desenvolvidas, como citado pelos gestores:

> *[...] Tem famílias aqui mesmo que passam em todos os serviços, conselho tutelar, CRAS, CREAS, saúde, judiciário. Tem estudo de caso, eles se reúnem fazem estudo e cada um entra no que é sua competência* (Gestor municipal, Janaúba/MG).

Uma questão recorrente e que pode corroborar com o não cumprimento integral das diretrizes do SUAS está relacionada à pluralidade de formação dos gestores, transitando entre as áreas da engenharia, farmácia, filosofia ou mesmo sem formação em ensino superior. Decorre desta constatação uma compreensão sobre o SUAS distanciada dos objetivos e especificidades da Política de Assistência Social, gerando respostas improvisadas frente às exigências do cotidiano no comando da secretaria, como por exemplo, reforçando práticas assistencialistas com programas e projetos focalizados e o primeiro-damismo.

Há ainda uma conduta destacada pelos entrevistados no tocante ao Poder Judiciário exigindo por parte das equipes técnicas de CRAS e CREAS, muitas vezes, ações investigativas a serem atendidas de pronto:

> *[...] um dos desafios que a gente tem aqui muito grande é a situação com o judiciário, [...] muitas vezes eles colocam o serviço nosso aqui [...] em função do deles, em relação a ser investigador, teve uma nota que eu até já repassei para todos os técnicos do CRAS, do CREAS, a nota do MDS*[17] *que fala {sobre} o judiciário, então a gente sempre orienta os técnicos daqui a responder tudo daquela pessoa em relação à proteção social, [...] agora você ir a um bar pedir para não vender bebida aí já extrapola, [...]se vocês responderem de acordo com o que a justiça está querendo, você vai acabar depois tendo que responder para o seu conselho profissional [...] e eu falo com eles[técnicos/as}, nós não temos o papel de fiscalizar, você não está com o usuário 24 horas, [...] isso é uma questão de incômodo muito grande [...]* (Gestor municipal, Janaúba/MG).

17. Nota Técnica n. 02/2016/SNAS/MDS Assunto: Nota Técnica sobre a relação entre o Sistema Único de Assistência Social — SUAS e os órgãos do Sistema de Justiça.

Essa relação conflituosa com o poder judiciário foi observada nos diversos municípios pesquisados, acarretando uma hierarquização entre poderes autônomos e sobreposição de serviços, demandando à assistência social busca ativa, visita domiciliar, elaboração de relatório e/ou acompanhamento de diversos casos. Todavia, tais solicitações, encontram-se em desacordo com as finalidades dos serviços socioassistenciais, considerando prazos, características do território e as particularidades das áreas do saber atuantes no SUAS.

> Ocorre que tendo acesso a várias famílias, o profissional evidencia a necessidade de intervir e encaminhar os usuários para a rede socioassistencial e esbarra em um relacionamento tensionado pelos próprios direcionamentos firmados entre o Judiciário e o Executivo no trato cotidiano. Observa-se que pela dificuldade de dialogar, o Judiciário passa a determinar funcionalidades que o Executivo deve exercer e cumprir, e o estabelecimento dessa relação, pela via da obrigatoriedade, traz consequências significativas para a firmação de um trabalho coletivo e amistoso com a rede (Colombi, 2016, p. 582-583).

O processo de *judicialização* da política no Brasil é uma questão importante de ser repercutida pois seu debate traz diferentes visões. Para além do fortalecimento da função de defesa de direitos e ampliação do protagonismo do poder judiciário contemplados pela CF-88, com a ampliação das competências do MP e criação das defensorias públicas, a ausência de garantias dos direitos sociais e econômicos para a maioria da população está na base da explicação do fenômeno da judicialização das políticas sociais, denotando um esvaziamento de suas instituições de mediação e representação. Nesse sentido reforça-se a individualização do direito e esvazia-se seu conteúdo público e coletivo.

Outro ponto de destaque refere-se à prioridade de participação das/os gestoras/es nas instâncias de pactuação do SUAS, como as Comissões Intergestores Bipartites (CIB), em que se nota maior participação da/os gestora/es do estado de Minas Gerais, enquanto nos municípios de São Paulo essa participação ocorre geralmente por profissionais delegados pela gestão e não propriamente pela/o a/o gestora/o.

A presença da(o) gestora(o) nos espaços de pactuação do SUAS representa a possibilidade de troca de informações, de construção de agendas coletivas e de efetivação da gestão compartilhada do SUAS em âmbito estadual. Assim, torna-se *lócus* estratégico de vocalização das diversas demandas das gestões estaduais e municipais configurando campo de defesa política das conquistas e do aprimoramento do SUAS.

De modo geral, pode-se afirmar a existência de consenso entre as/os entrevistadas/os de que houve avanços em relação a PNAS e ao SUAS, mas que estes não eximem os desafios a serem enfrentados nas instâncias municipais e estaduais já que ainda persistem legislações defasadas, orçamentos e recursos humanos insuficientes, frágil cofinanciamento entre as gestões e o não entendimento de determinadas/os gestoras/es do papel da política de assistência social diante das vulnerabilidades e desigualdades sociais presentes na realidade de vida e trabalho da classe trabalhadora e da maioria da população brasileira.

3.3 Vigilância Socioassistencial: desafios da concepção e na implementação

A introdução da nova função de Vigilância Socioassistencial no âmbito das responsabilidades da Política de Assistência Social tem provocado diversidade de entendimentos, e até mesmo inquietudes entre profissionais e gestores. Essa diversidade tornou-se mais explícita no momento em que o SUAS trouxe de modo mais incidente a exigência do desempenho dessa função no processo de gestão a partir, pincipalmente, da Norma Operacional Básica do SUAS de 2012, recuperando o planejamento como instrumento privilegiado para o aprimoramento do Sistema.

As razões explicativas para a presença da função de Vigilância Socioassistencial expressas na PNAS (2004) estão diretamente vinculadas à condição da assistência social como política pública estabelecida pela LOAS de 1993 e pela LOAS-SUAS de 2011. Trata-se de considerar que institucionalizar o dever do Estado no âmbito da assistência social exige explicitar a capacidade da ação pública de produzir conhecimento sobre as demandas sociais da população brasileira para poder formular respostas adequadas na forma de programas, serviços e benefícios socioassistenciais.

O fortalecimento da Vigilância Socioassistencial rompe com marcas históricas do imediatismo e improviso tanto no reconhecimento das demandas por seguranças socioassistenciais, quanto na identificação do campo específico da atenção pública desta área de Política Social. Responde, portanto, a uma forma profissionalizada de atuação da política pública enquanto responsabilidade estatal, requerida aos processos de trabalho voltados à intervenção planejada e à capacidade de produção de conhecimentos, de forma a viabilizar o acesso aos direitos socioassistenciais.

Partindo desse pressuposto, a função de Vigilância Socioassistencial é um campo de atuação privilegiado para a produção de conhecimento, de informação e de reflexão, que subsidia as funções de Proteção e Defesa de Direitos Socioassistenciais.

Neste particular é importante destacar três aspectos, quais sejam: 1) o caráter de construção de subsídios não pode ser confundido com um papel subsidiário da Vigilância Socioassistencial em relação às outras duas funções da política; 2) a Vigilância Socioassistencial não se materializa apenas quando se constitui formalmente uma área, setor ou equipe na gestão e 3) sistema de informação não é sinônimo de Vigilância Socioassistencial, mesmo que esta seja uma atividade fundamental. Embora esses aspectos sobre a concepção de vigilância socioassistencial sejam condições importantes para assentar as bases de sua implantação, haja vista sua processualidade, não são suficientes se estabelecidas de modo desarticulado e com apreensões conceituais distintas e não raras vezes reducionistas dos gestores e profissionais envolvidos.

Nos 12 municípios pesquisados em ambos os estados, as informações do Censo SUAS 2015, confirmadas a partir do trabalho de campo, apontaram no estado de Minas Gerais a existência da área formalizada da Vigilância Socioassistencial e de sistema de informação nos municípios de Belo Horizonte, Coronel Fabriciano e Uberaba. No estado de São Paulo, a capital, Batatais e Nova Canaã Paulista contam com a equipe de Vigilância Socioassistencial, enquanto somente São Paulo e Hortolândia dispõem de um sistema de Informação.

Estes dados podem revelar que as metrópoles (capitais) e os municípios de grande porte apresentam condições mais consolidadas para a implantação desta função nas estruturas dos órgãos gestores, embora dois municípios de pequeno porte I tenham constituído setores responsáveis pela Vigilância Socioassistencial, tanto em São Paulo como em Minas Gerais. Contudo uma questão em aberto é a existência, em termos de qualidade e quantidade, de profissionais capacitados para operar o sistema.

A diversidade desse cenário e suas contingências convoca a necessária reflexão sobre Vigilância Socioassistencial como campo de atuação que tem requerido a constituição de infraestrutura específica, processos, fluxos, compartilhamentos e espaços de construção e discussão, que envolvem diferentes prontidões institucionais, sujeitos, escalas, escolhas e intencionalidades diversas, porém convergentes, para o alcance dos objetivos finais dentro do Sistema.

Notou-se um processo heterogêneo na implementação da função de Vigilância Socioassistencial nos municípios pesquisados do ponto de vista de sua responsabilidade para a efetividade do SUAS, já que relatos do trabalho de campo da presente pesquisa revelaram, por um lado, considerável tendência na definição da vigilância socioassistencial associada à existência de um sistema de informação e por outra perspectiva, à presença de um setor/departamento no órgão gestor, enquanto estratégias de intensificação da demanda por resultados dos atendimentos dos serviços, especialmente vinculados à produção de informações quantitativas, importantes mas não suficientes para qualificar os processos de trabalho e a prestação de serviços socioassistenciais nos diferentes níveis e âmbitos em que se operacionalizam.

Mesmo nos municípios que apresentaram a formalização da Vigilância Socioassistencial na estrutura do órgão gestor, não houve derivação, no entanto, em sua concretização como função, articulada à Proteção Social e à Defesa Socioassistencial. Ao contrário, a maior parte das ações e atividades dessa área, analisadas criticamente por trabalhadores, está especialmente voltada à prestação de contas e fiscalização no âmbito da gestão, com pouca identidade e materialidade nos que diz respeito à produção de conhecimento e análises sobre o perfil das demandas nos territórios e sua relação com a oferta da política no município.

> *Não se compreende que é importante fazer uma leitura macro, uma leitura estrutural, que a entrega de política não é só o atendimento fechado para gerar números, enquanto nós caminharmos nessa lógica nossa política não cresce, não avança, não se legitima, esse é um desafio cotidiano da vigilância socioassistencial, o técnico não tem conhecimento do território onde ele atua* (Trabalhador/a, BH/MG).

É importante considerar que os registros e as informações coletadas pelos profissionais não podem ficar restritos à contagem nominal dos atendimentos, mas auxiliar na compreensão, problematização e análise das condições de interdição e privação de direitos e de desproteção social presentes no cotidiano da população e nos territórios. Consolidar o exercício do registro e da sistematização no cotidiano profissional exige construir relações de equilíbrio entre a coleta de informações e o atendimento, criando condições para que as equipes possam sistematizar, consultar e analisar informações. Significa, portanto, sanar o descompasso, ainda existente, entre a importância que a vigilância socioassistencial assume na política e as condições reais e operacionais para sua efetivação de modo a subsidiar a qualificação das propostas e do trabalho profissional.

Neste particular, cabe mencionar ainda a ausência de fluxos que articulem os dados produzidos, fruto dos atendimentos realizados pelos trabalhadores, e o tratamento e análise desses por parte da equipe de Vigilância Socioassistencial da pasta municipal e sua devolutiva sistematizada aos profissionais e à gestão. Parece haver uma desconexão entre as etapas de trabalho que acaba por cindir as funções de Proteção Social e Vigilância Socioassistencial. Este constitui um desafio a ser enfrentado com relação ao estabelecimento de um movimento de *feedback* capaz de subsidiar a avaliação e a proposição de novas intervenções por parte dos trabalhadores.

O município de São Paulo possui formalmente no organograma do órgão gestor uma coordenadoria denominada — Coordenação do Observatório da Vigilância Socioassistencial — (COVS) com definição de atribuições, funcionamento e composta por uma equipe multidisciplinar. Entretanto, as/os profissionais que trabalham nos CRAS e CREAS mencionaram que a forma de apresentação dos dados analíticos por parte da equipe não tem favorecido a compreensão e análise das situações enfrentadas nessas unidades de referência do SUAS nos territórios, de modo a redirecionar as propostas e metodologias de trabalho junto às famílias.

Em contrapartida, embora ainda de maneira inicial, foi identificado neste mesmo município que os dados do CadÚnico começaram a ser trabalhados pelo setor de Vigilância Socioassistencial, fornecendo informações para outras secretarias, por exemplo, a pasta voltada às políticas públicas para mulheres que utilizou dados para iniciar um processo de geração de renda. Outro elemento importante é o fato de a secretaria, através da articulação das equipes da Vigilância Socioassistencial e da Gestão de Benefício, ter relacionado o CadÚnico como uma condição para acesso a rede de serviços socioassistenciais.

> *[...] isso permitiu que hoje São Paulo conseguisse identificar quantas famílias vêm recebendo o Bolsa Família, quantas dessas estão nas redes de serviço de convivência, quantas delas estão na rede de proteção socioassistencial, então o CadÚnico começa a dar visibilidade para as famílias em São Paulo e consegue fazer com que São Paulo possa olhar lá na frente a universalização do SUAS* (Gestora municipal, SP/SP).

A proposta da gestão do município de São Paulo é que as informações, além de serem consideradas na elaboração do Plano de Assistência Social, contribuam para o fortalecimento do trabalho com as famílias nos territórios, superando a lógica do trabalho individual para uma abordagem mais coletiva das intervenções no campo da Política de Assistência Social.

Esta perspectiva significa desconstruir práticas e concepções que ainda preponderam no campo de atuação da Política de Assistência Social que perpetuam distinções entre os que pensam e os que operam, reproduzindo relações de subalternidade na dinâmica institucional. A concepção tecnocrática e funcionalista fragmenta não só os sujeitos, ditos beneficiários ou usuários, mas também os profissionais e suas práticas sociais. Assim, a produção de informação somente se torna conhecimento se afirmada em espaços concretos, em rotinas de registro e análise periódicas e em fluxos de informação com caminhos de ida e volta.

Nesta direção, foram observadas experiências voltadas a processos de trabalho nos quais tem sido possível conhecer, analisar e discutir a realidade dos territórios e serviços no município por intermédio de uma maior organização dos fluxos de trabalho, planejamento e construção do perfil da população a partir dos atendimentos realizados nos territórios. Assim, o redirecionamento da Vigilância Socioassistencial nos moldes preconizados nos normativos do SUAS, associado ao investimento do órgão gestor em adequadas condições de trabalho e infraestrutura técnica e material, acaba por se constituir em ferramenta de trabalho reveladora dos avanços conquistados não somente para esta função, mas para o Sistema como um todo.

> *Vamos criar estratégias de identificar o que a gente faz e como a gente faz. Vamos organizar os nossos planejamentos anuais de cada serviço, vamos criar planilhas nos equipamentos para a gente dar conta de especificar o perfil que a gente atende, o quanto a gente atende, como a gente atende* (Trabalhador/a, Uberaba/ MG).

Vale destacar que foi possível perceber, mesmo que de modo incipiente, que o incremento da Vigilância Socioassistencial ocorre com a maior organização dos fluxos de trabalho, planejamento e construção do perfil da população a partir dos atendimentos realizados nos territórios, conforme estabelecido na Norma Operacional do SUAS de 2012. A existência de prontuário online — GESUAS constitui um grande avanço, segundo os trabalhadores e gestora, no sentido de organizar as informações sobre a população, assim como facilitar os processos de acompanhamento.

Outro aspecto a repercutir no que se refere ao tratamento das informações no interior de sistemas informatizados relaciona-se ao risco de a vigilância socioassistencial tornar-se exclusivamente instrumento de controle, por parte da gestão, dos dados produzidos quanto a benefícios e atendimentos e, por consequência, do trabalho realizado, resvalando para o controle dos usuários. A dinâmica do trabalho é, portanto, impactada fortemente por uma concepção/prática da vigilância socioassistencial e da gestão carregada por um forte viés fiscalizatório.

Trata-se de considerar, em contexto político de corte de investimentos nas Políticas Sociais, a possibilidade de a Vigilância Socioassistencial transformar o controle dos benefícios em instrumento de controle da população e de produção de estudos que justifiquem as reduções orçamentárias projetadas a partir de 2016. Como menciona Silveira (2017, p. 502): sob o argumento de fazer mais com menos, a agenda do SUAS pode ser ocupada por conteúdos e encaminhamentos gerencialistas, com foco nos resultados, na eficácia.

É preciso considerar que as medidas de contrarreformas instaladas em 2016, subalternizando a Política Social à Política Fiscal, tem gerado gradativamente impactos significativos na estrutura do SUAS e em sua capacidade de provisão de serviços e direitos socioassistenciais, a exemplo "da aprovação da Lei de Diretrizes Orçamentária com base no executado de 2016, o que implicou a redução de recursos para 2017 e o congelamento de recursos para os próximos 20 anos, com a aprovação do Novo Regime Fiscal (PEC n. 55)" (Silveira, 2017, p. 501).

Interessante observar que nos municípios pesquisados não houve referência a construção de parâmetros de cobertura dos serviços, benefícios, projetos e programas socioassistenciais, considerando os perfis populacionais e as dimensões territoriais. Tal iniciativa poderia sinalizar um avanço no sentido de buscar metodologias capazes de identificar os níveis de desproteção e impulsionar os municípios na produção de estudos reveladores da real necessidade por expansão qualificada das ofertas socioassistenciais geoprocessadas nos diferentes territórios e, por consequência, no acesso a mais recursos oriundos do cofinanciamento entre as instâncias federativas. Entende-se que a direção política da vigilância socioassistencial volta-se a esta perspectiva enquanto um movimento proativo e provocador inerente à gestão compartilhada no SUAS.

Neste contexto, a histórica ausência do governo estadual, no caso da Vigilância Socioassistencial, é exponenciada enquanto um entrave criando um hiato entre a direção em nível federal e a diversidade das capacidades de gestão entre os municípios, sendo certo que municípios de pequeno e médio porte não apresentam, via de regra, capacidade técnica e operacional para instalar a função de vigilância socioassistencial nos termos requeridos pelo SUAS. Portanto o apoio técnico para a estruturação da Vigilância Socioassistencial nos municípios, que é responsabilidade do ente estadual, precisa ganhar fôlego na consolidação de processos de articulação e de estratégias de cooperação e descentralização compartilhada.

Em relação ao cotidiano de trabalho e aos dados produzidos e disponibilizados, revela-se uma atuação basicamente burocrática, especialmente no que se refere a contagem nominal de atendimentos por serviços, em detrimento de uma análise que capture a dinâmica territorializada em termos de rede de serviços e perfis dos sujeitos e das organizações existentes, e permita discutir a relação entre as demandas existentes e as ofertas de serviços e benefícios socioassistenciais, sem o que a prática profissional pode ser descontextualizada e se tornar estéril em sua finalidade, representando para o trabalhador apenas mais trabalho.

Foi observado que mesmo no caso dos municípios que possuem as informações disponíveis em sistemas integrados, os dados não são consultados pelos profissionais no planejamento do trabalho, já que os bancos de dados são somente alimentados. Dos municípios pesquisados vários são os motivos que podem estar relacionados a este quadro, desde a frágil compreensão conceitual da função da Vigilância Socioassistencial no SUAS, à aquisição de sistemas que não atendem às necessidades de organização do SUAS, ao baixo domínio técnico sobre a linguagem dos bancos de dados para extração de relatórios e demais informações organizadas, passando pela ausência de equipes qualificadas e computadores insuficientes ou ultrapassados.

Entende-se por fim que uma perspectiva ampliada de efetivação da vigilância socioassistencial no cotidiano de trabalho implica avançar em processos de reflexão em relação a:

- necessidade do estabelecimento de trocas nos momentos de avaliação e planejamento da equipe interdisciplinar;
- intercâmbio contínuo de informações e análises entre os diferentes sujeitos da política;
- aprofundamento da conceituação da dimensão territorial enquanto fio condutor da construção do conhecimento sobre a relação desproteção/proteção;
- presença da lógica do *caso a caso* no provimento da atenção pública da Assistência Social;
- natureza e conteúdo do trabalho social no SUAS, que ainda não são traduzidos na produção de conhecimento da vigilância socioassistencial.

4. PERCEPÇÃO DOS SUJEITOS DA PESQUISA SOBRE A POLÍTICA DE ASSISTÊNCIA SOCIAL E O SUAS

O presente item tem como objetivo apresentar a percepção dos sujeitos participantes da pesquisa dos municípios pesquisados — gestores/as, trabalhadores/as e usuários/as — sobre a Política de

Assistências Social e o SUAS, bem como as visões acerca de serviços, programas, projetos e benefícios desenvolvidos nos CRAS, CREAS e CENTROS POP.

4.1 Percepção dos sujeitos sobre serviços, programas, projetos e benefícios

A pesquisa apontou que para todos os sujeitos a Política de Assistência Social foi considerada um avanço inquestionável frente ao assistencialismo e à ausência de organicidade, forjado em suas normativas, diretrizes e parâmetros, sobretudo ao considerar a constituição de um Sistema Único em nível nacional.

De acordo com os dados colhidos em São Paulo e Minas Gerais, o processo de implementação do SUAS propiciou uma mudança de paradigma e de concepção da política de assistência social nos municípios, que transitou da esfera do favor para o lugar do direito e estruturação normativa e legal enquanto política pública, de responsabilidade estatal.

Foi a partir da implantação do SUAS que a Assistência Social assume um lugar no Sistema de Proteção Social como política não contributiva, na perspectiva do direito, estabelecendo novas relações no âmbito da gestão e da implantação dos serviços e benefícios socioassistenciais na perspectiva das necessidades sociais dos/as usuários/as.

Por meio das entrevistas e grupos focais realizados, destacou-se a compreensão dos/as trabalhadores/as sobre o significado do SUAS, seu desenho institucional, o trabalho social previsto no âmbito dos serviços, bem como seus compromissos técnicos e políticos.

Ainda que a grande maioria dos sujeitos reconheça os avanços, vale destacar que para trabalhadores dos municípios de São Paulo e Batatais, a Política de Assistência Social foi considerada uma grande utopia, em razão dos desafios colocados, pois alegam que, embora existam serviços, não há condição de executá-los de acordo com o preconizado pelo SUAS, especialmente pela ausência de equipes mínimas e infraestrutura dos equipamentos, problemas na localização das unidades de referência e inserção nos territórios, serviços incompatíveis com as necessidades das demandas.

No bojo das contradições apresentadas, os/as entrevistados/as trouxeram expressões dessa *convivência e tensionamento entre o "novo" e "velho"*, ainda presentes no processo de gestão e implementação da política.

Em São Paulo comparece o atrelamento à política do governo vigente e não a uma Política de Estado. E em Minas Gerais, cabe destacar, pelos depoimentos colhidos, que, em período eleitoral, assistência social é sinônimo de voto, indicando a perspectiva eleitoreira ainda presente na política.

Outra questão apontada foi o amadorismo observado em alguns municípios tanto na gestão como na atuação profissional, descolado da direção política do SUAS, expressando o renitente conservadorismo e fisiologismo característicos da cultura política da área.

As perspectivas e percepções sobre SUAS variam conforme o lugar que os entrevistados ocupam na política institucional. Se no espaço da gestão, o destaque foi centrado nos avanços; para os trabalhadores a ênfase foi nos desafios de sua implementação; já para os usuários, o SUAS aparece como espaço de acolhimento e direcionamento de demandas difusas, não necessariamente dentro do escopo previsto pelo Sistema, mas no contexto das respostas às desproteções vivenciadas pelas camadas subalternizadas da classe trabalhadora. A Assistência Social aparece na fala desses usuários mais enquanto o lugar de ajuda, de socorro, da benemerência, do atendimento individual dos "casos", também como local de atividades desportivas e culturais, atrelada a boa vontade e gratidão aos técnicos, matizada por valores religiosos, do que desempenhando funções afiançadoras de direitos, como política de seguridade social não contributiva, por meio da prestação de serviços e benefícios socioassistenciais.

Foi comum nos depoimentos dos usuários o desconhecimento sobre o Sistema Único de Assistência Social (SUAS) ou mesmo da Política de Assistência Social. Em São Paulo, houve referência ao SUS, entendendo este como um direito nacional e o SUAS como um direito para quem está necessitando de ajuda pelas situações de desemprego, violência, doenças e, no caso da população em situação de rua, de abrigo, documentação, alimentação, higiene pessoal e de vestimentas, ou seja, de subsídios materiais essenciais para sobrevivência.

Embora apareça nos depoimentos a perspectiva do direito para a população em situação de rua, em São Paulo, houve referência a estigmas sofridos por usuários, inclusive pelos profissionais nos serviços socioassistenciais, reproduzindo a visão preconceituosa presente na sociedade.

> *As pessoas de fora acham que o Centro de Convivência é um semiaberto. Existe muito preconceito com a população de rua, isso faz com que eles tenham poucas oportunidades, basta dar o endereço do Centro de Convivência que ninguém mais quer dar emprego* (Usuário CENTRO POP, São Paulo/SP, 2016).

Já em Minas Gerais, os participantes do grupo focal no CENTRO POP revelaram um forte sentimento de pertencimento com o serviço, destacando-se o vínculo com a equipe técnica, o acolhimento e o respeito com que são tratados (diferentemente do que expressam em relação à sociedade e/ou a outros serviços, como a saúde). É importante destacar que os usuários do CENTRO POP, em ambos os estados, foram os que apresentaram uma noção mais completa e complexa da Política de Assistência Social.

4.2 Concepções e configurações da realidade dos serviços, programas, projetos e benefícios socioassistenciais ofertados no âmbito do SUAS

A partir da análise das informações coletadas nos municípios participantes da pesquisa empírica, bem como de fontes secundárias, apresentamos concepções dos sujeitos sobre a realidade institucional da oferta de serviços e benefícios na gestão do SUAS.

Na pesquisa realizada no estado paulista, especialmente nas falas de trabalhadores/as, em todos os municípios pesquisados, estes se referiram à insuficiência e incompletude dos serviços, tanto em relação à quantidade de equipamentos quanto aos recursos básicos necessários à prestação dos serviços de proteção social, principalmente em relação aos recursos humanos previstos pela NOB RH. Nesse sentido, os gestores questionaram os custos dos serviços e enfatizaram o insuficiente repasse de verbas do governo estadual.

Sobre os Serviços de Proteção Social Básica, para o município de São Paulo, de maneira muito peculiar, a realização da prestação de serviços socioassistenciais fica a cargo das entidades sociais conveniadas com a Secretaria Municipal de Assistência e Desenvolvimento Social (SMADS), dispostas nos territórios e operando com uma configuração diversa da Tipificação Nacional dos Serviços Socioassistenciais (Resolução n. 109, de 11 de novembro de 2009)[18].

Para vários usuários de ambos os estados e municípios da amostra, o CRAS é entendido como um espaço no qual recebem ajuda, orientação, acolhida, fazem amizades, espaço de convivência e apoio para as questões do cotidiano, como já observado em relação aos CENTROS POP.

Nos depoimentos em São Paulo apareceram ofertas de cursos, como: manicure, confecção de ovos de páscoa, corte e costura e palestras.

Nas unidades que não possuem ofertas de cursos, é comum a busca pelo acesso à renda, por meio do Programa Bolsa Família e Renda Cidadã (programa de transferência de renda do Governo de São Paulo), e para realizar ou resolver alguma pendência relacionada ao Cadastro Único (CadÚnico). Os benefícios, como o Bolsa Família, ora são vistos como ajuda, ora são reconhecidos enquanto direitos. Na cidade de São Paulo, a população usuária identifica o CRAS como

---

18. Por meio da Portaria n. 46 de 2010, assinada pela então Secretária da SMADS, Sra. Alda Marco Antônio, "dispõe sobre a tipificação da rede socioassistencial do município de São Paulo e a regulação de parceria operada por meio de convênios".

um local para realização do CadÚnico e esclarecer inconsistências/intercorrências com o Programa Bolsa Família.

Nos depoimentos observa-se a visão "pessoalizada" da prestação de serviços realizados por profissionais do CRAS, que reforça o caráter assistencialista ainda presente no trabalho profissional, e no caso, na relação com assistentes sociais.

> *O CRAS aqui, para mim, é uma mãe. Ele oferece tudo, tipo assim, a assistente social me ajudou com meu benefício, com meu Bolsa, se eu não tenho alimento em casa, eu venho e ela me oferece o alimento, ela move céu e terra para eu conseguir meu remédio mais em conta. Toda vez que venho aqui eu nunca saio sem meu problema estar arrumado* (Usuária CRAS, São Bernardo do Campo/SP).

Outra questão recorrente entre as/os usuárias/os participantes dos grupos focais nos CRAS/CREAS nos estados pesquisados, foi o desconhecimento sobre unidades de atendimento (CRAS, CREAS e CENTRO POP) e dos Serviços ofertados (PAIF, PAEFI, SCFV, entre outros), talvez mais da nomenclatura do que propriamente das ofertas.

Dentro da particularidade do município de São Paulo, os trabalhadores referiram que não realizam as modalidades PAIF e PAEFI. O trabalho do PAIF e PAEFI, que pela tipificação nacional é de responsabilidade do ente público por meio do CRAS e CREAS, é realizado por Organizações Sociais conveniadas com a SMADS, conforme já apontado. Na proteção social básica, o PAIF é desenvolvido através do serviço denominado SASF — Serviço de Assistência Social à Família; e na Proteção Social Especial pelo NPJ — Núcleo de Proteção Jurídico Social e Apoio Psicológico, que realiza o trabalho na sede do próprio CREAS, supervisionado pela equipe concursada do município de São Paulo. Ainda o CENTRO POP visitado é supervisionado por uma equipe estatal, do CREAS, mas a realização do serviço e todo trabalho social são conduzidos por profissionais de entidade religiosa conveniada, fortemente marcada pela desprofissionalização e doutrinarismo.

Em Minas Gerais, na cidade de Belo Horizonte, os usuários da Proteção Social Especial de Média Complexidade fazem referência às igrejas enquanto outros espaços de apoio, o que nos remete à persistente vinculação entre caridade e assistência social.

No que concerne à percepção de profissionais sobre as famílias atendidas, chamou atenção o conteúdo do depoimento de um/a trabalhador/a de Iguape, gestor/a do Bolsa Família, que expõe uma concepção carregada de preconceitos e adjetivações estigmatizadoras:

> *"Tem famílias que vem carregando há 5 anos"; "eu atendia a mãe dela, hoje em dia é bisavó"; "relação de dependência das famílias é muito forte"; "99% das famílias é muito acomodada"; "mãe traz filho... porque já tá grávida"; "não pega emprego para continuar no bolsa"; "pode fazer visita todos os dias à mesma usuária"; "fazem visita às 11h30 ainda estão dormindo"; "crianças crescem largadas"; "Questão cultural das famílias (indígenas), só muda com educação"; "Sempre teve pobres mas não tinha desestruturado... mudou a cara das casas "banheiros sem porta"* (Trabalhador/a CRAS, Iguape/SP).

Com relação ao BPC, a maioria dos beneficiários são idosos, sendo que os demais municípios apresentam números aproximados, exceto Nova Canaã Paulista, cuja relação é de 80% para pessoas com deficiências e 20% para idosos. Esta situação, a princípio, demonstra a tendência de crescimento da população idosa no país, porém com o recorte de baixa renda ou totalmente sem renda. Também é significativa a proporção do BPC para pessoas com deficiência no estado de São Paulo (46,8%), o que indica um quadro epidemiológico significativo nessa área, considerando os critérios estabelecidos: pessoa de qualquer idade, entendida como aquela que apresenta impedimentos de longo prazo (com efeitos pelo prazo mínimo de dois anos),de natureza física, mental, intelectual ou sensorial, os quais, em interação com diversas barreiras, podem obstruir sua participação plena e efetiva na sociedade em igualdade de condições com as demais pessoas (MDS/SAGI, 2018).

Em Minas Gerais, os beneficiários do BPC, especialmente para pessoa com deficiência, abarcam mais de 50% do total na maioria dos municípios pesquisados, com exceção da capital. No tocante aos idosos, Belo Horizonte atinge mais de 50% do total de beneficiários do BPC no município, enquanto Janaúba, Araçuaí e Poço Fundo alcançam por volta de 35%.

Em São Paulo, no que diz respeito aos Benefícios Eventuais (BE), somente um município, Nova Canaã Paulista, o menor de todos, tem regulamentação própria, ou seja, lei municipal. No que se refere às leis municipais do SUAS, essa ausência de formalização nos demais municípios demonstra um descaso ou desconhecimento da legislação por parte da gestão municipal, ou outras circunstâncias que mereceriam estudo mais focalizado. Foram identificados benefícios relacionados à vulnerabilidade temporária; calamidades públicas e emergências; auxílio funeral; auxílio natalidade.

Em Minas Gerais, no tocante aos marcos normativos, somente Janaúba não possuía a Lei do SUAS, embora no período da realização da pesquisa (julho de 2017), uma minuta seria encaminhada para o legislativo local. Este dado revela um reconhecimento da necessidade de existência de marco legal do SUAS por parte do ente subnacional, enquanto instrumento a ser utilizado no enfrentamento dos desafios institucionais e políticos nas municipalidades. Entretanto, quanto aos benefícios eventuais, observa-se frágil regulamentação desta referência legal, inclusive na metrópole, capital do estado.

Em relação aos programas estaduais de São Paulo, foram identificados: Viva Leite, Bom Prato, SP Amigo do Idoso, Selo Amigo do Idoso, Ação Jovem, Renda Cidadã, Recomeço. Esses programas carregam a "marca" do governo estadual e, de maneira geral, expressam ações tradicionalmente vinculadas à ação assistencial, como a distribuição gratuita de leite pasteurizado, refeições a preços acessíveis, além do enfrentamento a situações geracionais, como a oferta de ações nos territórios com foco no envelhecimento ativo e inclusão de jovens, na faixa etária de 15 a 24 anos.

Além de programas de transferência de renda, tendo como carro chefe o Programa Bolsa Família, no estado de São Paulo, identificamos nos Planos Municipais de Assistência social (2016) dos municípios que fizeram parte da amostra da pesquisa, com relação à oferta de benefícios, programas e projetos,[19] o predomínio daqueles voltados à primeira infância: PETI — Programa de Erradicação do Trabalho Infantil; Ação Jovem; Renda Cidadã; ACESSUAS — Programa Nacional de Promoção do Acesso ao Mundo do Trabalho.

A capital de Minas Gerais, Belo Horizonte, uma rede robusta de unidades estatais (34 CRAS, 9 CREAS e 3 CENTROS POP), considerando uma população estimada de 2.375.151 habitantes (IBGE, 2010), portanto com porte de metrópole, o que requer da Secretaria Municipal maior estrutura na gestão e na oferta de serviços socioassistenciais frente às expressões da questão social. Além deste aspecto, necessário destacar que as metrópoles brasileiras são menos dependentes do cofinanciamento estadual e federal para a execução do SUAS, o que via de regra ocorre com os municípios de menor porte.

Em São Paulo, a SMADS é responsável pela implantação e implementação do SUAS e em sua estruturação têm firmados 1.269 convênios, que ofertam 221.934 vagas distribuídas entre a Proteção Social Básica e Especial, registrando uma pesada rede de serviços socioassistenciais que exige prontidão da gestão municipal nem sempre efetivada, com 369 organizações conveniadas, com orçamento mensal de R$ 81.026.451,83. A rede de serviços direta conta com 54 Centros de Referência de Assistência Social (CRAS); 30 Centros de Referência de Assistência Social (CREAS); 6 CENTROS POP; 1 Coordenação de Pronto Atendimento Social (CPAS).

Dentre outras questões que chamaram atenção da equipe de pesquisa no estado de São Paulo, em relação à cobertura de serviços voltados a assentamentos rurais, população ribeirinha, comunidades indígenas e quilombolas, apesar da presença dessa diversidade

19. SISTEMA DOS PLANOS MUNICIPAIS DE ASSISTÊNCIA SOCIAL — PMASweb. Disponível em: http://www.pmas.sp.gov.br/ConsultaPMAS.aspx. Acesso em: 30 jan. 2019.

populacional e das suas demandas e necessidades, não foi identificado trabalho social voltado para essa especificidade. Por exemplo, em Iguape, município litorâneo com a maior parte de seu território em área preservada e com população indígena e ribeirinha, o atendimento é orientado para um trabalho com população de área urbana, sem nenhuma ação específica voltada às necessidades da população indígena que reside em área rural e tampouco para os ribeirinhos.

Outra questão que chama a atenção, pois aparece em ambos os estados, é a não superada confusão entre prestação de um serviço socioassistencial por meio da Política de Assistência Social com a profissão Serviço Social e o/a profissional assistente social. Isso aparece em municípios como São Bernardo do Campo/SP e Janaúba/MG.

> *Há 5, 6 anos, o Serviço Social era diferente do que é hoje. Não era só o nome diferente, o serviço que era prestado. Antes, era muito individual, o Serviço Social; hoje ele abrange a família toda; há alguns anos, somente a filha seria atendida (usuária tem uma filha com deficiência); hoje não; é a família inteira!* (Usuária, São Bernardo do Campo/SP)

A condição peculiar de São Paulo, pela relação de conveniamento de 98% dos serviços, impacta diretamente nos significados e nos conteúdos do trabalho de garantia de direitos previstos pela Política de Assistência Social. Segundo relatos observa-se um *mix* de concepções, ações e mesmo de expectativas sobre o trabalho social realizado no SUAS.

No lugar do PAIF, os SASFs promovem um trabalho social capilar nos territórios embasados pelos princípios éticos da "missão" das organizações, sendo dessa forma reconhecidos pela população. Na maioria das vezes essas entidades possuem forte identidade religiosa e doutrinária, e imprimem um cunho moralizante e meritocrático às ações que realizam, sob a estrutura e escopo da política de assistência social. Foi possível observar essa questão em todos os grupos focais realizados com usuários/as em CRAS, CREAS e CENTRO POP.

Outro aspecto que merece destaque no contexto dos convênios paulistanos é a rotatividade na equipe de trabalhadores, sendo que os participantes da pesquisa relataram que a descontinuidade e o grande fluxo de técnicos fragilizam o trabalho social realizado e comprometem a garantia de direitos dos usuários. No que tange à pesquisa mineira, a rotatividade dos técnicos também foi apontada, bem como os prejuízos para a continuidade do trabalho e a ruptura de vínculos com indivíduos, famílias e grupos atendidos.

O trabalho social nos municípios pesquisados é desenvolvido majoritariamente na sede dos equipamentos, à exceção de São Bernardo do Campo, cuja equipe de um dos CRAS se desloca para atendimentos em territórios distantes, e Hortolândia, que refere a existência de um CRAS Itinerante. Em Minas Gerais há experiências vinculadas ao CRAS Rural, nas quais há equipamentos e/ou uma equipe de técnicos exclusiva (sobretudo assistentes sociais e psicólogos) para realizar o trabalho social junto à população rural.

Em Minas Gerais, a maioria dos equipamentos que funcionam em casas alugadas apresentam estrutura inadequada no que se refere aos espaços físicos (tamanho, quantidade, distribuição e ventilação). Mas há também locais que, embora em prédio próprio, não estão de acordo com as indicações contidas nas Orientações Técnicas relativas aos CRAS e CREAS (Brasil, 2009, 2011), no que diz respeito à infraestrutura, identificação e organização do espaço físico,

Sobre a acolhida, em São Bernardo do Campo, o atendimento nos CRAS é com agendamento, realidade encontrada em outros municípios como Hortolândia, o que pode implicar morosidade e diversas idas antes do referenciamento ao serviço.

Os atendimentos são realizados individualmente, à exceção de São Bernardo do Campo e Batatais, que realizam atividades grupais, por vezes pautadas em escolhas de temas pelo coletivo. Em Batatais, profissionais referiram dificuldades para a realização de trabalhos coletivos e fraca participação da população nos grupos, além de despenderem muito tempo com os atendimentos individuais. Em Minas

Gerais também se percebeu pouco (ou nenhum) foco em relação às dimensões de organização e participação coletivas da população, preponderando a atenção às necessidades imediatas.

Destaca-se sobre o trabalho social desenvolvido, que ainda há muitas dificuldades em explicitar os conteúdos do trabalho realizado, de acordo com as normativas vigentes, como as Orientações Técnicas sobre o PAIF e a concretização do trabalho profissional nas unidades de referência.

Na proteção social básica destaca-se o desafio metodológico do trabalho com famílias, do acompanhamento de famílias em descumprimento de condicionalidades do Programa Bolsa Família, bem como o atendimento à chamada demanda espontânea, bem como o desafio do planejamento de ações de prevenção e ao mesmo tempo de realização de um trabalho social sistemático e continuado com as famílias.

A disponibilidade das equipes em atender todas as demandas é disputada no atendimento burocrático a ser realizado; segundo os/as trabalhadores/as, com a ausência de técnicos e equipes reduzidas, faz-se o que é mais urgente, não sendo possível atender tudo que é demandado e todos os sujeitos que buscam acolhimento e atendimento. Acrescenta-se ainda a falta de equipamentos e infraestrutura básica, como veículos, telefones, computadores, internet, entre outros.

Além disso, há uma lacuna quanto à metodologia do trabalho social e a articulação com o território onde estão alocadas as unidades de referência.

Na dimensão do trabalho social, em Coronel Fabriciano, foi apontado pelos técnicos o fenômeno do aumento significativo da presença das igrejas (sobretudo evangélicas) nas periferias e o desafio do trabalho com famílias. Foi relatada uma ansiedade das equipes por referências para o desenvolvimento do trabalho social com as famílias, mas ao mesmo tempo a ausência de uma proposta metodológica sistematizada deixa uma lacuna e concorre para reforçar o assistencialismo e o voluntarismo, sem contribuir para a necessária diferenciação entre a natureza dos serviços ofertados pelo poder público pela política de assistência social, e a ação assistencial das igrejas e mesmo das demais políticas sociais.

Com relação à organização e à dinâmica do trabalho social desenvolvido na Proteção Social Básica, Proteção Social Especial e demais Serviços realizados pela Rede Socioassistencial conveniada, os relatos em São Paulo apontaram majoritariamente para a insuficiência de equipamentos e quantidade de Serviços, a indefinição de protocolos e fluxos entre as Proteções Básica e Especial, bem como uma importante desarticulação entre as respectivas equipes. A hierarquização das proteções persiste como uma questão a ser trabalhada, embora reconheçam avanços na articulação e compreensão da natureza dos programas e serviços prestados, por exemplo, pelo PAIF e PAEFI.

Em Minas Gerais, também foram apontadas questões nessa direção, não apenas em relação à importância de articular os níveis de proteção básica e especial, mas quanto à natureza e especificidades das proteções efetivadas no âmbito do SUAS, o que acaba por incidir diretamente nas condições de desenvolvimento do trabalho nas respectivas unidades de referência, denotando, dentre outras aspectos, uma certa confusão, por parte da rede socioassistencial, quanto às especificidades de cada uma das unidades de referência da política de assistência social. Os profissionais percebem que há um problema quanto à divisão dos níveis de proteção, uma diferenciação entre os serviços e equipamentos considerando, por exemplo, uma família no território e a necessidade em inseri-la nos serviços de prevenção do CRAS quando se está em um território com alta vulnerabilidade.

Os/as trabalhadores/as ressaltaram que falta compreensão sobre o significado do que seja *referência* para cada uma das unidades de atendimento, e se ressentem da ausência de orientações técnicas quanto ao fluxo dos encaminhamentos entre as equipes do CRAS e CREAS.

A discussão quanto a *referência* e *contrarreferência* é indicada como indispensável para a definição dos fluxos de atendimento e da relação entre as unidades de atendimento e serviços na garantia de efetividade da Política de Assistência Social para as famílias que são atendidas em vários serviços.

Observa-se que é preciso considerar também o conceito ampliado de família, gerando uma fragmentação do atendimento. Tanto em Janaúba, Uberaba quanto Poço Fundo, percebeu-se que a reflexão quanto à relação entre proteção social básica e especial não se dá a partir do fluxo dos serviços, mas das análises isoladas de casos.

Em Minas Gerais, o Serviço de Convivência e Fortalecimento de Vínculos (SCFV) foi apontado com maior destaque do que o PAIF na proteção social básica; entretanto colocou-se a necessidade de caracterizá-lo como serviço socioassistencial, o que ainda não se efetivou na maioria dos municípios, considerando as dificuldades quanto ao fluxo das ações entre SCFV e o PAIF, conforme apontado em Janaúba, com a identificação de cada atividade e suas relações.

Na cidade de São Paulo, os trabalhadores apontaram para as questões que necessitam maturação e entendimento entre o SUAS e o Sistema de Justiça, como a alta demanda de visitas e outros procedimentos requisitados de modo impositivo pelo Poder Judiciário, o que remete à questão das atribuições de cada componente da rede de proteção social e das relações entre poderes autônomos (executivo e judiciário).

Sobre as articulações intersetoriais necessárias para o atendimento nos territórios, os/as trabalhadores/as referiram tensões, sobreposições e lacunas entre as políticas de saúde e assistência social. Aparece na pesquisa, nessa esteira, os desafios em relação à intersetorialidade em relação às políticas de emprego, de cultura, de educação, como, por exemplo, no Programa BH Cidadania, apresentado anteriormente. Realizado em Belo Horizonte, em áreas de grande vulnerabilidade social, o Programa integra as ações das subsecretarias de Assistência, Segurança Alimentar e Nutricional e Direitos de Cidadania; das secretarias de Educação e Saúde e da Fundação Municipal de Cultura, de acordo com os princípios da intersetorialidade, atuando com foco na família.

Para os usuários, o trabalho das equipes técnicas do SUAS se revela também enquanto ponte de acesso às demais Políticas Sociais. No âmbito da pesquisa mineira, em Belo Horizonte, por exemplo, usuários do CENTRO POP relataram que o trabalho social tem permitido, para alguns, importantes mediações para a inserção no mundo do trabalho, acesso à moradia e redução de danos em relação ao uso de substâncias psicoativas. Embora se enalteça a importante perspectiva de direito impressa ao trabalho, resta aclarar o que é de competência de cada política, ocorrendo diluição de especificidades e superposição de atribuições.

A constituição do trabalho em rede socioassistencial revela também fragilidades e dificuldades quanto ao monitoramento e avaliação do SUAS. A busca de efetividade no trabalho tem sobrecarregado os/as trabalhadores/as que invariavelmente são responsabilizados pelo não atendimento à demanda, sem que se discuta criticamente a (in) capacidade de o Estado prestar serviços públicos de qualidade e em quantidade suficiente para garantir direitos ao conjunto da população.

Para concluir, é importante destacar que os dados colhidos na pesquisa revelaram o inquestionável avanço com a criação do SSuas, sustentado por suas normativas, diretrizes e parâmetros para implementação da rede de proteção social estatal nesse âmbito. De acordo com Silveira (2017, p. 487), o SUAS "é, notadamente uma das principais reformas do Estado brasileiro na democracia recente no âmbito da política social" e "representa um projeto de implantação de uma rede de proteção estatal, continuada".

Contudo, o convívio e tensionamento entre continuidades e rupturas na política de assistência social ainda persistem, atravessados pelas contradições fundantes do Estado Brasileiro, patrimonialista, excludente e clientelista.

Nos grupos focais realizados com usuários/as, quase em sua totalidade, foi possível apreender o desconhecimento da estrutura do SUAS nos municípios, da política de assistência social, de seus níveis de proteção, unidades de atendimento, e mais especialmente da nomenclatura técnica dos serviços. Ainda é muito presente a questão da ajuda, do socorro, da subalternidade e gratidão aos técnicos, ao mesmo tempo em que os relatos atestaram a frequência da população nos serviços e a identificação destes como direito se disseminando pelo discurso de muitos/as usuários/as.

A questão religiosa aparece tanto no processamento do trabalho, por meio da atuação de algumas entidades conveniadas em São Paulo, o que afronta a laicidade do Estado, como nos discursos de usuários e na preocupação dos técnicos com a proliferação das igrejas nos territórios, que avançam nas lacunas deixadas pelo Estado no atendimento às demandas sociais dos trabalhadores, especialmente seus grupos mais subalternizados. Tal situação reatualiza o antigo binômio caridade-assistência, agravado pelo cenário político atual em que a religiosidade se mistura com projetos políticos partidários e faz avançar a onda conservadora nos valores e nas relações sociais.

Embora, para os trabalhadores, o SUAS tenha significado explicitamente uma mudança na perspectiva de afirmação do direito, as condições para a sua materialização aparecem reiteradamente como um desafio, sendo citada a falta de profissionais para composição das equipes, inclusive as de referência, infraestrutura e recursos básicos, poucas unidades de atendimento, problemas com a qualidade e quantidade de serviços, localização inadequada dos equipamentos e serviços, que impedem os avanços necessários para sua consolidação. Alguns chegam a chamar a política de assistência social de utopia, como mencionado anteriormente.

A perspectiva eleitoreira e o voto como moeda de troca política ao acesso a serviços e benefícios socioassistenciais compareceram com força, em função inclusive da proximidade das eleições municipais de 2016, expressando o fisiologismo e o clientelismo ainda presentes na cultura política brasileira.

O amadorismo e as práticas estigmatizantes e preconceituosas também foram identificadas pela pesquisa, especialmente em relação à população em situação de rua e beneficiários dos PTR, na contramão da direção técnica e política do SUAS, acabam por "levar água ao moinho" do conservadorismo, das ações moralizantes, disciplinadoras e de responsabilização dos usuários pelas condições de carência que vivenciam.

Observou-se que, para ambos os estados, maior conhecimento e proximidade da população em situação de rua com a política de assistência social e com o SUAS. Possivelmente resultado de um trabalho desenvolvido com qualidade, como referem os usuários mineiros e, também, da importância da sua organização coletiva e da articulação com outros movimentos que lutam pela sobrevivência e resistem às desigualdades sociais.

A condição peculiar da cidade de São Paulo e a operacionalização da política de assistência social por meio de entidades privadas conveniadas chamaram atenção ao longo da pesquisa, por seus impactos nos significados e conteúdo do trabalho, que dentre outras questões se revelam inclusive, pela adoção de denominações próprias, em contraposição à tipificação nacional e à regulação dos serviços de ação direta do Estado, como PAIF e PAEFI, o que merece um estudo específico mais aprofundado.

É importante enfatizar também, como já apontado, o ideário religioso de muitas entidades de assistência social, o que dissemina concepções moralizadoras e autoritárias, que provocam subalternização e culpabilização das famílias, Os depoimentos atestaram a presença no discurso dessas entidades de noções que têm sido objeto de polêmicas e questionamentos, como as de "contrapartida" e de "porta de saída", na contramão do que é proposto nos documentos técnicos e normativos sobre a PNAS e o SUAS.

Em relação ao BPC não apareceu na pesquisa um trabalho voltado a seus beneficiários. No que diz respeito ao Bolsa Família, o programa ganha centralidade no CRAS por ser lócus de atualização do CadÚnico e de acompanhamento do descumprimento de suas condicionalidades. Carnelossi (2016) nos alerta que a operacionalização desse trabalho é reveladora de práticas burocráticas que reforçam vigilância e o controle dos mais pobres.

É, portanto, urgente a qualificação teórico-metodológica dos técnicos para o trabalho social com famílias previsto no PAIF e PAEFI, de modo a contrarrestar a crença em soluções mágicas e modelos pré-concebidos, que reforçam a burocratização e o conservadorismo.

Nesse sentido, é imprescindível a implantação da política de educação permanente, ainda ausente na maioria dos municípios, avançando na modalidade de supervisão técnica das equipes, entre outras possibilidades, que reforce a construção de um trabalho social com uma direção coletiva na defesa dos direitos sociais.

5. MORFOLOGIA DO TRABALHO NO SUAS E FORMAS DE GESTÃO DA FORÇA DE TRABALHO

Este item volta-se para a análise do trabalho e dos trabalhadores do SUAS, partindo da premissa de que as características observadas nas formas de organização, gestão e controle do trabalho nos estados e municípios pesquisados reproduzem tendências gerais do mercado de trabalho na contemporaneidade capitalista, que subordinam os/as trabalhadores/as a processos de intensificação, precarização e constrangimentos que condensam o que estamos denominando de nova *morfologia do trabalho*, nos termos de Antunes (1999; 2018).

5.1 Premissas

O movimento atual do sistema de metabolismo social do capital, considerando o tripé capital, trabalho e Estado (Antunes, 2018, p. 299), deflagrou mecanismos de exploração ultraprecarizada do trabalho, implicando novas e restaurando antigas estratégias de controle e gerenciamento que, combinadas, agravam os constrangimentos do trabalho assalariado, resultando em novas e/ou renovadas formas de exploração (Marx, 1968): trabalho precário, parcial, temporário, subcontratado, terceirizado e informal, com consequente exacerbação dos processos de flexibilização, rotinização e intensificação do trabalho, configurando uma nova *morfologia do trabalho* (Antunes, 2018, p. 64).

> As formas de intensificação do trabalho, a burla dos direitos, a superexploração, a vivência entre a formalidade e a informalidade, a exigência

> de metas, a rotinização do trabalho, o despotismo dos chefes, coordenadores e supervisores, os salários degradantes, os trabalhos intermitentes, os assédios, os adoecimentos, padecimentos e mortes decorrentes das condições de trabalho indicam o claro processo de proletarização dos assalariados de serviços que se encontra em expansão no Brasil e em várias partes do mundo [...]

A precarização e a deterioração dos salários e da qualidade das condições de vida e de trabalho estimulam as discriminações que atingem a classe trabalhadora em suas dimensões de gênero, geração, raça e etnia, tendo em vista o barateamento do custo da força de trabalho. Tais processos, cujas raízes remontam ao patrimonialismo, à escravidão e ao patriarcado, aprofundam as desigualdades estruturais no Brasil.

Essa dinâmica implica na determinação de lugares específicos na divisão social, técnica, sexual e étnica do trabalho, restando os piores postos, em termos de situação de trabalho e de assalariamento, à população composta por mulheres negras, que representam parcela substantiva de pessoas que acessam as políticas públicas, em especial, a Política de Assistência Social.

Essas configurações também podem ser observadas entre as/os trabalhadoras/es da Política de Assistência Social, mais especialmente em relação às/aos trabalhadoras/es vinculadas/os às organizações e entidades de assistência social, cujas tarefas, condições de trabalho e assalariamento frequentemente são piores que a das/os trabalhadoras/es concursadas/os. Esses processos têm implicando constrangimentos, sofrimentos e adoecimentos.

O posicionamento do Estado é determinante na dinâmica da luta entre capital e trabalho, especialmente quanto à arquitetura institucional dos sistemas de proteção social. O que se observa no contexto atual é que a formulação e a execução das políticas sociais apresentam uma tendência de maior focalização e fragmentação, sendo dirigidas às parcelas da população que não possuem condições mínimas de existência com dignidade, portanto, na maioria das vezes, tais políticas não são, sequer, paliativas.

Na gestão do trabalho, a relação de exploração do trabalho pelo capital tem implicado uma crescente tendência à implantação de um modelo de gestão com uma orientação de natureza *gerencialista funcionalista*, em uma perspectiva eminentemente normativa, ou seja, implementando um "poder gestionário" de aparência objetiva, operatória e pragmática, constituindo um poder que, calcado numa dinâmica de constante apreensão, justifica ações instrumentais, utilitaristas e contábeis (Gaulejac 2007, p. 31-74), provocando uma segmentação da classe trabalhadora, enfraquecendo sua representatividade e sua identificação coletiva, aprimorando o controle sobre a sua subjetividade.

A pesquisa em tela identificou elementos significativos desses processos na gestão do trabalho da Política de Assistência Social, o que implica importantes desafios para assegurar a natureza, os conteúdos e os sentidos do trabalho no SUAS, bem como a saúde de trabalhadores/as, situações que colocam em xeque também a qualidade do atendimento à população, entendendo que "a qualidade dos serviços socioassistenciais disponibilizados à sociedade depende da estruturação do trabalho, da qualificação e valorização dos trabalhadores atuantes no SUAS" (Brasil, 2006, p. 15).

Entre 2005 e 2015, a Assistência Social, no Brasil, consolidou a oferta de serviços socioassistenciais, materializando a responsabilidade pública do Estado e a especificidade da Política de Assistência Social. Em 2015, o SUAS contava com mais de 8 mil CRAS e quase 2.500 CREAS; de 5.570 municípios apenas 85 não tinham implantado a unidade de entrada do SUAS, o CRAS, e eram pouquíssimos os entes gestores federativos municipais que não contavam na divisão interna com uma unidade, direcionada à gestão da Política de Assistência Social (Brasil, 2015a).

O percurso compreendido entre a promulgação da Lei Orgânica da Assistência Social — LOAS (Lei n. 8.742/93, alterada em 2011, segundo os novos paradigmas do SUAS e demais normativas) e a implantação do SUAS, a partir de 2005 — Norma Operacional Básica

NOB/SUAS/2005, é marcado por profundos impactos, em razão da programática neoliberal, a partir dos anos 1990.

Esse processo, afiançador das transformações do mundo do trabalho, com ênfase na corrosão dos direitos conquistados pela classe trabalhadora, determinou uma redução dos gastos públicos com as políticas sociais, ou seja, "o enxugamento do Estado" (para o trabalho, mas não para o capital) e foi, no Brasil, capitaneado pela sanha da burguesia, que viu no neoliberalismo uma possibilidade real de avanço maior sobre o fundo público, intensificando a desresponsabilização do Estado no direcionamento das políticas públicas para a classe trabalhadora.

Os resultados desse processo foram o desmonte e o sucateamento dos serviços públicos, a mercantilização dos serviços que possuíam potencial para o mercado, cujos exemplos mais significativos são a Política de Saúde, por meio de planos privados de saúde, e a Política da Previdência Social, com os planos privados de aposentadoria e também na política educacional, principalmente na educação superior presencial e à distância, praticamente ofertada, na quase totalidade, como mercadoria.

Para a Política da Assistência Social, como parte de sua construção histórica, foram chamadas a realizar serviços as organizações e entidades de assistência social, constituindo-se assim, um misto de *mercantilização e filantropização.* O município de São Paulo, capital do estado de São Paulo, é um exemplo significativo desse ordenamento, à medida que mais de noventa por cento dos serviços socioassistenciais são prestados por essas organizações sociais e entidades, em forma de convênios.

Alegando a Lei de Responsabilidade Fiscal (Brasil, 2000), que impôs sérios limites à contratação de trabalhadores/as por meio de concursos públicos, esses convênios se assemelham a uma espécie de terceirização do trabalho para essas entidades, desobrigando o Estado de suas responsabilidades como gestor e executor direto das políticas públicas: na quantidade de ofertas, na qualidade da prestação dos serviços à população e na responsabilidade ética e trabalhista com aqueles/as que realizam o trabalho.

Silveira (2011, p. 11) aborda as contradições que fizeram parte do processo de disputa pela consolidação da gestão do trabalho no SUAS. A lógica central do sistema previu uma série de requisitos, reordenamentos e bases normativas que deram centralidade ao estatuto do trabalhador no SUAS, à implantação de equipamentos públicos estatais, à consolidação de equipes técnicas nesses equipamentos e nos serviços socioassistenciais e à estruturação de condições mínimas de funcionamento. Nessa perspectiva, para a autora, o SUAS combinou avanços institucionais e rearranjos na organização dos serviços e da gestão. A PNAS e o SUAS, ao afirmarem a supremacia do Estado na prestação de serviços de proteção social não contributiva, colocando--se na contramão da perspectiva neoliberal, sendo que o processo de ampliação do quadro de trabalhadores/as se deu, segundo Silveira, num contexto de manutenção de vínculos precarizados:

> a exemplo de contratos temporários e dos pregões eletrônicos; ausência ou insuficiência de concursos públicos; definição de equipes sem perfil adequado, baixos e imorais salários; ampliação de demandas inerentes às equipes técnicas do sistema de justiça, segurança pública, saúde e educação; demandas territoriais ampliadas pela ausência de planejamento, gerando superexploração, desgaste emocional e mesmo danos de saúde mental; práticas gerenciais burocráticas e produtivistas, descaracterizando os objetivos dos serviços; ausência de registros, avaliações participativas; instalação de equipamentos sem acessibilidade e condições materiais de funcionamento; entre outros aspectos (Silveira, 2011, p. 17).

Este é, portanto, o cenário contemporâneo do trabalho nas políticas públicas, uma miríade de contratos, salários, jornadas e organizações de trabalho que têm deslocado os direitos da esfera pública para a esfera privada, com vistas à sua conversão em mercadorias e moeda de troca política.

5.2 Regulamentação das instâncias e estrutura dos equipamentos, serviços e equipes nos quais se realiza o trabalho profissional

Prosseguindo na análise do trabalho, esse item aborda a organização das equipes profissionais, os vínculos contratuais, as condições e o processamento do trabalho no SUAS, evidenciando os desafios postos ao trabalho assalariado em contextos de precarização material e técnica do trabalho institucional.

5.2.1 Regulação das instâncias

Foram unânimes nos depoimentos de gestores/a e trabalhadores/as da Política de Assistência Social as referências aos inquestionáveis avanços com a implantação do SUAS, criando normativas, diretrizes, serviços, equipes multiprofissionais e buscando colocar fim ao assistencialismo, via plantão, realizado de maneira improvisada, sem aportes teórico-metodológicos e sem um efetivo trabalho social com famílias.

Entretanto, mesmo diante dos avanços, avaliam que são grandes os desafios para a efetivação do SUAS, principalmente os relacionados à própria gestão da Política nos municípios, que apresenta entraves quanto às hierarquias das proteções, às prioridades de gestão, ao planejamento, ao financiamento da Política e à falta de regulação dos benefícios eventuais.

Persiste a baixa efetividade das responsabilidades da instância estadual para organização do Sistema de forma compartilhada entre os entes federativos, uma vez que cabe ao Estado, dentre outras competências: — destinar recursos financeiros aos municípios, a título de participação no custeio do pagamento dos benefícios eventuais de que trata o art. 22, da LOAS, mediante critérios estabelecidos pelo Conselho Estadual de Assistência Social — CEAS; e — cofinanciar, por meio de transferência regular e automática, na modalidade fundo a fundo, os serviços, programas, projetos e benefícios eventuais e o aprimoramento da gestão, em âmbito regional e local.

O cumprimento desse artigo implica ampliação das equipes, inclusive itinerantes, e garantia de equipe mínima prevista na NOB/RH/SUAS (Brasil, 2006), assim como a regularização dos benefícios eventuais, via lei própria e protocolos de intersetorialidade.

As equipes com profissionais concursados/as, na avaliação dos/as trabalhadores/as, encontram-se desfalcadas e insuficientes. Tanto no estado de São Paulo quanto de Minas Gerais, encontramos uma miríade de formas de contratação e, portanto, de relações e organização de trabalho, sendo maioria as contratações realizadas de forma terceirizada, mesclando modalidades como contratação de empresas de prestação de serviços; contratação individual por tempo determinado; contratação por MEI (Microempreendedor Individual); por RPA — Recibo de Pagamento Autônomo; PJ — Pessoa Jurídica e convênios com entidades e organizações da assistência social para prestação de serviços socioassistenciais, em território (SASF)[20], e dentro dos próprios equipamentos CREAS (NPJ)[21], que na prática executam o PAIF e o PAEFI no município de São Paulo (SP).

Em São Paulo e São Bernardo do Campo, municípios do estado de São Paulo, há pessoas em situação de violação de direitos realizando trabalhos, especialmente na recepção da população, remunerada por meio de uma espécie de "bolsa", o que não se configura nem como inserção em programa de transferência de renda, nem como voluntariado e nem como trabalho profissional contratado, situação

20. Serviço de Assistência Social à Família e Proteção Social Básica no Domicílio, serviços conveniados com organizações e entidades de assistência social que desenvolvem o trabalho de proteção social básica no domicílio junto às famílias em situação de risco e de vulnerabilidade social, o que significa, na prática, a execução do PAIF — Serviço de Proteção e Atendimento Integral à Família, que seria da competência de profissionais dos equipamentos estatais, os CRAS.

21. NPJ — Núcleo de Proteção Jurídico Social e Apoio Psicológico, equipe de organização social ou entidade de assistência social conveniada pela Secretaria, constituída geralmente por advogado/a, psicólogo/a e assistente social que realizam o atendimento das situações de violência dentro dos CREAS.

identificada na pesquisa de campo não regulamentada e não prevista nas normativas e legislações que norteiam a execução nacional da política, implicando na exposição desses sujeitos e da população atendida nas unidades de referência dos SUAS.

Considerar a Gestão do Trabalho no âmbito do SUAS implica tomá-la enquanto uma estratégia central, pois contribui de forma direta para a qualificação dos serviços (Silveira, 2011, p.15). A situação apresentada pela pesquisa possibilitou identificar que alguns municípios apresentam quadro significativo de trabalhadores/as com vínculos de trabalhos estáveis (concursados), como: Uberaba e Coronel Fabriciano em Minas Gerais e Hortolândia, São Bernardo do Campo e Nova Canaã no estado de São Paulo, porém ainda carentes com relação a planos de carreira, cargos e salários — PCCS, melhores remunerações e condições dignas de trabalho.

A pesquisa ainda possibilitou identificar situações totalmente precarizadas com relação aos vínculos empregatícios, com contratações temporárias, como as situações verificadas nas metrópoles mineira e paulistana, e também em Poço Fundo/MG e Iguape/SP.

Com relação à capital do estado de São Paulo, o município de São Paulo, segundo o Plano Decenal de Assistência Social da cidade de São Paulo — PDMASSP 2016-2026, o SUAS conta com 16.869 trabalhadores/as, sendo que 93,4% trabalham em serviços socioassistenciais conveniados; 6,6% trabalham diretamente nos equipamentos públicos no regime estatutário e ocupam diversas funções de gestão e supervisão. Com relação aos vínculos trabalhistas, ainda segundo o Plano Decenal, o trabalho no SUAS está organizado em quatro tipos de vínculos empregatícios: 93,4% são contratados/as sob o regime da CLT — Consolidação das Leis do Trabalho; 1,5% são servidores/as ocupantes de cargos em comissão; 0,3% são admitidos/as e 4,7% são efetivos/as.

Disparidades nas formas de contratação e diferenças de salários entre os municípios, tanto em São Paulo como em Minas Gerais, foram destaques nas discussões nos grupos focais com os/as trabalhadores/

as, sendo que a conquista de 30 horas na jornada de trabalho da categoria de assistentes sociais não significou, necessariamente, melhoria nas condições de trabalho, diante do relato de redução de salário em função da redução da carga horária, além da intensificação do trabalho.

A garantia de equipes mínimas, infraestrutura e educação permanente se expressaram de forma contrastante entre os municípios. Foram destacados como avanços em Coronel Fabriciano (MG), os processos coletivos de construção de procedimentos e protocolos para os serviços, o que no estado de São Paulo se apresentou em Hortolândia, São Bernardo do Campo e Batatais, cujas gestões empreendem esforços nessa direção.

Com relação à Educação Permanente também se observou importante diferença entre o estado de Minas Gerais, que priorizou o/a trabalhador/a, inclusive em termos de investimento na política de educação permanente, e o estado de São Paulo, que foi o último estado brasileiro a realizar a primeira edição do CapacitaSUAS.

A Política Nacional de Educação Permanente do SUAS — PNEP/ SUAS (2013) orienta os estados e municípios com relação à necessidade da dimensão da educação continuada como parte integrante na execução da Política Nacional, a partir do entendimento dos desafios que cercam essa Política na perspectiva da garantia de direitos em situações de extrema complexidade envolvidas nas violências contra crianças, adolescentes, mulheres e pessoas idosas, entre outras.

Assim, mediante a necessidade de profissionalização da Política de Assistência Social, as normativas preconizam a importância de implementação da Gestão do Trabalho e da Educação Permanente, enquanto dimensões que se associam e se complementam na execução da própria Política. Para sua dinamização e institucionalização faz-se necessária a estruturação e instituição de Núcleos de Educação Permanente do SUAS, segundo os critérios de territorialidade que atendam à implementação desta Política e ao planejamento das ações de formação e capacitação (Brasil, PNEP/SUAS, 2013, p. 47).

O Conselho Nacional de Assistência Social (CNAS), por meio da Portaria n. 8 de 16 de março de 2012, instituiu o Programa Nacional de Capacitação do SUAS — CapacitaSUAS, buscando a garantia da Gestão do SUAS e a Educação Permanente no âmbito dos estados, visando à capacitação de trabalhadores/as em todos os municípios do território nacional; neste quesito o estado de São Paulo foi o último a realizar a primeira versão do CapacitaSUAS, situação essa que demonstra um certo distanciamento e/ou dificuldade no processamento da Política, perante as diretrizes nacionais, nesse aspecto fundamental. No estado de Minas Gerais, a primeira fase do CapacitaSUAS foi realizada pela Secretaria de Estado de Trabalho e Desenvolvimento Social (SEDESE) e ocorreu no ano de 2016, sendo conduzida nos anos seguintes, integrando a política enquanto uma proposta permanente no âmbito do SUAS.

Nos municípios pesquisados identificamos que os parâmetros e critérios referidos na PNEP/SUAS (Brasil, 2013) não foram implantados, o que na fala de gestores/as e trabalhadores/as se dá em razão de exigências de trabalho excessivas aos profissionais, dos recursos financeiros insuficientes, ou do desconhecimento dessa dimensão enquanto parte integrante da PNAS. Contudo,

> A implantação do SUAS exige novas formas de regulação, organização e gestão do trabalho e, certamente, a ampliação do número de trabalhadores com estabilidade funcional é condição essencial, ao lado de processos continuados de formação e qualificação, a partir do ingresso via concurso público, definição de cargos e carreiras e de processos de avaliação e progressão, caracterização de perfis das equipes e dos serviços, além de remuneração compatível e segurança no trabalho (Raichelis, 2010, p. 761).

Nos grupos focais com trabalhadores/as, em todos os municípios pesquisados, a Educação Permanente e a Gestão do Trabalho foram referidas como elementos estruturantes da implementação da Política, portanto, urgentes para a efetivação de um trabalho profissional qualificado.

5.2.2 Estrutura dos equipamentos, serviços e equipes

Outro aspecto observado nos dois estados relaciona-se à incompletude das equipes, a ausência de condições estruturais para o funcionamento dos equipamentos e o acesso precário aos instrumentos de trabalho básicos, como telefones, internet, impressoras, e espaços adequados para realização do trabalho com a população, bem como precariedade de meios de transporte para o deslocamento das equipes, especialmente nos municípios de pequeno porte e nos periféricos e rurais.

A NOB/SUAS-RH estabelece nos equipamentos de execução de serviços e benefícios, conforme o porte do município, o número de famílias referenciadas e profissionais de diferentes formações, no sentido de garantir a execução do trabalho interdisciplinar. Contudo, a pesquisa identificou que essa orientação nem sempre se encontra garantida; foi possível verificar a ausência de psicólogos/as na Proteção Social Básica e a ausência principalmente de advogados/as na Proteção Social Especial.

A dimensão interdisciplinar na execução da Política considera a possibilidade da construção de saberes e conhecimentos que reconheçam a complexidade da realidade social visando à construção coletiva que garanta proteção social. Para tanto, é necessário a construção de um projeto político agregador (Rizzotti, 2011).

Além disso, foi possível observar que a relação entre assistentes sociais e psicólogos/as muitas vezes se torna tensa em razão de certa simbiose estabelecida entre a profissão de Serviço Social e a Política de Assistência Social. É certo que o Serviço Social possui em seu histórico uma relação privilegiada com a assistência social, o que não significa contudo que os objetivos institucionais, e da própria Política de Assistência Social, devam ser confundidos com os objetivos profissionais. No caso do serviço social, trata-se de profissão regulamentada pelo Estado e ancorada em projeto ético-político nos diversos espaços sócio-ocupacionais' nos quais assistentes sociais "se inserem como trabalhadores/as assalariados/as, o que permite que esses/as trabalhadores/as resistam à subsunção real de seu trabalho às imposições de poder do capital e/ou dos seus representantes nas esferas estatais" (Raichelis, 2018, p. 39). Portanto Serviço Social é profissão, e Assistência Social é ação pública de responsabilidade estatal.

5.3 Dinâmica institucional e processamento do trabalho

Na dinâmica de funcionamento, Belo Horizonte (MG) apresenta uma especificidade, que é um programa denominado "BH Cidadania", como já analisado anteriormente, que contempla ações conjuntas das Secretarias, portanto numa perspectiva intersetorial. Contudo, os desafios de superação de fragmentações permanecem, pois a tendência, segundo o depoimento dos/as trabalhadores/as, é que nas situações mais agudas cada política se restrinja ao conjunto de ações que fazem parte do escopo básico daquela Política, o que acaba sobrecarregando a Política de Assistência Social em função de seu escopo mais abrangente no que respeita às necessidades sociais de indivíduos e famílias, especialmente os segmentos mais vulnerabilizados da classe trabalhadora.

Em São Paulo (SP), a Política de Assistência Social é operacionalizada por meio de uma Tipificação de Serviços Socioassistenciais própria, que se diferencia da Tipificação Nacional. O que se observa no município de São Paulo, mas também como tendência geral no estado de São Paulo, é que a expansão dos serviços socioassistenciais, quando ocorre, é motivada por demandas emergenciais e pressões políticas, comprometendo o planejamento e a execução da Política de acordo com critérios e indicadores sociais identificados nos territórios.

A dimensão intersetorial e em rede de serviços é um dos fundamentos do próprio SUAS; desde a V Conferência Nacional de Assistência Social, no ano de 2005 referenda-se que a Política de Assistência Social se configura enquanto: "direito à proteção social por meio da intersetorialidade das políticas públicas")[22]. Também no "Encontro Nacional dos Trabalhadores do SUAS", que foi promovido pelo Conselho Nacional de Assistência Social — CNAS, nos dias 30 e 31 de março de 2011, em Brasília, se corrobora essa perspectiva, como a necessidade de "um trabalho aberto à integração, à interdisciplinaridade, à intersetorialidade (diálogo de saberes e de setores)" (Teixeira, 2011, p. 132). De resto, em todas as normativas e documentos técnicos orientadores do trabalho no SUAS, a dimensão intersetorial da assistência social e a necessidade de articulação com as demais políticas sociais têm sido uma constante. Essa dimensão, entretanto, não pode depender exclusivamente da iniciativa pessoal de profissionais que executam as políticas públicas, mas deve ser um objetivo perseguido pela gestão pública, pautado por uma visão de totalidade social e concepção democrática de gestão via planejamento, monitoramento e avaliação, com ações articuladas, fluxos e protocolos definidos e revistos periodicamente para o aperfeiçoamento das ações.

A universalização de direitos somente se consolida por meio da conjugação de esforços, mas principalmente de financiamento, ações, meios e instrumentos governamentais, para que se constitua uma rede articulada e complexa de serviços, no território, "chão vivo" das relações sociais.

A pesquisa identificou a existência de reuniões intersetoriais, que ocorrem no formato de "discussão de caso", envolvendo as políticas de saúde, educação, o conselho tutelar, entre outros; contudo, faltam pactuações, fluxos e protocolos que garantam a continuidade de um atendimento integral de indivíduos ou famílias, de acordo com suas necessidades e com as potencialidades das diferentes políticas associadas em torno de projetos comuns. Segundo os/as trabalhadores/as, é recorrente que o atendimento fique centrado exclusivamente no esforço individual do/a profissional que está mais diretamente

22. Está presente no documento intitulado "Decálogo dos direitos socioassistencias", produzido na V Conferência Nacional de Assistência Social, intitulado "Fotografia da Assistência Social do Brasil na perspectiva do SUAS". (Brasil, 2006).

envolvido/a na atividade. No processamento do trabalho, observou-se uma tendência à priorização do atendimento individual, com atenção à demanda espontânea, especialmente para resolução de questões relativas ao Programa Bolsa Família, por meio da alimentação de sistemas de informação que quantificam as ações. O exemplo mais significativo dessa nova forma de organização e controle do trabalho ocorre no município de São Paulo (SP), no qual trabalhadores/as necessitam lançar os atendimentos no sistema de informação utilizando parcos recursos técnicos (acesso à internet, computadores e sistemas atualizados) e principalmente sem explicitação sobre o significado dessa quantificação para a realização do trabalho, portanto, para a melhoria da qualidade do atendimento à população.

Observa-se também a falta de consenso quanto aos procedimentos que garantam a organização para atender a demanda do cotidiano do serviço e os processos de trabalho continuados.

> *O técnico do CRAS nunca sabe se vai começar uma coisa e vai terminar. Sempre fica ali no meio do caminho, isso dá uma angústia grande. A demanda espontânea também, por que o usuário não pode ter horário marcado? Por que tem que ficar à disposição do assistente social, aguardando pra ser atendido, aquele monte de gente pra atender, as salas cheias de gente pra atender, essa angústia do técnico de atender, tem três esperando, tem quatro me esperando (...)* (Trabalhador/a, SP/SP)

> *Lá no CRAS a gente faz o atendimento agendado, então o técnico sabe que nove horas ele tem o atendimento, e o próximo atendimento é às 10, então naquele tempo ali ele se organiza e a família também se organiza, porque a família não está por conta do assistente social, ela tem filho, tem afazeres em casa e tal* (Trabalhador/a, Araçauí/MG).

Nessa dinâmica, o trabalho social com famílias, o PAIF e o PAEFI, tendem a tornar-se secundários, uma vez que as equipes reduzidas, desfalcadas e descontinuadas implicam na impermanência das atividades e ações iniciadas, o que se expressa fortemente na (des)articulação entre CRAS e CREAS. Na prática a prioridade tem sido a de um trabalho de atendimento emergencial e descontínuo. Esse direcionamento é um dos grandes entraves na consolidação e na garantia da execução do trabalho social no SUAS, conforme as diretrizes estabelecidas, ou seja, conforme Rizzoti, (2011, p.70) "responsabilidades burocráticas, do trato individual das demandas, das peripécias para vencer os déficits de benefícios e dos serviços requeridos pelos usuários que não são atendidos".

Observam-se além da organização de trabalho voltada para o emergencial, muitas lacunas do ponto de vista teórico-metodológico, que resultam na responsabilização do/a trabalhador/a pelas aquisições que deveriam ser asseguradas pela instituição, sem contar, contudo, com parâmetros teórico-metodológicos e técnico-operacionais consolidados na gestão do trabalho.

> *A gente não tem uma metodologia clara para o PAEFI, traz algo muito amplo. No caso do CRAS também não tem uma coisa fechada, aí tem um monte de coisa atravessando. Cada uma age de uma maneira porque não tem um processo de trabalho bem construído, definido. Então eu acho que isso é algo que adoece muito né, de não ter esse entendimento claro* (Trabalhador/a, Belo Horizonte).

Dentre as ações demandadas por gestores/as da Política, a pesquisa identificou também a requisição de trabalho no desenvolvimento de ações direcionadas à profissionalização e à integração ao mercado de trabalho, o que não se constitui em especificidade da Política de Assistência Social. Conforme a Resolução CNAS n. 33 de 28 de novembro de 2011, artigo 2°, a promoção da integração ao mercado de trabalho no campo da Assistência Social deve ser na direção da promoção do protagonismo, participação cidadã e como mediação no acesso ao mundo do trabalho e às mobilizações sociais para construção de estratégias coletivas.

Essas atividades são geralmente desenvolvidas em grupos, e dentre os temas das atividades grupais identificaram-se oficinas/

cursos como culinária, trabalhos manuais, balé, judô, manicure, pintura, zumba, educação física, entre outras. Em Hortolândia (SP), a responsabilidade de identificar o público prioritário para as atividades de formação é realizada no SUAS, contudo a profissionalização ocorre nas parcerias e convênios com serviços definidos para essa finalidade, como o Serviço Nacional de Aprendizagem Comercial (SENAC). Em todos os municípios pesquisados, identifica-se a requisição do trabalho de profissionais de CRAS e CREAS pelo Poder Judiciário, no geral, sem qualquer mediação de fluxos, protocolos, consensos, acordos etc. Dessa forma, a execução tanto do PAIF quanto do PAEFI, em alguns municípios, fica comprometida pelas atividades demandadas aos/às profissionais pelas instituições do Sistema de Garantia de Direitos (SGD), especialmente pelo Poder Judiciário, que impõe não somente prazos, mas também as formas de execução do trabalho (visitas domiciliares, estudos sociais, relatórios etc.), principalmente para os CREAS.

> *Eu acho que a Especial dialoga de uma forma muito mais próxima com o sistema de proteção e garantia de direitos (judiciário e promotorias), e que interfere imensamente na forma como o serviço vai se desenhar [...] E aí a gente percebe como é frágil nossa relação, eles querem determinar como esse atendimento deve ser, eles querem determinar como o técnico tem que se posicionar [...]* (Trabalhador/a, Belo Horizonte).

> *[...] o CREAS está com um papel muito difícil dentro da Política de Assistência, ele está servindo ao Judiciário [...] ele só responde o expediente, e aí o que sobra, a proteção especial para a básica, a básica não faz a básica ela faz a especial na área [...]* (Trabalhador/a São Paulo/SP).

No município de São Paulo (SP) essa situação implica no trabalho das equipes do NPJ (no geral, composta por um/a advogado/a, um/a assistente social e um/a psicólogo/a) para atendimento das determinações advindas do Poder Judiciário, cuja população necessita, sim, de atenção especializada uma vez que são mulheres, crianças, adolescentes e outros em situações diversas de violência e violação de direitos, entretanto, o que tem ocorrido no cotidiano é que os CREAS, por excesso de demanda, não conseguem prestar atendimento às questões encaminhadas pelos CRAS do respectivo território.

No âmbito do planejamento, monitoramento e avaliação das atividades, a ausência da estruturação da função de Vigilância Socioassistencial dificulta identificar a dinâmica social do território de abrangência, bem como orientar a organização, prestação e qualificação de serviços nas unidades de referência e nos serviços conveniados

A busca pela quantificação e controle do cumprimento de metas parece ter se tornado o foco da gestão nos diferentes municípios. Essa pressão expressou-se de forma importante nos grupos focais com os trabalhadores/as, resultando em sofrimento desses/as profissionais, gerando frustrações, e uma sentimento de incapacidade de responder às demandas apresentadas, associado às condições precárias nas quais o trabalho se materializa. Essa dinâmica tem implicado no adoecimento e no isolamento/fragmentação do trabalhador/a e do trabalho: *"Um técnico do CRAS atende, faz visita, acompanha, garante a intersetorialidade, alimenta sistema, articula a rede, é muito solitário" (Depoimento dos trabalhadores, Belo Horizonte/MG).*

A Vigilância Socioassistencial segundo a PNAS não é um instrumento de fiscalização da execução do trabalho e de controle da capacidade técnica dos/as trabalhadores/as; não é um instrumento que visa pressionar individualmente cada equipamento ou cada profissional, porém na lógica *gerencialista* do Estado essa tem sido a tônica da gestão no trato dessa função da Política de Assistência Social.

> *A própria evolução do serviço trouxe uma evolução da demanda também. Mas a gestão não acompanha essa evolução, nem a Prefeitura, nem o Estado. Entrar num território é muito forte, e não temos essa retaguarda, ficamos praticamente sozinhos no território, deixa o pau quebrando lá e aí o pessoal fica doente mesmo, a pressão é muito forte no território, muito forte.* (Trabalhador/a, Belo Horizonte/MG).

> *Outro aspecto fundamental levantado é que o agravamento das expressões da questão social, muito especialmente a condição de pobreza da imensa parcela da população, cujas respostas, quando existem, não possuem um mínimo de efetividade, implicam no deslocamento de todo o tempo de trabalho para o atendimento das necessidades básicas, como alimentação, locomoção, moradia etc. e essa angústia ela vem para os profissionais principalmente porque a família procura o atendimento, ela procura a proteção básica diante de uma dificuldade de emprego, de não ter a renda, e com isso ela também não consegue garantir a sua segurança alimentar, e ela procura o CRAS [...] aí você não tem como garantir esse direito da família, da segurança alimentar, de habitação, transporte, saúde* (Trabalhador/a, Batatais/SP).

Embora a situação acima seja de fato complexa, é preciso ressaltar que não cabe nem à Política de Assistência Social nem a qualquer política social isoladamente atender a todas as necessidades da população, como saúde, educação, renda e alimentação. Esse excesso de expectativas quanto às respostas que essa política pública pode ofertar leva muitas vezes os/as profissionais a desacreditarem na viabilidade da Política de Assistência Social nos municípios considerada uma "utopia".

Há, sem dúvida, um potencial no âmbito do SUAS para promover avanços na garantia e consolidação de direitos das famílias da classe trabalhadora, contudo, é fundamental que se considere os limites e as funções da política social no Estado capitalista, atendendo, contraditoriamente tanto aos interesses do capital, na reprodução ampliada da força de trabalho, quanto fazendo parte das respostas do Estado à pressão dos movimentos sociais e de trabalhadores/as, dependendo da correlação de forças sociais.

Como analisa Raichelis (2010, p. 754):

> As políticas sociais, como mediação fundamental da ação do Estado, viabilizam uma intervenção continuada e estratégica sobre as sequelas da *questão social*, levando o aparelho estatal a desenvolver

simultaneamente funções econômicas, políticas e sociais, administrando as contradições e buscando um sistema de consensos em busca de legitimidade social. Simultânea e dialeticamente, as políticas sociais representam a face da luta dos movimentos sociais, expressando a dimensão de conquista das classes trabalhadoras decorrente das pressões e mobilizações em busca de respostas a necessidades sociais de reprodução social, ainda que estas sejam invariavelmente insuficientes e limitadas.

5.3.1 Organização coletiva do trabalho

Na presente pesquisa observou-se um esforço dos trabalhadores/as do SUAS na construção de espaços coletivos para a discussão dos desafios da Política e de propostas para seu enfrentamento. Os Fóruns de trabalhadores, entre eles, o Fórum Estadual de Trabalhadoras e Trabalhadores do Sistema Único de Assistência Social de São Paulo — FETSuas-SP[23], criado em 18 de junho de 2011, vem se consolidando num espaço político estratégico de defesa do trabalho, dos trabalhadores/as e da Política de Assistência Social, como resultado dos debates que se iniciaram a partir de 2009.

Belo Horizonte (MG), a metrópole, foi o único município que fez menção à organização coletiva de trabalhadores/as, tendo instituído o Fórum Municipal e o Fórum Regional dos Trabalhadores e pautado a discussão sobre a qualidade da saúde do trabalhador, as condições de trabalho e a questão da educação permanente. Embora o estado de São Paulo também possua um Fórum Estadual de Trabalhadores/as da Assistência Social, esse tema não foi levantado pelos/as trabalhadores/as nos grupos focais.

O Fórum dos Trabalhadores/as do Sistema Único de Assistência Social do estado de Minas Gerais — FetSuas/MG foi instalado no ano de 2015. Dessa forma, identifica-se uma ampla defesa do SUAS por

---

23. Sobre o FETSuas-SP, pode ser consultado no blog na página: http://fetsuassp.blogspot.com/p/blog-page_2412.html.

parte daqueles que integram e atuam na permanência e consolidação da política nacional.

A organização desses/as trabalhadores/as lança no ano de 2019, juntamente com demais forças sociais organizadas em defesa do SUAS, a proposta da Conferência Nacional Democrática de Assistência Social: **Assistência Social: Direito do Povo com Financiamento Público e Participação Social**[24]. Esse movimento ocorre a partir das diversas revogações das resoluções do CNAS que convocaram a XII Conferência Nacional de Assistência Social.

5.4 Apontamentos finais: SUAS em risco

A pesquisa possibilitou observar aspectos fundamentais na organização do trabalho no SUAS, sendo o primeiro deles a marca de uma gestão centrada na quantificação de atendimentos, no atendimento às situações pontuais cotidianas e na dificuldade de estabelecimento de pactuações, fluxos e protocolos, tendo como base a leitura socioterritorial estruturada a partir do funcionamento mais efetivo da Vigilância Socioassistencial. Embora haja diferenças entre os estados de São Paulo e Minas Gerais, este último, apresenta mais aportes técnicos, especialmente na metrópole, Belo Horizonte.

Com respeito às relações e condições de realização do trabalho, ambos os estados apresentam um grau de precarização e intensificação do trabalho, reproduzindo no âmbito do SUAS as tendências gerais presentes no mundo do trabalho na atualidade do capitalismo neoliberal. Nesse sentido, é importante pontuar que o engajamento de trabalhadores/as apareceu como fator fundamental de sustentação do SUAS, entretanto, essa condição de trabalhadores/as assalariados/as foi construída em meio a uma intensa precarização do trabalho, num momento de corrosão das relações entre Estado e sociedade,

24. As informações podem ser consultadas no blog: https://conferencianacional.blog/

o que tem gerado a precarização da vida desses/as trabalhadores/as, com rebatimentos na saúde, especialmente em termos de *desgaste mental* derivado das condições de trabalho e das formas de gestão e de controle institucional do trabalho.

Outro aspecto importante é a relação com as organizações e entidades da assistência social, especialmente no estado de São Paulo. Elas continuam usufruindo de grande autonomia institucional, característica que marca sua presença histórica nessa área, mesmo com os avanços que construíram a institucionalidade da Política de Assistência Social nas duas últimas décadas, o que se faz presente também nos baixos salários pagos aos trabalhadores e nas precárias condições de trabalho oferecidas pela maioria das instituições.

As normativas e resoluções da Política de Assistência Social avançaram no reconhecimento do lugar do trabalho profissional no SUAS, entretanto, não se enraizaram em razão da conjuntura neoliberal de desqualificação e desprofissionalização do trabalho nas políticas públicas.

Essa não é uma situação de trabalho exclusiva da Política de Assistência Social e tampouco das políticas públicas no Brasil. Trata-se de um quadro muito mais amplo, que tem como marcas a intensificação da precarização e a desregulamentação dos direitos do trabalho, em nível mundial. A saída, portanto, são as alianças com os/as demais trabalhadores/as, abandonando a posição endógena e ampliando o leque de estratégias de luta para preservação da vida e do trabalho.

6. CONTROLE SOCIAL E PARTICIPAÇÃO DOS USUÁRIOS NO SUAS

A constituição da assistência social como política pública foi acompanhada pela experimentação de práticas democráticas e participativas que se institucionalizaram ao longo dos anos 1990, nas quais os conselhos e as conferências ganharam primazia pela potencialidade de estimular a participação de múltiplos sujeitos nesses novos fóruns de discussão e deliberação, com destaque especial aos usuários.

Apesar dos avanços conquistados, inúmeros são os desafios para efetivar a participação e o controle social no SUAS, que incorpore efetivamente usuários e trabalhadores nos processos de deliberação na esfera pública da política de assistência social. Esse item pretende abordar e problematizar algumas dessas questões.

6.1 Premissas

O controle social na perspectiva da democracia participativa pressupõe a inclusão da sociedade civil na elaboração, implementação e fiscalização das políticas sociais.

A Constituição Federal de 1988 afirmou a concepção universalista de direitos sociais e consagrou a participação direta da população no exercício do poder, através da criação de espaços públicos institucionais de participação, com composição paritária entre Estado e sociedade civil, além de instrumentos como o plebiscito, referendo e a iniciativa popular.

Os conselhos gestores de políticas públicas são espaços públicos de disputas entre diferentes interesses e projetos políticos e representam uma institucionalidade participativa, no qual o controle social da sociedade civil sobre o Estado realiza-se pelo debate, negociação e por indicações e deliberações que impactam as políticas sociais, os serviços públicos na concretização de direitos. Para os movimentos sociais a participação nos conselhos representou uma nova modalidade de atuação, a luta "por dentro do Estado", segundo Dagnino e Tatagiba, (2011), que se articula com a ação direta e a organização autônoma da sociedade. Nessa perspectiva a democracia participativa complementa as instituições da democracia representativa e as ações da democracia direta.

O controle social dirige-se a observância das normas gerais que regulam as políticas públicas, a formulação de propostas, a fiscalização da execução dos serviços, programas, projetos e ações e a fiscalização da aplicação dos recursos financeiros e do uso dos bens públicos. Conforme Raichelis, o controle social

> [...] Permite a participação da sociedade civil organizada na formulação e na revisão das regras que conduzem as negociações e a arbitragem sobre os interesses em jogo, além do acompanhamento da implementação daquelas decisões, segundo critérios pactuados (Raichelis, 1998, p. 41).

A Constituição Federal de 1988, em particular o inciso II do art. 204, postula que na Assistência Social as ações governamentais tenham como diretrizes, dentre outras, a participação da população, por meio de organizações representativas, na formulação da Política e no controle das ações em todos os níveis. (Brasil, 1988)

A Lei Orgânica da Assistência Social — LOAS, alterada pela Lei Federal n. 12.435/2011, bem como a Política Nacional de Assistência Social e demais normativos vinculados à efetivação do Sistema Único de Assistência Social — SUAS, são considerados referências para o processo de democratização, ampliação e universalização dos direitos socioassistenciais.

Em consonância com os marcos legais, as Conferências e os Conselhos Municipais de Assistência Social[25] se constituem em espaços institucionais de participação, debate e deliberação para o efetivo monitoramento, avaliação e controle social da execução da Política de Assistência Social a partir de processos de negociação, construção de alianças, acordos e diálogos.

Ocupar espaços participativos e deliberativos tem requerido de modo crescente, ultrapassar a exigência legal postulada nos artigos 16, inciso IV e 30 da Lei Orgânica de Assistência Social — LOAS que

---

25. O artigo 126 da NOB-SUAS/2012 aponta os demais espaços que podem ser organizados visando o fomento à participação, tais como: I — coletivo de usuários junto aos serviços, programas e projetos socioassistenciais; II — comissão de bairro; III — fórum; IV — entre outros.

definem as instâncias deliberativas do SUAS, de caráter permanente e composição paritária entre governo e sociedade civil e a existência do Conselho Municipal de Assistência Social (além do Plano e Fundo) enquanto condição para o repasse de recursos.

Os processos de participação e controle social, inerentes ao SUAS, buscam enfrentar importantes desafios vinculados à estruturação de um sistema descentralizado e participativo que potencialize esforços dos sujeitos coletivos compromissados com a consolidação dos direitos socioassistenciais.

As dinâmicas cotidianas vinculadas ao acesso a informações, análise, construção de proposições e deliberações, exige a construção de estratégias de mobilização de usuários visando alcançar a ampliação de sua participação, não somente do ponto de vista quantitativo, mas essencialmente, possibilitar a apropriação dos espaços de participação e controle do SUAS. Para tal, é necessário, conforme apontado no parágrafo 2º, inciso V do artigo 117 da NOB-SUAS/2012 "adotar estratégias e mecanismos que favoreçam a mais ampla inserção dos usuários, por meio de linguagem acessível e do uso de metodologias e dinâmicas que permitam a sua participação e manifestação" (Brasil, NOB-SUAS/2012b).

A constituição dos Fóruns da Assistência Social de trabalhadores e usuários tem sido observada em diversos municípios, em especial nas metrópoles e cidades de grande porte, como também diversas estratégias de mobilização e envolvimento da população e demais sujeitos sociais, tais como, a organização territorial dos usuários em espaços de debate e proposição enquanto instâncias de articulação da agenda pública do SUAS.

Segundo Campos, Maciel e Silva (2015), o controle social no SUAS se expressa e se efetiva em três dimensões, que carecem de debate e reconhecimento, bem como de serem potencializadas no cotidiano de participação social do SUAS.

Política — é a função principal do controle social, "referente às influências que a sociedade exerce na conformação da agenda governamental. Sem exercer influências sobre a agenda governamental a participação da sociedade terá mais caráter adjetivo, ornamental que substantivo" (Campos; Maciel; Silva, 2015, p. 7).

Técnica — relaciona-se à avaliação sobre o grau de efetividade das ações. "Nessa dimensão o exercício do controle social não se limita nem se confunde com a apreciação de prestações de contas, sobretudo, em sua dimensão contábil" (Campos, Maciel e Silva, 2015, p. 8)

Ética — "o pressuposto dessa dimensão é a convicção de que o controle social identifica-se com a construção de valores e práticas contra-hegemônicas, inscrevendo-se na direção de uma nova sociedade" (Campos; Maciel; Silva, 2015, p. 8).

Essas três dimensões possuem uma relação de interdependência já que a efetividade da dimensão técnica requer considerar as exigências e os impactos políticos e éticos relativos à defesa de pautas divergentes, assim como, seus rebatimentos para o alcance dos objetivos finais do SUAS para o usuário.

Para o debate sobre o controle social é fundamental problematizar a tríade — *Participar, Representar, Mobilizar* — e seus múltiplos sentidos na materialização de ações vinculadas aos processos pelos quais os usuários do SUAS se tornam presentes e vocalizam suas demandas, interferindo nas direções a serem adotadas pelos órgãos gestores na implementação da Política de Assistência Social.

O SUAS contempla em sua arquitetura a participação enquanto eixo mobilizador de sua dinâmica, considerando a paridade entre governo e sociedade civil, e no interior desta, entre os trabalhadores, organizações da sociedade civil e usuários, assim como, as entidades representativas destes segmentos. Considera-se que o exercício participativo no SUAS possibilita o desenvolvimento nos indivíduos e coletivos da dimensão educativa, tão necessária aos processos de apropriação da Política de Assistência Social enquanto direito.

Apesar dos avanços alcançados na última década, é fundamental reconhecer o desafio, ainda presente, da participação dos usuários. Observa-se ainda tímida, ou mesmo instável presença desse segmento nos espaços de debate e deliberação, fundamental para que o SUAS se aproxime da realidade vivida pela população, tornando-os sujeitos protagônicos do Sistema.

Segundo Campos (2009, p. 21), este protagonismo é uma "causa e não um fato". "A maior parte dos usuários da assistência social está politicamente invisível, identificados na condição de beneficiários e assistidos das diferentes ações desenvolvidas na moldura dessa política". A ampliação da presença do usuário nos espaços coletivos nos quais a direção do SUAS é definida, significa dar destaque a sua ambiência social, suas histórias e especificidades, favorecendo o trânsito do patamar da tutela para o direito.

Neste sentido, a participação dos usuários e o controle social devem se afirmar enquanto fios condutores da implementação do SUAS em consonância com os processos democráticos inerentes às diretrizes das Políticas Públicas pós Constituição Federal de 1988.

Com essa perspectiva conceitual, a pesquisa nos municípios da amostra dos estados de São Paulo e Minas Gerais revelou a compreensão dos entrevistados/as, gestores, trabalhadores e usuários/as da política de assistência social, sobre o significado e importância do controle social, sua regulamentação, estrutura e a dinâmica para a efetivação do controle social.

A leitura dos dados coletados nos permite afirmar que o processo de implementação e consolidação do SUAS foi acompanhado do debate nos conselhos sobre a política de assistência social, seus serviços, programas e benefícios. Nesse sentido, a pauta e dinâmica dos conselhos acompanhou o processo de gestão e reflete o estágio de implementação da política nos municípios e a direção política de cada gestão local.

Nesse texto destacam-se os principais aspectos, observações e reflexões sobre a participação social na implementação do SUAS. Buscou-se iluminar a regulamentação das instâncias e estrutura dos equipamentos utilizados para o exercício do controle social, a dinâmica do controle social, a compreensão do significado e importância do controle social, e por fim, alguns apontamentos finais.

6.2 Regulamentação das instâncias e estrutura dos equipamentos utilizados para o exercício do controle social

O controle social está regulamentado em todos os municípios pesquisados, havendo leis de criação do Conselho Municipal de Assistência Social, respondendo à exigência para participar do SUAS e receber recursos federais. Para além dos marcos legais obrigatórios, encontramos o funcionamento regular do Conselho em todos os municípios pesquisados, mas com uma grande variação na estrutura, organização e participação dos conselheiros na política de assistência social.

Observa-se que a composição paritária dos conselhos, representação governamental e da sociedade civil, tem sido respeitada nos municípios da amostra, reproduzindo, na sua maioria, a composição do Conselho Nacional de Assistência Social (CNAS).

Em Minas Gerais e São Paulo, observa-se que os municípios pesquisados contam com secretaria executiva e cessão de espaço físico e de funcionários para os trabalhos dos conselhos, em geral compartilhados com outros conselhos ou mesmo com serviços do órgão gestor. A exceção está nas capitais, onde se observa espaço independente para as atividades do CMAS, apesar disso, os conselheiros entrevistados apontaram que a estrutura é pequena e sentem falta de maior apoio financeiro da gestão municipal.

Também é possível afirmar que, apesar dos avanços, os conselhos visitados apresentam dependência do órgão gestor para o seu funcionamento e organização. Uma situação particular foi encontrada no município de Batatais no estado e São Paulo, onde a sede do Conselho estava interditada pois, no final de 2015, uma família ocupou o imóvel, o que levou o conselho a se instalar em um espaço cedido pela Secretaria, sem acesso aos documentos de trabalho do Conselho.

6.3 Dinâmica do controle social

A dinâmica do controle social nos municípios pesquisados aparentemente mantém um padrão de reuniões dos conselhos, ordinárias, regulares, mensais e extraordinárias quando necessárias, e ainda a realização do processo conferencial que pode envolver pré-conferências e a conferência municipal a cada dois anos. Entretanto, quando nos debruçamos sobre a dinâmica interna de cada município, as particularidades e fragilidades se sobressaem e observa-se também um certo engessamento da dinâmica do controle social que problematizaremos mais a frente.

6.3.1 Reuniões do Conselho

No município de São Paulo o Conselho apresenta maior complexidade de funcionamento, com a seguinte estrutura: Plenário; Conselho Diretor; Secretaria Executiva; Comissões Temáticas; Comissão de Controle Social do Programa Bolsa Família; (NR) e Grupos de Trabalhos. Conforme o Regimento Interno (2012)[26], o Conselho realiza reuniões ordinárias duas vezes por mês e prevê reuniões extraordinárias quando necessárias. Essa complexidade reflete a dimensão do município e da rede de serviços pública e privada e exige disponibilidade dos conselheiros para participar das atividades. Os conselheiros entrevistados apontaram que as pautas são amplas, incluindo temas como a formulação de normas técnicas para a execução da política, e projetos para atender à população em situação de rua. Nesse município observa-se uma preocupação em acompanhar as discussões do Conselho Nacional de Assistência Social (CNAS), através de um revezamento entre os conselheiros para participar das reuniões ordinárias do CNAS. Os conselheiros da sociedade civil entrevistados explicitaram críticas à atuação de representantes governamentais, que ora são parceiros na busca por serviços mais efetivos às necessidades da população, ora se contrapõem a formulação da política e projetos que impactam diretamente nas condições de vida da população.

---

26. Resolução n. 568/2012. Disponível em: https://www.prefeitura.SãoPaulo.gov.br/cidade/secretarias/upload/assistencia_social/comas/arquivos/legislacao/2012/RESOLUOCOMASSÃO PAULO5682012.pdf. Acesso em: 20 set. 2019.

No município de São Bernardo do Campo/SP, a conselheira entrevistada destacou que a função cartorial, demandada pelas entidades para obterem isenção fiscal, demanda tempo e trabalho da secretaria executiva do conselho. Também em Hortolândia/SP a relação com as organizações de assistência social foi apontada como um desafio, pois muitas vezes apresentam resistências em adequar a execução dos serviços prestados com as diretrizes definidas pela própria Política. Nos parece que essa é uma questão recorrente nos municípios de grande porte e metrópoles que merece reflexão, pois a função cartorial diz respeito à atividade do Poder Executivo e não do controle social e desviam o foco da discussão da qualidade dos serviços prestados.

Em Hortolândia/SP percebemos a presença de pautas da agenda técnica e política da gestão como a Lei de Diretriz Orçamentária e a regulamentação municipal da Tipificação dos Serviços. Já nos municípios de Iguape e Nova Canaã Paulista, ambos em São Paulo, a dinâmica do conselho é determinada pela necessidade do órgão gestor, como por exemplo para a aprovação dos recursos.

Em Minas Gerais, alguns municípios possuem no Conselho uma dinâmica intensa de reuniões, comissões de trabalho, visitas às entidades e de processo de preparação para a Conferência Municipal, entretanto, esse trabalho não se espraia na cidade e nos territórios onde os equipamentos estão instalados, o que foi possível observar nas visitas e no grupo focal com usuários de CRAS. Houve destaque aos entraves relativos às exigências para o monitoramento das entidades inscritas no Conselho, particularmente aquelas que não recebem recurso público. A impressão é de que a rotina do controle social ainda está restrita a organizações de assistência social, despolitizando uma função que permitiria ter uma escuta/discussão sobre o SUAS mais densa com a população. Há, portanto ainda, uma ênfase cartorial no monitoramento dos serviços socioassistenciais. O acompanhamento e fiscalização de entidades é feito sob demanda, quando solicitados e a articulação com o conselho estadual e nacional é muito pontual, geralmente através de contato telefônico para dirimir dúvidas sobre resoluções. As pautas do conselho são definidas por demanda da Secretaria de Assistência Social e demandas espontâneas dos próprios conselheiros, junto com a secretaria executiva. Alguns municípios relataram as principais pautas do conselho com relação ao órgão gestor referindo-se à necessidade de adequação dos serviços às realidades territoriais, com destaque ao atendimento das especificidades da população em situação de rua. Foi mencionada também a rotina de reuniões mensais do Conselho com as Proteções Básica e Especial com apresentação do demonstrativo de atendimento e trimestralmente, com a Secretaria para análise da situação financeira.

Também nos municípios de Minas Gerais houve referência de formação dos conselheiros e investimento por parte do órgão gestor quanto ao aprimoramento das funções do Conselho Municipal, embora alguns relatos apontaram críticas com relação à inadequação do formato e conteúdos dos cursos de capacitação para os usuários. Ressaltou-se que por vezes há problemas com a participação dos representantes governamentais que justificam não saber que fazem parte do Conselho.

> *Considerando o mandato de dois anos, há uma preocupação em se garantir capacitações nos espaços das plenárias, considerando esse trabalho, o tempo do mandato é pouco, pois, quando se avançou com um grupo, logo tem que ser renovado* (Conselheiro, Belo Horizonte/MG).

Foi relatada a experiência da metrópole pesquisada, Belo Horizonte, em Minas Gerais que conta com uma atuação descentralizada do Conselho Municipal, por meio de conselhos regionais, que seguem a divisão político-administrativa da gestão municipal. Destacam o descompasso entre o tempo de realização das conferências e a realização do PPA.

6.3.2 *Participação nas Conferências*

Apesar do processo de conferências, de pré-conferências ou conferências serem realizadas em todos os municípios pesquisados, a participação, em particular dos usuários da política é ainda frágil.

Em Minas Gerais, para os usuários ouvidos, a participação na Conferência e no Conselho ainda é de frequência muito instável e com rotatividade entre os participantes, o que dificulta a apreensão e multiplicação das informações debatidas. Alguns mencionaram a participação nas pré-conferências e conferência municipal, revelando um conhecimento e apropriação dos espaços de participação e debate sobre o SUAS, mas esse conhecimento não pode ser generalizado, pois em alguns grupos focais ficou evidente o desconhecimento das instâncias de controle social e de quem é o representante do segmento.

> *Fui indicada pelo CRAS para participar da conferência da criança e do adolescente, eu consegui chegar até lá na estadual, que foi em Belo Horizonte, foi muito bom porque tive um desenvolvimento, eu comecei a confiar mais em mim, mas não consegui ir para a federal, mas foi muito bom porque eu tentei, né?* (Usuária, Coronel Fabriciano/MG)

Nos municípios mineiros, observou-se também a diversificação dos espaços de participação, para além do Conselho de Assistência Social, direcionada ao conselho da mulher, associação de reciclagem, sindicato de trabalhadores rurais, movimento de mulheres, revelando também a ampliação das possibilidades de mobilização com as unidades estatais do SUAS.

> *Eu fui de formação sindical e eu tinha um grupo de mulheres que a gente trabalhava junto com o CRAS também, né, a gente juntava com o CRAS, CREAS e aí a gente fazia assim, os movimentos, de mulher, tinha as oficinas, tinha seminário* (Usuário, Araçuaí/MG).

Ainda em Minas Gerais, houve menção à realização das pré-conferências, a partir dos Serviços de Convivência e Fortalecimento de Vínculos, enquanto atividade mobilizadora da Conferência Municipal, realizada por todos os municípios, na qual, a título de exemplo, foram aprovadas propostas como capacitação para os conselheiros, publicização das resoluções aprovadas pelo CMAS para a comunidade, agenda de reuniões do conselho na comunidade para promover maior participação social e compreensão sobre o órgão de controle social. Em relação à pauta dos trabalhadores emerge com força as questões relativas às condições e relações de trabalho, basicamente da rede pública.

É possível perceber na maioria dos municípios do estado de São Paulo que as Conferências não são precedidas de um processo preparatório nos territórios, ou de discussões nos CRAS, apesar da metrópole e municípios de grande porte realizarem pré-conferências. Em geral, as conferências são realizadas em horário de trabalho, dificultando a participação da população e gerando baixa adesão.

Em Batatais/SP foi apontado que não há uma formação específica para os participantes dos conselhos e das conferências. Em São Bernardo do Campo usuárias participantes do grupo focal mencionaram o conselho e as conferências, mas não souberam explicar do que se tratava.

No município de São Paulo, a participação da população é restrita aos momentos das Pré-Conferências Municipais, que se desarticulam em seguida. Chamou a atenção a fala de um usuário no grupo focal do CENTRO POP de São Paulo, que relatou ter participado de duas conferências, indo junto com uma assistente social, segundo ele "foi muito blá-blá-blá e não resolve nada", para outro usuário "nós sempre somos os últimos a falar".

6.4 Compreensão dos envolvidos acerca do significado e importância do controle social

A compreensão sobre participação e controle social no SUAS é determinada pela posição ou inserção que os entrevistados/as têm da política de assistência social. Assim, gestores, trabalhadores e usuários/as expressaram visões próprias e particulares do processo e espaços participativos, no contexto local de implementação da política.

Os gestores entrevistados de São Paulo e Minas Gerais reconhecem os conselhos como importante espaço na política e com visibilidade, mas que ainda carece da participação de usuários.

A participação do usuário também é prejudicada em função do horário comercial de funcionamento do conselho municipal. De modo geral houve apontamentos relativos ao desafio de ampliar a participação dos usuários no Conselho. Há ainda a constatação da permanência da ênfase cartorial no controle social dos serviços socioassistenciais das organizações privadas.

A função de conselheiro representa para os trabalhadores mais uma frente de trabalho, mas é possível afirmar que há uma mudança qualitativa no processo de consolidação do SUAS. Por exemplo, em Coronel Fabriciano, os trabalhadores disseram que em gestões anteriores o conselheiro era chamado apenas para assinar atas, legitimando decisões.

> *Hoje não, hoje tem essa participação do conselho, o conselheiro fala não, não concordo com isso não, nós temos que fazer isso assim, tem essa discussão que eu acho que é importante, que o conselho, ele exerce esse papel que também acho que é um ponto que contribui para esse patamar para a política de assistência aqui hoje. E não acho isso ruim, gente, eu só quero dizer com relação a valorização do profissional que trabalha ali naquela área* (Trabalhador, Coronel Fabriciano/MG).

Em Minas Gerais, os conselheiros da sociedade civil evidenciaram a sobrecarga das lideranças que participam em diversos espaços de controle social, além de outras instâncias de participação. Mas, por outro lado, demonstraram conhecimento da política nacional e de suas normatizações e fizeram avaliações dos avanços, melhorias e dificuldades enfrentadas. Em Belo Horizonte e Janaúba há uma percepção de que os equipamentos não estão bem localizados para o acesso da população, além da ausência de divulgação sobre os serviços e as ofertas. Para o conselheiro da capital, os usuários não compreendem a assistência social enquanto um direito e possuem vergonha de procurar ou usufruir dos seus direitos. Foi destacado nas entrevistas com conselheiras de Janaúba e Coronel Fabriciano, a necessidade de os conselhos se apropriarem, de forma efetiva, das ações realizadas pela política, bem como a importância da fiscalização dos serviços. Eles entendem que não há investimentos, por parte da gestão nos conselhos, e isso compromete o controle social exercido além da apropriação da Assistência Social.

No estado de São Paulo, os municípios que apresentaram uma maior estruturação conseguiram aprofundar e incorporar a perspectiva de direitos da Política de Assistência Social, enquanto em outros os conselheiros não apresentavam domínio sobre a Política. Em todas as entrevistas com conselheiros, os CRAS foram citados como equipamentos que fortalecem a Política e a identifica. Outro ponto em comum é com relação à necessidade da instalação de mais equipamentos sociais como CRAS e CREAS, pois os entrevistados identificaram que a estrutura existente é insuficiente para atender a demanda dos municípios.

Em São Bernardo do Campo/SP, a presidente do Conselho Municipal de Assistência Social (pertencente ao segmento das organizações de assistência social) identificou que ocorreram avanços significativos na execução da Política no município. Entre os avanços destacou o fim do Fundo Social de Solidariedade e o primeiro-damismo no município. Contudo, avalia que ainda existem desafios, principalmente com relação ao orçamento destinado para a Política, insuficiente para as ações necessárias.

No município de Iguape/SP, o controle social aparenta ser uma formalidade, com pouco presença do poder público e baixo envolvimento dos conselheiros com a Política. O presidente do Conselho demonstrou desconhecimento sobre questões fundamentais do controle social, como legislação, prioridades, propostas e articulação com outros níveis, tendo frisado não ter recebido nenhum tipo de formação. O funcionamento do Conselho pareceu estar estritamente ligado às práticas de disputa de orçamento por parte das entidades e aprovações de custeio exigidas pela Política, destituídos do caráter de construção do SUAS. Apesar dessas limitações, a entrevista revelou a compreensão de que os serviços são insuficientes, não chegam às populações mais distantes do centro urbano, em especial a população indígena, indicando a necessidade de mais um CRAS.

No município de São Paulo, a disputa e tensões nos Conselhos aparecem de forma significativa, como expressa um conselheiro:

> *[...] tomamos uma iniciativa o ano passado, porque a gestão resolveu intervir junto à população em situação de rua, em baixas temperaturas, fez sem pensar, [...] o conselho já obriga a gestão a discutir agora em fevereiro, em pleno verão uma política para que a gente possa enfrentar a possível frente fria* (Conselheiro, São Paulo/SP).

A realidade sobre a participação popular encontrada nos municípios pesquisados do estado de São Paulo ainda reflete a histórica ausência dos sujeitos que utilizam os serviços da política pública, pois a representatividade permanece vinculada ao órgão gestor ou organizações de assistência social que recebem os recursos púbicos, uma vez que os usuários da Política de Assistência Social apresentam baixa participação neste espaço de decisões e poucos têm experiência de participação em movimentos sociais.

Questões importantes apontadas nas entrevistas em Minas e São Paulo referem-se à necessidade de ampliação dos serviços ofertados no município no âmbito da Política de Assistência Social, como também das equipes profissionais, a relação com a rede privada, e ainda no cofinanciamento dos governos estaduais e federal.

6.5 Apontamentos sobre controle social e participação

As entrevistas com conselheiros revelaram a importância da criação do SUAS, o reconhecimento de avanços na execução da Política de Assistência Social, e a consolidação dos espaços institucionais de controle social, com exceção dos municípios de Iguape e Nova Canaã Paulista, onde os conselhos não têm protagonismo e funcionam para manter a formalidade exigida pela Política e são subalternos ao comando da gestão.

O desenho do funcionamento dos Conselhos aponta certo engessamento e ritualidade das discussões e atividades, apesar nos esforços de alguns municípios de aproximar o conselho dos territórios e do público da Política de Assistência Social. Pouco pudemos captar de reuniões abertas, audiências públicas, comissões locais nos CRAS, ou mesmo visitas aos equipamentos e serviços. Inovar no formato e dinâmica dos conselhos é um desafio.

Os principais pontos apontados como fragilidades da agenda política foram a questão do financiamento e cofinanciamento, a relação histórica entre assistência social e filantropia, a inexpressiva participação social dos/as usuários/as e dos/as trabalhadores/as no espaço dos Conselhos.

A participação dos usuários remete a reflexões sobre as condições de vida, as necessidades básicas, as formas específicas de participação desse segmento e ainda, as estratégias da Política de fomentar a organização coletiva e o trabalho de organização de base. As reuniões realizadas em horário de trabalho dificultam a participação dos usuários que trabalham para seu sustento diário.

Nos grupos focais realizados, a maioria dos/as participantes desconhecem a instância do Conselho e o processo das Conferências. Quando já ouviram falar, não sabem explicar do que se trata, ou ignoram quem é o representante desse segmento. A participação no Conselho Municipal não foi referida enquanto experiência significativa de controle social no cotidiano das relações entre os usuários, trabalhadores, conselheiros e órgão gestor da Política de Assistência Social.

> *Nós participamos bastante, né, de igreja. [...] e o conselho da saúde também, tem o conselho da assistência social sim, só que vocês me desculpem, mas eu não tive curiosidade de perguntar quem são os membros. Mas tem sim, que eu sei que tem, tem, mas eu não sei quem são os membros. Deve ser psicólogo, o pessoal da... Já veio sim umas moças de fora, fez, explicou um monte de coisa* (Usuário, Poço Fundo/MG).

> *Participação dos usuários, eu vejo que eles estão muito distantes de estar mais participativos nos conselhos, geralmente os conselhos são geridos mais com gestão, secretário, está longe, eles não vêm* (Trabalhador, Batatais/SP).

Em São Paulo a principal referência é a participação nos conselhos gestores da área da saúde, ou seja, a participação em equipamentos locais, territoriais, nos distritos, próximos do cotidiano e da moradia. De fato, a participação e os espaços institucionais precisam ser repensados na perspectiva de aproximação dos sujeitos, de suas demandas e locais de moradia e convívio.

Por outro lado, a fala de um conselheiro representante de usuário em Minas Gerais, chamou a atenção ao reconhecer que ter participado da Conferência Municipal ressignificou o seu entendimento de participação política. Mas esta não é a regra. O formato e a linguagem das Conferências estão muito distantes da compreensão da população que precisa e usa os serviços socioassistenciais.

O SUAS avançou na regulamentação das proteções sociais e de seus serviços que romperam com paradigmas e práticas assistencialistas e afirmou uma política de seguridade e de direitos sociais. Mas há um descompasso, um longo caminho a percorrer na relação com as organizações da sociedade civil e com os cidadãos, usuários dos serviços. É preciso aproximar territorialmente, investir e fomentar a formação e organização e democratizar a formulação e execução da política. A participação precisa ser estimulada e combinada com a prestação de serviços para efetivamente, aprofundar os mecanismos democráticos do controle social.

Ousamos afirmar que o grande desafio do SUAS é colaborar (porque não é o único) na construção de uma cultura de participação cidadã. As marcas oligárquicas, paternalistas, clientelistas, coronelistas convivem na vida política. No contexto do capitalismo financeirizado do século XXI, em que o neoliberalismo reforça a ideologia que privilegia o individualismo, a meritocracia, o isolamento das pessoas e criminaliza os movimentos sociais e ações coletivas, investir na organização popular é fortalecer os valores democráticos e os direitos sociais coletivos.

Em uma sociedade estruturada nos processos de desigualdades sociais como a brasileira, a participação social também expressa as mesmas desigualdades, na sub-representação das mulheres, da população negra e indígena, das periferias urbanas, do meio rural, da juventude, das pessoas com deficiências, mas traz consigo o potencial de transformar as relações e incidir na política. Para isso, as instâncias institucionais de participação precisam ser mais permeáveis, receptivos a "novos sujeitos" que se inserem no debate político.

CONCLUSÃO: convergências, divergências, especificidades e perspectivas da Política de Assistência Social e da implementação do SUAS na Região Sudeste

Este item conclusivo tem o objetivo de retomar elementos da pesquisa desenvolvida em 12 municípios de dois estados — Minas Gerais e São Paulo — da região sudeste, que agrega 42,1% do total da população brasileira e é composta por 1.668 municípios, que representam 30% do total de cidades do país.

1. Projeto SUAS e aderência à proposta da PNAS

Uma primeira observação a ser destacada refere-se à realidade das metrópoles na implementação do SUAS. Para além do necessário aprofundamento sobre os desafios e as especificidades das metrópoles se comparadas aos municípios de pequeno porte, que constituem a grande maioria no pais (em Minas Gerais 92% dos municípios têm até 50 mil habitantes e em São Paulo cerca de 67%), é necessário ressaltar que a pesquisa estudou a implementação do SUAS em duas grandes metrópoles da Região Sudeste, polos dos respectivos estados, com grande capacidade administrativa e recursos econômicos e de infraestrutura consideráveis em termos de escala. Contudo concluímos que esses elementos por si só não são capazes de determinar a adesão ao SUAS e à aderência aos seus princípios e diretrizes. Questões que se explicam mais em função do acúmulo anterior e da ação política mais ampla e articulada em torno do novo desenho e formatação da política.

Foi isso que a pesquisa constatou: a história da assistência social em BH está ligada ao protagonismo, à construção de referências técnico-normativas e à militância de gestores mineiros na implementação da Política Nacional de Assistência Social e do SUAS no país. Considerando a trajetória da PNAS no estado de São Paulo, constataram-se as dificuldades, as resistências e o tempo recente de sua implementação, quando comparado com o estado de Minas Gerais e às demais unidades da Federação, menos pela ausência de condições institucionais e/ou capacidade gerencial, e mais pela falta de aderência à proposta, em grande parte motivada por razões político-partidárias dos grupos que estiveram à frente da gestão estadual durante quase duas décadas. Cabe destacar o fato de São Paulo ter sido o último estado a realizar, em 2016, a primeira edição do CapacitaSUAS. Da mesma forma, a cidade de São Paulo foi a última capital brasileira a atingir a gestão plena da Política de Assistência Social com a aprovação do Fundo Municipal de Assistência Social em 07 de maio de 2001, início da gestão de Marta Suplicy na prefeitura. (Sposati, 2002, p. 37) As consequências desse retrocesso só não foram mais catastróficas pela interferência e organização da sociedade civil mediada pelo Fórum Municipal de Assistência Social com a construção de propostas para a Área.

Evidencia-se assim que a capacidade administrativa e socioeconômica de cada município, embora elemento relevante para o reordenamento da estrutura organizacional da Política de Assistência Social, não é um fator por si só capaz de determinar ou não sua adesão ao SUAS, sendo esta aderência explicada mais pelo

> legado de políticas prévias que já haviam previsto mecanismos de descentralização; as novas "regras do jogo", constituídas no desenho

da política, que diminuíram os custos e incertezas da habilitação; e a "ação política" dos níveis mais amplos de governo, que constituíram um formato de relações intergovernamentais mais cooperativo e articulado, com diversas iniciativas para ampliar os benefícios associados a habilitação e diminuir os obstáculos de adesão ao sistema único (Palotti; Costa, 2011, p. 221 *apud* Simoni Jr.; Oliveira; Pereira, 2016).

Na mesma direção, é possível concluir que, apesar da grande diversidade territorial, social, econômica, política e de porte populacional entre os municípios, foi possível observar um maior impulso e consolidação do SUAS naqueles municípios com coalizões de governos progressistas, cujos gestores apresentavam identificação com o projeto político de sustentação da proposta, elegendo-a como prioridade de gestão, disputando e negociando orçamento, recursos e condições institucionais no interior do próprio governo junto a prefeito/governador e secretários/as das demais pastas. Para esse avanço concorre também a institucionalização da Política de Assistência Social, possibilitando que mudanças políticas na gestão do Estado não provoquem descontinuidades nas ações públicas, principalmente no âmbito municipal[27].

Cabe destacar ainda, que esse processo, exige que sejam levadas em consideração as peculiaridades locais e "em se tratando de uma Metrópole como São Paulo, com seu tecido social inquietante e contraditório os desafios multiplicam-se agravados pelas profundas desigualdades e pela ausência de qualidade civilizatória e urbana, configurando o que Sposati denomina de 'cidade despedaçada'" (Yazbek, 2004, p. 12).

---

27. Foi o que ocorreu com o município de São Paulo no início dos anos 2000, quando a gestão municipal implantou uma sólida concepção de política de assistência social como campo de direito, rompendo com a histórica prática assistencialista e de benemerência na cidade, e construiu uma proposta política de assistência social com ressonância nacional, que se tornou referência para a construção da PNAS de 2014. No entanto, tal projeto não teve enraizamento institucional e sofreu descontinuidade com as mudanças políticas dos grupos que ascenderam ao poder, gerando grande retrocesso da política de assistência social em São Paulo nos marcos da LOAS.

Em ambos os estados e em todos os municípios pesquisados, foi possível constatar a importância da assistência social como política pública de garantia de direitos, reconhecendo-se os avanços empreendidos na área para a implantação do SUAS. A pesquisa apontou que para todos os sujeitos a Política de Assistência Social foi considerada um avanço inquestionável frente ao assistencialismo, fisiologismo e ausência de organicidade, forjado em suas normativas, diretrizes e parâmetros, sobretudo ao considerar a constituição de um Sistema único em nível nacional.

De acordo com os dados colhidos em São Paulo e Minas Gerais, o processo de implementação do SUAS propiciou uma mudança de paradigma e de concepção da Política de Assistência Social nos estados e municípios, que transitou da esfera do favor para o lugar do direito e estruturação normativa e legal enquanto política pública, de responsabilidade estatal. Foi a partir da implantação do SUAS que a Assistência Social assume um lugar no Sistema de proteção social como política não contributiva, na perspectiva do direito, estabelecendo novas relações no âmbito da gestão e da implantação dos serviços e benefícios socioassistenciais na perspectiva das necessidades sociais dos/as usuários/as.

2. Desafios persistentes para a consolidação do SUAS

A visão relativamente consensual sobre o significado do SUAS e dos avanços da Política de Assistência Social não significa a inexistência de múltiplas e persistentes dificuldades a serem superadas, entre as quais: legislações defasadas e/ou inexistentes, especialmente em relação aos benefícios eventuais; orçamento insuficiente, engessamento dos recursos e baixa (ou ausente) transferência de recursos do ente estadual para os municípios; frágil ou inexistente assessoria técnica da gestão estadual aos municípios (questão especifica do estado de São Paulo); recursos humanos insuficientes e ausência de equipes mínimas nos CRAS (inclusive de profissionais de referência); cofinanciamento desigual entre os entes federados (maior peso sobre os municípios e menor presença dos estados); precária infraestrutura dos equipamentos; problemas na localização das unidades de referência e inserção nos territórios; locais inadequados para funcionamento dos CRAS e CREAS, via de regra funcionando em prédios alugados, estruturas improvisadas, espaços para atendimento sem privacidade e ventilação; serviços incompatíveis com as necessidades das demandas; incompreensão por parte de gestores/as do papel da Política de Assistência Social frente às desigualdades persistentes na realidade brasileira. Em alguns municípios, a assistência social permanece tratada como estratégia tutelar do poder político sobre os munícipes.

As perspectivas e percepções sobre o SUAS variam conforme o lugar que os entrevistados ocupam na política institucional. Se no espaço da gestão, o destaque foi centrado nos avanços; para os trabalhadores a ênfase foi nos desafios de sua implementação; já para os usuários, o SUAS aparece como espaço de acolhimento e direcionamento de demandas difusas, como lugar de ajuda e da atenção a demandas urgentes, da gratidão aos profissionais, matizada por valores religiosos, mas também pelo reconhecimento do lugar de fala dos usuários e possibilidade de reconhecimento de direitos dos "pobres".

3. Comando único e *primeiro-damismo*

As realidades institucionais dos estados de São Paulo e Minas Gerais apontam para tendências díspares, sendo mais preponderante na gestão estadual paulista a histórica presença do primeiro-damismo, reforçada pela atuação do Fundo de Solidariedade, entidade filantrópica do estado de São Paulo, presente em muitos municípios, contrapondo-se à diretriz de comando único do SUAS e gerando confusão entre a política pública de assistência social e as ações assistenciais voluntárias. No caso dos municípios mineiros, o *primeiro-damismo* é uma questão que aos poucos vem sendo superada, principalmente em função da transformação de programas em serviços, a partir dos normativos do SUAS, da realização de concursos públicos e pela maior incidência do cargo de secretária(o) ser assumido por profissionais com formação na área. Contudo, trata-se de um instituto político que deixou marcas profundas na Política de Assistência Social e apresenta grande poder de reatualização em conjunturas favoráveis à transferência de responsabilidades estritamente estatais para organizações da sociedade civil, com forte apelo ao solidarismo, empreendedorismo e parcerias público-privada, alimentando a refilantropização da política social, como a que estamos presenciando na atualidade, em que o Estado vem priorizando essa relação público/privada como estratégia de enfrentamento às expressões da questão social, descartando os interesses históricos da *classe-que-vive-do-trabalho* (Antunes, 2018) por serviços públicos de qualidade e universais..

4. Papel das entidades e o frágil vínculo SUAS

Foi constatado nos dois estados o fortalecimento da execução de parcela considerável dos serviços da Política de Assistência Social por entidades e organizações de assistência social. Esse aspecto da política merece estudo mais apurado, uma vez que essa presença é constitutiva dessa área, em que a iniciativa privada marcou presença antes mesmo do Estado assumir a responsabilidade pela sua condução. No entanto trata-se aqui de trazer os depoimentos de gestoras/es e trabalhadoras/es de diferentes municípios que mencionaram que o trabalho das organizações privadas ocorre com critérios próprios e em desalinhamento com os princípios e diretrizes do SUAS.

Trata-se de enfrentar um enorme desafio, pois, a vinculação histórica da Assistência Social com iniciativas filantrópicas, voluntárias e solidárias faz com que a mesma apresente marcas dessa forma de estruturação que resistem a inovações e mudanças. Além desse aspecto, especificamente na cidade de São Paulo, algumas entidades e organizações possuem um número grande de convênios, com altos repasses de recursos mensais permitindo às Entidades e Organizações um poder de pressão muito forte. Ao mesmo tempo, estudo realizado, em maior profundidade, acerca desse universo diversificado de entidades e organizações no campo da assistência social, vem mostrando que há aquelas que possuem muitas dificuldades para manter seus serviços e atender às demandas da população.

No estado de Minas Gerais a falta de adequação dos serviços prestados pelas entidades e organizações de assistência social aos parâmetros do SUAS apareceu em Belo Horizonte a partir da expressão "entidades ingovernáveis", mas também na disputa política com organizações que possuem uma longa trajetória de atuação nos municípios e com forte presença nos territórios.

Notou-se ainda significativa influência das Igrejas e da religiosidade, com maior concentração nas entidades que operam na proteção social especial de alta complexidade, principalmente em Belo Horizonte, com pouca (ou nenhuma) possibilidade da intervenção direta do Estado na garantia da efetividade dos serviços nesse nível de hierarquização do SUAS. Há ainda por parte das entidades e organizações de assistência social vínculos contratuais instáveis e flexíveis, além de condições de trabalho em geral precárias e desprotegidas de direitos e benefícios sociais.

Esses aspectos também foram observados nos municípios paulistas, onde a concentração de entidades e organizações de assistência social ocorre principalmente nos municípios maiores, como é o caso da capital paulista, onde a Secretaria Municipal de Assistência e Desenvolvimento Social é responsável pela gestão de uma densa rede de entidades e organizações sociais por meio da relação de conveniamento de 98% dos serviços, o que impacta diretamente nos significados e nos conteúdo do trabalho, com a presença de um *mix* de concepções, ações e mesmo de expectativas sobre o trabalho social realizado no SUAS. Ao mesmo tempo, trata-se de entidades tradicionais em seus territórios, que gozam de grande autonomia, sendo que em grande parte possuem forte identificação religiosa e doutrinária, o que acaba imprimindo um cunho caritativo e meritocrático aos serviços, sob a estrutura e escopo da Política de Assistência Social, afrontando a laicidade da ação pública estatal e as diretrizes da PNAS e do SUAS. Uma particularidade do município de São Paulo é a execução do trabalho do PAIF e PAEFI por entidades e organizações privadas, supervisionadas pelos servidores públicos da prefeitura, o que pela tipificação nacional é de responsabilidade dos trabalhadores do Estado e das unidades públicas estatais, CRAS e CREAS, o que cria uma situação singular do SUAS na cidade de São Paulo, que tem provocado polêmicas quanto à direção assumida, se gestão compartilhada ou terceirização da prestação de serviços socioassistenciais.[28]

5. Morfologia do trabalho e os/as trabalhadores/as do SUAS

A pesquisa possibilitou observar aspectos fundamentais na organização do trabalho no SUAS, sendo o primeiro deles a marca de uma gestão centrada na quantificação de atendimentos, no atendimento às situações pontuais cotidianas e na dificuldade de estabelecimento de pactuações, fluxos e protocolos, tendo como base a leitura socioterritorial estruturada a partir do funcionamento mais efetivo da Vigilância Socioassistencial. Embora haja diferenças entre os estados de São Paulo e Minas Gerais, este último apresenta estruturação técnica desta área mais consolidada, especialmente na metrópole, Belo Horizonte.

Com respeito às relações e condições de realização do trabalho, ambos os Estados apresentam um grau de precarização e intensificação do trabalho, reproduzindo no âmbito do SUAS as tendências gerais presentes no mundo do trabalho na atualidade do capitalismo neoliberal. Nesse sentido, o engajamento de trabalhadores/as apareceu como fator fundamental de sustentação do SUAS, entretanto, essa condição de trabalhadores/as assalariados/as foi construída em meio a uma intensa precarização do trabalho, num momento de corrosão do trabalho protegido, o que tem gerado a precarização da vida desses/as trabalhadores/as, com rebatimentos na saúde, especialmente em termos de adoecimento e desgaste mental derivados das condições e pressões do trabalho e das formas de gestão e de controle institucional.

28. A esse respeito, cf. Cordeiro (2017).

Outro aspecto importante é que a forte presença das entidades de assistência social, especialmente no estado de São Paulo, se faz evidente também nos baixos salários pagos aos trabalhadores e nas precárias condições de trabalho oferecidas pela maioria das instituições.

As normativas e resoluções da Política de Assistência Social avançaram no reconhecimento do lugar do trabalho profissional no SUAS, e criaram condições para uma maior identificação dos profissionais como trabalhadores da área; entretanto, em razão das políticas neoliberais de desregulamentação do trabalho, observa-se um processo de desqualificação e desprofissionalização do trabalho técnico, que ameaça as conquistas na área e põe o SUAS em risco.

Essa não é uma situação exclusiva da Política de Assistência Social e tampouco das políticas públicas no Brasil; trata-se de um quadro muito mais amplo, que tem como marcas a intensificação da precarização e a desregulamentação dos direitos do trabalho, em nível mundial. A saída, portanto, são as alianças com os/as demais trabalhadores/as, abandonando a posição endógena e ampliando o leque de estratégias de luta para preservação da vida e do trabalho.

6. Controle social e participação dos usuários

As entrevistas com conselheiros, de modo geral, revelaram a importância da criação do SUAS, o reconhecimento de avanços na execução da Política de Assistência Social e a consolidação dos espaços institucionais de controle social. Contudo inovar no formato e na dinâmica dos conselhos permanece sendo um desafio!

O desenho do funcionamento dos Conselhos aponta para um engessamento e ritualização das discussões, apesar dos esforços de alguns municípios de aproximar o conselho dos territórios e do público do SUAS. Pouco se observou em relação a novos mecanismos de participação, como a realização de reuniões abertas, audiências públicas, comissões locais nos CRAS, ou mesmo visitas aos equipamentos e serviços. A participação dos usuários remete a reflexões sobre as condições de vida e as formas específicas de participação desse segmento, que demanda estratégias para fomentar a organização coletiva e o trabalho de base. Por exemplo, as reuniões realizadas em horário de trabalho dificultam a participação dos usuários que trabalham para seu sustento diário.

Contudo apareceram algumas falas de representantes de usuários de Minas Gerais que merecem destaque, como a que reconhece a importância da participação nas conferências municipais para ressignificar seu entendimento de participação política. Mas esta não foi a regra. O formato e a linguagem das Conferências estão muito distantes da compreensão da população que precisa e usa os serviços socioassistenciais. É preciso aproximar territorialmente, investir e fomentar a formação e organização e democratizar a formulação e execução da Política. A participação precisa ser estimulada e combinada com a prestação de serviços para efetivamente, aprofundar os mecanismos democráticos do controle social. A participação nos conselhos, conferências e demais espaços de debate e deliberação da Política de Assistência Social também expressa as desigualdades da sociedade brasileira, na sub-representação das mulheres, da população negra e indígena, das periferias urbanas, do meio rural, da juventude, das pessoas com deficiências, mas traz consigo o potencial de transformar as relações e incidir na Política. Para isso, as instâncias institucionais de participação precisam ser mais permeáveis, receptivas a "novos sujeitos" que se inserem no debate político.

7. Tensionamentos nas relações interinstitucionais entre o SUAS e o Sistema de Justiça

A pesquisa identificou de modo recorrente, em todos os municípios pesquisados, uma relação conflituosa entre as equipes técnicas dos CRAS e CREAS com órgãos do poder judiciário. Tem sido comum, nesses últimos anos, profissionais do SUAS receberem requisições de órgãos do Sistema de Justiça, notadamente Ministério Público e Defensoria Pública, para a realização de procedimentos que fogem ao escopo da Política de Assistência Social, como a realização de perícia; inquirição de vítimas e acusados; produção de provas de acusação; averiguação de denúncia de maus-tratos contra crianças e adolescentes, idosos ou pessoas com deficiência, de violência doméstica contra a mulher, entre outros.

Na maioria das vezes, os órgãos do Sistema de Justiça encaminham requisições diretamente para os profissionais da rede socioassistencial, sem que tenham sido estabelecidos protocolos e fluxos interinstitucionais entre as instituições envolvidas. Tal situação acarreta, de modo recorrente, interferência indevida e hierarquização entre poderes autônomos, sobreposição de serviços, realização de atividades não condizentes com as atribuições dos trabalhadores/as do SUAS (especialmente assistentes sociais, psicólogos e advogados) acarretando prejuízos para o cumprimento dos objetivos próprios da proteção social básica e especial, sérias implicações éticas e profissionais no desempenho de atividades de cunho investigativo e fiscalizatório comprometendo a relação de confiança entre usuários e profissionais, além de desvio de função e intensificação do trabalho das equipes técnicas, como adverte a Nota Técnica n. 02/2016/SNAS/MDS sobre a relação entre o Sistema Único de Assistência Social — SUAS e os órgãos do Sistema de Justiça.

Contudo, para além do estabelecimento de protocolos e fluxos interinstitucionais, cabe uma breve pontuação a respeito do que vem sendo nominado de processo de *judicialização* da política no Brasil, questão que está na agenda pública e precisa ser debatida com mais profundida por trabalhadores, usuários, gestores, conselheiros no âmbito da PNAS e do SUAS. Em que pese a importância do fortalecimento da função de defesa de direitos e ampliação do protagonismo do poder judiciário contemplados pela Constituição Federal de 1988, com a ampliação das competências do MP e criação das defensorias públicas, a ausência de garantias dos direitos coletivos (sociais e econômicos) para a maioria da população está na base do fenômeno da judicialização das políticas sociais, denotando a inoperância dos órgãos do Poder Executivo, em suas três esferas, em prover serviços e benefícios sociais ao conjunto dos segmentos sociais como respostas às necessidades básicas dos cidadãos, promovendo ao mesmo tempo a fragilização das instituições de mediação e representação política, pelo reforço à individualização do direito e esvaziamento do seu conteúdo público e coletivo.

8. Traços de inovação no SUAS a serem acompanhados em novas pesquisas

De modo breve, cabe concluir este capítulo da pesquisa nos estados e municípios da Região Sudeste, sinalizando dimensões que merecem acompanhamento atento, por meio da continuidade de estudos e pesquisas que possam conferir maior visibilidade a processualidades que se desenvolvem nesses territórios.

a) *Novos formatos de regionalização do SUAS:* seja em nível de gestão estadual e de implantação dos CREAS regionais, como os que encontramos em Minas Gerais; ou nas experiências de elaboração de PPA regional, dos planos consorciados de prestação de serviços e educação permanente, como as que estão sendo realizadas pelo Consórcio Intermunicipal do Grande ABC em São Paulo.

b) *Novo protagonismo de usuários e de trabalhadores:* a despeito dos desafios que historicamente caracterizaram os processos organizativos no âmbito da Política de Assistência Social, a pesquisa indicou uma inflexão impulsionada pela luta em defesa do SUAS e contra os desmanches e retrocessos na PNAS em vários municípios e em ambos os estados. O dado novo é a presença protagonista de usuários, especialmente da população em situação de rua, seja nos CENTROS POP ou através de um movimento nacional com enraizamento nos estados e municípios, ou ainda nos fóruns de usuários do SUAS, impulsionando sua constituição enquanto sujeitos coletivos no âmbito da Política de Assistência Social. De outro lado, mas em aliança com os usuários, identifica-se um movimento de trabalhadores do SUAS, especialmente por meio da constituição de fóruns nacional, estaduais e municipais, que revelam a presença de uma "identidade" de trabalhadores do SUAS em construção, em aliança com outros trabalhadores da seguridade social e demais políticas públicas, a apontar possibilidades de ampliação de articulações mais amplas no conjunto da classe trabalhadora.

Referências

ANTUNES, Ricardo. *O privilégio da servidão:* o novo proletariado de serviços na era digital. São Paulo: Boitempo, 2018.

______. *Os sentidos do trabalho* — ensaios sobre a afirmação e negação do trabalho. São Paulo: Boitempo, 1999.

BRASIL. Ministério do Desenvolvimento Social e Combate à Fome. Secretaria de Avaliação e Gestão da Informação. *Censo SUAS 2018*. São Paulo. Disponível em: https://aplicacoes.mds.gov.br/sagirmps/simulacao/status_censo_2018/relatorio2017.php#. Acesso em: 4 fev. 2019.

______. Ministério do Desenvolvimento Social e Combate à Fome. Secretaria de Avaliação e Gestão da Informação. *Censo SUAS 2016*. Disponível em: https://aplicacoes.mds.gov.br/sagirmps/ferramentas/docs/Censo%20SUAS%202016.pdf. Acesso em: 4 fev. 2019.

______. Ministério do Desenvolvimento Social e Combate à Fome. Secretaria de Avaliação e Gestão da Informação. *Censo SUAS 2015a*. Disponível em: https://aplicacoes4.mds.gov.br/sagicenso/censosuas_2015/auth/index.php. Acesso em: 4 fev. 2019.

______. Ministério do Desenvolvimento Social e Combate à Fome. *SUAS 10*. Diversidade no SUAS: realidade, respostas, perspectivas. Brasília, DF: Ministério do Desenvolvimento Social e Combate à Fome, Secretaria Nacional de Assistência Social, 2015b.

______. Ministério do Desenvolvimento Social e Combate à Fome. *Tipificação Nacional de Serviços Socioassistenciais*. Brasília, DF: Ministério do Desenvolvimento Social e Combate à Fome, Secretaria Nacional de Assistência Social, 2014. Disponível em: http://www.mds.gov.br/webarquivos/publicacao/assistencia_social/Normativas/tipificacao.pdf. Acesso em: 2 jul. 2018.

BRASIL. Ministério do Desenvolvimento Social e Combate à Fome. *Política Nacional de Educação Permanente do SUAS*. Brasília: Ministério do Desenvolvimento Social e Combate à Fome, 2013.

______. Ministério do Desenvolvimento Social e Combate à Fome. Resolução n. 33, de 12 de dezembro de 2012. Aprova a Norma Operacional Básica do SUAS: *CNAS/Ministério do Desenvolvimento Social e Combate à Fome* (MDS). Brasília, DF, 2012.

______. Ministério do Desenvolvimento Social e Combate à Fome. *Orientações Técnicas:* Centro de Referência Especializado de Assistência Social — CREAS. Brasília, DF, 2011.

______. Ministério do Desenvolvimento Social e Combate à Fome. *Orientações Técnicas*: Centro de Referência de Assistência Social — CRAS. Brasília, DF, 2009.

_______. Ministério do Desenvolvimento Social e Combate à Fome. *Norma Operacional Básica de Recursos Humanos do SUAS- NOB-RH/SUAS*. Brasília, DF, 2006.

_____. Ministério do Desenvolvimento Social e Combate à Fome. Secretaria Nacional de Assistência Social. Política Nacional de Assistência Social. Brasília, 2004. Disponível em: http://www.sesc.com.br/mesabrasil/doc/Pol%C3%ADtica-Nacional.pdf. Acesso em: 30 ago. 2019.

______. Presidência da República. Lei Complementar n. 101/00, de 4 de maio de 2000.

______. Presidência da República. Lei n. 8.742, de 7 de dezembro de 1993 (Lei Orgânica da Assistência Social), alterada pela Lei n. 12.435 de 2011. Dispõe sobre a organização da Assistência Social e dá outras providências. Brasília, DF, 1993.

______. Ministério de Desenvolvimento e Combate à Fome (MDS); Pontifícia Universidade Católica de São Paulo (PUC-SP/CEDEPE). *CapacitaSUAS Vigilância Socioassistencial:* Garantia do Caráter Público da Política de Assistência Social. Brasília: MDS, 2013. (Caderno 3)

BRAVO, Maria Inês Souza; CORREA, Maria Valeria Costa. Desafios do controle social na atualidade. *Serviço Social & Sociedade*, São Paulo, n. 109, p. 126-150, jan./mar. 2012.

CAMPOS, Edval Bernardino. *O Protagonismo do usuário da assistência social na implementação e controle social do SUAS*. Conselho Nacional de Assistência Social. Caderno de textos: subsídios para debates — participação e controle social do SUAS/Conselho Nacional de Assistência Social, Ministério do Desenvolvimento Social e Combate à Fome. Brasília, DF: CNAS/MDS, 2009.

______; MACIEL, Carlos Alberto Batista; SILVA, Fabiano Pereira da. *O controle social e a gestão de políticas públicas:* a perspectiva dos usuários. 3º Encontro Internacional de Política Social e 10º Encontro Nacional de Política Social. Tema: "Capitalismo contemporâneo: tendências e desafios da política social"; Eixo: Democracia, participação e movimentos sociais. Vitória, ES, junho de 2015.

CARMO, Eliana Teles do; FERREIRA, Rosário de Maria da Costa. Mesa de Negociação: Instrumento de Gestão no SUAS. *In*: Brasil. Ministério do Desenvolvimento Social e Combate à Fome. *Gestão do trabalho no âmbito do SUAS:* uma contribuição Necessária. Brasília, DF: MDS/Secretaria Nacional de Assistência Social, 2011.

CARNELOSSI, Bruna. O trabalho do assistente social no Programa Bolsa Família: desafia o Código de Ética Profissional. *Serviço Social & Sociedade*, São Paulo, n. 125, p. 124-147, abril de 2016. Disponível em http://www.scielo.br/scielo.php?script=sci_arttext&pid=S0101-66282016000100124&lng=en&nrm=iso. Acesso em: 20 jun. 2019. DOI http://dx.doi.org/10.1590/0101-6628.059.

CFESS. Conselho Federal de Serviço Social. *Parâmetros para atuação de Assistentes Sociais na Política de Assistência Social*. Brasília: Cfess, 2011 (Série Trabalho e Projeto Profissional nas Políticas Sociais) 2011a. Disponível em: http://www.cfess.org.br/arquivos/Cartilha_CFESS_Final_Grafica.pdf. Acesso em: 23 ago. 2019.

CFESS/CRESS. *Trabalhar na Assistência Social em defesa dos direitos da seguridade social*: contribuições do Conjunto CFESS-CRESS ao debate sobre definição de Trabalhadores da Assistência Social. Brasília: CFESS, 2011b.

CHIACHIO, Neiri Bruno. *A construção dos serviços de assistência social como política social pública*. 2011. 228 f. Tese (Doutorado em Serviço Social) — Programa de Estudos Pós-Graduados em Serviço Social da Pontifícia Universidade Católica de São Paulo, São Paulo, 2011.

COLOMBI, Bárbara Leite Pereira. A precarização do trabalho em foco: rebatimentos para os assistentes sociais do Judiciário. *Serviço Social & Sociedade*, São Paulo, n. 127, p. 574-586, set./dez. 2016.

CORDEIRO, Tiago Gomes. *Centros de Referência Especializados de Assistência Social (CREAS) na cidade de São Paulo:* gestão compartilhada ou terceirização de serviços? Tese (Doutorado em Serviço Social) — Programa de Estudos Pós-Graduados em Serviço Social. Pontifícia Universidade Católica de São Paulo, São Paulo, 2017.

COUTO, Berenice Rojas; YAZBEK, Maria Carmelita; SILVA, Maria Ozanira da Silva e; RAICHELIS, Raquel (Orgs.). *O Sistema Único de Assistência Social no Brasil:* uma realidade em movimento. São Paulo: Cortez, 2011.

DAGNINO, Evelina; TATAGIBA, Luciana. Mouvements sociaux et participation institutionnelle: répertoires d'action collective et dynamiques culturelles dans la difficile construction de la démocratie brésilienne. *Revue Internationale de Politique Comparée* (Imprimé), v. 17, p. 167, 2010.

D'AMBROSIO, Marcelo José Ferlin. A terceirização na Saúde Pública. Brasília, *Revista Ministério Público do Trabalho*, ano III, n. 3, 2010.

FERREIRA, Stela Silva. *NOB-RH:* anotada e comentada. Brasília, DF: MDS, 2011.

FUNDAÇÃO DIEESE. *Boletim de Conjuntura.* São Paulo, n. 18 maio de 2019.

______. *Caderno Regional. Região Sudeste.* São Paulo, Departamento Intersindical de Estatística e Estudos Socioeconômicos. São Paulo: DIEESE/CUT, 2015.

FUNDAÇÃO JOÃO PINHEIRO. *Minas e-dados.* Belo Horizonte, v. 1, n. 1, dez. 2018.

______. Balança Comercial de Minas Gerais, janeiro de 2015. Disponível em: http://www.fjp.mg.gov.br/index.php/docman/cpa/521-balanca-comercial-de-minasgerais-janeiro-2015/file. Acesso em: 1° ago. 2016.

FUNDAÇÃO SEADE. *Sistema de Projeções Populacionais,* 2019. Disponível em: https://produtos.seade.gov.br/produtos/projpop/. Acesso em: 15 maio 2019.

______. A economia paulista pós-crise de 2008: papel da indústria de transformação no cenário recente. *Ensaio & Conjuntura.* São Paulo, Fundação Seade, 2017.

GAULEJAC, Vincent. *Gestão como doença social*: ideologia, poder gerencialista e fragmentação social. São Paulo: Editora Ideias & Letras, 2007.

IBGE. Instituto Brasileiro de Geografia e Estatística. *Cidades e Estados*. Rio de Janeiro: IBGE, 2018.

______. Instituto Brasileiro de Geografia e Estatística. Diretoria de Pesquisas, Coordenação de Trabalho e Rendimento. *Pesquisa Nacional por Amostra de Domicílios 2014-2015*. Rio de Janeiro: IBGE, 2015a.

_____. Instituto Brasileiro de Geografia e Estatística. *Pesquisa Nacional por Amostra de Domicílios:* síntese de indicadores 2014. Rio de Janeiro: IBGE, 2015b.

_____. Instituto Brasileiro de Geografia e Estatística. Contas Regionais do Brasil: 2010-2013. *In*: *Contas Nacionais n. 47*. 2015c. Disponível em: http://biblioteca.ibge.gov.br/visualizacao/livros/liv94952.pdf. Acesso em: 5 jun. 2018.

______. Instituto Brasileiro de Geografia e Estatística. *Os indígenas no Censo Demográfico 2010*. Ministério do Planejamento, Orçamento e Gestão. Instituto Brasileiro de Geografia e Estatística — IBGE. Diretoria de Pesquisas. Rio de Janeiro, 2012.

______. Instituto Brasileiro de Geografia e Estatística. *Censo Demográfico, 2010*. Disponível em: https://ww2.ibge.gov.br/home/estatistica/populacao/censo2010/default.shtm. Acesso em: 27 ago. 2019.

LAURELL, Cristina Asa (Org.). *Estado e políticas sociais no neoliberalismo*. São Paulo: Cortez, 1995.

MARX, Karl. *O Capital* (Crítica da Economia Política). São Paulo: Civilização Brasileira, 1968. (Livro 1, v. 1 e 2).

MASSON, Gabriela Abrahão. *A reforma agrária como uma política pública de desenvolvimento ou política social?* Uma análise a partir dos assentamentos rurais "Tereza do Cedro" e "Dandara" no município de Uberaba/MG. Tese (Doutorado em Serviço Social) — Programa de Pós-Graduação em Serviço Social, Universidade Estadual Paulista "Júlio de Mesquita Filho". Franca, 2016.

MINAS GERAIS. SEDESE — Secretaria de Estado de Trabalho e Desenvolvimento Social. *Caderno de Orientações dos Serviços Regionalizados de Proteção Social Especial*. Belo Horizonte: SEDESE, 2018a.

MINAS GERAIS. SEDESE — Secretaria de Estado de Trabalho e Desenvolvimento Social. *Caderno de Orientações Nas trilhas da regionalização da Proteção Social Especial em Minas Gerais*. Belo Horizonte: SEDESE, 2018b.

______. Secretaria de Estado de Trabalho e Desenvolvimento Social. *Cadernos Reflexões sobre o SUAS — Minas Gerais*. Belo Horizonte: SEDESE, 2018c.

______. *Plano Mineiro de Desenvolvimento Integrado PMDI 2016-2027*. Volume 1: Desenvolvimento Econômico e Social Sustentável de Minas Gerais. Secretaria de Planejamento e Gestão. Governo de Estado de Minas Gerais, 2017.

______. Secretaria de Estado de Trabalho e Desenvolvimento Social. *Plano Estadual de Regionalização dos Serviços de Proteção Social Especial de Média e Alta Complexidade*. Belo Horizonte, Minas Gerais, 2015.

NASCIMENTO, Sueli do. Reflexões sobre a intersetorialidade entre as políticas públicas. *Serviço Social & Sociedade*, São Paulo, Cortez, n. 101, p. 95-120, jan./mar. 2010.

NOZABIELLI, Sônia Regina. *Entre permanências e mudanças* — a gestão municipal da política de assistência social na região de Sorocaba (SP). Tese (Doutorado em Serviço Social) — Pontifícia Universidade Católica de São Paulo, São Paulo, 2008.

OSÓRIO, Jaime. Sistema mundial e formas de capitalismo: a teoria marxista da dependência revisitada. *Revista Direito e Práxis*, v. 7, n. 13, p. 494-539, 2016.

OXFAM — Comitê de Oxford de Combate à Fome. *País estagnado*: um retrato das desigualdades brasileiras. 2018. Relatório. Disponível em: https://www.oxfam.org.br/publicacoes/pais-estagnado. Acesso em: 25 ago. 2019.

______. Comitê de Oxford de Combate à Fome. *A distância que nos une*. 2017. Relatório. Disponível em: https://www.oxfam.org.br/a-distancia-que-nos-une. Acesso em: 25 ago. 2019.

PNUD. Programa das Nações Unidas para o Desenvolvimento. *IDH, 2013*. Disponível em: http://www.br.undp.org/content/brazil/pt/home/library/idh.html?start=24&sort=date&view=cards. Acesso em: 27 ago. 2019.

POCHMANN, Márcio. *Nova Classe Média?* O trabalho na base da pirâmide social brasileira. São Paulo: Boitempo, 2012.

PUC-SP — Pontifícia Universidade Católica de São Paulo. *Relatórios de Pesquisa dos Estados de Minas Gerais e São Paulo.* São Paulo, 2016/2017.

RAICHELIS, Raquel. Serviço Social: trabalho e profissão na trama do capitalismo contemporâneo. *In*: RAICHELIS, Raquel; VICENTE, Damares; ALBUQUERQUE, Valéria. *A nova morfologia do trabalho no Serviço Social.* São Paulo: Cortez, 2018.

______. Intervenção profissional do assistente social e as condições de trabalho no SUAS. *Serviço Social & Sociedade*, São Paulo, n. 104, p. 750-772, out./dez. 2010.

______. *Esfera pública e Conselhos de Assistência Social:* caminhos da construção democrática. São Paulo: Cortez, 1998.

RAICHELIS, Raquel; VICENTE, Damares; ALBUQUERQUE, Valéria (Orgs.). *A nova morfologia do trabalho no Serviço Social.* São Paulo: Cortez, 2018.

RIZZOTTI, Maria Luiza Amaral. A aliança estratégica entre os trabalhadores e os usuários do SUAS. *In*: Brasil. Ministério do Desenvolvimento Social e Combate à Fome. *Gestão do trabalho no âmbito do SUAS:* uma contribuição necessária. Brasília, DF: MDS; Secretaria Nacional de Assistência Social, 2011.

ROCHA, Estefani Clementino. *A gestão da parceria/supervisão técnica em serviço socioassistencial contratado na cidade de São Paulo.* Dissertação (Mestrado em Serviço Social) — Pontifícia Universidade Católica de São Paulo, São Paulo, 2018.

SÃO PAULO (MUNICÍPIO). Secretaria Municipal de Assistência e Desenvolvimento Social (SMADS). *Plano Decenal de Assistência Social da Cidade de São Paulo 2016-2026:* O SUAS nos 96 distritos de São Paulo, 2016. Disponível em: http://www.prefeitura.SãoPaulo.gov.br/cidade/secretarias/upload/assistencia_social/arquivos/PLANO_DECENAL_ASSIS_SOCIAL_SÃO PAULO.pdf. Acesso em: 2 jul. 2018.

______. Secretaria Municipal de Assistência e Desenvolvimento Social (SMADS). *Portaria n. 46/2010.* Dispõe sobre a tipificação da rede socioassistencial do município de São Paulo e a regulação de parceria operada por meio de convênios. Disponível em: https://www.prefeitura.SãoPaulo.gov.br/cidade/secretarias/upload/assistencia_social/arquivos/portarias/portaria_46-2010.pdf. Acesso em: 4 fev. 2019.

SILVEIRA, Jucimeri Isolda. Assistência social em risco: conservadorismo e luta social por direitos. *Serviço Social & Sociedade*, São Paulo, n. 130, p. 487-506, dez. 2017.

______. Gestão do trabalho: concepção e significado para o SUAS. *In*: Brasil. Ministério do Desenvolvimento Social e Combate à Fome. *Gestão do trabalho no âmbito do SUAS:* uma contribuição necessária. Brasília, DF: MDS; Secretaria Nacional de Assistência Social, 2011.

SIMONI JR., S.; OLIVEIRA, M. C.; PEREIRA, G. N. *A implementação do SUAS nas metrópoles brasileiras*. Trabalho apresentado no VII Seminário Discente da Pós-Graduação em Ciência Política da USP. São Paulo, 8 a 12 de maio, 2016.

SOUZA, Priscila de. *Produção de sentido para a regionalização intraestadual na gestão do Sistema Único da Assistência Social:* análise da experiência do Estado de São Paulo, 1970-2014. Dissertação (Mestrado em Serviço Social) — Programa de Estudos Pós-Graduados em Serviço Social. Pontifícia Universidade Católica de São Paulo, São Paulo, 2015.

SPOSATI, Aldaíza. *Gestão Organizacional, Vigilância Socioassistencial e Trabalho em uma década de gestão do SUAS.* (Projeto n. 914BRZ3002/n. SHS01129/2015 — Produto 1). Brasília: Ministério de Desenvolvimento Social e Combate à Fome, Secretaria Nacional de Assistência Social, 2016.

______. Sistema único: modo federativo ou subordinativo na gestão do SUAS. *Revista Katálysis,* Florianópolis, v. 18, n. 1, jan./jun. 2015.

______. A política de assistência social na cidade de São Paulo. *Observatório dos Direitos do Cidadão.* São Paulo: Pólis/PUC-IEE, 2002.

TEIXEIRA, Joaquina Barata. O reconhecimento de categorias profissionais de nível superior no SUAS: apontamentos extraídos do "Encontro Nacional dos Trabalhadores do SUAS. *In*: BRASIL. Ministério do Desenvolvimento Social e Combate à Fome. *Gestão do trabalho no âmbito do SUAS:* uma contribuição necessária. Brasília, DF: MDS; Secretaria Nacional de Assistência Social, 2011.

VICENTE, Damares. "A cidade que é um país!": o trabalho de assistentes sociais no SUAS na cidade de São Paulo. XVI ENPESS. Vitória, *Anais*... 2018.

YAZBEK, Maria Carmelita. Assistência Social na cidade de São Paulo: a (difícil) construção do direito. *Observatório dos direitos do cidadão: acompanhamento e análise das Políticas Públicas da Cidade de São Paulo.* São Paulo: Instituto Pólis+PUC-IEE, 2004.

CAPÍTULO 3

IMPLEMENTAÇÃO DO SUAS NOS ESTADOS DO RIO GRANDE DO SUL E PARANÁ: desafios para a garantia da Assistência Social na Região Sul

Berenice Rojas Couto*
Jane Cruz Prates
Gissele Carraro
Solange Emiliene Berwig
Tiago Martinelli

* Além dos autores do capítulo, participaram ativamente nas etapas da pesquisa os doutorandos Rodrigo Nunes, Evelize Lazzari, Luiza Cordeiro, Alexia Dornelles, Vanelize Aloraldo; as mestrandas Luiza Barreto Eidt, Alana Jardim e Daniela Champe, além da pós-doutoranda Monique Damasceno.

1. INTRODUÇÃO

O capítulo ora apresentado traz resultados da pesquisa de campo realizada nos estados do Rio Grande do Sul e Paraná, no contexto do projeto intitulado *Estudo Avaliativo da Implementação do Sistema Único de Assistência Social/SUAS no Brasil*. Com base nos mesmos objetivos, sujeitos e métodos desse projeto nacional, foi construída a análise da Região Sul a partir da realidade dos estados e municípios que compõem a amostra do estudo, sendo: no estado do Rio Grande do Sul, os municípios de São Borja, Butiá, Dom Feliciano, Bento Gonçalves e Porto Alegre; e, no estado do Paraná, os municípios de Cerro Azul, Ibiporã, Cornélio Procópio, Londrina e Curitiba[1].

Entre os dados significativos dos achados da pesquisa que são apresentados a seguir, a partir da realidade de cada estado, apontamos também, como forma de registrar o trabalho realizado, que a pesquisa envolveu 10 cidades, o que implicou percorrer aproximadamente 4.500 km. Foram realizadas 12 entrevistas, com 20 grupos focais, e 25 observações. Do processo de coleta de dados em campo, foram registradas 46 horas de áudio das entrevistas e grupos focais. Os dados transcritos renderam um total de 695 páginas de informações, sendo 83 de observação e 612 de grupos e entrevistas. Incalculáveis horas de trabalho e muitos achados sobre o SUAS.

Metodologicamente, a pesquisa orientou-se por pressupostos teórico-metodológicos de fundamentação crítico-dialética, com base em critérios para seleção dos espaços geográficos como unidades empíricas da pesquisa de campo e priorizou os seguintes procedimentos de pesquisa: a Observação Sistemática *in loco*; a Entrevista semiestruturada e o Grupo Focal. A partir destes procedimentos, as informações foram coletadas, procedendo-se a transcrição das entrevistas e a sistematização das observações de campo que, posteriormente, foram

1. A amostra foi constituída de cinco municípios de cada Estado, sendo a sistematização dos dados organizada seguindo o roteiro geral comum à pesquisa nacional. Os depoimentos serão identificados pelo segmento, seguido pelas iniciais do Estado/município e porte.

selecionadas e classificadas com vistas a articular o pensamento dos diferentes sujeitos conforme os eixos da pesquisa[2].

A realização de uma pesquisa dessa natureza, que envolve diferentes programas e um grupo com tantos pesquisadores (formados e em formação), contribui de maneira objetiva na construção de conhecimentos para a política pública de Assistência Social, bem como subsidia o processo de formação de novos pesquisadores e os estimula para que se mantenham estudando e contribuindo para a área.

A execução da pesquisa na região sul contou com a colaboração de uma equipe formada por alunos de mestrado e doutorado, pós-doutorado e professores pesquisadores, do Programa de Pós-graduação em Serviço Social da PUC-RS. Além do grupo da PUC-RS, participou da equipe da Região Sul um professor pesquisador da Universidade Federal do Rio Grande do Sul (UFRGS). É importante destacar que todos os participantes tinham algum grau de envolvimento com o tema central da pesquisa, fosse de modo direto ou transversal. O número total de sujeitos participantes nos Estados foi de 191 pessoas. Na tabela 1, que segue, é possível observar a quantidade de participantes por categoria e por município pesquisado.

Como se pode verificar, do total de participantes nos 10 municípios, a escuta majoritária contemplou usuários e trabalhadores (167 de 191 sujeitos), sendo que a maior concentração foi de usuários (94 de 191 sujeitos). É importante destacar que os grupos focais, realizados com usuários do SUAS, contaram com a presença de homens e mulheres com idades diversificadas, portanto, contemplando jovens, jovens adultos e idosos, que utilizam serviços distintos. O processo

---

2. Os trechos extraídos no processo de análise estão identificados pelo tipo de abordagem na coleta, grupo a que se refere e porte do município: Grupo focal de trabalhadores do Paraná — Porte (Pequeno 1 e 2, Médio, Grande e Metrópole) — GF/PR-MPP1; GF/PR-MPP2; GF/PR-MMP; GF/PR-MGP; GF/PR-M. Grupo focal de usuários do Paraná — Porte (Pequeno 1 e 2, Médio, Grande e Metrópole) — GF/PR — MPP1; GF/PR — MPP2; GF/PR — MMP; GF/PR — MGP; GF/PR — M. Entrevistas com gestores: Gestor do Estado do Paraná (Gestor PR); Gestor de Município do Paraná — Porte (Pequeno 1 e 2, Médio, Grande e Metrópole) — Gestor PR-MPP1; Gestor PR-MPP2; Gestor PR-MMP; Gestor PR-MGP; Gestor PR-M.

Tabela 1. Total de participantes da pesquisa na Região Sul

Municípios	Total de gestores municipais entrevistados	Total de conselheiros entrevistados	Total de usuários que participaram dos grupos focais	Total de trabalhadores que participaram dos grupos focais	Total de participantes
Butiá	1	1	10	5	17
Dom Feliciano	1	0	6	6	13
São Borja	1	1	5	6	13
Bento Gonçalves	2	2	9	9	22
Porto Alegre	1	2	9	8	20
Cornélio Procópio	1	1	9	6	17
Cerro Azul	2	2	14	9	27
Ibiporã	1	0	7	6	14
Londrina	1	1	15	10	27
Curitiba	1	2	10	8	21
Total	**12**	**12**	**94**	**73**	**191**

Fonte: PUC-RS, 2018

de articulação com os municípios foi realizado em maio de 2016, e a coleta direta entre os meses de julho a novembro do mesmo ano.

2. BREVES CONSIDERAÇÕES SOBRE A REALIDADE SOCIOECONÔMICA DA REGIÃO SUL: Estados e Municípios que compõem a amostra da pesquisa

Em razão da divisão geográfica do território nacional, a denominada região sul é formada por três estados: Paraná, Santa Catarina e Rio Grande do Sul. A amostra representativa dessa região é composta por dois estados: Paraná e Rio Grande do Sul, e respectivos municípios selecionados de cada estado, de forma a verificar diferentes situações, diferentes portes, em diferentes localizações nos territórios.

A localização dos estados que compõem o extremo sul do Brasil encontra-se na divisa, ao norte, pelos estados de São Paulo e Mato Grosso do Sul, ao sul pelo Uruguai, a oeste pelo Paraguai e pela Argentina. A localização regional implica que esta região possui uma extensa área fronteiriça internacional, o que demanda a construção de relações internacionais, especialmente com as cidades situadas no limite dos estados. Segundo o IBGE (2010), esta região é a menor das cinco regiões do país, possui uma área territorial de 576.774,31 km^2. A população dos três estados é de 29 milhões de habitantes, o que representa uma densidade demográfica de 50,31 habitantes por km^2. E apresenta um IDH de 0,756, considerado elevado (PNUD, IDH, 2013).

Debruçando nosso olhar sobre o recorte da região, considerando os estados do Rio Grande do Sul e Paraná, refinamos a análise com base nos dados que representam as características demográficas e socioeconômicas da região. A população dos dois estados juntos soma um total de 21.691 milhões de habitantes. Segundo dados do IBGE (2015), os estados do Rio Grande do Sul e do Paraná são respectivamente a 4ª e a 5ª economia do país em termos do Produto Interno Bruto (PIB). A economia dos dois estados está relacionada ao ramo da prestação de serviços, seguida da produção agrícola, pecuária e do desenvolvimento da indústria da transformação, em especial o setor metal/mecânico.

Com base nos dados do IBGE (2017), no período de 2012 a 2017, observa-se um crescimento no rendimento médio real do trabalho, e esse aumento foi superior ao crescimento nacional. Não foi apenas a renda média que aumentou no estado do Rio Grande do Sul no período observado, mas também o desemprego teve um crescimento importante causado pela recessão econômica brasileira e gaúcha. Em 2017, a taxa de desemprego no Rio Grande do Sul apresentava uma trajetória há três trimestres, encerrando o ano em 8%, enquanto no nível nacional a taxa ficou em 11,8% (FEE, 2018).

Os estados da amostra, bem como seus municípios, têm resguardado algumas particularidades em um contexto geral bastante semelhante em termos produtivos e econômicos. Rio Grande do Sul e Paraná são grandes produtores de soja, arroz e carne, sendo esses produtos que impulsionam de forma importante as exportações, mantendo significativa relação com o mercado internacional.

O estado do Rio Grande do Sul está dividido em 497 municípios, sendo uma metrópole (a capital do estado — Porto Alegre), 18 municípios de grande porte[3], 23 municípios de médio porte, 66 municípios de pequeno porte 2, e 389 municípios de pequeno porte 1. Destaca-se que dos municípios de pequeno porte, 222 têm uma população entre 2.000 e 5.000 mil habitantes, o que mostra uma dispersão da população gaúcha em muitos municípios de pequeno porte, acompanhando uma tendência nacional. Esse dado é relevante ao pensar o processo de estruturação do SUAS, considerando as particularidades dos municípios desse tamanho. O estado do Paraná está dividido em 399 municípios e sua área é de 199.307,939 km². Desses municípios, 1 é metrópole, a capital do estado — Curitiba, 19 municípios de grande porte, 15 municípios de médio porte, 58 municípios de pequeno porte 2, e 306 municípios de pequeno porte 1 (IBGE, 2010).

Os municípios identificados que compõem a amostra da pesquisa estão em diferentes regiões de cada estado, o que contribui para a apreensão das determinações da realidade social, observando divergências e similitudes dos territórios, suas realidades socioeconômicas e a relação com o campo da Assistência Social. Os municípios estão localizados nas seguintes mesorregiões dos estados: São Borja — sudoeste do Rio Grande do Sul; Bento Gonçalves — nordeste; e Dom Feliciano, Butiá e Porto Alegre — Metropolitana; Cornélio Procópio — norte pioneiro paranaense; Cerro Azul e Curitiba — Metropolitana; e Ibiporã e Londrina — norte central paranaense;

Importante destacar que a composição diversificada da amostra (metrópoles, municípios de grande, de médio e de pequeno porte)

---

3. Porte dos Municípios definidos pela Política Nacional de Assistência Social: • Municípios pequenos 1: com população até 20.000 habitantes; • Municípios pequenos 2: com população entre 20.001 a 50.000 habitantes; • Municípios médios: com população entre 50.001 a 100.000 habitantes; • Municípios grandes: com população entre 100.001 a 900.000 habitantes; • Metrópoles: com população superior a 900.000 habitantes (PNAS, 2004).

interfere no processo de análise sobre as distintas situações que compõem a realidade encontrada, tanto do ponto de vista da situação socioeconômica, como da forma de organização das políticas sociais, em especial a Assistência Social.

Entre os estados pesquisados, observamos uma realidade muito semelhante em termos dos indicadores de pobreza e extrema pobreza levantados pelo censo do IBGE (2010). Os índices apresentados ficam consideravelmente abaixo da média nacional, que apresenta uma parcela significativa da população vivendo entre a linha da pobreza e extrema pobreza, uma média de 40% da população brasileira. Ainda que os dados revelem uma condição menos aviltante que a do cenário nacional, é importante observar que é um contingente expressivo, de pelo menos três milhões de pessoas vivendo em condições consideradas de pobreza e extrema pobreza, o que reflete sobre o conjunto de ações necessárias do Estado para o enfrentamento de tais realidades, inclusive no aspecto central deste estudo, que é a atenção da política de Assistência Social.

Tabela 2. Domicílios particulares permanentes. Classes de rendimentos

	Domicílios particulares permanentes				
	Total	Pobres*		Extremamente pobres**	
		Total	%	Total	%
Brasil	57.320.555	20.748.311	36,20	2.535.885	4,42
Região sul	8.830.579	2.344.161	26,54	229.215	2,60
Rio Grande do Sul	3.599.263	1.012.908	28,14	96.213	2,70
Paraná	3.298.304	932.125	28,26	88.895	2,69

* Pessoas com condição salarial de ½ a 2 salários mínimos. **Pessoas sem rendimentos. O percentual que não aparece na tabela é referente à população com a condição salarial superior a dois salários mínimos.

Fonte: IBGE, 2010.

Em relação ao IDH, os dados dos estados da amostra demonstram um índice considerado elevado, com o Rio Grande do Sul um pouco abaixo do índice nacional e o Paraná superior a ele. Embora o índice demonstre uma qualidade de vida presente nesses estados, os dados da pesquisa alertam para realidades díspares que estão a exigir respostas no campo das políticas públicas.

Tabela 3. Índice de Desenvolvimento Humano — IDH do Brasil, Rio Grande do Sul e Paraná

Região	IDH
Brasil	0,755
Rio Grande do Sul	0,746
Paraná	0,787

Fonte: PNUD, 2013

Quando desdobrados para os municípios, os índices apontam para realidades diferentes. As tabelas demonstram duas informações importantes que de alguma forma sintetizam os dados mais amplos do estudo quantitativo, já que para avaliar desenvolvimento humano municipal (IDHM) e nível de exclusão, são considerados vários indicadores, referentes às condições de vida, moradia, acesso à educação, saúde, renda etc. Os dados sobre o IDHM[4], fornecidos pelo Programa das Nações Unidas para o Desenvolvimento — PNUD (2013) apresentam índices na mesma linha de tendência entre o estado do Rio Grande do Sul e os municípios de São Borja e Bento Gonçalves, ficando entre 0,746 e 0, 778. O melhor índice de desenvolvimento humano foi registrado na capital do Rio Grande do Sul, na cidade de Porto Alegre, com um índice de 0,805. Da mesma forma, no estado do Paraná, a capital é a cidade com o melhor índice de desenvolvimento humano: 0,823.

4. O Índice de Desenvolvimento Humano Municipal (IDHM) é uma medida composta de indicadores de três dimensões do desenvolvimento humano: longevidade, educação e renda. O índice varia de 0 a 1. Quanto mais próximo de 1, maior o desenvolvimento humano.

Tabela 4. IDHM por município

Região	Índice de Desenvolvimento Humano Municipal — IDHM
Rio Grande do Sul	0,746
Butiá	0,689
Dom Feliciano	0,587
São Borja	0,736
Bento Gonçalves	0,778
Porto Alegre	0,805
Paraná	0,749
Cerro Azul	0,573
Cornélio Procópio	0,759
Ibiporã	0,726
Londrina	0,778
Curitiba	0,823

Fonte: PNUD, 2013

Os municípios com menor índice de desenvolvimento registrados são os municípios de pequeno porte que compõem a amostra da pesquisa: Cerro Azul, no Paraná, com 0,573, Butiá e Dom Feliciano, do Rio Grande do Sul, com 0,689 e 0,587 respectivamente. Esses dados avaliam a longevidade, a renda e a educação. A avaliação realizada e demonstrada por esse indicador aponta para Cerro Azul (PR), Butiá e Dom Feliciano (RS) como municípios com carências básicas em relação às condições de vida, com os menores índices no nível de escolaridade, menores rendas, menores índices de acesso a serviços de saneamento, água potável, coleta de lixo.

A análise dos dados sobre o índice de exclusão social (Guerra; Pochmann; Silva, 2014), demonstram no grupo de municípios da amostra da pesquisa que, entre o total de 5.565 munícipios brasileiros, Dom Feliciano, no Rio Grande do Sul, ocupava a 3.392ª posição no mapa da exclusão, com índice de 0,518, e Cerro Azul, no Paraná, ocupava a 3.644ª posição no mapa da exclusão, com índice de 0,498, o que expressa as condições de baixo desenvolvimento. Na sequência, aparecem os municípios do Rio Grande do Sul, São Borja e Butiá, com índices muito próximos, embora sejam de portes distintos, médio e pequeno porte respectivamente. São Borja, com um índice de 0,648, ocupando a 1.790ª posição, e Butiá, com índice de 0,658, ocupando a 1.622ª posição. De todos os municípios pesquisados, a melhor posição fica para Bento Gonçalves, que ocupava a 35ª posição com um índice de 0,798.

Tabela 5. Índice de exclusão social de cada município. Espaço empírico da pesquisa

Índice de Exclusão Social	
Rio Grande do Sul	
Butiá — 1622º	0,658
Dom Feliciano — 3392º	0,518
São Borja — 1790º	0,648
Bento Gonçalves — 35º	0,798
Porto Alegre — 602º	0,730
Paraná	
Cerro Azul — 3644º	0,498
Cornélio Procópio — 685º	0,724
Ibiporã — 984º	0,702
Londrina — 518º	0,737
Curitiba — 408º	0,744

Fonte: Guerra; Pochmann, Silva, 2014

O IBGE publicou em 2017 a "Síntese de indicadores sociais: uma análise das condições de vida da população brasileira" (IBGE, 2017), em que desenvolve análise das desigualdades com base em indicadores de distribuição do rendimento, acesso a bens e serviços (condições de moradia), pobreza monetária e pobreza multidimensional. Problematiza e apresenta o resultado comparando diferentes metodologias para o cálculo da pobreza. Nesse sentido, adota-se para países de nível médio-alto de desenvolvimento, como os da América

Latina, a referência do Banco Mundial da linha de 5,5 dólares[5] por dia PPC (revisão 2011)[6]. Esse parâmetro revela desigualdades[7] nacionais. Os índices do Paraná (14,0%) e do Rio Grande do Sul (12,3%), embora não sejam os mais elevados, demonstram a existência de um percentual importante de população que requer o atendimento de serviços e benefícios da política de Assistência Social. Da mesma forma, conforme o "Mapa de pobreza e desigualdade" (IBGE, 2003)[8], a incidência da pobreza nos estados da pesquisa é expressiva: o Paraná (39,07%) em 16º e o Rio Grande do Sul (25,94%) em 27º. Esses dados revelam a necessidade de estudos que indiquem a melhor forma de estruturação das políticas públicas para responder às demandas da população, pois evidenciam a grande desigualdade presente nos territórios dos estados da região sul.

3. REALIDADE DA POLÍTICA DE ASSISTÊNCIA SOCIAL NOS ESTADOS DO PARANÁ E RIO GRANDE DO SUL E A ESTRUTURA DO SUAS NOS MUNICÍPIOS PESQUISADOS

O papel dos estados na configuração do SUAS, embora desenhado na sua regulação, tem sido apontado como um grande desafio. A participação no cofinanciamento e na assistência aos municípios e

5. "Calculada a partir da PNAD Contínua, a linha de 5,5 dólares por dia correspondia a R$ 387,07 em 2016 e incluía 25,4% da população brasileira na pobreza, tendo a maior incidência no Nordeste (43,5%) e a menor no Sul (12,3%)" (IBGE, 2017, p. 65).

6. "Taxa de conversão da paridade de poder de compra (PPC 2011) para consumo privado, R$ 1,66 para US$ 1,00, inflacionado pelo Índice Nacional de Preços ao Consumidor Amplo — IPCA para anos recentes" (IBGE, 2017, p. 63).

7. "Proporção de pessoas residentes em domicílios particulares permanentes com rendimento domiciliar *per capita* inferior a 5,5 dólares por dia em paridade de poder de compra, segundo as Unidades da Federação e os Municípios das Capitais" (IBGE, 2017, p. 66).

8. Para esse *ranking*, foi utilizada a base de dados do IBGE, "O Brasil em Síntese", um sistema agregador de informações sobre os municípios e estados do Brasil. Pode ser consultado em: <https://cidades.ibge.gov.br/>.

serviços constitui-se em uma lacuna, nos estados pesquisados, embora exista uma estrutura, a fragilidade do trabalho é apontada pelos sujeitos da pesquisa.

No Rio Grande do Sul, o Departamento de Assistência Social (DAS) é o órgão da Secretaria de Desenvolvimento Social, Trabalho, Justiça e Direitos Humanos responsável pela coordenação da Política Pública de Assistência Social. Está organizado pela Proteção Social Básica, Proteção Social Especial de Média e Alta Complexidade, Coordenação Estadual do Cadastro Único para Programa Sociais e Programa Bolsa Família, além da Gestão do SUAS. Atua em diversos espaços de deliberação, discussão e/ou articulações setoriais, intersetoriais e intersecretarias para a garantia de direitos e das políticas públicas, segundo sua regulação.

No Paraná, conforme o próprio sítio apresenta, "a Secretaria de Estado da Família e Desenvolvimento Social do Paraná (SEDS-PR) atua promovendo uma transformação social na vida dos paranaenses". Foi criada pela Lei n. 16.840, de 28 junho de 2011, e alterada pela Lei n. 17.045, de 09 de janeiro de 2012; Lei n.18.374, de 15 de dezembro de 2014; Lei n. 18.778, de 11 de maio de 2016, e regulamentada pelo Decreto n. 4988, de 31 de agosto de 2016. A secretaria faz a gestão e coordenação da Assistência Social, dos Direitos da Criança e do Adolescente, da Pessoa Idosa, da Pessoa com Deficiência e das Mulheres (Paraná, 2018).

A Secretaria da Família e Desenvolvimento Social (SEDS) tem como uma de suas atribuições a organização estadual da Política Pública de Assistência Social e é coordenada pela Superintendência da Assistência Social. Organiza-se pela Coordenação de Gestão do SUAS (CGS), que "atua no assessoramento e apoio técnico aos municípios, visando qualificar e aprimorar a gestão da Política de Assistência Social referente às temáticas Gestão do Trabalho e Vigilância Socioassistencial"; pela Coordenação de Proteção Social Básica (CPSB), que "coordena e assessora os municípios na execução dos serviços, programas e projetos de prevenção de risco e assistência básica para pessoas em situação de risco ou vulnerabilidade social", e pela Coordenação de Proteção Social Especial (CPSE), que "coordena e assessora os municípios na execução de serviços, programas e projetos para atendimento e proteção a famílias ou pessoas que já se encontram em situação de risco pessoal e social, por violação de seus direitos" (Paraná, 2018).

Nos dois estados pesquisados, as atuais secretárias são cônjuges dos governadores. A cultura patrimonialista, que tem sido um dos obstáculos à identificação da política de Assistência Social, é reforçada pela presença das primeiras-damas no comando das Secretarias e nos desdobramentos das atividades por elas desenvolvidas, como pode ser observado pelas informações colhidas durante a pesquisa.

No Rio Grande do Sul, desde 2015, são promovidos encontros "Primeiras-damas: Protagonistas da Solidariedade", que têm como objetivo "transmitir informações, proporcionar a interação e promover o acesso às ações e políticas sociais desenvolvidas de forma conjunta entre Estado e municípios". Os encontros discutem o Programa Primeira Infância Melhor (PIM), Criança Feliz, Comissão Interna de Prevenção de Acidentes e Violência Escolar (Cipave), Programa Educacional de Resistência às Drogas e à Violência (Proerd), Campanha Escolha o Destino, ações em prevenção em saúde, Campanha do Agasalho 2017. Em 2018, tratou das possibilidades de utilização de incentivos fiscais para projetos sociais como o programa Nota Fiscal Gaúcha, Lei da Solidariedade, Pró-Esporte, Pró-Cultura e campanha Escolha o Destino. Existe ainda um Gabinete de Políticas Sociais (GPS) que é, conforme o sítio oficial, "comandado pela secretária extraordinária [...], que também é primeira-dama do Estado e deputada estadual licenciada" (Rio Grande do Sul, 2018).

Na estrutura de acompanhamento dos municípios em relação ao SUAS, no Rio Grande do Sul são prestadas assessorias técnicas aos municípios, uma das atividades precípuas da gestão Estadual do SUAS. Estão divididas em nove (09) Regiões Funcionais e são realizadas por técnicos lotados no interior e na sede da STDS/DAS. No Paraná, existem vinte e dois (22) Escritórios Regionais, que são unidades descentralizadas para assessoramento aos municípios.

Com relação aos municípios pesquisados, constata-se maior incidência de habilitação na modalidade de gestão plena, e os municípios de pequeno porte na maioria em gestão básica, conforme pode ser visto no Quadro 1:

Quadro 1. Distribuição dos municípios que integraram a amostra da pesquisa, por porte e por nível de gestão da Política de Assistência Social, no Paraná e Rio Grande do Sul, 2018

Estado	Município	Porte do município	Nível de gestão da Política de Assistência Social
Paraná	Curitiba	Metrópole	Plena
	Londrina	Grande	Plena
	Ibiporã	Pequeno Porte II	Plena
	Cornélio Procópio	Pequeno Porte II	Plena
	Cerro Azul	Pequeno Porte I	Básica
Rio Grande do Sul	Porto Alegre	Metrópole	Plena
	Bento Gonçalves	Grande	Plena
	São Borja	Médio	Básica
	Butiá	Pequeno Porte II	Básica
	Dom Feliciano	Pequeno Porte I	Básica

Fonte: Brasil, 2018c

Em ambos os estados (Rio Grande do Sul e Paraná), a prevalência está nos municípios de pequeno porte I e II, realidade que desafia o SUAS pelas demandas e possibilidades de organizar o sistema. Os municípios de pequeno porte têm a presença de um grande número de população na área rural, exigindo equipes volantes para seu atendimento, o que não é uma realidade na maioria deles.

Tabela 6. Distribuição dos municípios da Região Sul segundo porte, no Rio Grande do Sul e Paraná, 2018

Estado	Pequeno porte I	Pequeno porte II	Médio porte	Grande porte	Metrópole	Total
Paraná	310	57	14	17	1	399
Rio Grande do Sul	390	64	24	18	1	497

Fonte: Rio Grande do Sul, 2015; Souza, 2011

Nos estados do Rio Grande do Sul e do Paraná, é possível observar o avanço da institucionalidade da Assistência Social e um processo crescente de organização da gestão descentralizada, que envolve as esferas federal, estadual e municipal.

Reconhecer que esses espaços estão organizados institucionalmente é um avanço importante para a consolidação da Assistência Social como política pública, e esclarece as responsabilidades de cada ente envolvido.

3.1 Realidade institucional dos serviços e benefícios nos Estados e nos municípios da amostra da pesquisa

No Rio Grande do Sul, a rede socioassistencial do SUAS é constituída por 589 Centros de Referência de Assistência Social (CRAS); 133 Centros de Referência Especializado de Assistência Social (CREAS), 13 Centros de Referência Especializado para População em Situação de Rua (CENTROS POP), 01 Centro Dia / Serviço de Proteção Social Especial para pessoas com deficiência, idosas e suas famílias (Piso Fixo de Média Complexidade). Recebem o Piso de Transição de Média Complexidade (habilitação e reabilitação) 215 municípios. Na Proteção Social Especial, referentes ao Piso de Alta Complexidade: Serviço de Acolhimento são cofinanciados 87 municípios (Crianças e adolescentes) e 69 (Outros públicos — mulheres/idosos). Para o Serviço de Acolhimento Institucional para Adultos e Famílias são cofinanciados 14 municípios e para o Serviço de Acolhimento — Residência Inclusiva para jovens e adultos com deficiência, 03 municípios. Na Proteção Social Básica, no que refere ao Piso Básico Variável — Serviços de Convivência e Fortalecimento de Vínculos, 384 ofertam os serviços, 87 municípios que receberam oferta de repactuação para o Programa Acessuas Trabalho.[9]

No Paraná, a rede socioassistencial do SUAS é constituída por 568 Centros de Referência de Assistência Social (CRAS); 156 Centros de Referência Especializados de Assistência Social (CREAS), 22 Centros de Referência Especializados para População em Situação de Rua (CENTROS POP), 01 Centro Dia / Serviço de Proteção Social Especial para pessoas com deficiência, idosas e suas famílias (Piso Fixo de Média Complexidade). Recebem o Piso de Transição de Média Complexidade (habilitação e reabilitação) 258 municípios. Na Proteção Social Especial, referentes ao Piso de Alta Complexidade: Serviço de Acolhimento, são cofinanciados 104 municípios (Crianças e adolescentes) e 83 (Outros públicos — mulheres/idosos). Para o Serviço de Acolhimento Institucional para Adultos e Famílias são cofinanciados 13 municípios e para o Serviço de Acolhimento — Residência Inclusiva para jovens e adultos com deficiência, 08 municípios. Na Proteção Social Básica, no que refere ao Piso Básico Variável — Serviços de Convivência e Fortalecimento de Vínculos, 375 ofertam os serviços, 37 municípios receberam oferta de repactuação para o Programa Acessuas Trabalho[10].

No Cadastro Único para Programas Sociais do Governo Federal, para o Rio Grande do Sul, a estimativa de famílias com perfil CadÚnico (2010) era de 776.569, no entanto existem 996.473 famílias cadastradas (jun. 2018) representando uma cobertura de 92% da estimativa de famílias pobres no Estado[11]. No Paraná a estimativa de famílias com

9. Consulta aos Relatórios da Proteção Social Básica e Especial da Secretaria de Avaliação e Gestão da Informação (SAGI)/Ministério do Desenvolvimento Social e Combate à Fome (MDS) (2018).

10. Consulta aos Relatórios da Proteção Social Básica e Especial da Secretaria de Avaliação e Gestão da Informação (SAGI)/Ministério do Desenvolvimento Social e Combate à Fome (MDS) (2018).

11. Consulta aos Relatórios de Programas e Ações do MDS, gerados pela Secretaria de Avaliação e Gestão da Informação (SAGI) (2018).

perfil CadÚnico (2010) era de 793.523, no entanto existem 1.232.457 famílias cadastradas (jun. 2018), representando uma cobertura de 111% da estimativa de famílias pobres no Estado.

Essa organização em termos de estrutura, atendimentos e serviços prestados se repete nos Estados do Rio Grande do Sul e do Paraná, mantendo, como principal benefício ofertado aos usuários da Assistência Social, o Programa Bolsa Família, e os demais serviços se estruturam de maneira semelhante seguindo a lógica da tipificação dos serviços da Assistência Social.

Quanto ao volume de valores repassados pelo Fundo Municipal/Estadual Assistência Social (R$ 190.319.876,33), em 2017, no Rio Grande do Sul, distribui-se em Gestão (R$ 29.888.765,58), Programas (R$ 8.687.793,36) e Serviços (R$ 151.743.317,39). Em 2017, o valor anual repassado para o Programa Bolsa Família foi de R$ 695.069.373,00. Para o Benefício de Prestação Continuada foram repassados R$ 2.215.523.147,20.

No Paraná, em 2017, os valores repassados pelo Fundo Municipal/Estadual Assistência Social (R$ 159.815.599,66), distribuem-se em Gestão (R$ 34.520.288,70), Programas (R$ 9.821.249,32) e Serviços (R$ 159.815.599,66). Em 2017, o valor anual repassado para o Programa Bolsa Família foi de R$ 654.542.533,00. Para o Benefício de Prestação Continuada, foram repassados R$ 2.298.873.181,26[12].

A alocação de recursos financeiros nos dois estados materializa um dos grandes desafios colocados à implementação do SUAS; a grande concentração está nos recursos dos programas de transferência renda, e há pouco investimento na rubrica dos serviços.

Para a pesquisa foram considerados os CRAS, CREAS e CENTROS POP, como unidades de referência empírica para o estudo desenvolvido. Assim, no que se refere aos equipamentos existentes na rede socioassistencial nos municípios da amostra da pesquisa, constatamos a distribuição descrita na tabela a seguir:

12. Consulta aos Relatórios de Programas e Ações do MDS, gerados pela Secretaria de Avaliação e Gestão da Informação (SAGI) (2018).

Tabela 7. Distribuição do número de CRAS, CREAS e CENTROS POPs pelos municípios da amostra da pesquisa no Rio Grande do Sul e Paraná, 2018

Estado	Município	Total de CRAS	Total de CREAS	Total de CENTROS POPs
Paraná	Curitiba	45	09	06
	Londrina	10	03	01
	Ibiporã	02	01	-
	Cornélio Procópio	01	01	-
	Cerro Azul	01	-	-
	Total no Estado	*568*	*156*	*22*
Rio Grande do Sul	Porto Alegre	22	09	02
	Bento Gonçalves	03	01	-
	São Borja	03	01	-
	Butiá	01	01	
	Dom Feliciano	01	01	-
	Total no Estado	*589*	*133*	*13*

Fonte: Brasil, 2018a

Conforme os dados do Censo SUAS, posto no RI da Proteção Social Básica e Especial, no Rio Grande do Sul, houve uma ampliação dos CREAS, de 48, em 2008, para 115, em 2014, e de CENTROS POP, de 08, em 2011, para 13, em 2014; na mesma proporção, no Paraná, houve uma ampliação dos CREAS, de 54, em 2008, para 156, em 2014, e de CENTROS POP, de 08, em 2011, para 22, em 2014. Houve ampliação do número de CENTROS POP em Curitiba, passando de 02, em 2011, para 06, em 2014, bem como a redução de 01 CREAS em 2014[13].

13. "Aconteceu no dia 09 de agosto, na Fundação de Ação Social — FAS, a reunião extraordinária do Conselho Municipal de Assistência Social de Curitiba — CMAS que deliberou sobre o projeto de reordenamento da proteção básica, cujo objetivo é o fechamento de 07 CRAS e 04 Unidades de Atendimento na capital. O CMAS deliberou pelo fechamento dos CRAS mesmo diante dos apelos e posicionamentos contrários à proposta da FAS, partindo de vários órgãos como: Ministério Público; Conselho Regional de Serviço Social — CRESS; Conselho Regional de Psicologia — CRP; Ordem dos Advogados do Brasil-Paraná — OAB-PR; Sindicato dos Servidores Municipais de Curitiba, dentre outros. Os posicionamentos institucionais contrários à proposta da FAS, como o CRESS-PR, sustentam-se nas competências do município previstas no Sistema

As capitais dos dois estados concentram o maior número de equipamentos. Destaca-se, para os municípios da pesquisa, que com exceção de um de pequeno porte, todos possuem CREAS. Em relação a CENTROS POP, na amostra, apenas as metrópoles e Londrina (PR) possuíam esse serviço instalado. O estado do Rio Grande do Sul tem 297.962 pessoas em extrema pobreza, concentrando-se em Porto Alegre 23.430 pessoas. Na mesma proporção, o Paraná tem 288.759 pessoas em extrema pobreza, concentrando-se em Curitiba 16.936 pessoas (Censo IBGE, 2010).

Em relação aos equipamentos, o que se pode constatar, a partir das observações em campo durante a coleta da pesquisa, é que o estado do Paraná tem seus equipamentos, em sua maioria, em espaços próprios, planejados para a oferta dos serviços; destaca-se que mesmo nos municípios de pequeno porte a estrutura física dos CRAS, CREAS atende às Orientações Técnicas para esses serviços. Já no estado do Rio Grande do Sul, a dinâmica muda radicalmente. Os serviços estão em geral em prédios alugados ou próprios dos municípios, mas não foram planejados para receber esses serviços. Durante o processo de observação, notou-se espaços físicos que não estão adequados para a realização de atendimentos que garantam sigilo profissional, e espaços físicos que não comportam o número de atendimentos diários, gerando grandes filas, nos corredores, área externa dos serviços, entre outros. Essa é uma realidade apontada pelos Censos SUAS, que muitos dos equipamentos em todo o país ainda são alugados e adaptados para as necessidades dos serviços.

Os dados demonstram que uma importante estrutura de serviços vem se estruturando nos estados e municípios pesquisados. As informações coletadas e sistematizadas demonstram que as capitais ainda são os municípios dos estados que possuem maior cobertura e disponibilizam quase todos os serviços que integram a rede socioassistencial

Único de Assistência Social, nas fragilidades das justificativas de fechamento, e, sobretudo, nos prejuízos que penalizam a população mais vulnerável. Na reunião ocorrida dia 09 de agosto, a proposta de desmonte da rede de CRAS venceu por 09 votos dos(as) conselheiros(as) representantes da gestão (dois deles substituídos recentemente pela gestão), contra 07 votos dos(as) representantes da sociedade civil" (CRESS-PR, 2018).

nas modalidades de proteção social básica e especial, com exceção do Serviço de Acolhimento em República. Naqueles municípios inscritos na gestão básica, é crescente a demanda pelos serviços de proteção social especial, principalmente no que se refere a medidas direcionadas a crianças e adolescentes, demonstrando a necessidade de investimento em serviços regionalizados que viabilizem esses atendimentos.

Os serviços da política de Assistência Social estão organizados em níveis de proteção social — básica e especial. Os benefícios assistenciais fazem parte da Política de Assistência Social e são um direito do cidadão e dever do Estado. Esses benefícios são divididos em duas modalidades: o Benefício de Prestação Continuada da Assistência Social (BPC) e os Benefícios Eventuais. O Bolsa Família é um programa concebido com o objetivo de contribuir para a redução da pobreza e da desigualdade no Brasil, transferindo um benefício monetário às famílias, diretamente pelo governo federal. A gestão do Bolsa Família é descentralizada, ou seja, tanto a União quanto os estados, o Distrito Federal e os municípios têm atribuições em sua execução.

Entre as análises recentes sobre o processo de desmonte da Assistência Social, pode-se incluir a proposta do Programa Criança Feliz (Decreto n. 8.869, de 05 de outubro de 2016), de caráter intersetorial, com a finalidade de promover o desenvolvimento integral das crianças na primeira infância. Foi alocado no Ministério de Desenvolvimento Social e compromete-se a articular ações das políticas de Assistência Social, Saúde, Educação, Cultura, Direitos Humanos e Direitos das Crianças e dos Adolescentes, entre outras.

No momento da coleta, no Paraná, apenas 65 municípios estavam participando do Programa Primeira Infância no SUAS, com Termo de Aceite Programa Primeira Infância no SUAS (dos municípios da pesquisa, apenas Curitiba); no Rio Grande do Sul, apenas 86 municípios estavam participando do Programa (dos municípios da pesquisa, Bento Gonçalves e Dom Feliciano)[14].

---

14. Informações disponíveis na Rede SUAS, Secretaria Nacional de Assistência Social: <https://aplicacoes.mds.gov.br/snas/termoaceite/crianca_feliz_2016/relatorio_participantes.php>. Acesso em: ago. 2018.

Quadro 2. Benefícios Disponibilizados pela Política de Assistência Social no Paraná e Rio Grande do Sul, 2018

Estado	Benefício disponibilizado	Público-alvo	Cobertura
Paraná	Benefício de Prestação Continuada (BPC)	Pessoas com deficiência, de qualquer idade, e pessoas idosas a partir de 65 anos que vivam em famílias com renda *per capita* inferior a ¼ do salário mínimo.	114.525 pessoas com deficiência e 94.226 idosos, totalizando 208.751 beneficiários.
	Benefícios Eventuais (BE)	Cidadãos e famílias em situação de vulnerabilidade provisória ou de calamidade pública, e situações especiais como nascimento ou morte. • Cupom alimentação; • Auxílio natalidade; • Auxílio funeral; • **Transporte Urbano, Intermunicipal e Interestadual;** • Documentação.	Informação não disponível
	Programa Bolsa Família	Famílias Beneficiárias	363.352 famílias
Rio Grande do Sul	Benefício de Prestação Continuada (BPC)	Pessoas com deficiência, de qualquer idade, e pessoas idosas a partir de 65 anos que vivam em famílias com renda *per capita* inferior a ¼ do salário mínimo.	123.467 pessoas com deficiência e 77.841 idosos, totalizando 201.308 beneficiários.
	Benefícios Eventuais (BE)	Cidadãos e famílias em situação de vulnerabilidade provisória ou de calamidade pública, e situações especiais como nascimento ou morte. • Auxílio alimentação; • Auxílio natalidade; • Auxílio funeral; • Documentação; • Transporte Intermunicipal;	Informação não disponível.
	Programa Bolsa Família	Famílias Beneficiárias	357.472 famílias

Fonte: Brasil, 2017b; PUC-RS, 2018

No que diz respeito ao eixo relativo ao complemento da renda através do repasse dos benefícios monetários continuados, PBF e BPC, os dados demonstram que, nos municípios da amostra da pesquisa, esse ocorre de forma efetiva e contempla um número expressivo de famílias beneficiárias. Observa-se, com base nos dados coletados, que os Benefícios de Prestação Continuada (BPC) e o Bolsa Família (PBF) são ainda os principais benefícios, de caráter continuado, atingindo um número importante de pessoas e famílias, conforme pode ser observado no Quadro 2. É importante relatar que, durante a pesquisa, pode ser observada a apreensão dos gestores, trabalhadores e usuários sobre a possibilidade de revisão dos benefícios e de sua retirada, em virtude da restrição orçamentária.

O conjunto de benefícios eventuais apresentados nesse documento expressam os dados compilados dos municípios da amostra da pesquisa, embora não ocorram em todos os municípios pesquisados. Os que mais são presentes são aqueles previstos na Constituição Federal — alimentação, natalidade e funeral. Alguns municípios possuem outras modalidades de benefício custeados pelo poder público local; no entanto, referem-se a benefícios referentes às secretarias agregadas, como é o caso de São Borja (RS), que apresenta regulamentação na Lei Municipal sobre os benefícios eventuais — auxílio carga de terra, materiais para reforma de casa e outros referentes à fusão das secretarias de Assistência Social e Habitação.

No que diz respeito aos benefícios eventuais, esses estão previstos no art. 22 da LOAS e objetivam ao pagamento de auxílio por natalidade ou morte, ou para atender necessidades advindas de situações de vulnerabilidade temporária, com prioridade à criança, à família, ao idoso, à pessoa com deficiência, à gestante, à nutriz e também em casos de calamidade pública. Dados da pesquisa de campo demonstraram que a concessão dos benefícios eventuais ocorre em todos os municípios pesquisados e a maioria deles são estabelecidos por lei específica.

Em geral, observa-se que os benefícios mais ofertados são os auxílios funeral e natalidade, seguido do auxílio alimentação. Ele é concedido através de bens de consumo na maioria dos municípios; apenas no município de Londrina (PR) é destinado um valor mensal para as famílias cadastradas através de um cartão em que a família tem autonomia para a utilização do recurso. Em decorrência da maioria dos municípios não ter implementado a vigilância social, o dado sobre o quantitativo dos atendimentos desses benefícios não pode ser identificado.

O que fica evidente nos espaços de coleta de dados dos grupos focais e entrevistas é que esses benefícios são em grande parte responsáveis pela procura dos usuários aos serviços da Assistência Social, e que a demanda existente é sempre maior que a oferta de benefícios. É imperioso destacar que o custeio desses benefícios foi estabelecido pelo Decreto n. 6. 307, de 14 de dezembro de 2007, que estabelece competência aos municípios e DF, conforme regulamentado na LOAS, em seus artigos 14 e 15, para disponibilizar recursos financeiros para o custeio do pagamento dos auxílios natalidade e funeral, mediante critérios estabelecidos pelos Conselhos de Assistência Social do DF e dos municípios, sendo que os estados também têm a responsabilidade na efetivação desse direito, competindo a eles cofinanciá-los.

Os critérios para concessão dos benefícios eventuais em cada município devem ser definidos pelos CMAS, na perspectiva de regulamentação da concessão por lei municipal específica, visando romper ou ao menos dificultar as práticas clientelistas, historicamente enraizadas na Assistência Social. A concessão dos benefícios através de critérios legalmente definidos sem interferência de práticas políticas clientelistas ainda se constitui um desafio na maioria dos municípios pesquisados, especialmente nos municípios de pequeno porte, onde, no processo de coleta da pesquisa de campo, ficou evidente o processo de atravessamento político na concessão deles.

Em um município inclusive os usuários referem que a Assistência Social é o espaço onde fica o gestor (lugar onde os benefícios são concedidos), não reconhecendo o CRAS como Assistência Social, já que ali não havia benefícios, apenas oficinas, palestras, espaços recreativos etc. Esse cenário demonstra que ainda persistem as práticas políticas clientelistas, desafio importante a ser superado na perspectiva de consolidação da Assistência Social como direito.

No que diz respeito aos serviços socioassistenciais, continuam prevalecendo práticas de improvisação e de atendimento emergencial das demandas espontâneas e individuais, em desconhecimento das demandas coletivas e da realidade na qual os demandantes estão inseridos. Tais práticas, baseadas no imediatismo, no emergencial, na improvisação e na fragmentação das ações, que historicamente marcaram e continuam marcando o campo da Assistência Social no Brasil, precisam ser superadas por iniciativas que visem conhecer a realidade no local em que a política de Assistência Social esteja sendo implementada e seus resultados estejam retratados na vida das famílias individual e coletivamente.

3.2 Realidade institucional da gestão nos estados e nos municípios da amostra da pesquisa

Neste item apresentamos elementos que configuram o órgão gestor da Política de Assistência Social no organograma do governo do Estado, destacando sua capacidade institucional no processo de implementação da Assistência Social, com um esforço de identificar essa realidade nos municípios da amostra da pesquisa. Na análise da situação administrativa, destacamos a estrutura organizacional do governo estadual, o funcionalismo e a situação/existência de instrumentos de gestão inerentes à Política de Assistência Social.

Nos municípios pesquisados, constatamos a existência de estrutura administrativa da Assistência Social. O quadro a seguir caracteriza a posição do órgão gestor nos municípios.

Em Londrina, conforme divulgado no sítio do Secretariado Municipal[15], a secretária municipal de Assistência Social também é

---

15. A lista completa está disponível em: <http://www.londrina.pr.gov.br/index.php?option=com_content&view=article&id=1158:secretariado-municipal&catid=76:gabinete-do-prefeito&Itemid=1130>. Acesso em: 30 ago. 2018.

Quadro 3. Posição institucional da Política de Assistência Social nos Municípios da amostra da pesquisa, no Rio Grande do Sul e Paraná, 2018

Estado	Município	Designação do Órgão Gestor	Gestor
Paraná	Curitiba	Fundação de Ação Social	Assistente Social / Comissionado
	Londrina	Secretaria de Assistência Social	Assistente Social / Comissionado
	Ibiporã	Secretaria de Assistência Social	Assistente Social / Comissionado
	Cornélio Procópio	Secretaria de Ação Social	Pedagoga / Comissionado
	Cerro Azul	Secretaria de Assistência Social	Pedagoga / Comissionado
	Paraná	Secretaria de Estado da Família e Desenvolvimento Social (SEDS) Superintendência da Assistência Social	Primeira-dama/ Advogada / Comissionado
Rio Grande do Sul	Porto Alegre	Fundação de Assistência Social e Cidadania (FASC)	Outro profissional de nível superior / Comissionado
	Bento Gonçalves	Secretaria Municipal de Habitação e Assistência Social Departamento de Assistência Social	Advogada / Comissionado
	São Borja	Secretaria Municipal do Desenvolvimento Social	Administrador / Comissionado
	Butiá	Secretaria de Trabalho, Cidadania e Ação Social (SMA)	Profissional de nível médio / Servidor Temporário
	Dom Feliciano	Secretaria de Cidadania, Ação e Desenvolvimento Social	Outro profissional de nível superior / Comissionado
	Rio Grande do Sul	Secretaria de Desenvolvimento Social, Trabalho, Justiça e Direitos Humanos Departamento de Assistência Social (DAS)	Primeira-dama / Outro profissional de nível superior / Comissionado

Fonte: PUC-RS, 2018

secretária municipal de Políticas para as Mulheres e da Secretaria Municipal do Idoso. As informações do quadro 3 demonstram que todos os municípios pesquisados possuem órgão gestor para coordenação da Política de Assistência Social. No caso das metrópoles, estão vinculadas as respectivas fundações. No Rio Grande do Sul, além da Secretaria, há um departamento responsável pela gestão da Assistência Social. Conforme pode ser observado, ainda são poucas as estruturas que o nome materializa a política. Denominações como Ação Social, Desenvolvimento Social e secretarias que representam um aglomerado de políticas sociais têm sido um dos entraves para o reconhecimento da política. Isso foi apontado como aspecto relevante pelos trabalhadores, especialmente dos municípios de médio e grande porte, é a disposição da Secretaria de Assistência Social sem vinculação a outras políticas, entendendo que isso contribui, entre outros aspectos, para o seu reconhecimento pelos demais gestores, e do lugar dessa Política pela população. SUAS expressões mostram o lugar subalternizado que a assistência ocupa quando vinculada a outras políticas. Já para os municípios de pequeno porte I e II essa percepção se altera, em virtude da capacidade gerencial dos municípios desse porte, que demanda a vinculação de diferentes secretarias conjuntas, conforme identificado — Secretarias de Assistência Social e Saúde; Social, Trabalho e Habitação; Assistência Social e Habitação. Dado esse que fica mais evidenciado no estado do Rio Grande do Sul, que tem um quantitativo expressivo de município de pequeno porte I e II, um total de 455 municípios (pequeno porte I e II) do total de 497 municípios do estado, e possui como característica da organização da administração pública as secretarias conjuntas. Esse dado é relevante no processo de análise, já que isso constitui um traço marcante do estado e implica pensar sobre a melhor forma de organizar os serviços, tendo em vista essa particularidade.

> *[...] No geral, pelo o que me disseram, também quase todas estão em laço com a política pública, isso assim pra nós até para dar mais visibilidade*

> *para assistência social, é importante termos nosso próprio lugar da assistência social, mas já passamos assim junto com saúde, quando começou era política de assistência social e saúde, já ficou com trabalho e cidadania, enfim* (Trabalhadores GF/RS-MGP).

No que diz respeito aos recursos humanos envolvidos com o processo de implementação da Política de Assistência Social, nos municípios pesquisados, é possível identificar alguns elementos dessa composição no quadro a seguir:

Quadro 4. Pessoal da Política de Assistência Social nos Municípios da amostra da pesquisa

Município	Composição da equipe de profissionais[16]	Capacitação da equipe dos profissionais	Vínculo empregatício
Porto Alegre	Assistente Social — 79 Psicólogo — 67 Pedagogo — 11 Advogado — 6 Sociólogo — 4 Administrador — 2 Nutricionista — 1 Sociólogo — 5 Outros (superior) — 63 Trabalhadores de nível médio — 147 Trabalhadores de nível fundamental — 21	Doutorado — 1 Mestrado — 3 Especialização — 18	Estatutário — 112 Terceirizado — 247 CLT — 20 Outros vínculos não permanentes — 27
Bento Gonçalves	Assistente Social — 13 Psicólogo — 7 Advogado — 1 Outros (superior) — 2 Trabalhadores de nível médio — 11 Trabalhadores de nível fundamental — 1	Mestrado — 2 Especialização — 4	Estatutário — 31 Terceirizado — 1 Outros vínculos não permanentes — 3

Continua

16. O quantitativo expresso neste quadro leva em consideração trabalhadores e trabalhadoras do SUAS inseridos nos serviços: CRAS, CREAS e CENTROS POP.

Quadro 4. Continuação

Município	Composição da equipe de profissionais	Capacitação da equipe dos profissionais	Vínculo empregatício
São Borja	Assistente Social — 8 Psicólogo — 2 Advogado — 1 Fisioterapeuta — 1 Outros (superior) — 4 Trabalhadores de nível médio — 14 Trabalhadores de nível fundamental — 4	Especialização — 2	Estatutário — 19 Comissionado — 5 Outros vínculos não permanentes — 10
Butiá	Assistente Social — 4 Psicólogo — 5 Pedagogo — 3 Advogado — 2 Administrador — 1 Outros (superior) — 1 Trabalhadores de nível médio — 8	Especialização — 2	Estatutário — 5 Comissionado — 4 Terceirizado — 3 CLT — 4 Outros vínculos não permanentes — 8
Dom Feliciano	Assistente Social — 4 Psicólogo — 2 Advogado — 1 Administrador — 1 Outros (superior) — 1 Trabalhadores de nível médio — 3 Trabalhadores de nível fundamental — 2	Especialização — 1	Estatutário — 9 Comissionado — 3 Outros vínculos não permanentes — 2
Curitiba	Assistente Social — 172 Psicólogo — 51 Pedagogo — 57 Advogado — 6 Administrador — 13 Sociólogo — 1 Economia — 2 Nutrição — 1 Outros (superior) — 89 Trabalhadores de nível médio — 221 Trabalhadores de nível fundamental — 5 Especialização — 66 Mestrado — 2 Estatutário — 668 Comissionado Outros vínculos não permanentes — 2	Especialização — 63 Mestrado — 1 Estatutário — 1.420 Comissionado 10 Outros vínculos não permanentes — 72	Estatutário — 1.420 Comissionado — 10 Outros vínculos não permanentes — 72

Continua ➧

Quadro 4. Continuação

Município	Composição da equipe de profissionais	Capacitação da equipe dos profissionais	Vínculo empregatício
Londrina	Assistente Social — 89 Psicólogo — 39 Pedagogo — 2 Sociólogo — 2 Terapeuta Ocupacional — 3 Trabalhadores de nível médio — 129 Trabalhadores de nível fundamental — não registrado	Especialização — 23 Mestrado — 1	Estatutário — 261 Comissionado — 1 Outros vínculos não permanentes — 2
Cerro Azul	Assistente Social — 3 Pedagogo — 1 Outros (superior) — 1 Trabalhadores de nível médio — 22 Trabalhadores de nível fundamental — 3	Especialização — 1	Estatutário — 27 Comissionado — 1 CLT — 1 Outros vínculos não permanentes — 1
Ibiporã	Assistente Social — 9 Psicólogo — 5 Outros (superior) — 3 Trabalhadores de nível médio — 20 Trabalhadores de nível fundamental — 5	Especialização — 9	Estatutário — 25 Terceirizado — 1 Outros vínculos não permanentes — 15
Cornélio Procópio	Assistente Social — 5 Psicólogo — 2 Administrador — 1 Outros (superior) — 2 Trabalhadores de nível médio — 11 Trabalhadores de nível fundamental — 5		Estatutário — 17 Comissionado — 1 Outros vínculos não permanentes — 7

Fonte: Brasil, Censo SUAS, 2017a

A partir da análise desses dados, podemos perceber que todos os municípios participantes da pesquisa, além de terem no quadro de pessoal uma gama de profissionais diversificados, realizaram concurso com vagas para compor o quadro de pessoal da Política de Assistência Social. Todavia, na maioria dos municípios do RS, ainda prevalece o tipo de vínculo empregatício caracterizado por contratos terceirizados, e os chamados pelo Censo — outros vínculos não permanentes, nos quais se enquadram trabalhadores temporários. Observamos que o Paraná possui o maior número de trabalhadores estatutários, apontando para um quadro de consolidação da NOBRH/SUAS. Na contramão, encontra-se o Estado do Rio Grande do Sul, onde, inclusive na capital, Porto Alegre, o número de trabalhadores terceirizados é superior ao de concursados. Em geral, pode-se inferir que o cenário de diversificação dos vínculos empregatícios contribui para a instabilidade dos profissionais, gerando incertezas para os trabalhadores e alta rotatividade, impactando na qualidade dos serviços, o que será observado nos itens que tratam dessa temática.

Para além dos dados quantitativos que foram acessados no decorrer da pesquisa, a análise aqui retratada foi constituída a partir da pesquisa de campo complementada pela bibliografia de referência na área da Assistência Social, lembrando que a pesquisa de campo contou com entrevistas, grupos focais e observações sistemáticas desenvolvidas nos equipamentos[17] selecionados para este estudo.

Assim, as reflexões sobre a realidade da implementação do SUAS contemplaram os eixos de análise que são desenvolvidos, a saber: Percepção dos sujeitos da pesquisa sobre a Política de Assistência Social, o SUAS; Serviços, programas, projetos e benefícios desenvolvidos nos CRAS, CREAS e CENTROS POP; Trabalhadores do SUAS nos municípios; Participação dos usuários na implementação do SUAS e controle social; Vigilância socioassistencial; Política de Assistência Social e Sistema Único de Assistência Social nos Municípios.

4. PERCEPÇÃO DOS SUJEITOS SOBRE A POLÍTICA DE ASSISTÊNCIA SOCIAL E O SUAS: gestores municipais e estadual, técnicos, conselheiros e usuários

Desde a instituição da Assistência Social na Constituição Federal de 1988, um percurso de avanços e retrocessos foi constituindo o

17. CRAS, CREAS e CENTROS POP.

caminho da implantação e implementação dessa política. O processo de regulamentação da Assistência Social é um passo importante no avanço dessa política. A PNAS (2004) instituiu o Sistema Único de Assistência Social (SUAS), que é um sistema público não contributivo, descentralizado e participativo que tem por função a gestão do conteúdo específico da Assistência Social no campo da proteção social brasileira.

A pesquisa empírica buscou identificar a percepção dos atores envolvidos em relação à Política de Assistência e ao avanço para a implementação do sistema único. Algumas características do SUAS são apontadas pelos trabalhadores como positivas nesse processo, a saber: a descentralização, a aproximação dos serviços com a comunidade (principalmente os CRAS e equipes volantes), a padronização de serviços, o que na percepção dos trabalhadores contribui inclusive para que a sociedade em geral possa fortalecer o entendimento sobre o que é a Política de Assistência Social[18], e o que faz parte dessa política. No que concerne ao processo de descentralização e aproximação dos serviços com a comunidade, bem como o reconhecimento da política destacaram os pesquisados

> *[...] o CRAS ficando mais próximo ao território, facilita o acesso da população, mais fácil e rápido.* (Trabalhadores GF/RS-MMP). *[...] avanços no número de centros de referência de assistência social, nós somos cinco, um é equipe volante, mas é CRAS também. A questão do acesso também, ficou bem mais organizado, dividido por CRAS, a questão dos atendimentos das famílias por territórios* (Trabalhadores GF/RS-MMP). O que é GF?

> *Acho que veio para legitimar a política como um direito do cidadão, que já vem da constituição, mas a política de 2004 veio para legitimar, como lei mesmo, apresentar diretrizes para a atuação* (Trabalhadores GF/PR-M)

18. Não raramente, os trabalhadores dos grupos se referem ao processo de implantação do SUS, tendo esse processo como referência para o tempo e movimento necessários na consolidação do SUAS para a população.

Destacamos que os trabalhadores reconhecem os avanços ocorridos a partir da instituição da Política de Assistência Social e que eles contribuíram para a organização dos serviços por níveis de complexidade do Sistema Único de Assistência Social (SUAS), ficando organizados em Proteção Social Básica, Proteção Social Especial de Média Complexidade e Proteção Social Especial de Alta Complexidade.

A Proteção Social Básica se distingue da Proteção Social Especial, pois a primeira possui um caráter preventivo, isto é, busca intervir de forma a prevenir o desenvolvimento de situações de risco e violação de direitos. A segunda trabalha no enfrentamento e na busca da superação das situações de violação de direitos, visto que se dedica ao atendimento dos sujeitos que vivenciam tais situações e se encontram com os vínculos familiares e comunitários fragilizados. Os serviços de Proteção Social Especial têm estreita interface com o sistema de garantia de direitos, exigindo, muitas vezes, uma gestão compartilhada com os Órgãos de Defesa de Direitos, como o Conselho Tutelar, Ministério Público, Poder Judiciário e Defensoria Pública.

Também foi possível observar que os trabalhadores consideram que é necessário pensar a Assistência Social dentro do escopo da proteção social, no âmbito de sociedade do capital, exigindo uma leitura crítica, que apreenda o movimento da realidade e o contexto em que ela se apresenta, visto que está "marcado por paradoxos e contradições que se expressam por formas variadas, entre as quais, por mais incoerente que possa parecer, a reiteração da (des)proteção social" (Sposati, 2013, p. 653). É possível identificar a (des)proteção social, que além de ocultar os processos de violência e violação de direitos, pode materializar-se nas ações emergenciais que são exercidas, posteriormente, às instalações das situações de risco.

Nesse sentido, a proteção social diz respeito às ações, institucionalizadas ou não, que visam à proteção do todo, ou determinada parte da sociedade, dos riscos naturais e/ou sociais que decorrem da vida em comunidade. Como mecanismos públicos, os sistemas de proteção social objetivam, também, regular as relações e as condições necessárias para o desenvolvimento da sociedade do trabalho (Couto *et al.*, 2012).

Assim, considera-se que a Proteção Social é uma via de mão dupla, pois ela, ao mesmo tempo, visa à proteção dos sujeitos, mas, através de suas ações, permite a eles o acesso ao consumo, colaborando, então, para o acúmulo e a manutenção do modo de produção capitalista.

Os trabalhadores também ressaltaram que, na contemporaneidade, a percepção sobre a Política de Assistência Social é permeada pelo conservadorismo e que a política ainda é confundida com clientelismo, assistencialismo e caridade por parte dos trabalhadores, gestores e usuários. Ademais, afirmam que a referida política pública, na compreensão da sociedade, muitas vezes, se resume aos programas de transferência de renda, dada a falta de conhecimento sobre os serviços e programas ofertados.

Os profissionais também destacam que os critérios estabelecidos para o acesso aos benefícios e programas, muitas vezes, contribuem para que os usuários enfrentem dificuldades para acessá-los, visto que até mesmo os sujeitos que se encontram em situação de vulnerabilidade social, devido aos recortes, não contemplam as exigências para o acesso.

Para os trabalhadores, a consolidação da Assistência Social como um direito do cidadão e dever do Estado exige o enfrentamento de importantes desafios, entre eles, destacam a necessidade da legitimação das atribuições dessa política, bem como a sua compreensão por parte dos gestores, técnicos, e pelos profissionais das demais políticas públicas.

Indo ao encontro da reflexão realizada pelos trabalhadores, no que se refere à incompreensão da Assistência Social como um direito social, destacamos a seguinte fala,

> *[...]. Mas eles ainda talvez não compreendem isso como um direito. A gente vê na fala deles quando eles agradecem: "muito obrigada, que deus abençoe, desculpe incomodar". Este tipo de comportamento e de fala só reforça que eles ainda não entendem isso como um direito. Eles entendem como se fosse um favor que nós estamos fazendo e na verdade não é* (Trabalhadores GF/PR-M).

Ainda que para alguns trabalhadores da política não esteja claro o objetivo da organização do SUAS em níveis de proteção, os trabalhadores apontam como avanço, entendendo que esse formato contribui para a melhoria do atendimento. A expressão destacada a seguir aponta ainda para a questão de que o entendimento, o conhecimento e a explicitação de concepção da política de Assistência Social está, em grande medida, restrita aos trabalhadores de nível superior, o que mostra a necessidade de se pensar os processos de educação permanente para todos os trabalhadores do SUAS, especialmente os de nível médio e fundamental, para que possam também avançar na compreensão da Política. *"No meu caso, mesmo não sabendo para que serve um, para que serve outro (referindo-se a CRAS e CREAS), a visão é que muita coisa melhorou neste sentido assim né."* (Trabalhadores GF/RS MPP1).

A mudança no paradigma da assistência, superando o caráter assistencialista no aspecto formal, foi outro aspecto destacado, embora o último ainda esteja enraizado no trabalho profissional e na presença das primeiras-damas na organização do sistema.

> *[...] ação social foi uma das nossas brigas que se conseguiu e tentou sensibilizar não só a comunidade e as gestões e ver a diferença do que é uma ação social, e o que é uma ação social enquanto política, a gente ter isso não só pela nomenclatura, mas a gente sabe o quanto é importante dar visibilidade* (Trabalhadores GF/RS-MGP).

> *Até hoje a primeira-dama é sempre a figura da secretária de assistência. Não é a figura de secretária porque a gente não tem Secretaria da Assistência. É presidência. É presidente da Fundação de Ação Social. Isso ultrapassa gestões, porque troca gestão e sempre mantém [...]* (Trabalhadores GF/PR-M).

Nos processos de coleta grupal, os trabalhadores dialogaram sobre a superação de atendimento por critérios de inclusão e exclusão, ampliando a percepção do conjunto de necessidades da população, e que a partir da compreensão das demandas dos usuários é necessário pensar as ações para o atendimento, considerando território, histórias de vida, relações com a sociedade, entre outros.

> *[...] Na lógica que a gente trabalhava que era com programas, que tinham critérios para inclusão, e agora a lógica de que a gente precisa ver o que as famílias necessitam e aí vamos atender[...] era como se antes deveríamos ver aqueles que se enquadravam, e agora é uma proposta de entender as necessidades da população. O que foi um grande avanço* (Trabalhadores GF/RS-MMP).

> *Eu acho que a política nacional veio para legitimar a questão do direito, dever do Estado, acho que ela coloca diretrizes e o SUAS vai organizar nacionalmente, acho que é um ganho. Embora a gente viva um momento de perdas nas políticas públicas* (Trabalhadores GF/RS-MMP).

A partir das falas dos usuários (a seguir), observa-se que a Política de Assistência Social na sua percepção ainda traz o traço marcante da ajuda pelo Estado para aqueles que se encontram em situação de vulnerabilidade social, o que descaracteriza o direito do usuário ao acessar programas e benefícios da política de acordo com suas necessidades. Ademais, o acesso é limitado por critérios e/ou condicionalidades que perpetuam o entendimento do caráter assistencialista do Estado, camuflando, portanto, a conquista dos direitos dos usuários como integrantes da classe trabalhadora.

Sendo assim, a desinformação ou o não reconhecimento do direito constituído ao acesso a programas e/ou benefícios, e do dever do Estado em provê-los, reitera o individualismo e a condição de isolamento na qual se encontram os usuários, pois à medida que não reconhecem a Política de Assistência Social como direito, se distanciam da perspectiva de direito coletivo, identificando-o como ajuda. Acrescenta-se ainda a reiterada confusão entre política de assistência social e o profissional assistente social, o que é evidente na fala dos usuários.

> *Eu, o que eu sei, assim, que a assistente social, é para dar uma assistência para as pessoas na sociedade, mais a fundo, eu não sei* (Usuário GF/RS-MPP2).

> *Ela disse (assistente social) "A senhora foi uma das beneficiadas". Ela nem disse o que era, porque eu não tenho estudo, certas palavras eu não entendo. Daí eu disse, o que é beneficiada? Ela me disse "a senhora é beneficiária porque a senhora conseguiu o Bolsa Família, a senhora vai receber o benefício todos os meses". E daí em diante eu fui indo. Aí recebi, fui recebendo até um ano e pouco atrás. Aí terminou a tal de LBA e surgiu um tal de CRAS* (Usuário GF/RS-MGP).

> *Mais ou menos o que eu sei é que ela ajuda os pobres, para arrumar documento, para arrumar as coisas que a gente precisa, vai no CRAS, a assistente social, eles ajeitam tudo pra gente, eu sei que é bem assim* (Usuários GF/PR-MMP).

Já os gestores destacam os avanços obtidos deste a implementação da Política de Assistência Social, com destaque para a organização das proteções — Proteção Social Básica, Proteção Social Especial de Média e Alta complexidade. Todavia, eles também consideram que existem desafios a serem enfrentados, principalmente no que se refere ao aumento da participação dos usuários nas conferências, na superação dos equívocos existentes em torno da categoria direito, que cotidianamente é tratado como favor ou ajuda e na consolidação das atribuições dessa política pública.

> *A questão da vulnerabilidade, é muito complicada. A gente tem, às vezes, a vulnerabilidade por questões econômicas que acaba participando também do programa de transferência de renda, mas tem por outro lado aquela pessoa que teve seus direitos violados* (Gestor GF/RS-MPP2).

Destacam, outrossim, a importância da inserção de técnicos na direção das secretarias e/ou fundações, na perspectiva de qualificar os serviços, superando assim a ocupação desses cargos por indicações políticas. Referem ainda que a sociedade não tem conhecimento a respeito dos serviços, programas e benefícios estabelecidos na referida política pública, diferentemente do que ocorre com o Sistema Único de Saúde, que, para eles, está consolidado. Além disso, com o intuito de superar a equivocada compreensão da sociedade a respeito da Política de Assistência Social, compreensão essa que corrobora para a rotulação e o julgamento dos usuários dessa política, bem como para a ampliação do acesso aos seus direitos sociais, algumas equipes divulgam em programas de rádio, jornais e redes sociais os serviços, benefícios e programas ofertados na Política.

Dessa maneira, os gestores acreditam que se faz necessário ultrapassar as características do assistencialismo e da caridade que permanecem arraigadas na Política de Assistência Social e, para eles, isso será possível por meio da consolidação dessa política pública, pela compreensão de suas atribuições e objetivos, por parte dos técnicos, gestores e usuários da Política de Assistência Social, bem como pelos trabalhadores das demais políticas. [...] Hoje ela se apresenta como um direito (Usuários GF/PR-MGP).

Neste caminho, destacamos que apesar da afirmação do Usuário supracitado, a concepção da Política de Assistência Social por parte dos usuários está majoritariamente atrelada ao entendimento de "ajuda aos pobres", que é acessada em momentos em que os sujeitos estão passando por dificuldades de diferentes tipos, concepção essa que se sobressai à ideia de direito. Ademais, um dos preconceitos com relação à Assistência Social recorrentemente tem sido o de vê-la como possibilitadora de um direito compreendido como favorável para a acomodação e dependência dos sujeitos.

Sendo assim, a partir dos dados coletados, compreendemos que a Política de Assistência Social, embora tenha avançado conceitualmente e tenha sua defesa como política pública reclamável no campo do direito social por vários participantes da pesquisa, também contraditoriamente está atrelada ao entendimento de assistencialismo e caridade, o que vai de encontro aos seus objetivos. A consolidação da Assistência Social como política pública e direito social ainda exige o enfrentamento de importantes desafios, principalmente no que se refere à superação dos estereótipos e rótulos projetados aos usuários dessa política.

4.1 Serviços, Programas, Projetos e Benefícios desenvolvidos nos CRAS, CREAS e CENTROS POP: capacidade de atendimento, conhecimento, acesso pelos usuários e qualidade dos serviços

> *Hoje, por exemplo, todo o serviço de acolhimento para idosos é conveniado não temos um serviço próprio, nós não temos serviço próprio também para pessoas com deficiência, também é todo conveniado, não se conseguiu implantar outras ofertas, a domicílio, para pessoas idosas ou com deficiência, então a proteção básica só tem SCFV e CRAS. No plano se tem essas possibilidades, mas na prática, nem o décimo (10º) CREAS, que há anos está no Plano Plurianual, a gente não consegue por falta de equipe para poder implantar* (Gestor RS-M).

> *São muito gente boa, eles sabem atender as pessoas. Eles vieram lá em casa, eu moro sozinho também, perdi meu pai e minha mãe e moro na casa da minha irmã, no porão que eu vou arrumar, ela mora em cima. Mas eu moro sozinho daí eu agradeço, porque se não fosse através deles pode ser que eu não tinha nada* (Usuários GF/RS —MGP).

> *Deixa à vontade. A psicóloga tem um processo, tudo assim gente boa. Bom, vocês sabem, quando vai atender uma pessoa explica o que tem que fazer. Como agora para encaminhar o negócio do Passe Livre pra ir pra Porto Alegre* (Usuários GF/RS — MGP).

Marcados na LOAS, principalmente a partir de 2011, com a atualização e adequação ao Sistema Único de Assistência Social, os Benefícios, os Serviços, os Programas e os Projetos de Assistência Social buscam dar materialidade à política pública, seja através da oferta de recursos financeiros, materiais ou mesmo através de atendimentos nos equipamentos públicos ou privados.

Neste sentido, teve-se o objetivo de compreender a capacidade de atendimento, conhecimento, acesso pelos usuários e qualidade dessas ações, nos equipamentos públicos CRAS, CREAS e CENTROS POP e, em última análise, contribuir com a produção de conhecimento na perspectiva da construção da Assistência Social enquanto política pública.

É importante destacar que o CRAS e o CREAS ofertam apoio às famílias através de atendimento e acompanhamento, havendo uma diferença entre esses dois processos. O atendimento se constitui como uma intervenção mais pontual — e uma família ao ser atendida uma vez por profissionais não, necessariamente, receberá acompanhamento. O acompanhamento se configura como intervenções contínuas, sejam entrevistas ou visitas domiciliares, e acontece sempre que os sujeitos vivenciem situações de risco e vulnerabilidade pessoal ou social e ocorrem a longo prazo. Os principais programas desenvolvidos são o Programa de Atendimento Integral a Famílias — PAIF e o Programa de Atendimento Especial a Famílias e Indivíduos — PAEFI.

Conforme a Política Nacional de Assistência Social (PNAS), o CRAS, ao ofertar proteção básica, deve se orientar por uma escala gradual de cobertura de famílias em maior vulnerabilidade, até alcançar a todos os que dela necessitarem, em territórios de vulnerabilidade social. O CREAS, que oferece a proteção especial de média complexidade, visa a orientação e o convívio sociofamiliar e comunitário. Difere da proteção básica por se tratar de um atendimento dirigido às situações de violação de direitos (Brasil, 2004). Um ponto destacado foi a padronização dos serviços e direção do SUAS em âmbito nacional: *O CRAS tem rede em qualquer lugar do Brasil, o CRAS/CREAS na organização dos serviços é a mesma porque senão só com a política de cada município constituindo a sua que também tem o seu lado bom* (Trabalhadores GF/RS-MGP).

O Centro de Referência Especializado para População em Situação de Rua — CENTRO POP, previsto na Tipificação Nacional de Serviços e no Decreto n. 7.053/2009, constitui-se numa grande conquista da luta da população em situação de rua, e oferece serviços para acolhimento e atendimento das demandas dessa população.

Os(as) usuários(as), ao avaliarem esse quesito, demonstraram a contradição entre a disponibilidade e a expectativa de atendimentos. Na mesma direção, suas expressões mostram a contradição entre a garantia do direito e a "ajuda". Isso se constrói a partir da identidade da política e dos equipamentos que, com o SUAS, passaram a marcar os espaços e as estruturas, sem abandonar práticas que reiteram o assistencialismo.

> *A gente é bem mais ajudada do que no tempo da LBA. Na LBA eles escolhiam quem queriam ajudar. As pessoas que mais precisavam eles não ajudavam. No CRAS, eles podem não conhecer a pessoa, mas eles ajudam* (Usuários GF/RS — MGP).

> *A assistente social daqui não tem nem como reclamar, porque eu venho pedir ajuda pra ela, ela me ajuda, porque assim eu tenho meu marido preso, ai no dia que eu fui registrar essa tinha que mandar o papel pra lá pra depois vir o papel pra mim assinar pra mim registrar ela, ai morreu uma minha, três dias de nascida ai foi o papel pra lá, daqui sete dias voltou o papel, daí eles enterraram ela como indigente. Aí eu falei que não ia enterrar ela como indigente porque ela tem mãe e tem pai, ai a assistente social que me ajudou, ai eu vim aqui pedi ajuda pra ela, dai ela entrou em contato com eles lá no computador tudo certinho daí eles me ajudou, porque senão eu não sabia o que fazer aquele dia lá que a minha menina veio a falecer.* [Sobre avaliação dos serviços] (Usuários GF/PR — MMP).

Algumas terminologias, como abordagem, usuário, internação, viatura, são bastante criticadas pela população em situação de rua, por exemplo. Diante de um contexto de violência, vulnerabilidade e risco, a Assistência Social pode passar a reproduzir a lógica da segurança pública e do higienismo, sendo instada a cumprir um papel de retirada dessa população do espaço público, e ao oferecer serviços que se limitam ao cumprimento de horários comerciais.

> *Tem uma equipe de assistente social, que é do CREAS ali do centro e essa equipe sai com a viatura da prefeitura. Faz as abordagens quando tiver pessoas que estiverem com a necessidade de internação. Aí é que nem eu falei. Eu moro lá nessa comunidade, eu trabalho lá, eu fico lá. Eu não quero ser internado* (Usuários GF/RS — MGP).

> *[...] O Pop que a gente frequenta tem acolhimento, acho que é o único Pop em [município] que tem acolhimento, então no sábado e domingo é para o pessoal acolhido ter o espaço deles mas o nosso espaço, sábado e domingo, né? [Sobre avaliação dos serviços nas unidades de referência]* (Usuários GF/PR-M).

Ilustrativo dos processos que implicam os CENTROS POP, a manifestação desse usuário remete à complexidade desses serviços a fim de atender as diferenças e dar prioridades a esses usuários. Diferente dos demais equipamentos, o acesso e a distância desses serviços fazem muita diferença para quem vive da rua e na rua. A falta de acessibilidade e do transporte implica não fazer sua higiene pessoal, não se alimentar, não se dispor a trabalhar em espaços formais ou que demandem "boa apresentação", falta de documentação, não dormir, ou seja, questões básicas de todos os seres humanos. Também manifestam sobre as regras dos albergues, como, por exemplo, os horários restritos de acesso.

O Programa Bolsa Família é muito presente nas falas dos(as) usuários(as), tomam centralidade em suas vidas, a partir da Assistência Social. Dessa forma, avaliam os serviços por terem acesso ao programa, garantindo assim o direito, mas agradecendo como se fosse favor. *"O benefício Bolsa Família ele ajuda, porque com as crianças e separada. Sempre fui bem tratada por elas, sempre vão me visitar também, elas me ajudam"* (Usuários GF/RS — MGP).

A política rege-se por princípios organizativos do SUAS, como a universalidade e a gratuidade sem exigência de contribuição ou contrapartida. No entanto, alguns atravessamentos podem ser confundidos ou passar a ser exigidos como condicionalidades, via Assistência Social, para a manutenção no Programa Bolsa Família.

> *[...] informaram que se as crianças não viessem no CREAS, porque eu comecei pelo CREAS, se as crianças não viessem no CREAS eles iam recolher o Bolsa família. Daí eu coloquei minhas meninas, comecei no CREAS e do CREAS eu vim para o CRAS* (Usuários GF/RS — MPP2).

Avaliam de forma positiva as atividades de que participam e que são desenvolvidas a partir da Assistência Social, mesmo que essas não tenham uma vinculação direta com os princípios e objetivos da política. "*É bom, porque tem a convivência com as pessoas, com gente que a gente não conhece no caso, conhecer as pessoas diferentes do bairro*" (Usuários GF/RS — MMP).

Os(as) usuários(as), além de expressarem satisfação, manifestam criticamente a necessidade de ampliar a oferta de serviços.

> *Eu que convivo, acho que já estou há uns dez anos só conversando com ela aqui, eu tenho visto isso direto, muita falta, muita necessidade aqui, muita necessidade mesmo* (Usuários GF/RS — M).

> *Eu acho que deveria ter mais coisas abrangentes para todas as idades e não só para os jovens, como aqui no [secretaria]. Tá certo que tem muita violência, mas tem todas as idades, tem mães, tem as pessoas mais velhas, tem que todo mundo se ocupar com alguma coisa* (Usuários GF/RS — M).

Corroboram com os(as) trabalhadores(as) sobre a situação das condições dos equipamentos, a falta de recursos e a oferta de benefícios. Somam-se na defesa e busca de qualidade para a Assistência Social.

> *Eu acho que o que está ao alcance delas, elas estão fazendo. Mas não está legal a situação aqui do CRAS, ela tá quase no SOS socorro* (Usuários GF/RS — M).

Além de acessar a proteção básica, pelos serviços que oferecem, também estabelecem a aproximação com a Assistência Social por meio de outras políticas, como Educação e Saúde.

> *Eu conheci o CRAS devido aos meus filhos frequentarem a escola, eles são pequenos, são adolescentes. Quando a gente sai de um município e vai para o outro, a gente tem que renovar o cadastro. Então foi aonde eu comecei a fazer parte do CRAS* (Usuários GF/RS — MGP).

> *O postinho divulgou bastante que existia o CRAS. Eles divulgavam bastante, diziam: ó vai lá, peguem os papéis que vocês estão precisando* (Usuários GF/RS — M).

Quanto ao acesso aos equipamentos, os(as) usuários(as) expressam dificuldades, tanto pela falta de transporte como pelas distâncias, principalmente aos CREAS, bem como o tempo de espera para acessar aos serviços.

> *Chegar no CRAS é fácil, porque é no bairro, para ir no CREAS fica mais difícil, porque é muito longe, as vezes não tem com que pagar a passagem* (Usuários GF/RS — MMP).

> *Eu moro mais longe da casa dela. Nem chuva segura nós* [Referente à distância do CRAS] (Usuários GF/PR-MPPI).

> *Não, passa a viatura pra pegar nós e trazer aqui, né? Todas as quintas-feiras, eles buscam e levam. Nesse espaço ficaria bem difícil da gente vir, ainda mais com criança.* [Referente à distância do CRAS] (Usuários GF/PR-MPPI).

Para os(as) gestores(as) houve avanços significativos na política de Assistência Social. Eles preocupam-se, no entanto, com as condições de trabalho nos equipamentos e com os recursos para sua manutenção. Tratam de entender os fundamentos dessa política e buscam atualizar-se com as informações sobre os serviços, desde aquilo que refere aos dados estatísticos, como sobre o funcionamento dos equipamentos. Retratam a história da política nos seus municípios.

> *E nós tínhamos lá em 2013 um número de 37 crianças e adolescentes que participavam desse serviço. E, com o tempo, nós fomos fazendo, através da busca ativa, a gente conseguiu estar elevando esse número para mais de 250 crianças e adolescentes que são atendidos hoje em todos os bairros da cidade, depois do Serviço de Convivência e Fortalecimento de Vínculos* (Gestor RS-MPP2).

Alguns municípios ainda confundem a necessidade de ter a secretaria próxima ou junto aos serviços.

> *Nós conseguimos este ano [2016] fazer esse processo, e ter um CRAS junto com a Secretaria, no mesmo prédio, mas separados, em função de aluguel e tal. Mas, a Secretaria já é um local que é bem procurado. Aqui é a porta de entrada do serviço, nós queríamos que fosse no CRAS, porque o CRAS é para isso, um Centro de Referência, a casa das famílias. E este ano [2016] a gente conseguiu finalmente implantar o CRAS lá no território de abrangência, que são os bairros que nós temos mais vulnerabilidade social* (Gestor RS-MPP2).

Os municípios referem a importância dos recursos da União para a implantação dos serviços e buscam, de maneira coerente com a política, realizar estratégias para que, na falta de equipamentos, possam atender aos(às) usuários(as).

> *[...] mas nós viemos ainda implementando e foi assinado* [sic] *convênios também com o governo federal, onde* [sic] *nós recebemos esses recursos para os equipamentos de proteção social, que são CRAS* (Gestor, RS-MPP2).

Com isso, associa-se a implicação por parte dos gestores em implantar os serviços de proteção especial.

> *A gente tem o abrigo municipal aqui, então tem convênio com o município de A e B, aí eles pagam pra nós mensal para manter as crianças que eles precisam no abrigo. Então é um convívio bem tranquilo [...]* (Gestor, RS-MPP1).

O limite e a contradição da política de Assistência Social como direito, que expressa a garantia de acesso àquilo que é público, misturam-se com a história da benevolência e de "ajuda", questão também trazida pelos gestores.

> *A proteção básica é o nosso CRAS, que trabalha a atenção básica. E o CRAS que trabalha com o PAIF e dentro disso a gente faz o trabalho de inclusão produtiva também, oficinas da padaria solidária. Nós temos a padaria escola, uma padaria que até 2013 dava pão e nós fomos contra isso, também sofremos muito por isso e acabamos não dando mais pão, mas sim fazendo cursos e qualificando as pessoas. Essa é a nossa luta, que eu falava do emancipacionismo versus assistencialismo* (Gestor, MPP2).

Os(as) gestores(ras) manifestam as dificuldades de trabalhar em rede, principalmente com as demais políticas.

> *[...] deveria ser trabalhada em rede, pelo menos saúde, educação e assistência. Ultimamente a gente tá conseguindo, mas há tempos atrás era bem complicado, mas a gente tá conseguindo construir. Só que, no momento que tu chamas para tentar resolver um problema "não, só um pouquinho, esse problema é meu"* (Gestor, PR-MPP1).

> *No CREAS a gente tem o atendimento especializado, tem a psicóloga e a assistente social também. O que faz falta no município é uma rede de atendimento da saúde mental, no caso, não temos* (Gestor, PR-MPP1).

Consideram que a rede da Assistência Social está organizada e vem atendendo as expectativas, mas destacam a necessidade de manutenção, melhoria e ampliação dos serviços para dar conta das demandas, o que inclui a necessidade de recursos humanos

> *O número é insuficiente de serviços, então claro tu tens uma rede que precisa de mais CENTRO POP, que precisa de mais abrigo para população adulta, mais oferta de CRAS, de CREAS. (...) os serviços estão sempre lotados. Então tem uma rede hoje, que por mais que se faça é sempre insuficiente. Tem uma demanda muito grande* (Gestor, RS-M).

No grupo focal com trabalhadores da Assistência Social, também são apontados avanços importantes de organização e estruturação a partir do SUAS.

> *[...] mas eu acredito que um dos avanços além dessa colocação da colega de uns serviços nas comunidades mais próximas a suas famílias, fazendo aquelas redes dentro da comunidade, acho que facilita pro usuário e isso também é investimento da base. Eu sempre vejo que nós enquanto CRAS estamos na poeira, né, o CRAS está ajudando a gente, é tudo um trabalho em conjunto* (Trabalhadores GF/RS-MGP).

Assim como apontam os(as) gestores(as), os(as) trabalhadores(as) também consideram a necessidade de avançar no trabalho em rede.

> *Acho que temos que avançar a questão da rede, esse fluxo, essa conversa, essa questão que a gente tem que trabalhar muito bem na rede porque aquela família que tu está trabalhando ela vai depender de diversos serviços, ela vai depender da assistência, da saúde [...]* (Trabalhadores GF/RS-MGP).

> *Na verdade, eu acho que no nosso município a rede não funciona, é só por base de pressão. Precisa, precisa, precisa, enche de ofício. Aí alguém manda alguém pra ir lá e tentar resolver, assim, sabe, mas não tem parceria nenhuma. A rede não funciona aqui* (Trabalhador GF/PR-MMP).

Sobre a dinâmica do trabalho social desenvolvido na proteção social básica e proteção social especial e sobre a rede socioassistencial, os trabalhadores relatam que a aproximação com as comunidades e territórios são elementos importantes no avanço do SUAS, embora o trabalho em rede ainda represente um desafio aos municípios.

Existem manifestações dos(as) trabalhadores(as) sobre as dificuldades de referência e contrarreferência. Demonstram dificuldades de entendimento sobre a organização dos serviços, fazendo menção às especificidades do SUS. Colocam-se no processo em construção para uma melhor adequação.

> *[...] como a gente vem de uma outra época, de quando se fazia de tudo, se desenhava o planejamento, ia na visita, atendia a família, planejava, trabalhava a questão básica, a questão da especial, enfim. Então, quando*

> *desenharam o* SUAS, *fizeram pensando no SUS, né? Mas eu me pergunto o que são as especialidades no* SUAS, *na assistência são os mesmos técnicos tanto na básica quanto na especial* (Trabalhador GF/PR-MMP)

Os trabalhadores também apontam a questão da forma de organização dos serviços de CRAS e CREAS, destacando que seria importante pensar os sujeitos atendidos, entendendo que o serviço poderia ter outros formatos, conforme a fala deste trabalhador:

> *[...] Naquele CRAS eu vou atender as situações de vulnerabilidade, eu acho bem importante o trabalho preventivo. Mas, também, se naquela comunidade aquela criança foi abusada, por que o CRAS, com a sua referência, não pode atender aquela criança? É ali que eu moro, é ali que tenho minhas referências* (Trabalhadores GF/RS-MGP).

O debate sobre a organização das proteções e dos serviços ganha destaque nos municípios de pequeno porte, mas não só. A tênue linha que separa, em algumas situações, as proteções, bem como o trabalho já desenvolvido, tem colocado em relevo a separação. Decerto, o SUAS ao se hierarquizar em proteções, buscou dar o atendimento adequado às demandas que são diferenciadas, mas o trabalho cotidiano das equipes nos diversos municípios tem apontado para a prestação de atendimento, rompendo com a regra estabelecida. Cada vez mais fica evidenciado que o vínculo estabelecido pelas famílias com os serviços é o detonador da transformação esperada.

A estruturação dos serviços aponta para uma mudança no paradigma da Política de Assistência Social, superando o caráter assistencialista no aspecto formal, mas ainda enraizado no trabalho profissional.

> *[...] Acredito que uma das mudanças, pra mim que estou há bastante tempo na prefeitura, é a questão de quebra de algumas categorias do assistencialismo, o que com a construção do sistema de assistência social se tentou e se está ainda tentando porque não se conseguiu ainda, a gente*

> *percebe, realmente dá uma visibilidade da política da assistência social* (Trabalhadores GF/RS-MGP).

O processo de reorganização dos serviços na proposição do SUAS é referência positiva nas observações dos trabalhadores:

> *[...] A constituição de um Sistema é um grande avanço, tem outro entendimento, avança por ser um sistema, ações interligadas, e que tem uma constante troca* (Trabalhadores GF/RS-MMP).

Uma percepção interessante no grupo refere-se ao diálogo entre os trabalhadores sobre a superação do atendimento por critérios de inclusão e exclusão, quando propõem a ampliação da percepção do conjunto de necessidades da população, e que a partir das demandas dos usuários, sejam pensadas as ações para o atendimento, observando território, histórias de vida, relações com a sociedade etc.

> *[...] Na lógica que a gente trabalhava que era com programas, que tinham critérios para inclusão, e agora a lógica de que a gente precisa ver o que as famílias necessitam e aí vamos atender [...] era como se antes deveríamos ver aqueles que se enquadravam, e agora é uma proposta de entender as necessidades da população. O que foi um grande avanço* (Trabalhadores GF/RS-MMP).

> *[...] os serviços foram aparecendo e as pessoas foram ficando orientadas de quais locais buscarem os direitos, né? Isso é um avanço num lugar que não tem, né, nada que se possa buscar, e aí aparecem os setores onde a pessoa vai poder buscar um respaldo* (Trabalhadores GF/RS-MPP1).

Os profissionais também destacam que os critérios estabelecidos para o acesso aos benefícios e programas, muitas vezes, contribuem para que os usuários enfrentem dificuldades, visto que até mesmo os sujeitos que se encontram em situação de vulnerabilidade social, devido aos recortes, não contemplam as exigências para o acesso. Ademais, afirmam que, apesar do trabalho realizado cotidianamente, por vezes, tem-se um discurso que vai de encontro à proposta de atendimento.

Importa destacar que, em muitos casos de municípios de pequeno porte, o acesso aos equipamentos da Assistência Social está restrito, pois existe apenas um CRAS, e os domicílios, principalmente os rurais, estão distantes do centro. Os serviços de proteção especial são criticados pela distância, mesmo aqueles que passaram por um processo de territorialização. Indicam a necessidade de dispor de transporte ou mesmo novos serviços.

> *[...] fica ruim pra mim, [...], ficar indo lá no CREAS, eu sou daqui do centro, vou lá no CREAS, lá [...] no outro lado da cidade, longe pra caramba! A gente fala, a gente não tem uma renda, como é que a gente vai estar pagando ônibus para fazer todo esse deslocamento?* (Usuários GF/ PR-MPPII).

Nos grupos focais realizados com usuários, foram feitas manifestações detalhadas e incentivadoras sobre a importância e o vínculo que criam dentro dos espaços da Assistência Social, seja com a comunidade, com familiares ou com os próprios trabalhadores. Aos serem questionados sobre aquilo que gostam de fazer nos espaços da Assistência Social, expressam que seus interesses vão desde jogar bingo, pintar pano de prato, distrações, brincadeiras, dançar, bater peteca, a convivência, enfim. De certo modo, essas atividades não estão vinculadas àquilo que a Assistência Social visa desenvolver em termos de garantia de direitos e emancipação política. Não remetem a formas de produção de "seguranças sociais" aos seus usuários, conforme suas necessidades.

Ainda que exista uma participação e satisfação dos usuários, não implicam em mudanças efetivas e duradouras em sua condição de vida. No entanto, podem remeter à segurança de convívio familiar e comunitário.

> *Mais assim é quando participava com os filhos, tinham brincadeiras que faziam bem, faziam bem tipo pra convivência da mãe com o filho e coisa assim que inspiravam.* [Referente ao que mais gostam dos serviços] (Usuários GF/PR-MPPII)

> *Que nós temos aqui como fosse uma família.* [Referente ao que mais gostam dos serviços] (Usuários GF/PR-MMP).

Para os(as) gestores(ras) pode-se afirmar que consideram que houve avanços significativos na política de Assistência Social, e mostram-se preocupados sobre as condições de trabalho nos equipamentos bem como dos recursos para a sua manutenção.

> *Nós estamos muito aquém do que uma metrópole deve oferecer, isso em termos estruturais. Nossos serviços estão muito sucateados, há muito tempo não há recurso para investimento, toda e qualquer melhoria que tem sido feita é sempre com recurso do governo federal, aí são pequenas reformas, porque você não pode fazer grandes investimentos com este recurso, a grande maioria dos nossos serviços são em prédios alugados, o que dificulta muito o investimento, e são prédios que não são adequados, são sempre prédios que foi feito uma adequação, então tu não tem uma estrutura que foi pensada para aquilo, então tu tenta dar uma ajeitada para o serviço, mas nunca vai ficar como deveria. A gente trabalha hoje em prédio alugado, estruturas defasadas, isso causa sérios problemas, tanto para os trabalhadores, quanto para os usuários, esse é um ponto* (Gestor RS-M).

Tratam de entender os fundamentos dessa política e buscam atualizar-se com as informações sobre os serviços, desde aquilo que se refere à apropriação e sistematização de dados, como sobre o funcionamento dos equipamentos. Retratam a história da política nos seus municípios.

No conjunto de expressões e dos relatos dos usuários, também é recorrente a condição de acesso aos equipamentos e de processos discriminatórios.

> *Em tempo de eleição, a gente escuta bastante [...] lá no CRAS do bairro que eu moro tem o CREAS na frente, mas lá eles demoram para atender as pessoas, eu vou lá para ter um atendimento e tá escrito lá na frente que é só para dia tal, assim é ruim, acho que falta mais profissional [...]* (Usuários GF/PR-MMP).

Nessa mesma perspectiva, são manifestadas as restrições de acesso e os processos de testes de meios ou a seletividade de acesso.

> *É um serviço que não tem qualidade, as políticas existem, a gente faz planos, mas precisa passar por diversas aprovações e precisa ser apadrinhado por outra pessoa, e eu vejo isso, se falar fulano de tal é apadrinhado por tal pessoa, tem que ser conhecido* (Usuários GF/PR-MGP).

> *Até a alimentação, tem um vale-alimentação, mas não é pra todos, tem no máximo para 10 ou 20, não tem para todos* (Usuários GF/PR-MGP).

As condições de trabalho também passam por necessidade de organização e contratação de equipes mínimas para dar conta dos equipamentos e dos serviços ofertados.

> *Esse reordenamento, como é muito recente, há dois, três anos, nós tivemos a [nome do(a) trabalhador(a)], que é psicóloga(o) do CRAS, responsável por seis territórios, tem se aproximado do serviço de convivência por essa questão do, só do idoso, mas que assim é algo que mexe ali na estrutura, porque um técnico pra seis territórios e mais um serviço de convivência é totalmente desumano* (Trabalhador GF/PR-MMP).

A pesquisa corrobora com o entendimento de que os serviços socioassistenciais são atividades continuadas que visam à melhoria de vida da população e cujas ações são voltadas para a atenção às necessidades básicas, observando objetivos, princípios e diretrizes estabelecidos na LOAS. Da mesma forma, considera-se que os programas de assistência social compreendem ações integradas e complementares com objetivos, tempo e área de abrangência definidos para qualificar, incentivar e melhorar os benefícios e os serviços assistenciais.

Os dados da pesquisa indicam que a existência de espaços públicos — CRAS, CREAS e CENTROS POP — são fundamentais para o reconhecimento da prestação de serviço na Assistência Social, mas alguns apontamentos feitos pelos participantes da pesquisa demonstram o quanto ainda esses serviços estão destituídos das condições para que o atendimento seja efetivo, condições que vão dos aspectos materiais às equipes e à metodologia do trabalho social. Há um grande desafio a ser enfrentado pelas estruturas do SUAS, para que efetivamente o atendimento a quem dele precisar se materialize na plenitude da garantia da proteção social.

5. TRABALHADORES DO SUAS NOS MUNICÍPIOS: composição, capacitação e condições de trabalho

Pensar os avanços e a construção da política de Assistência Social requer observar o lugar histórico de seus trabalhadores. Esses sem dúvida são sujeitos fundamentais na história da Assistência Social e do SUAS, no entanto o lugar que ocupam nem sempre valoriza seu saber profissional. O debate sobre os trabalhadores no SUAS ganha mais força a partir da aprovação da NOB-RH/SUAS (Norma Operacional Básica de Recursos Humanos do Sistema Único de Assistência Social), em 2006. Essa norma é fruto da luta histórica dos trabalhadores por melhorias nas condições e relações de trabalho.

A gestão do trabalho no SUAS é considerada como eixo estruturante; para isso propõe uma nova cultura que envolve a valorização dos trabalhadores, composição de equipes de referência, planos de carreira, cargos e salários, capacitação, sob a premissa da qualificação na oferta dos serviços prestados.

O movimento de ida a campo, de sentar junto aos trabalhadores e constituir um diálogo a partir dos eixos estabelecidos nos roteiros para realização dos grupos focais oportunizou aos trabalhadores de diferentes serviços um momento de reflexão, e até mesmo de avaliação sobre as condições e relações de trabalho, e as ações que vêm sendo desenvolvidas junto à população usuária. A realidade se desvenda através da pesquisa a partir da riqueza dos dados apresentados no processo de debate construído pelos grupos, conforme demonstramos a seguir.

Os trabalhadores de um modo geral receberam a pesquisa com o desejo de participar desse momento, como possibilidade de dialogar sobre seu fazer profissional e de interagir entre si, sendo conduzidos pela discussão proposta na metodologia do grupo focal. Assim importantes informações foram reveladas à pesquisa. Sobre as contribuições com a implementação do SUAS, todos os trabalhadores apontaram significativas mudanças, que são percebidas pelos diferentes grupos, independente do porte dos municípios.

Sobre a composição das equipes de referência a NOB-RH/SUAS orienta para os quadros (mínimos) necessários para a oferta dos serviços dentro da divisão da complexidade dos serviços. Na NOB-RH/SUAS equipes de referências são aqueles grupos de trabalhadores constituídos por

> [...] servidores efetivos, responsáveis pela organização e oferta de serviços, programas, projetos e benefícios de proteção básica e especial, levando em consideração o número de famílias e indivíduos referenciados, o tipo de atendimento e aquisições que devem ser garantidas aos usuários (Brasil, 2006, p. 19).

Essa definição representa uma orientação importante que demanda da gestão uma análise sobre os quadros de trabalhadores, e o quantitativo das demandas para cada serviço. Ao analisar os dados da pesquisa empírica sobre a composição das equipes, observa-se uma realidade diversa entre os municípios que compõem a amostra nos

Estados, pois na mesma medida que alguns municípios demonstram ter as equipes de referência consolidadas para os serviços, outros apresentam deficiência no quantitativo de trabalhadores em relação às orientações da NOB-RH/SUAS. O Estado do Paraná apresenta um quadro bastante distinto do Rio Grande do Sul em relação a alocação de trabalhadores públicos contratados, como pode ser observado nas falas a seguir.

> *[...] Na verdade o nosso município mesmo sendo pequeno, tem uma equipe boa de trabalho. Agora saiu mais um concurso. Sim, é um espaço que a gente está conseguindo ampliar no nosso município assim, de questão de profissionais mesmo* (Trabalhadores GF/PR-MMP).

> *[...] A questão estrutural está toda lá né, a questão estrutural é muito boa. Mas não temos recursos humanos. [...] Olha, no momento, a situação está tensa, poucos trabalhadores e bastante contratos, até chamaram do último concurso,* ***se comparar com os quadros do*** **SUAS, não temos as equipes mínimas** (Trabalhadores GF/RS-MMP).

Essa insuficiência de número de trabalhadores é também encontrada nos dois estados, o que se agrava nos municípios de pequeno porte, apontando para um dos grandes desafios hoje na implementação do SUAS

> *[...] Mas isso (retirada de trabalhadores de um cargo para outro, de um serviço para outro) é ocasionado também por esta questão de não ter esta composição de quadro, né, com concurso público. Não tem nenhum vínculo correto, como está previsto [...] não é um problema do nosso município. O que a gente conversa com os outros municípios nas oportunidades que a gente tem a gente vê que é uma realidade em geral* (Trabalhadores GF/RS-MPP2).

O diálogo aponta contradições na percepção dos trabalhadores, o que denuncia a realidade social vigente. A pesquisa constatou que trabalhadores que vivem a realidade da terceirização acabam por defender essa condição de trabalho, conforme a fala de um dos trabalhadores, que defenderam em grupo: *"tem que ser tudo terceirizado, no que depender da prefeitura mesmo é muito difícil"* (Trabalhadores GF/ RS-MMP2).

Da mesma forma, as entrevistas com gestores revelam a insuficiência nos quadros de trabalhadores do SUAS em todos os portes de municípios. No município de grande porte, a gestão aponta a necessidade de ampliação das equipes, e revela que o município faz opção pelo trabalho a ser realizado. Nesse caso, optando por suspender o trabalho da proteção social básica, o que é um grande contrassenso, descaracterizando o SUAS.

> *[...] há também a necessidade de contratação de técnicos para dar conta dos serviços, hoje a gente não tem serviço de proteção social básica no município, porque a equipe não dá conta, está reduzida, a gente trabalha com equipe mínima. Hoje nós temos um pessoal que veio do processo seletivo simplificado, entrou oito, nossa demanda era de quinze assistentes sociais [...] Psicólogo também a gente tem dois de processo seletivo, onde a gente gostaria de ter mais cinco efetivos* (Gestor RS-MGP).

A questão da constituição dos quadros de trabalhadores para a Assistência Social é vista pela gestão de duas formas, como um desafio a ser enfrentado em decorrência das necessidades do município, e, também um avanço, em que a gestão municipal tem se debruçado. Ao ser questionado sobre os possíveis avanços da Assistência Social no município, a gestão destaca o seguinte:

> *[...] eu acho que a organização das equipes, que até então a gente não tinha as coordenações, eram cargos políticos, não eram pessoas da área, hoje as coordenações elas são técnicas, são da área da assistência social, são trabalhadores que são concursados que estão atuando lá. A maioria também das equipes hoje são efetivos e não contratados* (Gestor RS-MGP).

Os dois posicionamentos não implicam necessariamente contradição, mas sim um alerta sobre o que já vem sendo implementado nos municípios com vistas a instituir os quadros de trabalhadores e o entendimento de que essa situação ainda constitui uma demanda para a gestão. Os quadros incompletos e a demanda por profissionais são destacados também pelos gestores dos municípios de pequeno porte e da metrópole, o que demonstra que essa é uma demanda urgente para os municípios no sentido de viabilizar os serviços.

Já nas abordagens com os municípios de pequeno porte 1 e 2, os dados revelam uma realidade divergente dos municípios maiores, quadros insuficientes, saída e mudança de trabalhadores para outros setores, o que os próprios trabalhadores, em suas falas, afirmam ser um "desmonte" da Assistência Social. Esse desmonte é observado em decorrência da não observação das orientações da NOB-RH/SUAS para sua composição. Gestores e trabalhadores falam da deficiência existente em relação à composição dos quadros. Além da insuficiência no quantitativo de trabalhadores para os serviços, o gestor do município de pequeno porte 2 relata a dificuldade de manutenção das equipes em decorrência da rotatividade de trabalhadores. O relato expressa exatamente a situação para a qual as orientações da NOB-RH/SUAS têm o objetivo de contribuir, constituir quadros de trabalhadores sobre vínculos efetivos (concurso público), a fim de valorizar o lugar dos trabalhadores, ofertando condições de trabalho com o objetivo de qualificar os serviços prestados. Os gestores apontam para a questão de fragmentação das ações em decorrência da descontinuação do vínculo dos trabalhadores, aponta inclusive para questões que implicam rotatividade, falta de conhecimento das funções e atribuições para determinados trabalhos na Assistência Social, além da baixa remuneração. O nível de responsabilidade atribuído aos trabalhadores requer uma condição salarial condizente com tal exigência profissional. Diante de tais condições, é possível destacar a importância de constituir-se a gestão do trabalho no SUAS como forma de materializar as diretrizes propostas — concurso público, planos de carreira, educação permanente.

Outra reflexão realizada em grupo focal com os trabalhadores sobre a composição da equipe mínima de referência é que um grupo formatado dessa forma não dá conta de atender determinadas realidades. Os trabalhadores falam da particularidade do município, que, embora sendo de pequeno porte, tem uma população majoritariamente rural, o que demanda um esforço da equipe de deslocamento para áreas distantes umas das outras. Tal situação exige outra configuração, com equipamentos e equipes adequadas à realidade do território. A preocupação da composição adequada às demandas locais se expressa também na reflexão do grupo focal do município de médio porte.

> *[...] e a gente tem que pensar como uma política de qualidade. Quantos profissionais precisam pra cada serviço? Qual SCFV, a de 0 a 6 qual o público, qual a faixa etária, porque é fácil dizer assim, programa de 0 a 6 lindo é maravilhoso, mas quais os parâmetros? Quantas crianças, qual a faixa etária, né [...] quantas crianças por turma, quantos educadores, qual a equipe mínima para isso?* (Trabalhador GF/PR-MMP).

Tais interrogações remetem à importância do planejamento para implantação e implementação dos serviços. Para responder tais questões, a realização de um diagnóstico e o acompanhamento pelo processo da vigilância são exercícios fundamentais, sob a perspectiva de qualificar a Assistência Social, o acesso aos usuários na perspectiva da garantia dos direitos e respeitar os trabalhadores quanto a suas capacidades, responsabilidades e direitos do seu trabalho. Além da questão da composição das equipes, outro fator que atravessa o trabalho na política de Assistência Social é a interferência do sistema de justiça. A demanda e requisições dos Fóruns, e que não competem aos trabalhadores do SUAS é uma questão que aparece em todos os municípios, o que acarreta sobrecarga aos esses trabalhadores, ou perda de um profissional, porque vários municípios cedem um trabalhador que deveria cumprir suas funções na política de Assistência Social.

> *[...] nós não fazemos parecer social pra "cortar barraco". Então vira aquela briga porque você tem que explicar pra eles, tem que ir à lei, procurar e provar pra eles que você não tem que fazer parecer social pra "cortar o barraco". Então você perde um dia pra você ir lá explicar pra ele e provar pra ele que você não tem que fazer isso. Então em minha opinião essa é uma das dificuldades que a gente encontra hoje dentro da política* (Trabalhadores GF/PR-MPP1).

5.1 Capacitação e Educação Permanente: requisitos essenciais para a prestação dos serviços

Outro aspecto observado junto aos gestores e trabalhadores do SUAS diz respeito aos processos de qualificação com a questão das capacitações. É relevante destacar que foi aprovada, em 2013, a Política Nacional de Educação Permanente do SUAS — PNEP/SUAS, que "estabelece os princípios e diretrizes para a instituição da perspectiva político-pedagógica fundada na educação permanente na Assistência Social" (PNEP/SUAS, 2013, p. 07). A perspectiva de uma política de educação permanente é para além de um espaço formal de capacitação, pois visa consolidar uma cultura de educação de forma permanente do SUAS que seja capaz de contribuir para o aprimoramento da sua gestão e da qualificação dos serviços, programas, projetos e benefícios socioassistenciais. Os relatos de gestores e trabalhadores apontam a importância e a necessidade de ampliar a qualificação dos profissionais através de processos de capacitação.

> *[...] A gente precisa qualificar mais os trabalhadores da assistência, tanto na básica quanto na especial. Acho que a gente precisa de mais qualificação [...] A relação é boa e a gente vê que precisa de mais qualificação* (Gestor RS-MGP).

Ainda que os gestores apontem para a liberação de trabalhadores participar de processos de capacitação, sinalizam também para as implicações com custo em decorrência das distâncias em que ocorrem as capacitações. Além do relato dos gestores, os trabalhadores apontam para a necessidade de capacitação, e isso é um dado relevante que aparece em seus diálogos, e é a percepção de todos os trabalhadores do SUAS. Em geral, os processos de formação e capacitação têm se voltado para os trabalhadores de nível superior, os chamados técnicos. Em alguns relatos, observamos o reconhecimento das necessidades dos demais trabalhadores que formam o grupo do SUAS, como os oficineiros, educador social, entre outros de nível médio e fundamental.

Pensar a educação permanente requer compreender a dimensão muito além da proposta de espaços de formação ou capacitação. Requer a percepção sobre o campo de um processo contínuo, coletivo, que envolva as demandas cotidianas que os trabalhadores vivenciam, e desenvolver ações de formação a partir dessa realidade. O que se observa nesse sentido é que a percepção de gestores e trabalhadores está muito atrelada ainda a processos de formação, capacitação, como algo que acontece no ambiente externo — ir ao curso, voltar-se para a formação. O CapacitaSUAS oferece essa metodologia. No entanto, é importante ampliar a percepção sobre o campo da educação como processo permanente construído também *in loco*, para e pelos trabalhadores, envolvendo todos que estão no cotidiano do SUAS

> *[...] às vezes sim, sempre existe em Curitiba algumas capacitações, daí eles falam pra gente, mandam pro município. Só que tem uma coisa também: eles fazem capacitações muito longe, como Foz do Iguaçu, lá não sei aonde [...] que daí nós não temos condições de mandar rápido e não tem como. Que nem foi feito uma capacitação com os novos conselheiros, que fizeram em Foz do Iguaçu. Daí você tem que arcar com toda a despesa, né? E ainda eles já acharam assim que ficou a desejar porque era muita gente e a gente gostaria mais assim que fossem capacitações mais direcionadas, né? Mas sempre tem umas capacitações, as meninas sempre vão, sempre que surgem, eles vão* (Gestor PR-MMP).

No grupo de trabalhadores aparece a importância da capacitação como processo para qualificar os serviços e alinhar a apreensão e o exercício profissional. Apontam ainda algumas experiências que vêm sendo desenvolvidas como estratégia de educação permanente.

> *[...] Eu acho legal trazer o exemplo da capacitação que a gente vai ter, para padronizar esse conceito entre os trabalhadores do SUAS. Para construirmos um consenso entre o grupo de trabalho sobre o conceito* (Trabalhadores GF/RS-MGP).

Além dos relatos sobre a importância das capacitações, os trabalhadores demonstram que esse processo ainda é limitado, e que ocorre de forma improvisada, sem um determinado planejamento, em que um dos trabalhadores é escolhido para acessar os espaços de formação, escolha que nem sempre ocorre com a participação dos trabalhadores. Apontam ainda que, contrário à proposta de implantação de uma política de educação permanente, a capacitação é vista por um grupo de trabalhadores como um processo individual, em que cada um busca por si.

> *[...] só pode ir um, e aquelas coisas também, né, avisando bem em cima da hora [...] é assim que funciona, a dinâmica é essa mesmo, a gente tem que se adaptar* (Trabalhadores GF/RS-MPP1).

> *[...] Não acho que temos qualificação, não temos assim aquela formação continuada. Isso a gente não tem. Antes de eu chegar na assistência teve uma capacitação* (Trabalhadores GF/RS-MPP2).

Outro aspecto que reporta a importância de se estabelecer uma política de educação permanente fica evidente, especialmente, em um município de pequeno porte. Os trabalhadores que estão em espaços da administração da política não se reconhecem como parte do SUAS ao considerar que o SUAS é algo que acontece nos CRAS e nos CREAS. Esse dado reforça a importância de uma cultura de educação permanente, que considere inclusive a perspectiva de quem são os trabalhadores do SUAS[19], de forma a contemplar a diversidade desse grupo nos processos de capacitação e formação.

> *[...] eu trabalho na administração. A gente fica muito fechada ali, a gente sabe que tem o CRAS, o CREAS no caso, só que a gente não sabe como é que funciona. Estamos na parte burocrática né, só no papel. A gente não sabe na prática como é que funciona ou não funciona* (Trabalhadores GF/RS-MPP1).

A gestão do município de pequeno porte 2 aponta a questão dos recursos financeiros como uma limitação no processo de acesso às capacitações para os trabalhadores:

> *[...] A gente tenta [ofertar capacitação], mas às vezes o recurso não permite, sempre tem a oferta. O pessoal da FAMURS tá mandando toda hora "temos formação nisso, temos formação naquilo", só que acaba impactando bastante, o recurso é limitado. Então a gente tenta assim, tem esse pessoal do estado que dá a formação regionalizada, a gente pega a pessoa que é mais diretamente envolvida com aquele setor pega o carro e vai, eu vou, vai a pessoa mais envolvida com aquele setor ali* (Gestor RS-MPP2).

Não fica evidente nas falas dos gestores e trabalhadores uma apreensão sobre a dinâmica do processo de educação permanente no SUAS. No Rio Grande do Sul, em nenhum momento foi abordada, seja nos grupos com trabalhadores, ou nas entrevistas com gestores, a questão dos programas como CapacitaSUAS[20], do governo federal, ou

---

19. Trabalhadores do SUAS são todos aqueles que estão vinculados à política de Assistência Social, na gestão, execução, nos serviços da rede — seja em instituições públicas ou privadas. É importante ainda resgatar que esse grupo é composto por trabalhadores de ensino fundamental, ensino médio e superior.

20. O Programa Nacional de Capacitação do Sistema Único de Assistência Social — CapacitaSUAS tem o objetivo de garantir oferta de formação e capacitação permanente para profissionais, gestores, conselheiros e técnicos da rede socioassistencial do SUAS para a implementação das ações dos Planos de Educação Permanente, aprimorando a gestão do SUAS nos estados, no

o EducaSUAS[21], do governo do estado, como espaços que viabilizem as capacitações.

O que mais se aproxima de uma abordagem de processo educativo na perspectiva de uma cultura instituída na ação cotidiana dos profissionais é o relato do grupo focal do município de pequeno porte 2, que expressa suas ações de reunião como espaço de qualificação coletiva a partir das questões do trabalho. Esse dado é reforçado pela pesquisa de Castilhos (2018), que demonstra o conhecimento dos trabalhadores do SUAS do estado do Rio Grande do Sul sobre a proposta da PNEP. O estudo demonstra que, dos entrevistados, 51,5% dos trabalhadores demonstram conhecer a política, enquanto um quantitativo expressivo de 41,6% conhecem pouco, e 6,9% relatam não conhecer. Tais dados alinhados às informações da coleta de campo da pesquisa SUAS apontam para os desafios na perspectiva da apreensão sobre a educação permanente no SUAS.

Os demais relatos das entrevistas e dos grupos focais demonstram um entendimento da capacitação como processo que demanda a contratação de empresas, profissionais externos, e o encaminhamento de trabalhadores para acessar capacitações fora do domicílio, o que demanda recursos. Nesse sentido, é importante observar que é sim necessário ter recursos financeiros disponíveis para a qualificação dos trabalhadores. Mas, para além dos recursos financeiros, é necessário um processo de planejamento para garantir espaços de educação, e avançarmos na percepção da proposta de uma cultura de educação a partir das demandas de trabalho em que os próprios trabalhadores podem e devem ser protagonistas das ações.

Distrito Federal e nos municípios. O CapacitaSUAS contempla ações de capacitação e formação, de acordo com a Política Nacional de Educação Permanente do SUAS, que devem impactar na carreira do trabalhador do SUAS, além de potencializar e dar visibilidade a novas práticas profissionais. Todas as ações devem oferecer certificados, de forma que contribuam para que o profissional progrida na carreira (MDS, 2014).

21. O EducaSUAS é o Programa Estadual de Educação Permanente do SUAS — Estado do Rio Grande do Sul. Ligado ao Departamento da Assistência Social — Secretaria de Desenvolvimento Social, Trabalho, Justiça e Direitos Humanos. O EducaSUAS promove ciclos de capacitação para gestores e trabalhadores do SUAS em âmbito estadual.

A importância da educação permanente se dá uma vez que, com os avanços do SUAS os saberes requisitados possuem complexidades próprias, orientadas por projetos profissionais coletivos e pelo projeto social do direito à assistência social. A proposta da PNEP é contribuir na apreensão da trajetória e na natureza da política de Assistência Social, conduzindo o trabalho profissional para a produção de respostas técnicas e éticas em relação às demandas dos usuários. Além de produzir um conhecimento próprio do campo da Assistência Social, a educação permanente objetiva desenvolver e qualificar as estruturas institucionais do SUAS (Silveira, 2011).

5.2 Relações e condições de trabalho: a realidade das equipes do SUAS

Além da constituição das equipes e do processo de capacitação dos trabalhadores, foram identificados os apontamentos de gestores e trabalhadores sobre as relações e condições de trabalho. Nesse aspecto, elementos como vínculos de trabalho, valorização dos trabalhadores e condições materiais para o trabalho foram observados.

Sobre os vínculos de trabalho, observa-se uma realidade que se reflete também nos dados dos Censos SUAS, que expressam um grande contingente de trabalhadores sob uma diversidade de vínculos profissionais — contratos temporários, terceirizados, celetistas, entre outros. Essa é uma questão que aparece em todos os municípios, com uma particularidade importante na capital do estado do Rio Grande do Sul, que tem serviço, quase que na sua totalidade, terceirizado, colocando os trabalhadores em condições aviltantes de trabalho, gerando uma condição de total insegurança laboral, conforme apontado na fala da gestão.

> *[...] Há um quadro conveniado grande, terceirizações muitas, então conviver no mesmo espaço com diferentes vínculos empregatícios é problemático, porque tu tens o mesmo cargo desenvolvido por pessoas com vínculos*

> *diferenciados, ou seja, salários diferenciados, direitos diferenciados. Isso tudo, para quem está na gestão, é difícil de trabalhar nas equipes, isso é complicado* (Gestor RS-M).

Os trabalhadores também apontam elementos que contribuem na apreensão de suas condições de trabalho, que segue a mesma análise da gestão, apontando a precarização, em decorrência dos diversos vínculos, e das condições gerais que conduzem a sobrecarga, e a alta rotatividade dos trabalhadores:

> *[...] Acho que o grande impacto é que são muitas coisas, a rede cresceu, proporcionalmente. O que aconteceu é um estrangulamento, sobrecarga de trabalho, e a precarização da estrutura física, porque eu acho que se pensou muito numa estrutura mínima. E se organizou o mínimo, inclusive RH, que está estagnado, precarizado, e onde tem uma altíssima rotatividade* (Trabalhadores GF/RS-M).

> *[...] A alta rotatividade dos trabalhadores porque não suportam, não tem como suportar as condições de trabalho nesse espaço, e a gestão do trabalho nós não temos também estruturado. Um grande número de adoecimentos* (Trabalhadores GF/RS-M).

A precarização do trabalho tem se expressado nos processos violentos de ataque às condições, nas relações, e aos direitos do trabalho, conforme apontado pela gestão e pelos trabalhadores em diversos municípios, além da alta rotatividade nos serviços, em decorrência das condições perversas a que estão submetidos os trabalhadores, o que tem gerado processos de adoecimento. Nos municípios de pequeno porte, a realidade não é muito diferente. Trabalhadores e gestores apontam questões que revelam a situação que caracteriza a precarização:

> *[...] Algumas situações, que são terceirizados com contratos temporários através de instituição, que prestam serviços, ou temporários, por tempo indeterminado [...] a gente tem temporário que está aí há mais de 7 anos,*

> *por RPA (recibo de pagamento a autônomo). Eu cheguei a falar no CapacitaSUAS* (Trabalhadores GF/RS-MPP2).

Além do relato dos trabalhadores, a gestão aponta para a questão de os contratos serem a realidade do município, o que além de não garantir a entrada de trabalhadores pelo concurso público conforme preconiza a NOB-RH/SUAS, acaba gerando postos de trabalho com salários mais baixos.

> *[...] Acho que a nossa relação é boa, sabe, mas nós precisamos de uma valorização maior para os nossos trabalhadores do* SUAS. *A gente vê que, por questão de contrato, de ter que contratar, se contrata com valor mais baixo. E, claro, as pessoas precisam trabalhar e é uma porta que se tem de entrada para o mercado de trabalho também. Mas, a gente vê que precisa dessa valorização, sabe, urgente* (Gestor RS-MPP2).

Em município de pequeno porte, a gestão aponta para a questão de as contratações sem concurso público serem uma realidade. Destaca também a criação da função gratificada, que é paga àqueles trabalhadores concursados que assumem funções de coordenação nos serviços. Essa é uma prerrogativa da proposta de criação dos Planos de Carreira, Cargos e Salários para o SUAS, embora o município não tenha implantado um plano de carreira para a Assistência Social. Assim, criou-se essa possibilidade para as funções de coordenação junto ao plano geral dos servidores públicos municipais, com previsão de vencimentos para quem assume a função, tendo que ser necessariamente trabalhadores concursados.

> *[...] são contratados (os trabalhadores do* SUAS). *Os únicos que não são contratados são os coordenadores dos equipamentos, do CREAS, do CRAS, do Centro Acolher (que é a casa de medida protetiva), esses são concursados. E, um avanço também, é que a gente conseguiu um pagamento, um valor, como um FG seria, um fundo de gratificação eu acho, são R$ 1.500,00 para a coordenação, tipo um salário para a pessoa coordenar* (Gestor RS-MPP1).

Apenas o município de grande porte apresenta o quadro de trabalhadores em que todos de nível superior são concursados:

> *[...] todas concursadas. Claro, tem os cargos de confiança, estágio [...] Então nessas partes (serviços) que eu creio que sejam mais essenciais que tenha alguém efetivo para dar continuidade, para dar andamento, senão toda hora trocando cada vez que troca o prefeito* (Gestor RS-MGP).

Observa-se que a terceirização é uma realidade presente na Assistência Social nos municípios pesquisados. Essa é uma tendência no cenário nacional, em que a terceirização[22] tem sido uma opção recorrente nos serviços dos municípios e estados brasileiros. Os Censos SUAS apontam dados importantes nesse sentido, demonstrando o grande contingente de trabalhadores sob essa forma de contratação. Além da terceirização, observa-se, nos municípios de pequeno porte, a estratégia dos contratos em detrimento da realização de concursos públicos. A terceirização coincide com posições mais precárias de inserção no trabalho, apresenta as piores condições de trabalho e salário, e ainda os mais altos índices de acidentes no trabalho; o nível de adoecimento e a rotatividade relatada pela gestão anteriormente confirmam essa perspectiva (Druck, 2017).

Os trabalhadores relatam ainda a questão de condições materiais precárias nos serviços, inclusive constatando que, no momento da pesquisa, já se observava a presença de uma redução na oferta de equipamentos para realizar as atividades.

---

22. A terceirização é um fenômeno que incorpora e sintetiza essas seis dimensões da precarização social do trabalho no país: 1) as formas de mercantilização da força de trabalho (o mercado de trabalho); 2) os padrões de gestão e organização do trabalho; 3) as condições de (in)segurança e saúde no trabalho; 4) o isolamento e a perda de enraizamento e de vínculos resultantes da descartabilidade, da desvalorização e da discriminação, afetando decisivamente a solidariedade de classe; 5) o enfraquecimento da organização sindical e das formas de luta e representação dos trabalhadores; e, por fim, 6) a "crise" do direito do trabalho motivada pela ofensiva patronal, que questiona a sua tradição e existência, expressa hoje nos ataques à Consolidação das Leis do Trabalho (CLT), a exemplo das 101 propostas de modernização trabalhista formuladas pela Confederação Nacional da Indústria (CNI) ou do Projeto de Lei n. 4.330, proposto e defendido pelo empresariado, que libera a terceirização sem limites (Druck, 2016, p. 17).

> *[...] Acho que tem um cenário que é nacional, desde que eu entrei, eu senti, sim, um enxugamento. Por exemplo, quando eu entrei, tinha carro à disposição, desde a primeira hora até a última hora. Agora não, não temos motorista, temos o carro lá que é do CREAS, mas não temos motorista* (Trabalhadores GF/RS-MP).

A ausência das condições materiais adequadas para o trabalho acarreta sobrecarga, desgaste para os trabalhadores, impede a condução dos serviços e das ações de forma qualificada, tendo em vista que os trabalhadores têm suas condições de trabalho precarizadas. O principal aspecto revelado pelos grupos é a indisponibilidade de veículos para os atendimentos que demandam deslocamento das equipes. A gestão da metrópole no Rio Grande do Sul relata ainda a questão da violência nos territórios, implicando o fechamento dos serviços por algum tempo, o que, além de romper com a dinâmica da garantia da acolhida aos usuários, impacta na segurança dos trabalhadores.

> *[...] Nós temos vários serviços que por vezes tem que fechar temporariamente por falta de segurança no trabalho, e o sofrimento que isso traz aos trabalhadores. São situações muito complicadas. E com tudo isso, as pessoas ainda estão lá trabalhando numa busca pela qualidade dos serviços, na garantia dos direitos, a gente não vai desistir e, bem, vamos continuar essa busca, que ela é contínua* (Gestor RS-M).

Os trabalhadores dos municípios de pequeno porte relatam ainda a interferência político-partidária atravessando o trabalho dos profissionais. É sabido que os trabalhadores têm autonomia relativa em decorrência de estarem subordinados às chefias e à gestão; no entanto, esse atravessamento por parte de sujeitos que ocupam cargos políticos (em geral vereadores e prefeitos) interfere no processo de rompimento com "velhas" práticas enraizadas na Assistência Social.

O processo de atravessamento, que interfere na gestão, pode ser observado também nos processos de lotação e organização dos trabalhadores nos serviços, o que gera insegurança para o trabalhador e precariza a qualidade do serviço ofertado, com as mudanças sem planejamento.

> *[...] Aqui ocorre muito assim: Ah, a pessoa é formada naquilo ali, eu mesmo tenho recursos humanos. Aí eu estava num lugar, eu estava ali na parte administrativa, né, sou CC (cargo comissionado) e aí por um motivo lá que alguém não foi com a minha cara me trocaram. Simplesmente sai daqui vai para ali [...] você faz aquele serviço e aí vai ser trocado para um lugar que tu não sabes nem como funciona, simplesmente por um motivo que a política falou mais alto* (Trabalhadores GF/RS-MPP2).

O tema da gestão do trabalho também aparece como uma das demandas inerentes à qualificação do trabalho no SUAS nos municípios pesquisados, questões como valorização dos trabalhadores, planos de carreira, cargos e salários, concursos públicos são temas que os trabalhadores e gestores trazem como demandas para a qualificação desse espaço laboral.

> *Então, é isso que a gente tem discutido, inclusive a proposta que vai se consolidar, independente de gestão, porque a gente está apresentando pro conselho, é de incluir no processo, o processo de construção de agenda da política, que é ter plano de carreira própria, concursos* (Gestor PR-M).

> *[...] a gente já está trabalhando, a gente tem uma comissão de elaboração e a gente está trabalhando em cima de plano de cargos e carreiras* (Trabalhadores GF-PR-MMP).

Os dados demonstram que o lugar dos trabalhadores do SUAS nos estados do Rio Grande do Sul e do Paraná, nos municípios pesquisados, apresenta grandes desafios quanto à sua valorização, construção de planos de carreira, prioridade de contratação pelo concurso público. A ampla terceirização foi destaque recorrente nos grupos e relatos de gestores. Os municípios que apresentam uma condição mais favorável no processo de organização de concursos e de seguir as orientações da

Norma Operacional Básica de Recursos Humanos do SUAS — NOB-RH/SUAS são os municípios de grande porte, com destaque para Londrina (PR) e Bento Gonçalves (RS), que relatam avanços nesse sentido e avaliam a necessidade de continuar avançando. Além deles, Curitiba é a metrópole que tem o SUAS implementado, com equipe concursada, e Porto Alegre, como já referido, tem um sistema híbrido, em que a presença de terceirizados sobrepõe-se aos concursados. Os demais municípios da amostra apenas relatam as questões como desafios, mas, no entanto, não apontam possíveis propostas ou estratégias. Esse cenário só aponta para a importância de se constituir a gestão do trabalho no âmbito dos municípios como forma de construir espaços de qualificação profissional, mobilizar os trabalhadores para a organização em defesa de seus direitos, discutir e elaborar planos de carreira e valorizar os trabalhadores na perspectiva de sua manutenção, atuando na Assistência Social, qualificando a oferta dos serviços.

É preciso reconhecer que esses trabalhadores não estão desconectados da realidade do mundo do trabalho contemporâneo, que sofre com o processo de precarização pela terceirização, subcontratação, postos de trabalho precários, baixos salários e rotatividade dos trabalhadores. Nesse cenário, constituir a gestão do trabalho é um desafio aos trabalhadores do SUAS. Os dados apontam para importantes aspectos a serem pensados sobre o lugar dos trabalhadores e as condições de trabalho. Se foi possível reconhecer avanços em alguns municípios, também é necessário apontar para um processo necessariamente contínuo, de capacitar, valorizar, planejar as carreiras, os serviços, como forma de qualificar a Assistência Social.

6. PARTICIPAÇÃO DOS USUÁRIOS E CONTROLE SOCIAL

A perspectiva de participação e controle social precisa ser situada a partir do processo de redemocratização do Estado brasileiro em fins da década de 1980, quando passou a ser incorporada na Constituição Federal e nas normativas legais infraconstitucionais, incluindo as que tratam das políticas sociais públicas. Constitui um dos princípios fundamentais do Estado Democrático de Direito: "Todo o poder emana do povo, que o exerce por meio de representantes eleitos ou diretamente [...]" (Brasil, CF, 1988, art. 1º, parágrafo único), o que confere a todos(as) os(as) cidadãos(ãs) o direito de influir nas ações públicas que dizem respeito às múltiplas dimensões da vida social. Especialmente, no que tange ao controle social:

> a visão [...] inscrita na Constituição Federal vai enfatizar a participação dos setores organizados da sociedade civil, especialmente dos trabalhadores e dos segmentos populares, na elaboração e implementação das políticas públicas, propondo novas relações entre o movimento social e a esfera da política institucional (Raichelis, 2011, p. 21).

Nessa perspectiva, é importante destacar que para as políticas públicas o controle social ganha relevância pela proposta de "[...] partilha do poder estatal, interferindo nas decisões sobre prioridades, conteúdos e direção política que deveriam assumir" (Raichelis, 2011, p. 22), no sentido de dar respostas correspondentes às demandas sociais que apresentam. Nesse sentido, o controle social e a participação enquanto diretrizes estruturantes da gestão das políticas sociais, como é o caso da assistência social, visam consolidar a direção social que orienta a positivação dos direitos, para a satisfação das necessidades sociais. Constituem-se, ainda, em elementos indispensáveis para a democratização dos processos decisórios na esfera pública e o exercício da cidadania. Essa perspectiva remete para o entendimento sobre a concepção de controle social, que

> significa acesso aos processos que informam as decisões no âmbito da sociedade política. Permite participação da sociedade civil organizada na formulação e na revisão das regras que conduzem as negociações e a arbitragem sobre os interesses em jogo, além do acompanhamento da implementação daquelas decisões, segundo critérios pactuados (Raichelis, 1998, p. 40-41).

Assim, é possível afirmar que a forma de participação da qual se está falando, o controle social, "[...] confere à sociedade poderes para interferir na agenda do governo, definindo prioridades e também dotando-a de prerrogativas para avaliar as ações governamentais em todos os níveis." (Campos, 2009, p. 18). Outrossim, propicia a interlocução entre Estado e sociedade, na construção de consensos, alianças, acordos, frente aos diferentes e múltiplos interesses que são confrontados e qualificados, no sentido de encaminhar o desenvolvimento de ações que atendam aos interesses da coletividade.

Para tanto, na conformação das políticas sociais públicas, como a assistência social, os conselhos e as conferências são por excelência espaços para o exercício democrático dessa forma de participação, porque se constituem em instâncias de caráter permanente e deliberativo (poder decisório, ou seja, direito de voz e voto), com composição paritária entre os representantes do governo e da sociedade civil (composta por três segmentos: entidades e organizações da área; trabalhadores da política pública; usuários ou organização de usuários).

A realidade encontrada nos diversos municípios da pesquisa aponta para realidades muito díspares em relação ao controle social e a constituição de Conselhos Municipais de Assistência Social — CMAS, bem como em relação ao tema da participação do usuário nesse processo. Nos dados coletados, pode-se observar que as capitais dos estados e os municípios de grande porte possuem os CMAS estruturados, com uma participação ativa de parte dos conselheiros, embora isso não reflita necessariamente a participação dos usuários. Nos munícipios de pequeno porte ainda podem ser encontradas inúmeras dificuldades para o exercício do controle social e constituição dos Conselhos, dentro das normativas da área.

Nesse quesito, foi destacado pelos participantes da pesquisa no Paraná que o programa de administração pública deliberativa "Curitiba Mais Humana", na capital do Paraná, tem funcionado como referência normativa para o processo de funcionamento do conselho municipal da política de Assistência Social. As inovações aplicadas no conselho consistem na gestão deliberativa e regionalizada dos territórios; a participação dos trabalhadores, conselheiros e movimentos sociais e as audiências públicas. A participação consiste na descentralização das ações do conselho nos territórios. Essa ação está de acordo com o art. 121 da NOB/SUAS (Brasil, 2012), o qual ressalta que, no planejamento das ações do conselho, deve estar previsto deliberar sobre planos de apoio à gestão descentralizada:

> *São 10 regionais administrativas, tem equipe especializada para orientar. E tem uma comissão técnica que avalia os projetos para acessar recurso, que avalia a inscrição da entidade, se é uma inscrição de assistência social ou do projeto, ou como assessoria, enfim* (Gestor PR — M).

A avaliação dos projetos das instituições para a apreciação e aprovação da inscrição da entidade na política de assistência social municipal se dá por território por meio de comissão técnica. É essa comissão que avalia a entrada e permanência das entidades por meio da tipificação. Essa ação está prevista no art. 123, segundo o qual "cabe aos órgãos gestores da política de assistência social, em cada esfera de governo, fornecer apoio técnico" (Brasil, 2013, p. 50). E o processo de avaliação dos projetos para inscrição no conselho está previsto no artigo 121: "XV — inscrever e fiscalizar as entidades e organizações de assistência social, bem como os serviços, programas, projetos e benefícios socioassistenciais [...]" (Brasil, 2013, p. 49). Logo, todo esse processo é visto como um fortalecimento do conselho municipal, ao atribuir o apoio técnico e a criação de normas para os processos de controle social do Conselho Municipal de Assistência Social — CMAS.

Dos avanços com o processo de descentralização da gestão do CMAS podem ser apontados: o aprimoramento dos mecanismos de comunicação como meio de descentralização e maior participação das entidades e comunidade; a realização de reuniões e conferências descentralizadas como estratégia de participação; o fortalecimento do papel normativo é salientado como um aspecto importante na gestão do conselho, como competência alcançada; a competência técnica do conselho municipal é concretizada por meio de comissão técnica; a qualidade no processo de monitoramento descentralizado e tomada de decisões. São avanços que constam no art. 115 como estratégias para o fortalecimento dos conselhos e das conferências de assistência social e a promoção da participação dos usuários. Esse funcionamento reverbera a institucionalidade que o SUAS tem na cidade, o que é uma exceção frente aos demais municípios.

É possível constatar a existência de fragilidade da efetivação dos processos de participação e controle social no âmbito dos Conselhos — uma das instâncias deliberativas do Sistema Único de Assistência Social — apontada pelos gestores dos municípios de pequeno e médio porte, a saber: (i) acanhado protagonismo dos atores envolvidos; (ii) falta de envolvimento e disponibilidade em participar, em realizar questionamentos, reflexões, críticas e proposições que avancem na materialização de direitos no campo socioassistencial; (iii) insuficiência de compreensão clara da política de assistência social, bem como do papel, alcance e objetivos do Conselho; (iv) dificuldades de acesso; (v) ausência de quórum mínimo para o caráter deliberativo das reuniões do CMAS nas comissões que o compõem; (vi) falta de capacitação de conselheiros e (vii) estrutura física deficitária. Cabe destacar que um dos gestores aponta para a necessidade de os conselheiros serem "mais questionadores", mesmo que haja regularidade no exercício das atribuições do órgão gestor de viabilizar a correta execução das ações da política pública de assistência social.

Os canais de participação, que estão para além do conselho municipal, são os Fórum de Trabalhadores e o Fórum de Assistência Social (trabalhadores e entidades, que foram encontrados apenas nas capitais.

> *Mas os fóruns de trabalhadores o incentivo à participação [...] O fórum de assistência social que reúne entidades, trabalhadores, já nos chamou para fazer uma intervenção sobre a política no município* (Gestor PR — M).

Esses canais de participação são estratégias, previstas no art. 115, para o fortalecimento dos conselhos e valorização da participação dos trabalhadores do SUAS e das entidades e organizações de assistência social (Brasil, 2013).

Os canais de participação como os fóruns possibilitam outra estratégia para o fortalecimento dos CMAS, que é o planejamento, através da formação de comissões. A participação na elaboração da política nas capitais foi pensada no formato de colegiado, devido à descentralização das ações do conselho. Essas comissões têm caráter deliberativo.

Os colegiados objetivam atender as demandas priorizadas pelas comunidades dos territórios e as demandas por parte do poder público, chamadas de políticas territorializadas.

> *[...] Os colegiados do [Curitiba] Mais Humana têm a participação da comunidade, têm a participação do público atingido, têm a participação das lideranças, têm a participação daquilo que a comunidade entender que é importante pra solucionar aquelas questões. E do poder público, com as políticas territorializadas, daquelas que foram demandadas para aqueles temas é que vão lá participar* (Gestor PR — M).

A participação da comunidade se concretiza na descentralização do planejamento, com a participação das lideranças das comunidades e usuários dos serviços. O monitoramento, por ser realizado nos colegiados, permite priorizar, no planejamento, os territórios a serem desenvolvidos os projetos.

> *É o embate maior na questão do planejamento mesmo, sabe? Discutir coisas que o município precisa, de priorizar a Assistência que ainda está muito aquém do esperado para um município deste tamanho [...]* (Gestor PR — MPP1).

> *[...] nós apresentamos também de forma sistemática os resultados do programa ao prefeito, que também conduz, coordena os programas* (Gestor PR — M).

Perpassa, no caso, a mediação política dos resultados das ações do conselho com a gestão municipal. E, ainda, a relação burocratizada com o conselho foi ressaltada pelo município de pequeno porte II.

> *A relação do gestor consiste na efetivação da burocracia imposta ao conselho, como a convalidação dos gastos e a verificação da garantia dos direitos dos usuários* (Gestor PR — MPP2).

Na análise das entrevistas com os gestores sobre os processos de participação e de controle social, verificou-se que, nas capitais, há uma preocupação no âmbito da gestão municipal de incorporar as estratégias de fortalecimento dos CMAS. Com isso, o processo de gestão descentralizada do conselho em territórios tem possibilitado o planejamento das atividades dos conselhos, a ampliação da participação das entidades e usuários na gestão. Isso com a colaboração de espaços de organização política como os fóruns. No que diz respeito às demais cidades pesquisadas, as informações coletadas apontam para as dificuldades de estruturação e consolidação do CMAS.

No grupo focal com trabalhadores, a atualização das normativas do conselho emergiu como categoria empírica na apreensão dos processos de participação e controle social. Nesse aspecto, a intencionalidade é atender às normas de atuação do conselho de assistência social:

> *[...] a gente está revendo uma resolução que é sobre as inscrições das entidades no CMAS e aí o que se necessitava ter estatuto, senão, o que é importante que estas instituições tenham ou ainda que trabalho foi feito por nós também. Fizeram um estudo sobre os padrões de qualidade, que cada, que as instituições tinham que ter para estar inscrita no CMAS, sabe, para que os projetos fossem inscritos. Então, assim, não é uma lei, mas são normativas* (Trabalhador 1 GF/PR — M).

Embora os conselhos ganhem expressão no processo de controle social, não são os únicos espaços para sua efetivação, já que outras instâncias de participação podem ser constituídas, como: associações, fóruns (exemplo de trabalhadores e usuários), conselhos locais, comissões ou associações comunitárias ou de moradores, audiência pública, plebiscito, referendo popular, iniciativa popular de lei, orçamento participativo, ouvidorias, entre outros. Do conjunto de dados coletados, é pouco expressiva a existência de outros canais de participação para além dos conselhos.

Note-se que a construção de canais de participação é uma demanda que precisa ser trabalhada, conforme indica um dos gestores, dada sua relevância para estimular e fortalecer o protagonismo da sociedade nos assuntos de interesse público, "[...] na perspectiva de criar iniciativas que valorizem processos democráticos, estabeleçam pactos e favoreçam as alianças, dando uma nova direção à institucionalização do controle social" (Martins, 2009, p. 16).

Por outro lado, foi destacado, nos grupos focais com trabalhadores, como um importante canal de participação constituído, o Movimento Nacional da População de Rua (MNPR), que surgiu em várias capitais de todo o Brasil. Além disso, foi mencionada a dificuldade de trabalhar com o coletivo, de a população entender que as ações levam um tempo para se concretizarem, haja vista que suas demandas são imediatas e vinculam-se à satisfação de necessidades básicas como comer, vestir, ter abrigo para morar/dormir. Ressaltaram, ainda, as conquistas obtidas, como resultados de processos participativos, por exemplo, como o orçamento participativo, principalmente na cidade de Porto Alegre(RS). Conhecido como OP, trata-se de um modelo de gestão participativa desenvolvido em diversos municípios do país, reconhecido nacional e internacionalmente como:

> [...] uma experiência inovadora de gestão local baseada no exercício da *democracia participativa*, isto é, na complementaridade entre as formas tradicionais de representação política e a participação popular para a confecção do orçamento, especialmente na escolha das prioridades dos investimentos (Fedozzi, 2001, p. 92).

Apesar da inegável importância adquirida pelo orçamento participativo como um espaço importante para a população, que produzia resultados, culminou num processo de defasagem e perda de sentido para os participantes, sem ações concretas ou pela morosidade em dar concretude às propostas deliberadas desse processo participativo, como explicita um dos trabalhadores da política de assistência social.

> *Algumas coisas perderam sentido na verdade, [...], como o modelo do orçamento participativo, uma defasagem que é de 2013, então esse concreto, que eu vou lá e a proposta de concretizar numa ação ou ganhar, ou conseguir conquistar acabou tendo um tempo muito longo, e um OP que tinha um resultado e que hoje não tem nada concreto, e várias lutas nossas de construir as conferências* (Trabalhador 2 GF/RS — M)

Mas vale ressaltar que, apesar das dificuldades apontadas pelos trabalhadores da política de assistência social com relação aos processos participativos, acreditam que os espaços coletivos precisam ser retomados. Mencionam também as lutas empreendidas para a edificação das conferências municipais de assistência social.

Nesse amplo debate que envolve a participação e o controle social, torna-se importante dar destaque ao exposto pelos sujeitos da pesquisa, que reconhecem as dificuldades e os desafios existentes para avançar na efetivação desses processos, com autonomia e protagonismo da sociedade civil nos assuntos de interesse público.

> *Lá no início dos anos 2000 nós tínhamos muito mais participação da sociedade, dos usuários do que agora. E as pessoas iam muito pra votar, tentar botar a assistência em primeiro, pela demanda. Mas agora tá uma decepção, a participação [...]* (Trabalhador 1 GF/RS — M).

Frisa-se, aqui, o relato de um trabalhador da política de assistência social da capital do Rio Grande do Sul, que expressa que, em períodos anteriores, havia maior participação da sociedade civil e dos usuários da política, que se envolviam nos processos deliberativos da assistência social, sendo as demandas por assistência social prioritárias. No entanto, atualmente isso se perdeu.

Além disso, chama a atenção a fala de um dos gestores sobre a abertura para a participação no Conselho, o que dá margem para dizer que se trata de uma *participação concedida*, onde há espaço para escuta, fala, cobrança, reivindicação, mas sem poder de decisão. Essa forma de participação, embora restrita, tem a possibilidade de vir a se constituir em um processo ativo, à medida que a consciência crítica é desenvolvida (Bordenave, 1994), superando a consciência passiva. A importância e o papel dessa consciência são necessários para assegurar a efetiva participação nesses espaços, como também a autonomia dos sujeitos, estimulando, com isso, sua inserção em espaços específicos de luta e organização coletiva, visando à conquista e à ampliação dos direitos. O que, sem dúvida, ainda permanece como um grande desafio.

> Se considerarmos a tradição política brasileira — autoritária, patrimonialista e clientelista — e a histórica exclusão das classes populares da coisa pública, podemos avaliar o significado e os desafios envolvidos nesse projeto. Os instrumentos de participação democrática são constantemente ameaçados pela cultura política autoritária e elitista da sociedade brasileira, que expressa o frágil enraizamento da cidadania no tecido social e nos espaços institucionais, e a contínua desqualificação dos espaços políticos favorecedores da articulação de interesses coletivos das classes trabalhadoras e populares (Raichelis, 2009, p. 14).

Contudo, é preciso reconhecer que a configuração da assistência social como política pública, assumida especialmente na última década, mesmo com limites e contradições, obteve avanços significativos, em que se estabeleceu um novo desenho institucional para a gestão, principalmente com a estruturação do SUAS. Uma das principais mudanças diz respeito à exigência de implantação de conselhos, planos e fundos de assistência social nas três esferas de governo como condição para o repasse dos recursos da assistência social (Brasil, LOAS, 1993, art. 30), tendo em vista concretizá-la como política pública.

No que tange aos conselhos de assistência social, integram o Poder Executivo e vinculam-se à estrutura do órgão da administração pública responsável pela coordenação da política de assistência social, que deve prover a infraestrutura necessária ao seu funcionamento, garantindo recursos materiais, humanos e financeiros (Brasil, LOAS, 1993, art. 16). No que tange a esses aspectos, trabalhadores da política de assistência social apontaram questões de estrutura física, composição e dinâmica de funcionamento do conselho.

Quanto à composição dos Conselhos, um dos trabalhadores explicita, de forma contraditória, que é predominantemente governamental, mas cita que há paridade entre representantes do governo e da sociedade civil. As pesquisas sobre conselhos nos municípios brasileiros têm indicado dificuldades de representação que garanta a paridade entre governo e sociedade civil. Ainda sobre os membros que integram o conselho de assistência social, outro trabalhador da área questiona o processo de escolha dos conselheiros, que, ao que parece em sua fala, se dá mais por indicação. Esses trabalhadores disseram desconhecer se há conselheiros(as) representantes da sociedade civil do segmento dos trabalhadores e das trabalhadoras da área. Os dados da pesquisa apontam que há um desconhecimento por parte de alguns trabalhadores da política de assistência social acerca de quem os representa no espaço do Conselho Municipal de Assistência Social. Recorde-se que o conceito de entidades representativas dos trabalhadores dessa política foi ampliado pelo Conselho Nacional de Assistência Social, por meio da Resolução n. 023/2006.

Sobre a dinâmica de funcionamento dos conselhos de assistência social, gestores e trabalhadores trouxeram questões acerca da periodicidade de reuniões, da articulação entre gestor e Conselho, da atuação e do protagonismo dos conselheiros, do tipo de participação concretizada nesse espaço.

> *A gente tem reunião. Uma vez por mês a gente reúne o Conselho, a gente faz questão de passar todas as resoluções que a gente tem no Conselho antes. A gente precisa do apoio do Conselho pra gente fazer algo sem ter depois uma consequência [...]. A gente tenta tudo que a gente vai fazer aqui passar pelo Conselho, sempre que surge um problema a gente chama o Conselho pra conversar e ver sugestões* (Gestor RS — MPP1).

Um primeiro conjunto de questões pertinentes para análise sobre o funcionamento dos conselhos refere-se à dimensão da atuação e do protagonismo e à dimensão da qualidade da participação. Chama atenção no extrato de fala dos(as) entrevistados(as) que os processos de participação e o exercício do controle social no Conselho ocorrem à medida que são provocados, estimulados, o que revela a pouca autonomia e a necessidade de fortalecê-la. Soma-se a isso a indicação da falta de protagonismo do Conselho e o imperativo de ampliação de sua atuação enquanto instância problematizadora.

Um gestor destaca, ainda, que o órgão responsável pela política de assistência social é quem cobra o Conselho para que seja mais atuante, no sentido desse controle zelar pela qualidade da rede de serviços socioassistenciais. Um dos trabalhadores da área menciona a falta de clareza das reais funções e atribuições dos membros do Conselho e a pouca capacidade de reflexão propositiva frente ao trabalho desenvolvido na política de assistência social.

Em linhas gerais, os dados indicam a existência de dificuldades para a participação qualificada e efetiva no espaço dos conselhos, que remetem para a necessidade de identificar quais fatores impedem/dificultam o envolvimento das pessoas como sujeitos políticos. Como é de amplo conhecimento, a cultura política praticada no Brasil, desde sua formação sócio-histórica, marcada pelo clientelismo, pela tutela, pelo favor e pela privatização do público constitui-se em um dos principais entraves para o aprofundamento da democracia e a ampliação dos espaços públicos, impedindo que os cidadãos participem, de forma protagônica, dos processos decisórios das políticas públicas.

Outro aspecto mencionado refere-se à periodicidade das reuniões dos conselhos, em consonância com o estabelecido nas normativas da assistência social, as quais ocorrem uma vez ao mês (reuniões ordinárias) e mais de uma vez por mês (reuniões extraordinárias) quando necessário, diante das demandas apresentadas pelo órgão responsável pela condução da política de assistência social. Frise-se que mais de um(uma) gestor(a) menciona a busca de respaldo e legitimidade de suas decisões e ações junto ao Conselho, por meio de diálogo e articulação. Em um extrato de fala, é explicitado que o órgão gestor convoca as reuniões do Conselho e não o inverso, como preconizam os arts. 13 e 14 da Resolução CNAS n. 237/2006.

No que tange à divulgação das reuniões, alguns trabalhadores da política de assistência social relatam dificuldades de comunicação e socialização das informações quanto às datas e o local de realização, como se verifica a seguir.

> *Mas informação de fácil acesso para a população, acho que não. Eu mesmo fiquei sabendo por causa das relações interpessoais, que falam, daí tu escuta, anota* (Trabalhador 2 GF/RS — MMP).

Diante do exposto nos extratos de fala dos trabalhadores da área, compreende-se que há necessidade de ampla divulgação, disseminação e publicização de informações de forma pública, nos diversos canais de comunicação disponíveis, como forma de estimular a participação da sociedade nos espaços de controle social. Frise-se que se constitui em uma importante estratégia para o estímulo à participação dos usuários "a ampla divulgação do cronograma e pautas de reuniões dos conselhos, das audiências públicas, das conferências e demais atividades, nas unidades prestadoras de serviços e nos meios de comunicação local [...]" (Brasil, NOB-SUAS, 2012, art. 127, Inciso II). Além disso, um dos elementos essenciais ao processo de democratização da esfera pública é a visibilidade social.

> As ações e os discursos dos sujeitos devem expressar-se com transparência, não apenas para os diretamente envolvidos, mas também para aqueles implicados nas decisões políticas. Supõem publicidade e fidedignidade das informações que orientam as deliberações nos espaços públicos de representação (Raichelis, 1998, p. 40).

Nessa ótica, uma questão importante para reflexão é sobre a representação nos espaços públicos: "[...] não é da pessoa, mas de um segmento, [...] ele está naquele espaço, escolhido por um grupo para representá-lo. Por essa razão deve defender o pensamento do grupo e prestar contas de seus atos." (Paz, 2009, p. 26). Portanto, a comunicação, a socialização e a divulgação das informações constituem responsabilidade de representantes do governo e da sociedade civil.

Reforçam essa necessidade os dados trazidos pelos usuários que participaram dos grupos focais, quando questionados acerca de seu conhecimento do Conselho Municipal de Assistência Social, da representação de usuários e da participação desses na instância deliberativa do SUAS em discussão, como se pode verificar nos extratos de fala, a seguir.

> *Se nem ouvimos falar dele [CMAS] não deve estar funcionando, a gente nem conhece* (Usuário 4 GF/RS — MMP).

> *Não. Seria bom vocês explicarem pra gente. A gente sabe, mas não está se achando* (Usuário 1 GF/RS — MGP).

Como se observa no explicitado pelos usuários, há um desconhecimento da existência do Conselho Municipal de Assistência Social. Também revelam desconhecimento de quem representa o segmento usuários no CMAS. Outros disseram conhecer o Conselho Municipal do Idoso, mas indicam dificuldade de localização, ausência de pessoa no local de funcionamento e revelam o não alcance do que buscam junto ao mesmo, e a falta de compreensão da função desse conselho. Isso indica a urgência de estimular e ampliar o debate sobre a questão do controle social da política de assistência social, no sentido de avançar na definição de estratégias que possam criar mecanismos e instrumentos de intervenção nos espaços públicos para o fortalecimento da participação protagônica dos usuários do SUAS. Constitui responsabilidade de gestores promover ações que contribuam para o desenvolvimento de processos participativos.

No que diz respeito à articulação entre gestor e conselho e à relação estabelecida entre ambos, explicitam, os(as) entrevistados(as), aspectos sobre as competências/funções do conselho, a qualificação dos conselheiros para o exercício de suas atribuições, o tipo de participação efetivada, as dificuldades vivenciadas e os tensionamentos existentes, como se pode verificar a seguir.

> *Muito boa a relação. E eu cobro o Conselho para me cobrar [...]. Teve uma nova eleição e eu pude estar levando também para o Conselho isso, de a gente buscar, estar qualificando os nossos conselheiros para que eles possam cobrar mais a gestão, sabe? Possam fiscalizar mais a gestão, porque eu entendo que a gestão quando ela é bem fiscalizada nós não vamos ter problemas depois [...]. Eu vejo o Conselho bem como é, um Tribunal de Contas. O Tribunal de Contas, o que que ele faz, ele aponta aí, ele faz os apontamentos. Importante* (Gestor RS — MPP2).

Outro aspecto abordado na fala do gestor é o indicativo de o Conselho ser mais atuante no exercício democrático de acompanhamento da gestão, avaliação e fiscalização da implementação da política de assistência social. Ao mesmo tempo, traz sua concepção sobre as funções do Conselho Municipal de Assistência Social, que segue a mesma linha do Tribunal de Contas da União (TCU), embora sejam formas de controle distintos, inclusive diferenciam-se em termos de definição, competências, criação, estrutura, composição de representantes e funcionamento. Outro gestor também dá destaque para a atribuição da fiscalização do conselho, apontando a falta de clareza e maturidade por parte dos conselheiros. Como se pode perceber, há uma tendência de se sobressair a competência de fiscalização do conselho de assistência social.

Alguns entrevistados sinalizam o diálogo, a articulação e a atuação conjunta na relação do gestor com o conselho de assistência social, mediante o reconhecimento desse enquanto instância de controle social, e o cumprimento das previsões legais de suas atribuições ainda se mostra incipiente, haja vista a não clareza quanto ao papel do conselho no exercício do controle social. Sobressai-se em uma das falas o caráter consultivo do Conselho de Assistência Social, obstaculizando a natureza deliberativa de suas ações, prevista na base legal e normativa.

> A natureza deliberativa dos Conselhos significa que eles devem debater e produzir decisões sobre a política de assistência social, o que inclui definir prioridades, estratégias, beneficiários, financiamento, dentre outros aspectos, assim como controlar a ação do Estado e daqueles que recebem recursos públicos decorrentes dessas deliberações (Cunha, 2011, p. 61).

Ao que parece, essa compreensão da natureza deliberativa do conselho de assistência social e do que ela abrange é uma das dificuldades explicitadas na fala dos gestores, em sua relação com essa instância da política pública em questão, que traz indicativos da fragilidade de participação no desempenho do papel de conselheiros.

Por outro lado, também é apontado, por um dos sujeitos pesquisados, o estabelecimento de relação/interação "conturbada" entre órgão gestor e CMAS na última gestão, ao mesmo tempo, "um bom trânsito" na relação entre trabalhadores da área e Conselho. O que revela a existência de um tensionamento entre o órgão responsável pela política e o órgão de controle social. Traz, ainda, como aspecto negativo, a indicação "via gabinete" de pessoas em cargo de confiança como representante do governo no Conselho. Isso se constitui em um grande limite, já que podem predominar posturas corporativas ou autointeressadas, o que destoa do tipo de participação requerida nas instâncias de deliberação, como os Conselhos, a qual deve pautar-se na defesa de interesses da coletividade.

Para o desempenho adequado das atribuições conferidas aos conselhos de assistência social, é fundamental viabilizar a qualificação de representantes do governo e da sociedade civil na condição de conselheiros(as), no sentido de contribuir para o fortalecimento dos sujeitos políticos na perspectiva da garantia e/ou ampliação dos direitos sociais. Foi indicado por alguns gestores o desenvolvimento de capacitações de conselheiros(as) como forma de qualificá-los(las) para o exercício do controle social, visto que precisam adquirir conhecimentos e desenvolver habilidades específicas para o cumprimento de suas competências.

Particularmente no que concerne à construção da assistência social, como política pública, são requisitos indispensáveis a participação e o fortalecimento dos conselhos, porque é sua atribuição a aprovação da política de assistência social e do plano municipal de assistência social elaborado pelo órgão gestor. Com relação a isso, questionou-se aos gestores se o processo de elaboração da política de assistência social no município contou com a participação de trabalhadores, usuários e entidades socioassistenciais, sendo que um deles expôs o seguinte:

> *Foi. Ele foi aberto, o que seria para ser aberto não foi tão aberto assim em função do que eu falava há pouco, das pessoas desconhecerem isso. [...]. Mas, a gente viu que esse processo, as pessoas foram convidadas a participar e até hoje são convidadas a participar, nós temos um crescente agora de pessoas que vêm, até mesmo dos usuários, dos trabalhadores da política de assistência social, também pessoas de entidades [...]. Mas, eu te digo que é uma dificuldade muito grande, mesmo a gente abrindo, a gente buscando levar esse entendimento, indo a programas de rádio, através do jornal, através da rede social, podendo estar divulgando a política de assistência, divulgando o* SUAS [...]. *A gente sente uma dificuldade muito grande [...] devido a essa falta de entendimento* (Gestor RS — MPP2).

Embora a construção da política de assistência social se constitua num processo aberto para todos os cidadãos, ainda é um dos grandes desafios a garantia da participação de forma ampliada, como expôs o gestor entrevistado, mesmo com o aumento de participantes de diferentes segmentos da sociedade civil (usuários, trabalhadores e entidades da área). Note-se que a participação não ocorre de forma espontânea, com iniciativa dos sujeitos, considerando o desconhecimento acerca da assistência social e da importância da participação e do controle social, mesmo com o uso de diferentes canais de comunicação (rádio, jornal, redes sociais) para a divulgação e socialização de informações sobre o SUAS e a política.

Além disso, percebe-se que se trata de uma participação concedida, à medida que pessoas da sociedade são convidadas a participar das discussões. Mesmo que inicialmente esse "fazer parte" nesses espaços tenha limites, acredita-se que os sujeitos podem vir a "tomar parte", e "ser parte" dos processos participativos e de controle social "[...] depende de condições objetivas decorrentes da estrutura econômico-social e política, da cultura política que se constrói historicamente e de condições subjetivas em termos da organização e mobilização da sociedade civil" (Teixeira, 1997, p. 206).

A participação da sociedade civil, por meio de organizações representativas, nos processos de construção e deliberação na condução da política de assistência social em todo o país, dispõe de um espaço fundamental, que são as conferências de assistência social.

> Art. 116. As conferências de assistência social são instâncias que têm por atribuições a avaliação da política de assistência social e a definição de diretrizes para o aprimoramento do SUAS, ocorrendo no âmbito da União, dos Estados, do Distrito Federal e dos Municípios (Brasil, NOB-SUAS, 2012).

Nessas instâncias deliberativas do SUAS, reúnem-se representantes do governo e sociedade civil organizada para discutir, "avaliar a situação da assistência social e propor diretrizes para o aperfeiçoamento do sistema" (Brasil, 1993, LOAS, art. 18, Inciso VI), e, com isso, eleger prioridades políticas para os respectivos níveis de governo para que a política de assistência social possa avançar para atender as necessidades sociais e consolidar e ampliar os direitos socioassistenciais. Com relação a esse tema, os(as) gestores(as) entrevistados(as) trouxeram uma avaliação sobre a Conferência Municipal de 2015 e a participação governamental e da sociedade civil nesse processo, considerando que, no período da coleta de dados no ano de 2016, essa constituía a última conferência realizada.

> *[...] a nossa última conferência da assistência social nós reunimos um grande número de pessoas. E, por incrível que pareça este ano passado [2015] convidamos os beneficiários do Bolsa Família, as pessoas que estão*

> *inseridas nos programas, no PAIF, no CRAS e nos serviços de convivência, os idosos e acabamos tendo um grande público. [...] a gente viu que teve um avanço, as pessoas estão participando mais. É processo, trabalho de formiguinha [...], mas a gente já nota uma diferença, principalmente dos usuários* (Gestor RS — MPP2).

> *As nossas conferências têm sempre uma participação bem significativa de usuários, principalmente os usuários que vêm do movimento de população em situação de rua, eles ocupam um espaço bem importante, também a população indígena. Se teve participação dos jovens do Pró-Jovem adolescente, os idosos [...]. As entidades nem se fala, elas estão sempre muito presentes na Conferência, é um espaço legítimo que é esperado, ele é construído, sempre se tem uma grande participação. As Conferências aqui são sempre bem "quentes", pena que nem sempre as deliberações são colocadas em prática. Mas as Conferências têm uma participação bem significativa de todos os segmentos* (Gestor RS — M).

Chama a atenção em uma das entrevistas a menção do fato que os usuários foram convidados a participar da conferência, o que implica em "fazer parte", com direito à voz, mas não necessariamente com poder de decisão (voto), já que esse implica a eleição enquanto delegado(a). O mesmo gestor afirma que houve um avanço, em termos numéricos, de sujeitos participantes na conferência e sua permanência durante o período de realização. Mas indica que há dificuldade de participação e que essa é um processo em construção, gradual, o qual exige tempo e trabalho coletivo.

> *Nós conseguimos envolver bastante os trabalhadores no processo de organização, eles sim, os usuários nem tanto. Acho que poderíamos avançar muito mais, a gente observou pela última conferência, pequena ainda a participação, tem que haver maior participação dos usuários* (Gestor GF/RS-MGP).

Por outro lado, uma gestora de um município de grande porte afirmou que há ampla participação da sociedade civil, seja dos representantes de usuários da política, seja de entidades e organizações de assistência social, nas conferências. Destaca a expressiva participação do movimento da população em situação de rua e da população indígena. Aponta, como dificuldade, dar materialidade às deliberações da política de assistência social definidas nas conferências. Frisa, também, a importância do Fórum Municipal de Trabalhadores da Assistência Social (FOMTAS) e do Fórum Estadual dos Trabalhadores do SUAS (FETSUAS), que são espaços coletivos de organização dos(as) trabalhadores(as) da assistência social com a finalidade de fomentar e respaldar a articulação política nas instâncias de discussão, deliberação, pactuação, controle e gestão do SUAS.

Sobre a existência e o conhecimento de fórum de debate da política e conferência de assistência social, os usuários dos municípios de pequeno porte II expuseram:

> *Conferência sobre o quê? Eu tenho certeza que não participei de conferência nenhuma [...]* (Usuário 1 GF/RS — MPP2).

> *A conferência, que eu sei, é que todos os anos vai uma urninha em casa, e tu assina, decidindo para onde vai o recurso, pra onde vai as verbas* (Usuário 2 GF/RS — MPP2).

Como se observa, os extratos de fala revelaram um desconhecimento sobre fóruns de debate da política e conferência como um espaço deliberativo da política de assistência social, inclusive questionou-se o tema da conferência e afirmam não ter participado. Mais de um usuário cita ter participado de "urna" ou "consulta popular", confundindo conferência com consulta pública, que é de caráter consultivo, no sentido de receber contribuições por escrito da sociedade civil sobre determinado assunto, como a destinação de recursos públicos. Esclareceu, um deles, que a "urninha em casa" se trata de uma consulta popular. Além disso, nota-se um desconhecimento da existência do fórum de debate da política e conferência, e sua falta de divulgação, o que leva um sujeito a concluir que não existe. Esse dado é recorrente nos municípios de pequeno porte, o que está a exigir um trabalho de capacitação e explicitação do controle social e seus instrumentos, principalmente, mas não só para os usuários.

Com base na pesquisa com os trabalhadores, foi possível verificar que a participação dos usuários é dirigida. Tal participação realiza-se quando há um objetivo previamente definido a ser efetivado. E, para isso, "[...] os manipulam a fim de atingir seus próprios objetivos previamente estabelecidos. (Neste último caso, pode-se falar de participação dirigida ou manipulada)" (Bordenave, 1994, p. 28-29). Nesse caso, como as conferências municipais são deliberativas, há a necessidade de participação paritária. Logo, a participação é dirigida a um fim previamente estabelecido. Por ser uma participação por eleição, é atribuída função/cargo de "participante" ao usuário.

A participação dos usuários, quando não espontânea, pode ser considerada como concedida. "[...] participação concedida, onde a mesma viria a ser a parte de poder ou de influência exercida pelos subordinados e considerada como legítima por eles mesmos e seus superiores" (Bordenave, 1994, p. 29). No caso, conforme dados da pesquisa, a gestão solicita a presença dos usuários nos espaços de controle social (conselho e conferência), que é acatada pelo usuário da política de Assistência Social. Como está previsto no art. 125 da NOB/SUAS (Brasil, 2012, p. 51), quando se refere ao "estímulo à participação e ao protagonismo dos usuários nas instâncias de deliberação da política de assistência social, como as conferências e os conselhos".

> *[...] a participação de usuários, embora na gestão anterior a gente conseguiu a participação de usuários, a gente ia até buscar na casa no dia das reuniões para poder eles participarem, a gente mandou uma representante usuária para a Conferência Nacional, então a gente busca muito isso na Conferência, a participação de usuários, a gente faz pré-conferência com usuários* (Trabalhador 1 GF/PR — MPP2).

A participação, nessas condições, apesar de restritas, não deixam de ter importância no processo de exercício do controle social. Assim, "[...] a participação mesmo concedida encerra em si mesma um potencial de crescimento de consciência crítica, da capacidade de tomar decisões e de adquirir poder" (Bordenave, 1994, p. 29-30). Como são os exemplos de ampliação dessa participação nas pré-conferências como estratégia de participação dos usuários.

Outros elementos também foram levantados nos grupos focais com os trabalhadores do SUAS no Paraná e no Rio Grande do Sul, como: participação dos trabalhadores no CMAS; rotatividade dos conselheiros; maiores participações dos usuários nas conferências municipais; a participação dos usuários restringe-se aos movimentos sociais mais organizados, como o movimento da população em situação de rua. Há, também, a "ociosidade das vagas para os usuários", que é preenchida com representantes das entidades.

> *[...] só um pessoal do movimento da população em situação de rua que é da categoria usuários, mas outras duas ficaram ociosas, aí quem está ocupando a vaga foram as entidades* (Trabalhador 2 GF/PR — M).

A pesquisa realizada com os trabalhadores comprova o que foi verificado com os gestores, que há uma preocupação de incorporar as estratégias de concretização e fortalecimento do CMAS. A atualização das normativas do conselho atendem à regulação segundo a NOB/SUAS (MDS, 2012), apesar de ainda incipientes. No que se refere à participação dos usuários de acordo com o que foi relatado pelos trabalhadores, expressa ainda uma participação *dirigida e concedida* nos processos de controle social.

Os dados da pesquisa apontam participação do usuário na conferência e pouca participação nos conselhos. No que diz respeito às conferências, a simples presença do usuário no local da conferência tem sido traduzida como participação do usuário. Outro elemento interessante é a fala de uma trabalhadora do SUAS, que também é usuária, sobre o funcionamento das conferências:

> *Olha, aqui funciona assim [...]. Faz a conferência, todo mundo fala, vem a palestrante lá, depois a gente faz os grupos para montar [...]. Só que, aí sempre tem as assistentes sociais, tem as outras lá, então, mais elas que falam, elas mais ouvem sabe, não são muito assim de dar opinião, de falar. Reclamam que não tem isso, não tem aquilo [...]* (Usuário 1 GF/PR — MPP1).

A discussão de pautas e de deliberações, nesse sentido, é interpretada como reclamações que devem ser realizadas pelos usuários em relação à política. E não como construção da política no espaço da conferência. Não há ainda uma compreensão da participação como colaboração no aperfeiçoamento da Política de Assistência Social.

> *Então, mas existe o conselho de assistência social, onde que a gente aprova bastante coisinhas, chega para nós assim uma determinada situação, de uma determinada entidade, da verba que vai chegar até ali, o que que vai ser oferecido até ali passa pelas mãos do conselho municipal* (Usuário GF/PR — MMP).

A pouca participação é atribuída: à representatividade dos usuários no conselho e à participação no conselho por consideração aos trabalhadores e gestores da política. A indicação de usuários sem a eleição necessária está prevista no art. 119, parágrafo 2º, da NOB/SUAS (Brasil, 2012). Essas ações reafirmam a ideia da participação dos usuários ser dirigida e concedida.

Por fim, como considerações a respeito da categoria "participação dos usuários e controle social", foi possível analisar que o controle social está restrito, no Paraná e no Rio Grande do Sul, aos conselhos e às conferências. Somente nas capitais foi verificada a presença de fóruns de trabalhadores e fórum da Assistência Social, que abarcam trabalhadores e entidades. Nas capitais, foram incorporadas estratégias para o fortalecimento do CMAS, como a gestão descentralizada do conselho em territórios, com avanços no planejamento das atividades dos conselhos. A necessidade de estruturação e consolidação dos conselhos de assistência social é ainda uma necessidade na realidade dos demais municípios pesquisados.

A participação dos usuários, na maioria dos municípios pesquisados, ainda é frágil. Como elementos que fomentam essa realidade, está o desconhecimento da função como conselheiros e por não haver nos municípios espaços de organização dos usuários como os fóruns para maior mobilização e efetiva participação. A apreensão da participação ainda está voltada para a lógica da presença nos espaços das conferências e dos conselhos. Processo esse que está a exigir uma vigilância por parte dos trabalhadores, gestores, uma vez que, sem a participação efetiva dos usuários, a política perde parte importante de sua potência.

7. A VIGILÂNCIA SOCIOASSISTENCIAL, MONITORAMENTO E AVALIAÇÃO NO RIO GRANDE DO SUL E PARANÁ

A gestão da informação se constitui por processos de busca, identificação, classificação, processamento, armazenagem e disseminação de informações, nos diversos formatos e meios onde se encontram os dados e conteúdos que interessam aos processos de trabalho, à gestão e à produção de conhecimentos, sejam eles registrados em documentos físicos ou digitais. Tem por objetivo fazer com que as informações cheguem às pessoas que necessitam delas para tomar decisões a partir de dados confiáveis, seguros e que sejam apresentados com a clareza necessária, muitas vezes constituindo sínteses a partir de informações conectadas que precisam ser disponibilizadas no momento certo. Portanto não só a produção qualificada da informação, sua articulação e sistematização é necessária, como também a sistemática atualização e disponibilização a partir de fluxos e formatos que favoreçam o acesso e a decodificação de quem necessita da informação.

O dado bruto, portanto, mesmo relevante e atualizado, por si só não produz conhecimento; portanto, a gestão da informação é fundamental para que se efetive a gestão do conhecimento, que pressupõe a mediação de teorias explicativas (Prates, 2018).

A gestão do conhecimento, por sua vez, irá subsidiar a tomada de decisão, com base em dados concretos, que precisam ser articulados e analisados à luz de múltiplos aspectos, no intuito de que tenham maior efetividade. As políticas públicas cada vez mais valorizam a gestão da informação, razão pela qual têm instituído departamentos específicos para cumprir essa função e têm criado fluxos e ferramentas informacionais para que as etapas que compõem esse processo sejam realizadas de modo mais adequado. Contudo, a socialização e o uso das informações trabalhadas à luz da totalidade a partir de devolutivas sistemáticas à rede de serviços, aos gestores e nas conferências para subsidiar debates, prioridades, gestão e planejamento fundamental, ou todo o processo de produção de dados perde o sentido e fica restrito à realização de tarefas burocráticas.

A função de vigilância socioassistencial na política se constitui como um processo bastante complexo, em curso de constituição, que sofre impactos do processo de precarização da estrutura disponibilizada à Política de Assistência Social, em que se inclui pessoal e a própria formalização do setor e equipe de vigilância.

Outro aspecto que merece destaque é a apreensão restrita da própria função, que inclui não só a sistematização de dados e análises sobre as desproteções e a rede de serviços, mas também ações no intuito de fortalecer articulações e o trabalho em redes. Mas é possível afirmar, com base nos dados coletados pela pesquisa, e a partir de aportes trazidos por teses e dissertações que vêm sendo produzidas pelo Serviço Social em relação a essa função, que mesmo a partir de uma visão restrita, os processos ainda são bastante precários não só na produção de informações substantivas que municiem o planejamento da política, mas especialmente nos precários processos de socialização desses dados para trabalhadores e usuários da Política, através de formas diversas de devolutiva. Pode-se afirmar que ainda não há uma compreensão maior do conjunto dos agentes quanto ao significado e à relevância dos processos de gestão da informação, vigilância socioassistencial, monitoramento e avaliação. Mesmo nas capitais dos estados analisados — Paraná e Rio Grande do Sul —, onde os processos estão mais bem estruturados, a articulação mais efetiva do conjunto de dados, a realização de diagnósticos territoriais dinâmicos participativos, as devolutivas, o subsídio aos processos de planejamento, a priorização de processos dessa ordem pela gestão e as ações para potencialização de articulações na rede e com outras políticas ainda não tomaram corpo suficiente, e, diante de processos de desmonte, em razão das mudanças políticas que secundarizam a política e reduzem drasticamente os recursos para o seu financiamento, esse processo ainda tênue, em curso de constituição, sofre profunda ameaça.

No presente estudo, o tema da vigilância socioassistencial foi questionado apenas nas coletas diretas realizadas com gestores e trabalhadores, porém em alguns grupos focais, houve a participação também de conselheiros do CMAS.

No Rio Grande do Sul, tomando por base a capital, Porto Alegre, e os municípios de Bento Gonçalves, Butiá, São Borja e Dom Feliciano, a partir de grupo focal com trabalhadores e entrevistas com gestores, verificou-se que:

Nos municípios de pequeno porte, os pesquisados informaram que não há serviços de vigilância ou alguma forma de monitoramento. Os trabalhadores afirmam a inexistência, embora em alguns municípios refiram o envio de dados para elaboração de relatórios, especialmente quantitativos, relativos a número de atendimentos e níveis de participação dos usuários nos grupos e, embora afirmem que os dados são utilizados para o planejamento, sua explicitação mostra ainda um uso bastante restrito.

Em uma das abordagens, via grupo focal, foi interessante o fato de um dos participantes ressaltar que a pesquisa despertou o grupo para refletir sobre a vigilância e outro destacou a importância da reunião propiciada pelo processo de coleta para articularem visões de distintos espaços, o que atesta o caráter pedagógico das pesquisas sociais e a potencialidade das técnicas de coleta coletiva, uma vez que instigam o grupo a refletir, articular-se e mobilizar-se. As expressões que seguem espelham com mais clareza os processos mencionados:

> *Isso é muito particular de cada serviço, né, mas não existe (referindo-se a serviço de monitoramento e avaliação) a gente não tem um colegiado, uma equipe de vigilância socioassistencial* (Trabalhador GF/PR-M).

> *Todo o mês nós temos que enviar o relatório com o número dos atendimentos, encaminhar os dados com o NIS dos usuários (...) Sim a gente usa (referindo-se ao uso dos dados para o planejamento) (...)* (Trabalhador GF/RS -MPP).

Algumas ações interessantes de mobilização realizadas nas comunidades são relatadas pelos trabalhadores de pequenos municípios, mas a articulação com as informações produzidas pela vigilância não acontece, o que poderia potencializar em muito essas ações. Contudo, é importante ressaltar que as ações para potencializar a rede e a intersetorialidade fazem parte da função de vigilância socioassistencial, segundo a Política. Dizem os pesquisados no grupo focal:

> *A gente faz visita nas escolas e a gente faz sempre uma mobilização, tipo, em o dia nacional contra o abuso infantil, então a gente reúne o pessoal das escolas e parte da rede junto com a educação e a saúde. Uma vez fizemos carreata e apitaço no centro* (Trabalhador GF/RS-M).

As entrevistas com gestores confirmam a execução precária da função de vigilância nos municípios de pequeno porte, ainda em estado embrionário.

> *A gente engatinha nisso ainda (...) esses diagnósticos que a gente buscou fazer, a gente conseguiu fazer em alguns pontos do município. Mas a gente não conseguiu ampliar ainda* (Gestor /RS-M).

> *Não (referindo-se a existência ou não de sistema para monitoramento e informação), a gente vem tentando responder a demanda que chega, tu faz a busca e tu tenta chegar, mas não ainda assim* (Gestor -PR-MPP).

Mesmo em município de grande porte, o gestor informa que a vigilância socioassistencial está em processo de organização, ainda de modo informal, embora já articulem sistemas e informações. No caso do Rio Grande do Sul, em todos os municípios pesquisados, inclusive na capital, o setor de vigilância é informal. Conforme as palavras do gestor:

> *A gente tentou organizar aqui a vigilância, coordenação de proteção especial, coordenação de proteção básica. Minimamente a gente conseguiu apresentar a estrutura [referindo-se à estrutura para execução da Política de Assistência Social], mesmo que legalmente ela não esteja constituída (...) conseguir mudar essa estrutura já é um avanço (...) a gente está conseguindo organizar a vigilância com um programa que conseguimos da CETEC, que é um setor de tecnologia aqui da prefeitura* (Gestor/RS-M).

Os processos de avaliação, por sua vez, são restritos e limitados à discussão de casos, sem qualquer processo de monitoramento dos serviços, ou avaliações internas do grupo de trabalho, como mostram as expressões que seguem:

> *Então a avaliação é entre a equipe mesmo, os profissionais a gente tenta buscar, vê o que a gente faz, vê os pontos positivos que teve e o que está faltando. (...) Nós avaliamos nas reuniões que a gente faz, a gente acaba fazendo reuniões quase que mensal para a gente poder avaliar alguns casos. Tem na proteção especial que tem mais avaliação, tem um trabalho, mas aí é uma questão de casos. (...)* (Gestor/RS-MMP).

> *A gente avalia assim o nosso dia a dia como equipe. A equipe se perdeu muito, até a equipe de 2º grau que era toda formadinha, que já entendia, agora na frente é maioria estagiário, a gente nem fez mais capacitação para estagiário* (Trabalhador GF/RS- MPP).

Ressalta-se ainda a evidência de processos de precarização do trabalho e da formação expressa no último depoimento do trabalhador pesquisado.

Em Porto Alegre, há coordenação de monitoramento e avaliação e estrutura de vigilância ligada à Assessoria de Planejamento, embora não criada formalmente. O monitoramento e a avaliação vinculam-se à direção técnica que monitora toda a rede e acompanha o controle de dados relativos aos serviços. Os dados são encaminhados para a vigilância, que subsidia a rede como um todo. Embora disponham de estrutura, reconhecem que o serviço de vigilância precisa avançar mais e seu significado ser apreendido de modo ampliado, como função, o que pode ser verificado nas palavras da entrevistada:

> *Na verdade, a vigilância não é um ente, existe estrutura aqui, sim, da gestão, da vigilância, que organiza, que problematiza, que faz publicações, mas esse conceito de vigilância precisa extrapolar isso, tem que estar na vida, no dia a dia (...) isto não está visto ainda, como uma coisa que eu tenho que pôr na minha vida, como instrumento da política* (Gestor RS- M).

No Paraná, a partir de coletas realizadas nos municípios de Curitiba, Londrina, Cornélio Procópio, Cerro Azul, Ibiporã, através de entrevistas e grupos focais verificou-se que o comportamento dos dados não é diferente. A capital, Curitiba, apresenta estrutura maior e mais organizada, interfaces com universidades, realizam pesquisas, buscam canais de participação e articulação com as instâncias de controle social, problematizam a concepção de vigilância como função da Política, reconhecendo sua importância e complexidade e a necessidade de avançar espraiando uma concepção ampliada do processo com o conjunto dos agentes. Os estratos da entrevista com a gestora são esclarecedores:

> *Usa o material da vigilância para fazer diagnóstico (...) Nós criamos um padrão de qualidade de CRAS. Foi regulamentado no Conselho. A equipe é maior do que a exigência nacional (...) Por exemplo, nós tivemos*

> *30 entidades envolvidas em seminários e grupos de trabalho pra poder construir um padrão de qualidade dos serviços de fortalecimento de vínculos (...) a vigilância [é entendida pela gestora] como um processo de qualificação dessas ofertas e identificação das desproteções. Nós fizemos uma pesquisa agora, com 1330 pessoas em situação de rua, que traz informações muito importantes para qualificar os serviços e manter essa qualificação permanente* (Gestora estadual/ PR).

Contudo, o grupo focal com trabalhadores mostra o desconhecimento de parte de alguns quanto ao modo como o processo é realizado e uma apreensão mais reduzida em relação ao processo de vigilância que, conforme relatam, não segue um padrão único.

> *Não sei se tem uma equipe específica de vigilância e monitoramento. Eu sei que tem pessoas que trabalham com isso e que chegam as informações para gente* (Trabalhador GF/PR- M).

> *No começo do ano, eles fizeram todo um monitoramento, até questão de pessoal, que construíram nessa gestão. (...) esse documento foi disponibilizado para os servidores* (Trabalhador GF/PR- M).

> *(...) não sei se tem uma equipe só para isso, porque as pessoas acabam fazendo um pouco disso, um pouco daquilo* (Trabalhador GF/PR- M).

Nos municípios de grande porte e pequeno porte, os pesquisados queixaram-se da falta de estrutura, falta de equipamentos de informática adequados para acessar o sistema, falta de atualização e de alimentação sistemática de dados. Como não há uma unificação de dados, segundo informam, os trabalhadores precisam acessar vários caminhos para obter as informações, o que toma muito tempo e dificulta o uso da informação nos tempos necessários. A ausência da informação atualizada faz com que haja retrabalho na avaliação de alguns investigados. A ausência de um setor específico que organize e disponibilize os dados de modo articulado e sistemático é reconhecida como entrave aos processos. Há também uma manifestação que faz menção ao excesso de sistemas e siglas que precisam ser apreendidos pelos trabalhadores, o que é interessante de se problematizar, especialmente em municípios onde as equipes são muito reduzidas. Seguem as expressões dos pesquisados:

> *(...) há equipamentos que alimentam e tem equipamentos que não. (...) hoje, a gente não pode confiar porque nem todas as pessoas alimentam esse sistema. Se uma família nova chegar, a gente vai muito pelo relato dela, mas a gente não sabe a vivência que ela teve na assistência ou mesmo nas outras políticas* (Trabalhador GF/PR-MMP).

> *(...) para a gente conseguir todos os dados, você tem que abrir vários documentos. E às vezes esse documento acaba não cruzando com outro (...) se tivesse um setor, eu acho que isso ia acontecer (...) daí é muito trabalhoso para a gente (...) tem que fazer manualmente. Eu acho que ainda é muito complicado, está muito difícil ainda da gente fazer isso* (Trabalhador GF/PR- MMP).

> *Também tem a questão do SISC, que a gente entra em contato com os projetos, do cadastro único, número de NIS, as famílias, os usuários. É SISC mesmo, eu falei CIP, CIP é do conselho. É tanto sistema* (Trabalhador GF/PR-MMP).

Outro aspecto destacado pelos pesquisados nos grupos focais é que os processos foram planejados, porém sua execução não ocorreu, e, em outros municípios, os trabalhadores relatam que foram desmontados, como se pode conferir nas próximas expressões:

> *eu vou ser sincera pra você, a gente registra tudo, tudo é registrado, o trabalho, tudo é documentado, mas não existe mais essa questão de monitoramento e avaliação, da forma que a gente pensou. Teve seus inícios de sentar gestão com entidades, de sentar gestão com CRAS e CREAS...* (Trabalhador GF/PR-MPP).

> *Foi desmontado [quando questionada sobre a existência de sistema de monitoramento e avaliação no município]* (Trabalhador GF/RS-MPP).

Por outro lado, há o reconhecimento da parte de alguns trabalhadores de que o planejamento e as parcerias com a Universidade realizados nos municípios onde atuam favorecem os processos de monitoramento, o que pode ser observado nas expressões que seguem:

> *Com a população em situação de rua foi feita uma pesquisa esse ano, em maio e junho. Foi ótimo. Pela primeira vez que teve algo nesse sentido* (Trabalhador GF/RS-M).

> *Isso foi legal dessa gestão, teve um documento no começo que eles fizeram com as equipes de CRAS. Eles também conseguiram dizer assim: "ah, tal CRAS necessitaria de...". Vem da própria gestão: "quanto tal CRAS por território deveria ter de equipe? Como que deveria?". A consciência existe de que os equipamentos estão defasados de pessoal, que alguns estão precisando de espaço* (Trabalhador GF/PR-M).

No que concerne a devolutivas, de fundamental importância para que o processo de vigilância tenha efetividade no sentido de fortalecer a Política, os municípios de pequeno porte as realizam de modo muito restrito, e alguns socializam os dados coletados e analisados nas Conferências. Chama a atenção a expressão de um dos trabalhadores pesquisados no grupo focal que comenta a respeito do significativo desinteresse e ausência de participação tanto de conselheiros como de usuários no que se refere à produção dos dados e sua importância para a definição dos serviços que são demandados. É o que mostram as expressões que seguem:

> *Nas conferências. (...) Na última conferência foi divulgado quantas pessoas são atendidas, os recursos que vêm específico para cada projeto* (Trabalhador GF/PR-MMP).

> *Até onde eu sei, só na conferência* (Trabalhador GF/RS-MPPI).

Por fim, é importante reiterar que, embora a concepção de vigilância como processo não possa ser restrita à existência de um setor na estrutura que executa a Política de Assistência Social, a informalidade do setor de vigilância socioassistencial, comum à grande maioria dos municípios estudados, tem sido destacada como entrave à materialização dos processos de monitoramento e à avaliação. Isso se deve ao fato de que sua inexistência na estrutura institucional reduz a possibilidade de disputar orçamento para a execução da função de vigilância, requisitar pessoal, realizar capacitações, gestores e trabalhadores. Isso tem sido destacado em teses e dissertações recentes que versam sobre os processos de vigilância socioassistencial no âmbito municipal. Ademais, como bem destaca Sposati (2018), a vigilância socioassistencial em tempos de desmonte pode, se com clareza de direção social, constituir-se em instrumento de luta para dar visibilidade às desproteções e à relevância da Política para seu enfrentamento.

8. POLÍTICA DE ASSISTÊNCIA SOCIAL E O SISTEMA ÚNICO DE ASSISTÊNCIA SOCIAL — SUAS NOS MUNICÍPIOS: marco legal, financiamento, existência de planos e fundos municipais de Assistência Social, comando único, primeiro-damismo

> *[...] muita coisa foi conquistada, eu vi muita coisa ascender e depois muita coisa cair* (Gestor PR-MPPI).

Iniciamos a análise deste item observando a dialética da frase do gestor de um dos municípios pesquisados, que, no contexto da reflexão realizada no momento da entrevista, avalia os avanços, as construções tecidas no percurso histórico da política de Assistência Social, e que, aos poucos, se desmonta pela via da redução do campo da proteção social. Não bastassem as questões que atravessam o momento histórico da pesquisa, de redução dos investimentos públicos para os próximos

20 anos, a fala do gestor se refere também às questões presentes na sua realidade local, dadas as condições concretas que enfrentam cotidianamente nesta política, conforme apresentamos na fala a seguir.

> *O SUAS é uma ferramenta, como eu falei pra você, o SUAS é uma ferramenta que muita gente não conhece, realmente o desconhecimento é muito grande por parte desses serviços que estão sendo oferecidos pelo MDS hoje, mas toda a vez que a gente vai oferecer qualquer tipo de serviço a gente insere a pessoa no ambiente social, mostrando pra ele que o governo tem uma política de acolhimento e que pra ele ser realmente assistido ele tem que realmente estar inserido nesse serviço [...]* (Gestor PR-MPPII).

A retomada do percurso histórico da política de Assistência Social nos convoca a refletir sobre sua ligação com a atividade solidária, voluntarista, carregada de moralismo e clientelismo, questões que ainda se colocam como desafios no cotidiano dessa política. No entanto, é possível identificar, também, que, de 1993 até o momento presente, muito se avançou. Entre os avanços significativos, sinalizamos o caráter de política pública que a Assistência Social assumiu a partir da Constituição Federal de 1988. Daí em diante, muitos são os desdobramentos para o campo da institucionalidade dessa política, como: aprovação, em 1993, da Lei Orgânica de Assistência Social (LOAS — Lei n. 8.742); em 1998, primeira Política Nacional de Assistência Social (PNAS); em 2004, nova PNAS, e, na sequência, a aprovação das normas operacionais, as Conferências nacionais desde o ano de 1995, entre outros processos que legitimam o campo da Assistência como política pública, direito de quem dela necessitar (Couto; Silva, 2009).

Todos os documentos citados foram construídos democraticamente pela via da participação coletiva de usuários, gestores, trabalhadores e organizações da sociedade civil. Ao iniciarmos as abordagens sobre o conhecimento de gestores e trabalhadores durante a coleta da pesquisa, os documentos, legislações, normativas, decretos são utilizados com forma de demonstrar os avanços no campo da Assistência

Social. Em contraponto a isso, esses atores também demonstram as contradições postas quanto à organização do campo da Assistência Social nos municípios. A regulação exige um conhecimento da sua necessidade e da clareza de concepção quanto ao papel do Estado e das políticas públicas. Esse é um debate eivado de contradições nos municípios pesquisados. Orientados pelo movimento nacional, parte dos gestores e trabalhadores reconheceu a importância da garantia de legislações municipais que regulem a oferta de serviços e institucionalizem o sistema.

Entre as expressões sobre a regulamentação da Assistência Social nos municípios, aparecem questões importantes, como o caso do município de médio porte, em que os trabalhadores alertam que:

> *A lei está equivocada, está sendo revista, porque fala que o usuário tem que participar, tem de vir nos grupos para receber os benefícios eventuais* (Trabalhadores GF/RS-MMP).

> *A questão da obrigatoriedade, como se o usuário não tivesse outra forma de se organizar ou se inserir, e isso na lei é uma contradição* (Trabalhadores GF/RS-MMP).

Ainda sobre a legislação municipal, no município de grande porte, os trabalhadores participantes do grupo focal apontam para a existência da legislação; no entanto, está ultrapassada em relação à realidade dos serviços:

> *É de 2008, mas não teve alteração desde a sua criação, quer dizer que teria que ser visto, isso sim, e que muitas vezes, pela escassez de recursos, a gente não consegue cumprir aquilo que realmente está na lei, a exemplo os benefícios eventuais. Até uma discussão que tem que ser reformulado, discutido, né? A gente superou a questão das fraldas. Acho que a política, em si, ela avançou, a legislação avançou muito, nosso município se enquadra muito bem nesse avanço, mas nós ainda não conseguimos [...] romper com a ideia caritativa* (Trabalhadores GF/RS-MGP).

Verifica-se, ainda, que alguns trabalhadores não têm clareza sobre a legislação no município.

> *[...] nós temos a lei municipal socioassistencial, mas não sei se ela está atualizada, me parece que não. Isso é uma coisa que o conselho tem que ver [...]. No Capacita SUAS foi colocado, mas que a gente teria que ver enquanto conselho municipal em relação à legislação no município [...] não sei de quando é, de que ano* (Trabalhadores GF/RS-MPPI).

O relato do gestor aponta a dificuldade de aprovação na legislação dos benefícios eventuais pelo atravessamento político partidário, ao que acrescentamos o não conhecimento das diretrizes do SUAS e da legislação federal e estadual quanto aos benefícios assistenciais.

> *Nós temos uma questão aqui no município bem complicada que é a questão política. Então, agora hoje eu estou vivendo um desafio que é que nós não conseguimos aprovar uma lei de benefícios eventuais na Câmara de Vereadores. [...], já foi duas vezes para a Câmara de Vereadores e não foi aprovado. "Isso aí é para o Secretário se eleger, isso aí é Lei eleitoreira", a política nos tranca bastante. O mais assim, acho que tá tudo contemplado na Lei da Assistência* (Gestor RS-MPPII).

Sobre o processo de planejamento no trabalho e a elaboração dos planos de Assistência Social, observam-se pelo menos duas posições distintas: uma que é o processo envolvendo gestores, trabalhadores; e outra em que os trabalhadores demonstram estar fora desse processo, não têm clareza para as respostas, o que demonstra a não participação desse trabalho. Ainda podemos observar que em nenhum caso foi mencionada a participação de usuários nas ações de preparação e planejamento, o que ainda é um desafio importante a ser trabalhado.

> *O nosso plano, vamos falar, foi bem elaborado [...] a gente levanta todo um diagnóstico com as coordenações de CRAS, a gente também discutiu e levou pra secretária, desde a questão orçamentária, nos ajudou, nos programas*

> *o que a gente estava pedindo, a gente queria muitas obras também, mas realmente não deu. Foi um plano construído a muitas mãos, com o olhar da equipe técnica que está no serviço* (Gestor RS-MGP).

Contradição entre gestor e trabalhadores, o gestor, em sua fala, sinaliza a participação de todos os atores — trabalhadores, gestão, usuários, enquanto os trabalhadores demonstram claramente não terem participado, inclusive sugerem que essa questão seja direcionada ao gestor, que é quem teria condições de responder.

> *O plano municipal [de assistência social], nós fizemos o plano municipal. A gente se reúne sempre para elaborar esse plano, pelos usuários, pelos trabalhadores do SUAS e o Conselho Municipal. Então, a gente sempre se reúne com essas entidades que a gente estava falando agora, é um grupo mínimo ainda. Como nós falamos, são 06 entidades junto à política de assistência, alguns usuários da assistência e, também, os trabalhadores. Mas, o plano, tem sido tranquilo para a elaboração do plano* (Gestor RS-MPPI).

> *Sujeito 2: Não me recordo [...] Sujeito 3: Alguém tem que ter construído o plano, né? [...] Sujeito 1: Aí não sei te dizer, só sei te informar que eu não participei. A gente teve várias situações acho que o plano também tem que ser aprovado pelo conselho, não tem? É, deve, né? Não sei como é que foi isso, realmente* (Trabalhadores GF/RS-MPPI).

É possível observar que a metrópole se destaca em relação à construção dos planos, inclusive a gestora avalia o quanto a realidade concreta não traduz a proposição do plano.

> *Na verdade, nosso Plano anual, e nosso Plano plurianual é bem mais arrojado do que hoje a estrutura oferece. Nós estamos muito aquém do que uma metrópole deve oferecer, isso em termos estruturais. Nossos serviços estão muito sucateados, há muito tempo não há recurso para investimento. Toda e qualquer melhoria que tem sido feita é sempre com recurso do governo federal, aí são pequenas reformas, porque você não pode fazer*

> *grandes investimentos com este recurso. A grande maioria dos nossos serviços são em prédios alugados, o que dificulta muito o investimento, e são prédios que não são adequados, são sempre prédios que foi feito uma adequação, então tu não tem uma estrutura que foi pensada para aquilo, então tu tenta dar uma ajeitada para o serviço, mas nunca vai ficar como deveria* (Gestor RS-M).

As falas expressam diferentes questões que dificultam o processo de regulamentação da Assistência Social nos moldes da política atualmente. Observa-se, também, que, nos municípios de pequeno porte, os trabalhadores têm um movimento importante, construindo estratégias e fazendo as tentativas para a regulamentação do SUAS em âmbito municipal. A menção da gestão do município metrópole do estado do Paraná demonstra a compreensão sobre a importância no processo de regulamentação do SUAS em âmbito municipal; no entanto, adverte que também existem entraves, de ordem burocrática, para as alterações necessárias, naquele momento em que foi realizada a pesquisa.

> *Essas questões são base para consolidar o sistema. A lei (de instituição do SUAS), nós estamos encaminhando a lei. Já foi encaminhada e voltou porque é ano eleitoral, mas está pronta, aprovada pelo conselho (CMAS). Os benefícios, uma série de regulações que faltavam. Nós incluímos as metas do Pacto de Aprimoramento do SUAS no PPA. Acho que foi o único município de fez isso. Era uma orientação e aqui a gente conseguiu incluir. Então deu visibilidade ao sistema nacional, estatal. Conseguiu disputar melhor fundo público e a relação com as demais políticas. Deu uma legitimidade, um patamar assim diferente. O que eles entendem que é estruturante do* SUAS e que nessa gestão foi implementada [...] Nós planejamos a Lei do SUAS *no PPA, que nós aprovamos no Conselho a lei que institui o Sistema Único de Assistência Social, que adequa nomenclaturas, cria áreas e depois possibilita todo o reordenamento da FAZ, cumprindo as funções de proteção, área de gestão do trabalho e vigilância, uma série de funções que precisavam ser estruturadas. A lei foi encaminhada, não foi ainda aprovada por ser período eleitoral, mas está na Câmara para ser aprovada.*

> *Então nós, naquele momento, iniciamos o planejamento para solucionar esse problema de serviços precarizados e insuficientes* (Gestor PR-M).

Além da metrópole, os trabalhadores do município de médio porte apresentam informações sobre o processo de alteração da legislação municipal para a Assistência Social, relatando a importância dessa mudança para a consolidação do SUAS.

> *Estamos justamente nessa discussão no conselho municipal, nós estamos no processo mesmo de atualização, porque é uma lei bem antiga, de 1993* (Trabalhadores GF/PR-MMP).

> *[...] ela é de 1993 e a gente está justamente nesse processo de ter as comissões para alterar essa lei [...]. Estudar a lei, fazer alteração, se aproximar do que a política diz, do que o sistema único solicita, então acho que nós estamos bem nessa parte. Já foi pelo menos identificado, o conselho entende que é necessário, nós estamos numa luta de tempo* (Trabalhadores GF/PR-MMP).

Na perspectiva da construção dos planos, que são processos interligados à previsão das metas e à construção dos orçamentos, observa-se uma demanda maior por qualificação desse processo nos municípios de pequeno porte. É possível observar uma dificuldade maior nesses municípios em relação aos grandes centros, como a capital e os municípios de médio e de grande porte que compõem a amostra da pesquisa.

> *Foi elaborado o Plano. A implementação do Plano é uma coisa que vai assim, meio a trancos [...] porque as coisas acontecem, a gente corre atrás pra tentar resolver porque não estava bem encaixado por conta do orçamento. Então, no ano passado, a gente não teve acesso nenhum ao orçamento, ele veio pronto e a gente faz o plano mas não pôde executar nada por causa do orçamento. Os conselheiros ainda são muito leigos, ainda muito naquela cultura de que tem que fazer parte, mas não incorporam, não se comprometem, não assumem, sabe?* (Gestor PR-MPPI).

> *Nem me fale! A gente está fazendo avaliação da política nas regionais. São 1600 servidores, mais ou menos. E a gente mobilizou para que cada unidade fizesse um processo de avaliação do PPA1, do Plano municipal à luz do Plano Decenal. Elaboramos um instrumento que fala das desproteções, do que ainda é preciso avançar em termos regulatórios, desenvolvimento institucional do* SUAS, *intersetorialidade* (Gestor PR-M).

A construção dos Planos são processos fundamentais para a formalização das ações, estabelecimento de metas e constituição do orçamento para cada período de gestão nos municípios. Esse processo ocorre de forma distinta nos municípios pesquisados. Observamos a condução de um processo de planejamento que envolve os trabalhadores e entidades, e processos que negligenciam a importância do planejamento, como já observado em algumas falas de gestores e trabalhadores. Outro ponto fundamental para a consolidação do SUAS é o financiamento da política. Observa-se, de forma geral, nas falas de gestores, a ausência do estado do Paraná em termos de repasse, e a tensão que o projeto estadual acaba causando em relação ao SUAS e às normas dos serviços estabelecidas pelo MDS.

> *A Proteção Social Especial, no gestor, não existe, né? Até porque o município não tem porte, está sem financiamento, não tem recurso, né? Mas a gente está tentando estruturar e organizar um serviço, que a demanda é grande e no Fórum a gente é cobrada. A gente ainda não conseguiu, talvez depois deste concurso, compor uma equipe certa pra cada coisa* (Gestor PR-MPPI).

> *Então, todos os pactos federais nós aderimos. Fez o plano, fez reordenamento. Investiu, tanto criando serviços novos como reordenando. Todos atendendo a NOB. Todos procurando seguir as orientações nacionais. E só no mês passado que nós tivemos o pacto de cofinanciamento de alguns serviços com o compromisso do governo estadual. Então agora, depois desse logo período que se fez um esforço muito grande de se responsabilizar financeiramente pela oferta de serviços, que o estado começou a cofinanciar. Tem aí uma dificuldade na execução financeira, acho que é muito maior.*

> *Diz respeito à responsabilidade, ao papel dos estados. Os estados, no caso do nosso, entra com o cofinanciamento pontual de alguns serviços, adere a uma agenda de pactos dentro do mínimo pactuado. Toda a vez que a CIT pactua que os estados deverão cofinanciar, pelo menos 50%, em geral os estados ficam em 50%. Os municípios vão entrar em um período de maior dificuldade, que é reflexo da descontinuidade dos recursos* (Gestor PR-M).

Outras limitações são apontadas pelos trabalhadores no que tange ao reconhecimento da política de Assistência Social, o que vai impactar no trabalho intersetorial.

> *Porque não tem política de Habitação, acaba que a assistência dá conta, mas é de outra política pública que é complementar, várias coisas são assim... Tu vais ver a pessoa, não consegue emprego porque não tem fomento para a questão do trabalho* (Trabalhadores GF/RS-MMP).

Por fim, é importante ressaltar que, naqueles municípios pesquisados que não dispunham de legislação que regulamentasse o SUAS, a expressão de trabalhadores e gestores mostra que esse tem sido um tema recorrente de preocupação e debate em âmbito municipal, a fim de acompanhar as alterações e a reorganização dessa política em âmbito federal.

Na coleta de dados realizada nos municípios da amostra do Rio Grande do Sul, a questão do primeiro-damismo era naquele momento uma pauta superada, visto que nenhum dos municípios da amostra tinha em sua estrutura administrativa a figura da primeira-dama como gestora, nem sequer como alguém que atravessa a gestão de forma indireta através de ocupação de outra posição que interfira na gestão desta pasta. Contudo, no Estado do Rio Grande do Sul, essa tem sido uma prática recorrente. Ainda no momento da pesquisa, a gestora da Secretaria em que o Departamento da Assistência Social está inserido, é a primeira-dama. A realidade encontrada nos municípios do Paraná é diferente. Importantes questões foram apontadas por gestores e trabalhadores, como um histórico de atuação das primeiras-damas em alguns municípios. E outras falas que refletem sobre esse processo como um movimento de avanços e retrocessos, sob uma dinâmica que se modifica, dependendo das mudanças da gestão pública municipal.

> *Tem uma história de forte atuação das primeiras-damas que reforça a prática da cultura do mando e do favor. Ao tempo em que as equipes desenvolvem todo um planejamento da estruturação, da organização do trabalho social e da gestão, havia interferência na concessão de benefícios eventuais e nas atuações, nos eventos, nas ações nos territórios* (Trabalhadores GF/PR-MPPI).

> *Até hoje a primeira-dama é sempre a figura da secretária de assistência. Não é a figura de secretária porque a gente não tem Secretaria da Assistência. É presidência. É presidente da Fundação de Ação Social. Isso ultrapassa gestões, porque troca gestão e sempre mantém [...]* (Trabalhadores GF/PR-M).

Em nível de gestão estadual da Assistência Social, a presença da primeira-dama é um dado significativo, já que ela ocupa o posto de Secretária Estadual nos dois estados pesquisados. Os trabalhadores, em momento de grupo focal, identificam que essa prática foi reforçada na perspectiva do Governo Federal com a presença de Marcela Temer ocupando uma pasta, criando um programa dentro da Assistência Social, o que contribuiu para reforçar esse movimento de retomada do primeiro-damismo em postos de gestão quando se trata da Assistência Social.

A questão do primeiro-damismo tem sido um debate recorrente no campo da Política de Assistência Social. Caudatário de um passivo vinculado a processos patrimonialistas e clientelistas, no processo de regulação da Assistência Social, foi possível problematizar e superar em alguns momentos essa característica, com maior ênfase no nível municipal, principalmente do estado do Rio Grande do Sul. Em contrapartida, o movimento foi pouco expressivo no Paraná, que conta há muitos anos com uma organização de primeiras-damas que têm assumido o papel de contratação e capacitação de pessoal para os municípios do estado. Durante a entrevista com a gestora da metrópole, foi destacado o movimento para ressignificar o papel da primeira-dama e estabelecer critérios para a condução técnica da gestão.

> *A gente fez uma discussão aprofundada sobre o que significa o primeiro--damismo na cultura de gestão e a gente conseguiu construir aí, ela diz, uma transição. Construir processos bem importantes de mudança. Mas tem sempre essa tensão da gestão. E mesmo sendo uma metrópole, nós temos uma tradição muito forte de primeiras-damas que assumem, assumiu o estado também* (Gestor PR-M).

> *Até hoje a primeira-dama é sempre a figura da secretaria de assistência. Até hoje permanece* (Trabalhadores GF/PR-M).

Entre os avanços e retrocessos, que vão ficando explicitados ao longo da análise dos dados, é possível destacar que, nos municípios pesquisados, a presença do primeiro-damismo é uma realidade concreta. A construção ou revisão da regulamentação da Política de Assistência Social ocorre com muitos entraves, o que, segundo as falas de trabalhadores(as) e gestores(as), implica processos ainda pautados em clientelismo, assistencialismo, sendo questões que desafiam o cotidiano profissional. Observa-se também o protagonismo dos trabalhadores junto à gestão, na perspectiva de estabelecer a regulamentação, os conselhos, e implementar os serviços a fim de consolidar a Assistência Social em âmbito municipal.

BREVES NOTAS CONCLUSIVAS: convergências, divergências, especificidades e perspectivas da Política de Assistência Social e da implementação do SUAS na Região Sul

A pesquisa aponta que ainda se constitui em grande desafio o asseguramento da Política de Assistência Social enquanto direito social. Os sujeitos que participaram dos diversos espaços da pesquisa apontam muitos avanços, mas permanecem, nos depoimentos, os estigmas, atrelando a Assistência Social a um processo de ajuda caritativa, em que as comprovações de meio são justificadas.

Ressalte-se que os estados do Paraná e do Rio Grande do Sul possuem realidades muito distintas em relação não só à institucionalização da Política de Assistência Social como ao padrão de atendimento aos usuários. A riqueza dos espaços diversos que foram objeto de análise revela que há necessidade de problematizar as condições que são caudatárias da situação socioeconômica do município onde a política se estabelece. Chama a atenção a condição da grande maioria dos municípios de pequeno porte, cujos indicadores analisados exigiriam uma oferta mais efetiva de atendimento. Mas o que se constata é que a precariedade é também transportada para o SUAS.

Na análise dos dados que demonstram a compreensão dos diversos sujeitos sobre a Assistência Social, é possível identificar uma vertente sendo fortalecida que compreende a política como um direito constitucional, interpreta a necessidade de que ela garanta as seguranças sociais, mas contraditoriamente ainda são identificadas expressões que a destituem do campo da política pública e a colocam na esfera do favor e da benesse. Nota-se nos depoimentos que a ambivalência sobre sua destinação e missão ainda é um dos elementos a serem problematizados.

A pesquisa mostrou que no campo dos serviços, projetos e benefícios há uma ampliação na compreensão desse tema, pautada pela regulação. De acordo com o porte do município é possível identificar que os de médio e grande portes e as capitais têm uma gama de serviços ofertados, em alguns casos, pautados pelos estudos da vigilância; além disso, os municípios criam programas próprios. A instalação dos CENTROS POP e sua estruturação diferenciada para dar conta das demandas da população que vive na rua aparece como uma grande conquista, embora ainda restrita a poucos municípios (de grande porte e capital).

Nos municípios que não dispõem de CENTROS POP, os sujeitos em situação de rua não são atendidos pelo CRAS, mas encaminhados de volta ao município de origem, segundo relato de alguns técnicos, quando questionados sobre a acolhida a essa demanda. Esta situação foi evidenciada não só nos municípios de pequeno porte, mas também em alguns de médio porte que compuseram a amostra.

Há no Paraná ainda uma forte presença do fenômeno do "primeiro-damismo", uma vez que o Estado conta com uma instituição que é formada pelas primeiras-damas e que participa não só na contratação de mão de obra para o SUAS, como também no processo de capacitação dos trabalhadores. E, também, é comum haver primeiras-damas na condição de secretárias de Assistência Social, como ocorre no Rio Grande do Sul, na Secretaria Estadual. A persistência dessa realidade aponta para a necessidade de manter firme o debate sobre patrimonialismo e clientelismo como consequência nefasta desse processo. Embora no Paraná a pesquisa tenha apontado para uma ressignificação nesse papel, a tensão e a possibilidade de imprimir um trabalho desconectado da Política Nacional de Assistência Social existe e pode ser materializado nos temas e trabalhos propostos pelos Encontros de Primeiras-Damas no Rio Grande do Sul.

Em relação à composição dos recursos humanos para executarem o trabalho, há uma realidade díspar em relação aos municípios que compõem a amostra. As metrópoles demonstram terem serviços estruturados e as equipes de referência consolidadas e concursadas (com exceção para o município de Porto Alegre, onde os trabalhadores estatutários dividem a execução dos serviços com uma grande quantidade de trabalhadores terceirizados); essa não é a realidade nos demais municípios, conforme observamos nos relatos de gestores e trabalhadores. Além da insuficiência de trabalhadores, a alta rotatividade deles e os contratos terceirizados são também tensionados pelas demandas do poder judiciário que recaem sobre os técnicos da Assistência Social, sobrecarregando os trabalhadores e os serviços. Outro aspecto que merece destaque é que, no caso de Londrina, exceto os trabalhadores responsáveis pela limpeza e pela cozinha, cuja contratação é realizada por empresa terceirizada, os demais trabalhadores, por ocasião da coleta, eram todos concursados. Ressalte-se, no entanto, que a coleta foi realizada em 2016, antes do golpe vivenciado pelo País e do acirramento maior da crise que trouxe como consequência um processo de desmonte que, a partir de então, começa a se efetivar nas estruturas das políticas públicas, onde se inclui a Política de Assistência Social.

A capacitação dos trabalhadores tem sido um dos nós apontados pelos trabalhadores. Os gestores informam que têm contribuído para a liberação de financiamento para as capacitações, e construção de mecanismos para a formação dos trabalhadores, na perspectiva da educação permanente, de qualidade no atendimento, com inúmeras deficiências sendo apontadas, entre elas um processo de (des)financiamento da área a partir do ano de 2016. Processo que vem interromper um movimento importante que ainda não representa uma cultura institucional, ou seja, a necessidade premente de manter um projeto de qualificação que extrapole os cursos de formação e se constituam em processos de educação permanente.

Nos municípios pesquisados, aparece pautada a necessidade de regulação municipal em relação ao SUAS, sendo compreendido por gestores e trabalhadores como um instrumento potente para a adequada estruturação do sistema. E dentro dessa regulação encontram-se os benefícios eventuais, que têm demandado um trabalho de definição não só de trabalhadores e gestores, como também dos Conselhos Municipais/Estaduais de Assistência Social.

Para finalizar, é possível afirmar que na região sul a Política de Assistência Social percorre um caminho para sua implementação eivado de contradições. É possível identificar trabalhadores e gestores, bem como usuários, que apontam sua presença qualificada nos territórios, respondendo a demandas, bem como em outros há um desconhecimento ainda do que é a proteção social que deve ser prestada pela política. O tamanho dos municípios, o grau de institucionalização e a disponibilidade de recursos constroem diferentes patamares dessa proteção. Já foi possível identificar um movimento de desfinanciamento e de interrupção da prestação de serviços em decorrência da retirada do apoio do governo federal às iniciativas da Política.

Os benefícios, sejam eles o Bolsa Família ou o Benefício de Prestação Continuada, são reconhecidos por todos os segmentos da pesquisa como importantes na provisão de renda aos usuários da

Política. Notou-se, na pesquisa de campo, que em 2016, voltou a ser demanda nos CRAS a cesta básica, demonstrando o grau de empobrecimento da população.

O processo de qualificação de serviços, que pode ser observado nos relatos em Londrina e Curitiba, já passa por uma reestruturação na perspectiva de diminuir as ofertas. Os municípios de pequeno porte ainda não tinham conseguido estabelecer um plano de expansão dos mesmos e estão enfrentando sua redução. O mesmo ocorre com os recursos humanos, pois a realização de concursos e o cumprimento da NOB-RH/SUAS encontravam-se em 2016 comprometidos com a drástica redução do aporte do governo federal e dos orçamentos municipais e estaduais.

Os usuários, ao se manifestarem, apresentam elementos importantes para a análise do processo de implementação do SUAS. É possível identificar aqueles que reconhecem seu direito a ser protegido e reclamam por serviços de melhor qualidade (destaque aí para a população em situação de rua) e também é possível identificar a subalternidade na sua relação com o poder público e os serviços socioassistenciais.

Ressalte-se que a pesquisa encontrou nos estados pesquisados um Sistema Único de Assistência Social sendo implementado. Os limites estão contidos na possibilidade orçamentária, mas não só nela. Ainda é preciso trabalhar o conceito de proteção social como direito social reclamável. Para isso, é necessário ter equipes com condições de trabalho adequadas, em número suficiente e com perspectiva de trabalho coletivo democrático, em que os usuários participem plenamente dos espaços de atendimento e de avaliação da Política.

Os desafios apresentados para o SUAS são extensivos também para a proteção social como um todo, pois as necessidades da população são muitas, e, na ausência de um sistema fortalecido, muitas dessas demandas recaem sobre a Política de Assistência Social.

Entre avanços e limites, a Política de Assistência Social vem sendo desenvolvida, para alguns municípios, com maior coerência, pois se trata de uma política pública, com mecanismos formais em âmbito dos municípios.

São comuns os limites apontados pela falta de estrutura, em especial pela escassez de recursos humanos em números adequados, sendo também comum o reconhecimento das dificuldades do trabalho em redes, embora este seja um aspecto destacado como essencial. Outro aspecto central diz respeito à importância de constituir a gestão do trabalho no âmbito dos municípios como forma de construir espaços de qualificação profissional, mobilizar os trabalhadores para a organização em defesa de seus direitos, discutir e elaborar planos de carreira, valorizar os trabalhadores na perspectiva de manutenção destes atuando na Política de Assistência Social, qualificando a oferta dos serviços.

A participação da população usuária tem níveis muito baixos em todos os municípios. Esse, sem dúvida, é um dos principais desafios do SUAS, o que passa pela qualificação da informação e dos processos de mobilização. Sabe-se das dificuldades da participação popular mais efetiva, por múltiplos fatores, entre os quais a própria história de interdição desse processo, as dificuldades de acesso, sobretrabalho, entre outras, mas esse é um ponto central para a ampliação da legitimidade da Política, especialmente em tempos obscuros de desmonte de direitos e naturalização da sua violação. A constituição da Política de Assistência Social, como pública e direito do cidadão que dela necessitar, afiançadora de seguranças, em que pesem os limites para sua materialização, amplamente expressos na pesquisa, é reconhecida como um importante avanço, hoje ameaçado.

Referências

BRASIL. Ministério do Desenvolvimento Social e Combate à Fome (MDS). Secretaria de Avaliação e Gestão da Informação (SAGI). *RI da Proteção Social Especial*. Brasília, DF, 2018a. Disponível em: <https://aplicacoes.mds.gov.br/sagi/RIv3/geral/index.php>. Acesso em: ago. 2018.

BRASIL. Ministério do Desenvolvimento Social e Combate à Fome (MDS). Secretaria de Avaliação e Gestão da Informação (SAGI). *RI da Proteção Social Básica.* Brasília, DF, 2018b. Disponível em: <https://aplicacoes.mds.gov.br/sagi/RIv3/geral/index.php>. Acesso em: ago. 2018.

______. Ministério do Desenvolvimento Social e Combate à Fome. *Relatório de Informações Sociais.* Brasília, DF, 2018c.

______. Ministério de Minas e Energia (MME). *Programa Luz para Todos.* 2015. Disponível em: <http://www.mme.gov.br/web/guest/6-programa-luz-para-todos>. Acesso em: 19 nov. 2018.

______. Ministério do Desenvolvimento Social e Combate à Fome. Secretaria de Avaliação e Gestão da Informação; Secretaria Nacional de Assistência Social. *Censo SUAS 2017:* análise dos componentes sistêmicos da Política Nacional de Assistência Social. Brasília (DF): MDS, 2017a.

_____. Ministério do Desenvolvimento Social e Combate à Fome. *Relatório de Programas e Ações MDSA.* Brasília, DF, 2017b. Disponível em:<https://aplicacoes.mds.gov.br/sagi/RIv3/geral/index.php>. Acesso em: 18 set. 2017.

______. Ministério do Desenvolvimento Social e Combate à Fome. *Orientações gerais do Conselho Nacional de Assistência Social para adequação da Lei de criação dos conselhos às normas vigentes e ao exercício do controle social no SUAS.* Versão atualizada. 2013. Disponível em: < Orientações%20Gerais%20para%20Adequação%20da%20Lei%20de%20Criação%20do%20CAS_05.02.2013.PDF>. Acesso em: 06 jun. 2018.

______. Ministério do Desenvolvimento Social e Combate à Fome. Secretaria Nacional de Assistência Social. *NOB/SUAS 2012.* Brasília, 12 de dezembro de 2012.

______. Ministério do Desenvolvimento e Combate à Fome. *Resolução n. 269, de 13 de dezembro de 2006.* Aprova a Norma Operacional Básica de Recursos Humanos do Sistema Único de Assistência Social — NOB-RH/SUAS. Disponível em: <http://www.assistenciasocial.al.gov.br/sala-de-imprensa/arquivos/NOB-RH.pdf>. Acesso em: 10 dez. 2018.

_____. Ministério do Desenvolvimento Social e Combate à Fome. Secretaria Nacional de Assistência Social. *Política Nacional de Assistência Social.* Brasília: nov. 2004. Disponível em: http://www.sesc.com.br/mesabrasil/doc/Pol%C3%ADtica-Nacional.pdf>. Acesso em: 30 ago. 2019.

BRASIL. Lei n. 8.742, de 7 de dezembro de 1993. *Lei Orgânica da Assistência Social.* Dispõe sobre a organização da Assistência Social e dá outras providências. Disponível em: <http://www.planalto.gov.br/ccivil_03/leis/L8742compilado.htm>. Acesso em: 10 dez. 2018.

______. *Constituição da República Federativa do Brasil de 1988.* Câmara dos deputados. Brasília (DF). Versão Impressa.

BORDENAVE, Juan E. Díaz. *O que é participação.* 8. ed. São Paulo: Brasiliense, 1994. (Coleção Primeiros Passos)

CASTILHOS, Rosa Maria. *Conhecimento acerca da Política Nacional de Educação Permanente do SUAS.* 2018. Disponível em: <https://www.ufrgs.br/epsuas-rs/2018/05/23/conhecimento-acerca-da-politica-nacional-de-educacao-permanente-do-suas/>. Acesso em: 30 ago. 2019.

COUTO, Berenice Rojas; SILVA, M. B. A Política de Assistência Social e o Sistema Único de Assistência Social: a trajetória da constituição da política pública. In: MENDES, J. M. R.; PRATES, J. C.; AGUINSKY, B. G. *O Sistema Único de Assistência Social:* entre a fundamentação e o desafio da implementação. Porto Alegre: EDIPUCRS, 2009.

______; YAZBEK, Maria Carmelita; SILVA, Maria Ozanira da Silva e; RAICHELIS, Raquel. *O Sistema Único de Assistência Social no Brasil:* uma realidade em movimento. 3. ed. rev. e atual. São Paulo: Cortez, 2012.

CUNHA, Eleonora Schettini Martins. Conselhos e Conferências: o desafio de aprimorar o controle social no SUAS. In: BRASIL. *Caderno de Textos.* VIII Conferência Nacional de Assistência Social: Consolidar o SUAS e valorizar seus trabalhadores. Brasília, DF: CNAS; MDS, 2011, p. 59-70.

DRUCK, Graça. A terceirização na saúde pública: formas diversas de precarização do trabalho. *Revista Trabalho Educação e Saúde,* Rio de Janeiro, v. 14, supl. 1, p. 15-43. 2016. Disponível em:<http://www.scielo.br/pdf/tes/v14s1/1678-1007-tes-14-s1-0015.pdf> Acesso em: 22 nov. 2018.

FEDOZZI, Luciano. Práticas Inovadoras de Gestão Urbana: o paradigma participativo. *R. paran. Desenv., Curitiba,* n. 100, p. 93-107, jan./jun. 2001.

FEE. Fundação de Economia e Estatística. *Mesorregiões do Rio Grande do Sul.* 2014. Disponível em: <http://fee.rs.gov.br/mesorregiões-rs>. Acesso em: 03 jul. 2018.

GUERRA, A.; POCHMANN, M.; SILVA, R. A. (Orgs.). *Atlas da exclusão social no Brasil:* dez anos depois. São Paulo: Cortez, 2014.

IBGE — Instituto Brasileiro de Geografia e Estatística. *Perfil Socioeconômico dos Municípios do Rio Grande do Sul*. 2018. Disponível em: <https://www.fee.rs.gov.br/perfil-socioeconomico/municipios/>. Acesso em: 26 de jun. 2018.

_____.Instituto Brasileiro de Geografia e Estatística. *Síntese de indicadores sociais:* uma análise das condições de vida da população brasileira. 2017. Disponível em: <https://biblioteca.ibge.gov.br/visualizacao/livros/liv101629.pdf>. Acesso em: 27 ago. 2018.

_____. Instituto Brasileiro de Geografia e Estatística. *Participação das Mesorregiões no PIB do Rio Grande do Sul entre 2010 e 2013*. 2016. Disponível em: <http://carta.fee.tche.br/article/participacao-das-mesorregioes-gauchas-no-pib-do-rs-entre-2010-e-2013/>. Acesso em: 4 de jul. 2018.

_____. Instituto Brasileiro de Geografia e Estatística. *Contas Regionais do Brasil: 2010-2013*. In: Contas Nacionais n. 47. 2015. Disponível em: <http://biblioteca.ibge.gov.br/visualizacao/livros/liv94952.pdf>. Acesso em: 5 jun. 2018.

______. Instituto Brasileiro de Geografia e Estatística. *Censo demográfico 2010*. Sistema IBGE de Recuperação Automática — SIDRA. Disponível em: <https://sidra.ibge.gov.br/tabela/3268>. Acesso em: 5 jun. 2018.

______. Instituto Brasileiro de Geografia e Estatística. *Mapa da pobreza e desigualdade:* municípios brasileiros, 2003. Disponível em: <https://biblioteca.ibge.gov.br/biblioteca-catalogo.html?id=241385&view=detalhes>. Acesso em: 3 jun. 2018.

LENZ, Martinho. *Francisco de Borja e as Missões no "Novo Mundo"*. 2010. Disponível em: <http://www.ihuonline.unisinos.br/index.php?option=com_content&view=article&id=3608&secao=348>. Acesso em: 03 jul. 2018.

MARTINS, Valdete de Barros. Participação e controle social no SUAS: o que temos e o que queremos. In: BRASIL. *Caderno de textos:* subsídios para debates: participação e controle social do SUAS. Brasília, DF: CNAS, MDS, 2009, p. 7-16.

PAZ, Rosângela D. O. da. Representação e representatividade: dilemas para os conselhos de assistência social. In: BRASIL. *Caderno de Textos:* Participação e Controle Social no SUAS. Brasília, DF: CNAS/MDS, 2009, p. 25-30.

PARANÁ. Secretaria da Família e do Desenvolvimento Social. *Cartilha Família Paranaense.* Orientações aos Municípios versão abril de 2012. Disponível em: <http://www.desenvolvimentosocial.pr.gov.br/arquivos/File/familia_paranaense/CartilhaPFP.pdf>. Acesso em: 05 maio 2018.

_____. Secretaria da Família e Desenvolvimento Social. Curitiba, PR, 2018. Disponível em: < Secretaria da Família e Desenvolvimento Social>. Acesso em: ago. 2018.

PNUD. Programa das Nações Unidas pelo Desenvolvimento. *Portal.* 2019. *Significados de IDH.* Disponível em: <https://www.significados.com.br/idh/> Acesso em: 21 nov. 2018.

______. Programa das Nações Unidas para o Desenvolvimento. *IDH: rankings.* Brasília. DF, 2013.

______. Programa das Nações Unidas para o Desenvolvimento. Índice de Desenvolvimento Humano. *Atlas do Desenvolvimento Humano do Rio Grande do Sul.* 2010. Disponível em: <http://www.atlasbrasil.org.br/2013/pt/perfil_uf/rio-grande-do-sul>. Acesso em: 4 jan. 2019.

PRATES, Jane Cruz. A importância da linguagem e da gestão da informação nos Processos Participativos. *Textos & Contextos*, PUC-RS, Porto Alegre, v. 17, n., 2018. Disponível em: <http://www.redalyc.org/jatsRepo/3215/321559274001/html/index.html. Acesso em: 30 ago. 2019.

PUC-RS — Pontifícia Universidade Católica do Rio Grande do Sul. *Relatórios de Pesquisa do Paraná e Rio Grande do Sul.* Porto Alegre, 2018.

RAICHELIS, Raquel. *O controle social democrático na gestão e orçamento público 20 anos depois.* In: Conselho Federal de Serviço Social — CFESS (Org.). Seminário Nacional: o controle social e a consolidação do Estado democrático de direito. Brasília: CFESS, 2011. Disponível em: <http://www.cfess.org.br/arquivos/livrosite_seminariocontrolesocialCFESS-CRESS.pdf>. Acesso em: maio 2018.

______. A trajetória e o significado do controle social na política de assistência social: a diretriz constitucional em debate. In: BRASIL. *Caderno de Textos:* Participação e Controle Social no SUAS. Brasília, DF: CNAS/MDS, 2009, p. 13-20.

______. *Esfera Pública e Conselhos de Assistência Social*: caminhos da construção democrática. São Paulo: Cortez, 1998.

RIO GRANDE DO SUL. Secretaria do Trabalho e Desenvolvimento Social. Departamento de Assistência Social. *Perfil Social SUAS — Rio Grande do Sul*. 1. ed., 2015 (Caderno Perfil Social).

SILVEIRA, Jucimeri Isolda. Gestão do trabalho: concepção e significado para o SUAS. In: Brasil. Ministério do Desenvolvimento Social e Combate à Fome. *Gestão do trabalho no âmbito do SUAS:* uma contribuição necessária. Brasília, DF: MDS; Secretaria Nacional de Assistência Social, 2011.

SOUZA, Leonildo Pereira de. Gestão do Sistema Único de Assistência Social (SUAS) no Paraná: limites e possibilidades. *Caderno IPARDES*. Curitiba, PR, v. 1, n. 1, p. 66-81, jan./jun. 2011. Disponível em: <http://www.ipardes.pr.gov.br/ojs/index.php/cadernoipardes/article/ view/79/203>. Acesso em: 2 mar. 2018.

SPOSATI, Aldaíza. *Vigilância Socioassistencial:* Condição para afirmação do Direito Socioassistencial no âmbito da Proteção Social Distributiva. In: VIII Jornada Internacional de Políticas Públicas 1917-2017. Um século de reforma e revolução. 2017. São Luís do Maranhão. *Anais*. VIII Jornada Internacional de Políticas Públicas 1917-2017, um século de reforma e revolução, 2017.

______. Proteção social e seguridade social no Brasil: pautas para o trabalho do assistente social. 2013. In: *Revista Serviço Social*. São Paulo, n. 116, p. 652-674. Disponível em:<http://www.scielo.br/pdf/sssoc/n116/05.pdf>. Acesso em: 04 jan. 2019.

______. *Concepção e Gestão da proteção social não contributiva no Brasil*. Brasília: Ministério do Desenvolvimento Social e Combate à Fome, UNESCO, 2009.

TEIXEIRA, E. As dimensões da participação cidadã. *Caderno CRH*, Salvador, n. 26/27, p. 179-209, jan./dez. 1997.

CAPÍTULO 4

O SUAS NA REGIÃO CENTRO-OESTE: desafio da implementação no Distrito Federal

Berenice Rojas Couto | Nathália Lopes C. Brant

1. INTRODUÇÃO

A Região Centro-Oeste é composta pelos estados de Goiás (onde se localiza o Distrito Federal), Mato Grosso e Mato Grosso do Sul, sendo a segunda maior extensão territorial do país, somando 1.606.371,505 km², com uma população estimada em 14.058.054 hab. (IBGE, 2010). Nela se localiza a capital do Brasil, Brasília, que foi o lócus de pesquisa empírica, na perspectiva de buscar compreender como o SUAS está organizado.

Assim, a materialização do Sistema Único de Assistência (SUAS) em Brasília é o foco principal deste capítulo. Capital do Estado brasileiro, Brasília e o Distrito Federal têm uma organização administrativa peculiar, que implica no fato de que ela não possa ser considerada nem um estado e nem um município. Essa particularidade fez com que a equipe da pesquisa reconhecesse a importância do reconhecimento do SUAS no DF, o que não se constituiu em tarefa fácil, pois esse percurso da pesquisa precisou enfrentar enormes desafios. O primeiro desafio consistiu em uma greve na área da Assistência Social, no período de quatro meses, que paralisou a maioria dos serviços, durante o período de coleta dos dados nas demais regiões do país. Greve essa que teve como principal reivindicação a ampliação do quadro de servidores, o que efetivamente tem um grande impacto na prestação de serviços. Além disso, os contatos da equipe tiveram que ser refeitos inúmeras vezes pela troca constante das equipes dirigentes da Secretaria. Esse processo estendeu-se até agosto de 2018, quando a coleta nacional já tinha sido realizada.

A persistência nos contatos resultou em realizar a pesquisa empírica que, apesar de se pautar pela orientação geral da pesquisa nacional, precisou adequar-se à realidade encontrada. Assim, este capítulo estrutura-se a partir de resultados da pesquisa realizada no Governo do Distrito Federal no contexto do projeto nacional, respeitando os critérios e orientações definidas, ainda que não siga o padrão estabelecido aos estados e municípios, uma vez que a composição do Governo do Distrito Federal (GDF) organiza-se pelo Plano Piloto (Brasília) e pelas regiões administrativas, comumente conhecidas como cidades satélites, territórios em que se desenvolveu a pesquisa de campo. Foi possível a realização da pesquisa de campo em duas regiões administrativas, a partir da disponibilidade da Secretaria da Assistência Social do GDF: Ceilândia, Taguatinga e na sede em Brasília, todos eles respondendo a um único órgão: a Subsecretaria da Assistência Social no Governo do Distrito Federal, vinculada à Secretaria de Estado do Trabalho, Desenvolvimento Social, Mulheres, Igualdade Racial e Direitos Humanos (SEDESTMIDH).

As atividades de campo acompanharam o desenho da pesquisa em nível nacional; entretanto, sua aplicação exigiu uma mudança na dinâmica da coleta pela particularidade do território e disponibilidade dos equipamentos e equipes, na época. Assim, foram realizadas: a) entrevista com o gestor distrital; b) grupo focal com usuários de

CRAS; c) observação dos equipamentos dos Centros de Referências, nos CRAS, CREAS e CENTROS POP; d) entrevistas com três trabalhadores(as), que ocupavam a coordenação dos equipamentos.

Dessa forma, as ações de campo envolveram um gestor distrital, um secretário do Conselho Distrital, sete usuários, três técnicos na função de coordenação, totalizando três regiões administrativas do Governo Federal.

O trabalho desenvolvido mostrou que pesquisar sobre o tema na realidade do Distrito Federal trouxe para o cenário uma realidade ímpar, que está a exigir um debate sobre os parâmetros e organização do SUAS.

2. CARACTERIZAÇÃO DO DISTRITO FEDERAL E DA POLÍTICA DE ASSISTÊNCIA SOCIAL

O Distrito Federal é constituído hoje por 32 regiões administrativas, incluindo o Plano Piloto, onde se encontra Brasília, a capital do Brasil. Na região centro-oeste do país, precisamente no estado de Goiás, foi constituído como tal na década de 1960.

Possui uma extensão territorial de 5.779,997 km², e a população estimada é de 2.974.703 habitantes (IBGE, 2019). Em 2010, a população urbana era de 3.505.371 (94,12% da população total) e a rural era de 218.810 (5,88%). Seu Índice de Desenvolvimento Humano Municipal (IDH-M), em 2010, era de 0,792, situando o município na faixa de Desenvolvimento Humano Alto, segundo o Atlas de Desenvolvimento do Brasil (PNUD, 2013).

Segundo o Plano Brasil sem Miséria (Brasil, 2016), em fevereiro de 2016, os registros indicam que havia 216.452 famílias no Cadastro Único, e, entre elas, 80.677 eram beneficiárias do Programa Bolsa Família — dados indicados para Brasília.

É preciso fazer uma ressalva quanto aos dados compilados sobre as políticas públicas do Distrito Federal: as informações das

32 regiões administrativas aparecem compiladas apenas como Brasília. A organização administrativa de Brasília e das cidades satélites, que não possuem autonomia, tendo apenas um ente responsável administrativamente e orçamentariamente, cria uma situação peculiar que repercute na forma como as políticas públicas se organizam, e em particular a Política de Assistência Social.

Em abril de 2016, segundo o Plano Brasil sem Miséria (Brasil, 2016, *online*) havia no DF: vinte e sete Centros de Referência de Assistência Social (CRAS), nove Centros de Referência Especializados de Assistência Social (CREAS), três Centros de Referência Especializados de Assistência Social para População de Rua (CENTRO POP), 600 vagas em Serviço de Acolhimento para População cofinanciadas pelo MDS. Atualmente, o que se altera é que são dois CENTROS POP, conforme disponibilizados no site do GDF (SEDES, 2019).

Dentre as regiões administrativas do Distrito Federal, a pesquisa foi realizada em Ceilândia, Taguatinga e Brasília. Ceilândia, a primeira região a se constituir no processo de construção do que viria a ser o Distrito Federal, leva esse nome porque se formou a partir da Campanha de Erradicação das Invasões (CEI), realizada no período da construção da capital do país como forma de higienização do espaço do Plano Piloto. O que era denominado CEI foi acrescido do sufixo "lândia" (que significa terra) e passa-se a chamar Ceilândia. Segundo estudo divulgado pela Companhia de Planejamento do Distrito Federal (CODEPLAN), com dados de 2015, a Ceilândia possui uma população 128% maior do que a do Plano Piloto com 479.713 habitantes, com renda *per capita* de R$ 914,61. Já Taguatinga possui uma população de 207.045 habitantes, com renda *per capita* de R$ 1.998,14 (Jatobá, 2017).

A Política de Assistência Social no GDF está estruturada e organizada a partir da SEDESTMIDH. A enorme gama de políticas sociais colocada sob um mesmo guarda-chuva aponta para uma dificuldade de reconhecimento e priorização da Assistência Social.

As dificuldades de reconhecimento da Política de Assistência Social e de seu trabalho são identificadas também pela diversidade com que os órgãos que a representam são denominados. No Distrito Federal, a Política está localizada em uma estrutura muito ampla, o que dificulta o entendimento do que é e para quem se destina a Assistência Social.

> *Secretaria de Saúde é sempre de saúde, vai ser sempre SES: Secretaria de Estado da Saúde. Secretaria de Educação vai ser sempre SEDF; de Segurança Pública, vai ser sempre SSPDF. A nossa não: pode saber que agora em janeiro, ela já vai mudar de nome de novo. Nessa gestão, ela já mudou de nome duas vezes. Pra mim, isso gera uma crise de identidade porque ninguém conhece... Quando, assim, a pessoa, a outra Secretaria começa a te conhecer, você muda de nome [...]* (Trabalhador, DF).

Essa Secretaria é responsável pelas políticas de Assistência Social, Transferência de Renda e de Segurança Alimentar e Nutricional, Gestão do Sistema Único de Assistência Social e do Sistema Nacional de Segurança Alimentar e Nutricional.

Dentro da Secretaria, existem as subsecretarias: Secretaria Adjunta do Trabalho, Secretaria Adjunta de Desenvolvimento Social, onde se encontram alocados os diversos serviços e programas da Política de Assistência Social, e Secretaria Adjunta de Políticas para Mulheres, Igualdade Racial e Direitos Humanos.

A subsecretaria de Desenvolvimento Social está organizada a partir da gerência/diretoria, de um gabinete de assessoria, de uma unidade vinculada de benefícios socioassistenciais e três coordenações. Há coordenação da Proteção Social Básica (PSB), coordenação de Proteção Social Especial (PSE) e coordenação de Transferência de Renda e Cadastro Único (CadÚnico). Na PSB, há duas diretorias: de serviço de convivência e a diretoria de atenção integral às famílias; na PSE, há duas diretorias: de acolhimento e de serviços especializados de média complexidade; na Especial, há gerências de alta complexidade: gerência de criança e adolescente, gerência de acolhimento de adultos e famílias e de humanidade e proteção social 24 horas, segundo informações da subsecretária.

Importante salientar que, no momento da coleta de dados, a subsecretaria trabalhava para organizar os fluxos dos atendimentos e avaliar a situação de calamidade pública por que passava a prestação de serviços, em virtude da grande defasagem de pessoal (80%).

O GDF possui uma lei que proíbe a terceirização dos trabalhadores nas atividades da administração direta, e isso impacta na configuração das equipes dos equipamentos, uma vez que deixou de haver concurso público. Em que pese a importante determinação legal que está em consonância com o que apregoa a NOB-RH, a realidade encontrada mostra a impossibilidade de funcionar segundo as normas do SUAS, pois falta o elemento básico para sua implementação: a força de trabalho.

A Lei n. 999, de 29/12/1995, da criação do Conselho de Assistência Social está defasada em relação às diretrizes atuais da Política de Assistência Social e do SUAS. O Conselho está instituído, mas, no momento da pesquisa, a atual gestão do órgão colegiado, embora eleita para 2018/2021, estava sem mesa diretora.

Esse quadro de inúmeros limites enfrentados pelo SUAS no DF repercutiu no processo da coleta de dados. O número de trabalhadores e de usuários foi redimensionado, mas a exposição e a análise dos dados apresentados na sequência mostram possibilidades e limites na implementação do SUAS, que podem iluminar as necessidades de repensar o Sistema e sua grande potencialidade na proteção social dos sujeitos que buscam na Assistência Social a garantia de suas necessidades sociais atendidas.

3. O SUAS NA PERSPECTIVA DA GESTORA DISTRITAL

Com um último concurso realizado em 2008, a falta de servidores é um dos grandes desafios enfrentados pela gestão, o que compromete a materialização do SUAS.

O GDF consegue sintetizar o alto índice de desigualdade no país, ao passo que, conforme indicado anteriormente, agrega um dos melhores IDH do país e tem em Brasília seu exemplo; mas, com a diversa composição das regiões administrativas, tem a segunda maior favela da América Latina, a Sol Nascente, em Ceilândia.

Diante da contraditória realidade do GDF, a entrevista com a subsecretária trouxe importantes elementos na direção do desvelamento de tal realidade.

Quanto à falta dos servidores, ressalta-se que há oferta de concursos em outras áreas, o que provoca a mudança de servidores para outras propostas de trabalho. Além disso, o último concurso na área foi realizado em 2008 e a reposição de profissionais nos cargos daqueles que se aposentaram já não é possível. No momento da entrevista, foi informado que possivelmente um novo concurso seria aprovado, e que naquele momento estavam em trâmite para a escolha das bancas.

A reposição de servidores é urgente para a garantia dos serviços e cumprimento da NOB-RH. Nos equipamentos em que se realizou a observação e entrevista com as coordenações, o profissional do Serviço Social não se encontrava dentre o quadro de profissionais, mas, segundo a subsecretaria, existem outras unidades que também estão sem esse profissional. Também existe a alternância dos profissionais entre os equipamentos, pois há diferenciação de gratificação salarial entre a proteção social básica e a especial, e em relação ao espaço da gestão na subsecretaria.

A pesquisa indicou que no momento há, aproximadamente, 86 assistentes sociais, alocadas na subsecretaria e em alguns equipamentos. Como equipamentos públicos tem-se: 27 CRAS, 19 Centros de Convivência, 11 CREAS, 2 CENTROS POP e 5 unidades de alta complexidade de adolescente, idoso e mulher. Além dessa estrutura, a gestão conta com 43 termos de colaboração/parceria, realizando programas como serviços de convivência, que se desenvolvem em 39 entidades, sendo que algumas delas realizam dois tipos de serviço, acolhimento e convivência. Há expectativa de mais convênios, ampliação de vagas e criação de novos serviços.

Diante dessa situação dramática da falta dos servidores, vem ocorrendo uma sobrecarga nas equipes e a impossibilidade de realização de todos os serviços e atividades. Além disso, um dos problemas enfrentados é que vem ocorrendo uma ampla judicialização para os serviços e benefícios. Como sabemos, essa questão é de grande tensionamento para os profissionais do Serviço Social, especialmente em uma conjuntura adversa em que se amplia o fosso da desigualdade e da injustiça e crescem as demandas por recursos e serviços sociais.

> *[...] e não sei se é geral, se está em todo Brasil mas aqui a gente tem uma judicialização muito grande tanto do serviço quanto pra benefício, nossa defensoria é muito atuante, então com isso o número de atendimento que chegam além da demanda espontânea da busca ativa a gente tem ainda toda a demanda aqui, a gente não está conseguindo atender. Além disso há quase 300 mil cadastros pra serem atualizados* (Gestora DF, agosto/2018).

A sobreposição de demandas em relação à finalidade da Política provoca acúmulo maior de trabalho e reposição nas prioridades de atendimento, quando se ocupa um tempo expressivo no cumprimento da burocracia em relação à aproximação e desenvolvimento do trabalho direto com a comunidade demandatária da Política.

A burocracia, que também é um meio para viabilizar o trabalho e acesso ao direito, pressiona no caso do Benefício de Prestação Continuada (BPC), pois o GDF está com o prazo até dezembro de 2018 para a realização de revisão e averiguação de 150 mil (que pode chegar até 290 mil) cadastros para serem feitos no CadÚnico, o que, com o quadro de falta de servidores, complica o cotidiano dos equipamentos, que pararam com o trabalho de atendimento para se concentrar nessa tarefa.

A situação se complica ainda mais quando outras políticas vinculam a necessidade do CadÚnico para acesso a benefícios, como é o caso da habitação no Distrito Federal, que, embora tenha pessoal capacitado para fazer o cadastro, devido à grande demanda, não conseguem realizar, o que acaba sobrecarregando a equipe da Assistência Social.

Quanto ao serviço de Vigilância Socioassistencial, há uma proposta para que essa função seja realizada por uma subsecretaria de avaliação, que quando foi criada extinguiu o monitoramento da Política de Assistência Social, provocando uma lacuna no desenvolvimento dessa atividade. Nesse momento, a tentativa é buscar uma aproximação com essa subsecretaria para resgatar e implementar a função de Vigilância Socioassistencial, até porque já há uma articulação entre elas. A gestora distrital salientou que, apesar do fechamento do serviço, a Secretaria possui e mantém um sistema de cadastro próprio a que todos os equipamentos têm acesso, o que permite acompanhar a trajetória do usuário na Assistência Social. Esse cadastro foi ressaltado por todos os entrevistados como uma conquista da área.

Sobre a relação com o Ministério de Desenvolvimento Social (atual Ministério da Cidadania), a gestora indica ser muito boa e explicitou que, durante um tempo, os prédios eram próximos, o que facilitou a integração das equipes. Sempre que acionado, o Ministério oferece apoio e atenção para as questões da Assistência Social no GDF.

No que diz respeito ao Conselho Distrital, a entrevistada indica que sempre houve uma parceria muito boa entre a gestão e a sociedade civil, mas que naquela ocasião havia um impasse, o que levou o Conselho a afastar-se da mesa diretora. Ressalta a importante atuação do Conselho quanto ao acompanhamento da gestão, sobretudo, quanto ao controle do orçamento, necessitando de maior aprofundamento quanto ao acompanhamento e execução da política.

> *[...] DF tem muita troca de gestores, é uma característica, aqui na secretaria a gente está no sexto secretário, nos últimos 4 anos a gente teve 6 secretários, isso tem um impacto muito grande, isso nas outras secretarias também não foi muito diferente, e nós chegamos agora na última vigência da sociedade civil com os conselheiros do governo com 3, 4 representações. Então a gente teve que recompor a sociedade civil e recompor a parte do governo, isso fez com que atrasasse muito esse processo, e aí a gente estava na vigência da presidência com a sociedade civil e o próximo seria governo, só que a sociedade civil não queria abrir mão da gestão, e aí teve um impasse. Mas a gente está contornando e eu acho que conseguimos chegar num acordo, porque, eu falei, gente, nós estamos colocando uma*

> *política em jogo em detrimento de outras questões, mas a gente não pode deixar isso acontecer* (Gestora DF, agosto/2018).

Importante frisar que somada às dificuldades geradas pela ausência de técnicos nos equipamentos, há a troca constante dos gestores, o que trava substancialmente o desenvolvimento do trabalho na Política de Assistência Social, em todos os sentidos, principalmente no Conselho.

A respeito das conferências, o gestor distrital explica que a divisão se dá por um processo de realização de 17 Conferências Regionais para então ocorrer a Distrital. O que sobressai, e é comum em outros lugares, é a ausência ou pouca participação dos usuários, até por considerar a diferenciação dos territórios.

As deliberações são elaboradas por territórios e, após aprovadas, seguem para a Conferência Distrital e, então para a Nacional. As demandas que se apresentam são:

> *[...] ampliação de equipamentos, ampliação do quadro de servidores, que hoje grande parte deles tem um entendimento de que a gente não atende por falta de servidor, implantação de serviços, principalmente de acolhimento, de serviço de convivência, foi muito recorrente, e aí o que a gente tenta, a medida da nossa disponibilidade orçamentária, estar implementando nesses locais os equipamentos, os serviços nos locais que vão sendo indicados nas conferências. O nosso orçamento de 2015, de 2014 para cá, ele teve uma redução, nós tínhamos aí uma média, a gente trabalhava em torno de 255 milhões, que era o nosso orçamento anual, hoje nós fechamos agora de 2019, o nosso teto orçamentário, a gente vai chegar em 100, 81 milhões, são 62 milhões de financiamento próprio do GDF mais em torno de 11 a 12 milhões que a gente tem pactuado com o MDS, então a gente vai chegar em torno de 82 milhões* (Gestora DF, agosto/2018).

O orçamento é uma questão decisiva no desenvolvimento da Política e sua redução drástica, aliada a outras questões já mencionadas, precariza/inviabiliza ainda mais o atendimento da demanda e a prestação dos serviços. Na entrevista, a gestora fez questão de ressaltar que a fonte de pagamento de pessoal não sai do Fundo da Assistência Social, mas sim do orçamento do GDF. De qualquer forma, o dado orçamentário aponta que, em 2015, o orçamento era de 250 milhões e foi reduzido em 2018 para 80 milhões, numa conjuntura de ampliação da demanda, o que aprofunda os tensionamentos existes.

> *Hoje, por exemplo, o orçamento desse ano de 2018, a gente mantinha o serviço por 6 meses, então, assim, a partir de agosto, a gente trabalha solicitando suplementação orçamentária, normalmente em dezembro a gente atinge 110, 120 mil, mas dentro da suplementação, não na LOAS, pelo menos isso a gente tem. Nos últimos anos, apesar da redução da LOAS, a gente tem conseguido essa ampliação e essa negociação no decorrer do exercício; mas a gente brinca que iniciamos o ano com o pires na mão, porque para alguns lugares é um valor considerável, mas para uma metrópole hoje com 3 milhões de habitantes, com o índice de vulnerabilidade que a gente tem, a gente não consegue atender* (Gestora DF, agosto/2018).

Em relação ao fluxo do orçamento na subsecretaria, observa-se que, quando da concessão de algum benefício eventual, o pedido, depois de vários questionamentos do Tribunal de Contas da União, procede através de um sistema de solicitação que parte do parecer técnico do serviço, vem para a unidade de benefício socioassistencial e é feita uma verificação, não do mérito do parecer do técnico, mas da questão legal da destinação do benefício a partir das normativas. Após esse processo, se o benefício é concedido, é liberado via sistema e depois para folha de pagamento. Observou-se a existência de uma gestão muito centralizada, com extenso caminho burocrático a ser cumprido para poder acessar um benefício solicitado pelos trabalhadores dos equipamentos da política.

Os benefícios eventuais são regulamentados via legislação, desde 2013, e a gestora distrital refere-se a uma auditoria que, por ocasião da entrevista, estava ocorrendo por parte do Tribunal de Contas da União, e a dificuldade dos auditores para a apreensão da concessão do benefício por meio de parecer que não segue uma padronização, pois são situações singulares e isso é crucial para validar os benefícios concedidos. Em virtude disso, estão em processo de elaboração uma instrução normativa para embasar o processo de avaliação e concessão.

Com experiência de 10 anos no SUAS, de âmbito nacional ao distrital, a gestora distrital avalia um significativo avanço da Política, ainda que haja questões que precisem ser aprimoradas. Como exemplo no GDF indica a relação entre os serviços, sobretudo, quanto à referência e à contrarreferência. Ainda há a necessidade de fortalecimento do PAIF e PAEFI, tanto para os serviços como para a população. O desafio mais premente, em virtude do processo de desfinanciamento e a defasagem de pessoal, é a própria tentativa de garantia do SUAS.

Sobre o primeiro-damismo, a entrevistada observou que a primeira-dama não gosta de ser chamada assim. Ela é assistente social e prefere ser indicada como colaboradora do governo. Seu foco está na implantação do Primeira Infância no SUAS e, para isso, criou o "Criança Candanga", que se articula com o "Criança Feliz", em uma subsecretaria separada da Assistência Social, reiterando a proposta do MDS, que, fragmentando o público-alvo da Assistência Social, fere a própria LOAS e restaura o primeiro-damismo em âmbito nacional. A relação com a Política de Assistência Social se dá pelo acompanhamento do programa, embora a execução esteja na Secretaria da Criança. Esse fato materializa os diversos arranjos que dificultam que uma cultura de política pública com serviços tipificados seja referenciada pelo SUAS.

A questão mais latente, que foi percebida e reafirmada pela Secretária, é o distanciamento da estrutura do Distrito Federal em relação aos bancos de dados federais de acompanhamento do SUAS e de outras políticas. Como foi destacado, os dados coletados no DF não são equivalentes a um munícipio ou estado, mas a uma organização singular.

> *[...] aí eu vou preencher Censo, eu não tenho Censo do Distrito Federal, aí eu vou responder um Censo que não tem nada a ver com o que eu faço, por exemplo, a quantidade de monitoramento feito nos municípios, eu não faço monitoramento nos municípios, mas eu faço monitoramento nas unidades, então assim, eu meio que mascaro a minha informação, e, de verdade, o Ministério não tem a informação correta do que acontece... É difícil, é difícil, mas é uma singularidade que a gente tem no país que tem que ser acolhida. Então isso eu acho que para a gente, se a gente tivesse essa visibilidade realmente como nós somos dentro da Política, eu acho que isso seria muito importante* (Gestora, DF).

As regiões não têm autonomia administrativa, mas sim uma administração regional que é vinculada às secretarias do GDF, um exemplo do porquê não poder ser comparado a um munícipio ou estado. É um território com quase 3 milhões de habitantes e que desafia a operacionalização das políticas sociais, não apenas da Assistência Social e do SUAS.

Dentre os equipamentos existentes no GDF, a subsecretária ressaltou que possui um CREAS Diversidade, que atende a população LGBT, que surge do antigo espaço de um dos Centros de Desenvolvimento Social que atendia o Núcleo de Diversidades. A fim de não interromper o trabalho até então realizado, os serviços do CREAS são incorporados e então passam a ser identificados como CREAS Diversidade. Embora a gestora relate que não entende que seja essa a proposta do SUAS, uma vez que os diferentes públicos da proteção social especial devem ser atendidos por qualquer equipamento, a decisão por manter esse serviço vinculou-se à demanda e ao histórico do espaço, e sua adaptação para responder à tipificação dos serviços deve ser um dos processos a serem buscados.

Outra questão importante apontada na entrevista refere-se à grande rotatividade da gestão das Políticas Sociais no Distrito Federal. Embora a subsecretaria esteja sujeita a essas mudanças, destaca, com o intuito de garantir a continuidade do trabalho, que o profissional que assumir a subsecretaria seja um profissional de carreira.

4. O SUAS NA PERSPECTIVA DO CONSELHO DISTRITAL DE ASSISTÊNCIA SOCIAL

Na entrevista, o Conselho de Assistência Social (CAS) estava sem a mesa diretora instituída, por um impasse ocorrido entre sociedade civil e governo. A lei do Conselho estabelece que a presidência do Conselho seja exercida de forma alternada entre governo e sociedade civil, pelo período de um ano, podendo ser reconduzida por mais um mandato, o que vinha sendo uma prática. Porém, nesse mandato, o governo pleiteou assumir a presidência e não votar a recondução da sociedade civil.

O Secretário Executivo relatou que a composição atual do Conselho foi modificada, elegeram-se na sociedade civil conselheiros com mais potencialidades de realizar um "controle social crítico".

Em relação à infraestrutura, aponta que estão alocados em uma sala coletiva de conselhos, com equipe enxuta, mas isso não é apontado como impedimento para o trabalho. Entende que o limite está na dificuldade de participação dos usuários na plenária do conselho:

> *[...] um pleito nosso que a gente ainda não conseguiu alcançar nessa linha é apoio aos usuários para uma ajuda de custo para eles participarem das plenárias. Alguns têm dificuldades, tem pessoas que alguns são diaristas, o dia que ela vem para cá ela perde o dia de trabalho, e muitos deles falam que não tem como pagar o transporte. Então facilitaria para poder ajudar e dar garantia da participação desses segmentos, dos usuários, se a gente conseguir essa ajuda de custo. A nossa máquina é muito burocrática, é muito difícil realizar esse tipo de coisa, mas é um pleito que a gente está colocando* (Secretário executivo CAS-DF).

O Secretário Executivo destaca ainda que o Conselho, nesses anos de funcionamento, especializou-se em controlar o orçamento da área, deixando de lado o controle dos serviços prestados, o que é uma pauta para a próxima gestão.

> *Nós construímos na gestão passada. É na linha do plano de trabalho para 2018 dentro da comissão de política pública. Ela estava, inclusive, funcionando em conjunto com a comissão de orçamento para ter um olhar mais direto quali/quanti do orçamento, mas havia um sentimento de que tinha um prejuízo muito grande para a comissão de política pública, que ela não olhava para a gestão, ela não olhava para exercitar uma linha de controle social mais ampla, ficava muito atrelada à questão orçamentária. Então a partir dessa reflexão esse ano a gente já começou a desassociar as comissões, já têm autonomia, e aí a comissão de política pública ganhou corpo com essa ação, que eu acho que é um desafio que falta para o CAS para ele chegar numa linha de controle social mais ampla* (Secretário executivo, CAS-DF).

Em relação às Conferências, o Conselho tem papel de destaque, organizando junto com a Gestão as diversas conferências nas regiões administrativas e na distrital, destacando que na última tiveram um processo muito importante, inclusive na relação com o Conselho Nacional de Assistência Social (CNAS):

> *Interessante, a nossa conferência, essa última, ela avançou bastante, inclusive tivemos um diálogo muito refinado com o CNAS, que eu acho que o nacional ele conseguiu entender melhor a configuração e a singularidade do DF, nós não somos município nem estado, e ao mesmo tempo somos as duas coisas, então isso foi pautado junto ao CNAS, que criou um grupo de trabalho onde nós participamos. Inclusive no processo conferencial nacional passado saiu uma orientação específica para o DF, porque nós aqui embora sejamos pequenos em uma unidade bem reduzida em relação ao cenário nacional, mas nós temos uma população e um território bastante diversificado, as nossas regiões administrativas que não têm autonomia enquanto município, mas algumas delas têm porte de metrópole, praticamente, a exemplo de Taguatinga, Ceilândia, que tem mais de 600 mil habitantes [...]* (Secretário executivo, CAS-DF).

Outra dificuldade que se sobressai na entrevista é o fato de a legislação do Distrito Federal ser um impeditivo para que os Conselheiros, inclusive os trabalhadores da área, participem de atividades fora de Brasília. O processo burocrático para autorização do deslocamento é muito demorado e, na maioria das vezes, impede o deslocamento dos servidores/conselheiros.

Embora os conselheiros reconheçam a dificuldade por que passa o Distrito Federal em relação à composição das equipes, o entrevistado reforçou que o Conselho tem tentado cumprir seu papel de controle social para que a Política possa ser efetivada.

> *[...] no momento a gente tem uma dificuldade estrutural muito grande, pela manutenção do sistema, as equipes, as unidades, elas estão com um número bastante reduzido, falta avançar na formação de servidores, ter um quadro de servidores, apesar de reduzido, mas também falta exercer melhor a Política, a formação do Capacita SUAS, que para nós também não tem sido realidade, então temos esse gargalo, e tem o cenário nacional também, que contribui muito do ponto de vista ameaçador, seja ele orçamentário ou não orçamentário [...]* (Secretário executivo, CAS-DF).

O secretário executivo reconheceu que há um trabalho estruturado no Conselho em relação ao acompanhamento da Política, principalmente da peça orçamentária, mas destacou que há projetos para que os conselheiros se debrucem sobre o trabalho do SUAS, seja em relação aos espaços públicos (CRAS, CREAS, CENTROS POP), como também com as diversas entidades conveniadas que compõem o Sistema. Mas o impacto sobre as condições de trabalho atuais, no Distrito Federal, é sentido também no Conselho, que, durante a coleta, não estava realizando as reuniões ordinárias pela ausência de acordo quanto à composição da mesa diretora.

Foi apontada também a falta de diagnóstico do território atualizado e monitorado, situação que se agrava com a ausência do serviço de Vigilância Socioassistencial. Há um destaque, ainda, para a ausência do CapacitaSUAS para o DF, mesmo estando próximo ao MDS.

5. O SUAS NA PERSPECTIVA DOS TRABALHADORES DE CRAS/CREAS/CENTROS POP

Em virtude da extensa greve dos trabalhadores do GDF durante a estadia da equipe em Brasília, não foi possível realizar o grupo focal com os trabalhadores. Além do número reduzido de trabalhadores, no momento da coleta, os que existiam nos serviços, principalmente nos CRAS, estavam realizando o trabalho de cadastro dos usuários do BPC no CadÚnico, tentando colocar em dia os atendimentos nos CREAS e mantendo a acolhida dos usuários no CENTROS POP. Assim, a avaliação desse item ficou restrita a entrevistas com os gerentes dos serviços. Importante ressaltar que esses gerentes são servidores públicos, pois, como já referido, uma lei impede que os serviços próprios sejam terceirizados. Assim foi possível realizar entrevista com os gerentes do CREAS Ceilândia, do CRAS Ceilândia Sul e do CENTRO POP de Taguatinga. A gerente do CREAS é psicóloga e exerce a função há 4 anos. O do CRAS é pedagogo e está na coordenação há 1 ano, e a do CENTRO POP é uma psicóloga que assumiu a gerência recentemente.

5.1 Proteção social básica e o trabalho do CRAS

O CRAS Ceilândia Sul funciona em prédio próprio, com boa estrutura física, com identificação e espaço amplo e bem organizado. Atualmente, o CRAS está com a equipe muito reduzida, não conta com as duas assistentes sociais que compõem a equipe (uma em licença-maternidade e outra assumiu a gerência de um outro serviço). No momento da coleta, a unidade contava com o gerente e uma psicóloga na equipe de especialistas. O CRAS funciona em um prédio que:

> *[...] era o antigo CDS, Centro de Desenvolvimento Social, que era da antiga Fundação do Serviço Social. Então aí com a estruturação da política do*

> *SUAS e tudo mais, aí virou CRAS, mas até hoje o pessoal conhece aqui como CDS. Ah, vamos lá no CDS, gente, é CRAS. Mas virou referência, porque essa parte da Ceilândia é muito antiga [...]* (Gerente CRAS, DF).

O trabalho foi estruturado pela composição da equipe mínima. Tem uma recepcionista que atende os usuários, faz a primeira escuta e encaminha para o especialista (assistentes sociais, psicólogos e educadores sociais) se enquadrar no perfil de atendimento do CRAS, para que seja feita uma escuta mais sensível. Todo atendimento é registrado no sistema de registro eletrônico, o que permite acompanhar a trajetória do usuário dentro da política de Assistência Social. O CIDSUAS é um sistema informatizado usado por todos os equipamentos, e nele são registrados todos os atendimentos prestados. Também atualmente o sistema usa o telefone 156 para marcação de atendimento no CRAS, como forma de enfrentar a falta de servidores. Essa reorganização do trabalho é motivo de queixa dos usuários, que informam não conseguir o atendimento por telefone. Esse elemento traduz uma mudança no contato dos usuários com o SUAS, que tem sido observado em vários serviços públicos, na forma de teleatendimento, mas que, com o discurso de melhorar e ampliar o acesso, tem sido, ao contrário, um elemento de restrição/negação do acesso.

No entanto, os trabalhadores de todos os serviços consideram o sistema eletrônico um grande avanço, pois permite acompanhar o usuário e suas famílias em sua trajetória pela Política de Assistência Social.

Na entrevista, foi destacado o Plano de Atendimento construído para o processamento do trabalho na unidade, ressaltando-se, porém, que não está sendo executado no momento atual. Assim, o gerente do CRAS mostra que havia um esforço para realizar um trabalho de forma integral junto às famílias. No plano de trabalho do serviço, há um fluxo construído a partir da composição original da equipe do CRAS, o que é descrito assim:

> *Então, aqui no CRAS a gente tem feito todos os atendimentos possíveis, a gente não fragmentou, então hoje a gente tem duas assistentes sociais 30 horas cada período e a gente faz o atendimento mesmo, para a escuta qualificada, a escuta sensível, para o atendimento com vistas no atendimento com a especialista da unidade, e a viabilização de alguns benefícios eventuais, como o auxílio-natalidade, que pode ser solicitado aqui na acolhida [...]* (Gerente, CRAS-DF).

> *Chama a atenção o fato de a equipe trabalhar com a acolhida de forma individualizada. Mesmo na condição atual de falta de recursos humanos, há uma defesa quanto à "metodologia da acolhida individualizada". É uma acolhida individualizada, individualizada mesmo, é que a gente não precisou fazer a coletiva ainda não, porque ainda está dando tempo, mas a gente tem um plano de fazer a coletiva se for necessário* (Gerente, CRAS-DF).

O CRAS trabalha com a demanda espontânea que chega até o serviço. Ressente-se de um trabalho efetivo de vigilância socioassistencial, identificando que o mapa de vulnerabilidade social que se encontra afixado na sala da coordenação está defasado. Repete-se a questão da falta de trabalhadores, o que não permite um trabalho direto no território. Mesmo assim, a entrevistada identifica que há uma população envelhecida na região, e que essa população tem acionado muito o CRAS.

> *Nossa demanda aqui ela é alta sim, mas é mais voltada para o idoso, porque como é uma região muito antiga de Ceilândia, acaba que a gente tem muitos idosos, então a vulnerabilidade do idoso às vezes nem é financeira, mas de negligência, de estar sozinho, ou porque pegou empréstimo, que a gente está com isso tentando resolver, conseguiu o benefício de prestação continuada* (Gerente, CRAS-DF).

A gerente refere que o fluxo de atendimento em relação à interlocução com as outras áreas de política social tem sido alterado a partir da compreensão do trabalho do CRAS. Como as equipes trabalham com a concessão de benefícios, era muito comum receberem estudos sociais de serviços de outras áreas com a determinação do procedimento a ser adotado. A equipe entende, corretamente, que o atendimento no PAIF é que deve balizar sua relação com os usuários e famílias e assim a concessão do benefício é uma consequência do trabalho e do diagnóstico realizado no âmbito do CRAS.

> *[...] a gente já tem mudado a forma de solicitar, porque o pessoal ainda tem aquela velha forma de encaminhar, né, encaminho para o CRAS solicitar, viabilizar solicitação de auxílio de vulnerabilidade, cesta emergencial e o que mais for necessário, já chega com a avaliação pronta. A gente já conseguiu mudar um pouco essa cultura, conversou com assistente social de hospital, da defensoria pública, ministério público também que faziam isso, não tem que encaminhar para o benefício, porque isso é um instrumento de trabalho, você tem que encaminhar para o serviço, encaminho para inserção no PAIF, acompanhamento no PAIF, pronto, pra gente vai ser o suficiente, porque entende que vai ser inserido e ali vai fazer o necessário para amenizar a situação de vulnerabilidade ou extingui-la, então tem toda essa situação* (Gerente, CRAS-DF).

A área de abrangência do CRAS é imensa e os índices de desemprego muito grandes na região. Há uma demanda por preparação para o trabalho, de adolescentes e adultos, que é objeto de encaminhamento, uma vez que o CRAS não realiza nenhuma oficina de formação para o trabalho. Um dos recursos utilizados é a Fábrica Social, que é um programa do Governo.

> *A Fábrica Social também é um meio que a gente está conversando para fazer um encaminhamento direto, porque hoje a Fábrica Social ela faz por meio de sorteio, e a gente está conversando para tentar encaminhar sem sorteio. Isso é um programa da Secretaria de Trabalho e Emprego que consiste nas famílias fazerem capacitações para o mercado de trabalho, então lá tem desde instalação de placas solares, construção de hortas verticais, horizontais, costura de bola, costura de rede, construção civil, então eles*

> *têm diversos cursos, e tem parcerias com o "Sistema S", Senai, Sesi, e aí fazer esses cursos* (Gerente, CRAS-DF).

O CRAS conta com os benefícios eventuais para atendimento da população. São eles o auxílio-natalidade, auxílio-mortalidade (que é muito demandado), vulnerabilidade e o excepcional, que é da área da habitação, mas habilitado nos serviços da Assistência Social. Esses benefícios são solicitados pelos especialistas que atendem a população, mas são concedidos por uma diretoria centralizada na Subsecretaria, processo esse que foi explicitado pela gerente distrital.

Atualmente, o grande problema das demandas do CRAS é o corte dos benefícios, pela revisão feita pelo governo federal, e a necessidade de incluir os beneficiários do BPC no CADÚnico. Esse trabalho exigiu um grande reordenamento no trabalho, tendo em vista a redução de pessoal. Importante salientar que há um ano o CRAS tem atendido, preferencialmente, a demanda quando agendada pelo telefone 156.

> *[...] revisão e averiguação cadastral pegou pesado, e aí tem a especialista que faz os grupos de condicionalidade também, tanto da saúde quanto da educação, para os benefícios bloqueados, cancelados, né, e para os advertentes também faz uma palestra, para a pessoa tomar cuidado, prestar atenção, ter todo esse cuidado com a escola da criança, e verificar qual é o erro, se está mesmo informado lá* (Gerente CRAS, DF).

A revisão dos benefícios e a inserção dos usuários do BPC no CADúnico foi deflagrada quando a greve dos servidores estava acontecendo e, no retorno às atividades, esse trabalho tomou conta dos espaços dos serviços, principalmente dos CRAS, desarticulando os demais trabalhos. A prioridade ficou assentada na perspectiva da garantia dos direitos dos usuários, uma vez que é muito expressivo o número de pessoas que tiveram seus benefícios cortados.

Importa destacar que, mesmo com as condições adversas, os trabalhadores tentam manter espaços de debates do trabalho e de formação.

> *[...] nas sextas-feiras, a gente sempre tira uma sexta-feira para fazer estudos e também palestras, que a gente tem ciclos de palestras, para capacitar o servidor também, então a gente chama todos os servidores, desde o auxiliar, assistente social, só não vigilante porque não pode sair do posto, se não participaria, participam desses estudos, né, que já teve estudos dos cadernos do PAIF, do SUAS, e aí a gente pensa em retomar novamente, porque cada vez que você estuda é uma visão nova que se forma, porque a educação é infinita e constante* (Gerente CRAS, DF).

Durante a observação no CRAS, pudemos assistir à realização de um grupo com usuários que tinham filhos em medida socioeducativa, trabalho esse que deveria ser executado pelo CREAS. O trabalhador justifica a realização no CRAS pela demanda vinda do Poder Judiciário e pela falta de estrutura nos outros serviços. Nota-se que os CRAS estão trabalhando a partir de uma demanda não apenas do território, tampouco do seu papel no SUAS, mas da estrutura da Subsecretaria e dos demais poderes, o que de certa forma impede/dificulta o cumprimento dos objetivos dos serviços socioassistenciais próprios do SUAS.

5.2 Proteção Social Especial e o trabalho do CREAS

Em relação à dinâmica do CREAS, a maior demanda é via documental (Judiciário e Conselho Tutelar, sobretudo). A demanda espontânea é pequena e constitui-se em procura da população por atendimento para concessão de benefícios, na sua grande maioria. O grande desafio enfrentando hoje é traduzir os papéis recebidos desses órgãos em atendimento à população. O CREAS está em uma unidade administrativa com 600 mil habitantes, aproximadamente, o que demandaria ao menos três CREAS; entretanto, há apenas um para atender toda a Ceilândia.

O CREAS funciona em um prédio do GDF, com uma área extensa, com as devidas adaptações feitas e disponibilidades de salas que atendem às exigências do trabalho profissional. O fluxo de atendimento da demanda espontânea se inicia na recepção, onde é preenchido o cadastro eletrônico da Secretaria e ali se realiza a triagem; se for demanda do CREAS, abre-se um outro cadastro interno. Essa atividade geralmente é desempenhada por um agente social, mas no momento da pesquisa estava sendo realizada por um auxiliar administrativo, para em seguida ser encaminhada a um agente social para processamento das intervenções.

Devido à particularidade das questões envolvidas na PSE, e ainda que todas sejam situações emergentes, o CREAS desenvolveu uma classificação de risco, dependendo da situação ou agenda o atendimento ou já encaminha a um especialista (psicólogo, assistente social, educador social). No momento da pesquisa, havia no equipamento três psicólogas (duas de 30 horas e uma de 40 horas) e duas educadoras de 40h. Há um mês, a assistente social assumiu outro cargo dentro da Secretaria e não houve substituição.

A acolhida é realizada individualmente, às quartas e quintas-feiras, por duas especialistas, quando são atendidos os casos agendados. Em virtude do acesso de todos os equipamentos estarem vinculados ao mesmo sistema de cadastro, é possível atualização de cadastro e concessão de benefícios sem que, necessariamente, as famílias, os usuários, tenham que se deslocar ao CRAS também, uma vez que são famílias referenciadas no CREAS devido a uma situação de violação de direitos; portanto, todos os encaminhamentos necessários são realizados em apenas um equipamento.

Cabe destacar que as solicitações emergenciais devem passar antes pela autorização da Secretaria por meio de uma auditoria, para só então serem atendidas. Processo que pode ser demorado, o que não corresponde à natureza de uma situação emergencial a ser atendida pelo benefício eventual, o qual não é concedido por mais de três meses. Contudo, dependendo da avaliação técnica, é possível estipular um tempo de atendimento para as famílias com o benefício eventual, de até um ano.

A demanda documental segue o procedimento de convocação das famílias, leituras dos documentos, identificação dos casos (se é do CREAS ou não). A gerente recorda quando a demanda estava reprimida, desde que assumiu o cargo, que teve um cuidado muito grande para dinamizar casos antigos e diminuir esse represamento, o que é muito desafiador, considerando haver apenas um CREAS para um território tão grande e com inúmeras situações que deveriam ser objeto de intervenção. A intenção é dinamizar o fluxo, que segundo a entrevistada tem funcionado bem no caso de atendimento de crianças e adolescentes.

Segundo depoimento, os desafios maiores relacionam-se às situações de violência contra idosos, mulheres e pessoas com deficiência, situações que são encaminhadas para o CREAS, mas ressente-se da falta de maior articulação e intersetorialidade com outras políticas. No caso do atendimento ao idoso, o quadro se agrava, pois, na maioria das vezes, seria necessário realizar visita domiciliar; porém, elas são inviabilizadas pelas equipes técnicas desfalcadas, ausência de especialista e também de motorista para o deslocamento.

O trabalho com grupos de maior destaque no CREAS é aquele voltado para as situações de violência sexual, em que há a oportunidade de trabalho mais focalizado e de fortalecimento de vínculos. Especificamente com as mulheres, há uma parceria com um centro especializado que oportuniza acolhimento e atendimento a situações de violência sexual, ainda que fragmente a abordagem do grupo familiar pela ênfase no trabalho com mulheres.

Contudo, mesmo quando se trata de uma atenção voltada às mulheres, não há uma articulação entre as diferentes políticas sociais, como é o caso das mulheres presas, cujo atendimento ora vincula-se à área da segurança, ora ao CREAS, e o resultado é não serem acompanhadas. Essa situação se agrava no cotidiano com uma rotina estressante que vai acumulando demandas, o que tem desafiado as equipes a repensar fluxos que permitam ampliar o trabalho e balizar as requisições relacionadas às funções e competências de cada política.

Em relação aos benefícios eventuais, o GDF conta com o auxílio-vulnerabilidade e o auxílio excepcional, para o caso de moradia.

O de vulnerabilidade, no valor de R$ 408,00, é concedido de forma pontual para as pessoas em situação de violação de direitos e que estejam desprovidas do atendimento das necessidades básicas.

Quanto às mudanças provocadas pela Política de Assistência Social, a entrevistada relatou que o maior impacto e alteração na dinâmica do trabalho acontece na proteção social básica, pois está melhor estruturada do que a proteção social espacial de média complexidade, que lida com situações mais desafiadoras, como é o caso de idosos e moradores de rua, por exemplo.

Há também dificuldades para consolidar a rede socioassistencial, com desarticulação entre as instituições de atendimento e o CREAS, resultando muitas vezes em situações de (des) proteção social que poderiam ser evitadas se houvesse maior articulação interinstitucional nos territórios.

No que diz respeito à gestão da Política de Assistência Social, a entrevistada ressaltou os impactos negativos da rotatividade de gestores(as) na organização do trabalho, na definição de rotinas institucionais e na (des) continuidade dos serviços. Não há padronização entre os fluxos e os protocolos de atendimento entre os CREAS do GDF, agravada pela constante troca de comando da Secretaria.

No que diz respeito ao banco de dados, foi ressaltado que mesmo com o sistema informatizado há uma preocupação das equipes técnicas em relação à preservação do sigilo profissional, o que faz com os profissionais mantenham o prontuário físico, registrando apenas nele certas informações que ficam arquivadas no CREAS.

Quanto à relação com o CENTRO POP, o CREAS desenvolve um trabalho de abordagem social que promove a articulação entre os dois equipamentos. Esse serviço de abordagem na rua é terceirizado, e conta com a presença de um supervisor que se articula com a gerência do CREAS, e com ex-moradores de rua ou que estão em processo de saída da rua. Trata-se do antigo serviço Cidade Acolhedora, substituído pelo atual Serviço Especializado da Abordagem Social.

> *Eles atendem na rua, quando é o caso, por exemplo, está em processo de sair da rua, tem familiares, aí entra o CREAS, mas tem a equipe que trabalha*

> *em Ceilândia, tem a equipe que trabalha em Taguatinga, aqui em Brasília, não sei se todos os CREAS têm, mas eu acho que quase todos têm uma equipe dentro do CREAS, só que não é para fazer atendimento dentro do CREAS, o atendimento deles o foco é na rua.* (Gerente CREAS, DF).

O que está em discussão ainda é que essas famílias seriam referenciadas no CREAS; porém, o vínculo com o CENTRO POP é muito forte, questão que permanece indefinida.

Importa destacar que mesmo com muitos desafios, como a presença de posturas assistencialistas, há uma percepção positiva dos impactos do SUAS e da PAS no trabalho, com significativos avanços sobretudo no processo de concessão dos benefícios. Foi ressaltado o papel da hierarquização das proteções sociais do SUAS, com boa articulação entre CRAS e CREAS, reuniões sistemáticas que viabilizam um trabalho mais coeso e articulado. E também a metodologia do trabalho em grupos com as famílias, como avanços importantes da Política de Assistência Social no DF.

A dinâmica de trabalho no CREAS acontece por meio de grupos com a população atendida, além dos atendimentos individuais. Há reuniões mensais da equipe técnica, com foco no estudo de casos, e também uma reunião geral com todos os servidores para avaliação do trabalho.

Quanto à supervisão técnica do trabalho, vem sendo realizada por meio de parceria, mas não articulada pela Subsecretaria. Esta é uma característica do CREAS Ceilândia, em que uma parte dos trabalhadores tem buscado espaços de formação e capacitação, o que contribui para melhorar o ambiente de trabalho, mas não para institucionalizar essa inciativa no âmbito da Política de Educação Permanente prevista pelo SUAS.

Uma necessidade de aprofundamento e desenvolvimento do trabalho são as atividades de mapeamento do território, identificando as famílias e demandas a partir de onde moram e a incidência das violências, de modo a subsidiar propostas de intervenção, o que também contribuiria para o fortalecimento da rede socioassistencial e até embasaria a proposição de novos equipamentos, em uma relação de maior proximidade com os locais de moradia.

A fim de dimensionar a importância deste estudo, um dos exemplos trazidos pela entrevistada é o território de Sol Nascente, na área periférica da região administrativa, e com graves índices de desigualdade e violência, que hoje concentra 90% das demandas do CREAS, mas esta unidade não está localizada na área, dificultando o referenciamento das famílias.

Não há equipe de vigilância dentro da Secretaria, mas a entrevistada ressalta que o sistema informatizado tem ajudado muito a sistematizar dados dos atendimentos. Os problemas maiores se relacionam ao serviço de agendamento via telefone 156, que é o único meio para agendar atendimento e apresenta graves problemas de funcionamento.

Em relação ao Conselho da Assistência Social relata ter pouco contato, o que acontece mais nos períodos de realização das Conferência de Assistência Social.

5.3 CENTRO POP como espaço inovador dos serviços dedicados à População em Situação de Rua

O CENTRO POP de Taguatinga desenvolve seu trabalho em um prédio situado em uma grande área verde, com condições adequadas de trabalho. Está identificado como unidade de referência da Política de Assistência Social e contava com a presença de muitos usuários durante a visita. Realiza um trabalho de acolhida, possui espaço para banho e alimentação para a população em situação de rua, mas conta com uma equipe técnica reduzida, na mesma proporção que os demais serviços.

> *A gente, infelizmente... a gente tem sofrido um desmonte; a gente tem sofrido com déficit de servidores na Secretaria como um todo. Exemplificando aqui a nossa realidade, são dez, doze servidores pra uma média de cento e cinquenta usuários por dia, né? Prioritariamente pela manhã esses usuários* (Gerente, CENTRO POP-DF).

A gerente do CENTRO POP afirma que o trabalho tem seu fundamento na acolhida da demanda do usuário para que o vínculo se estabeleça e assim possam ser construídos Planos de Atendimento. Reforça a necessidade para que o lugar seja acolhedor e os limites venham das regras institucionais que devem ser conhecidas, e não restritivas da participação.

> *[...] enquanto eles estão aqui no CENTRO POP, a gente entende que primeiramente pra eles já é uma redução de danos; que é um momento que eles não estão usando drogas aí fora, não estão correndo risco de se envolver em alguma confusão, algum tipo de delito, né? Na medida que participam das atividades coletivas aqui, de alguma forma a gente tá trabalhando essa sociabilidade, resgatando essa questão de comunidade, né? Não estão pedindo, porque eles podem se alimentar aqui, então não têm necessidade de estar batendo na porta da vizinhança e dos comerciantes pedindo almoço [...]. Que aí no fim de semana eles já têm que fazer isso porque a gente não funciona, né? É... Isso aí. Eles têm o mínimo. Ainda que não queiram o atendimento ou o acompanhamento naquele momento não seja viável pra ele, ele tem o mínimo, que é um lugar pra ele tomar um banho. Se ele precisar dormir porque ele não dormiu, porque ele ficou com medo, porque ele usou droga a noite inteira... Ele pode dormir a manhã inteira, o dia todo aqui. [...]* (Gerente, CENTRO POP-DF).

Aponta que existe um expressivo percentual de usuários de drogas e isso tem exigido da equipe uma preparação para o atendimento. Relata a dificuldade de encaminhamento desses usuários para os serviços de saúde, que na maioria das vezes negam o atendimento, ou para lugares onde possam passar a noite, uma vez que as vagas em instituições de acolhimento de curta permanência são reduzidas e muitas vezes não atendem a necessidade do usuário.

> *Em relação à questão da demanda de acolhimento e a dificuldade assim, significativa, que eu acho que todas as unidades da assistência enfrentam em relação às demandas que são da saúde e a gente tem que absorver. Acontece muito principalmente com os casos de transtorno mental. Aqui pra gente é*

> *muito complicado porque se a gente precisar de uma intervenção não tem vaga, se precisar de um acolhimento pra uma pessoa com comprometimento mental também não existem* (Gerente, CENTRO POP-DF).

No processamento do trabalho, eles fazem uso do prontuário eletrônico para registrar os atendimentos e consideram isso um grande avanço do SUAS, pois permite conhecer as situações vivenciadas pelos usuários, seu trânsito pela política de Assistência Social, oferecendo elementos importantes para o atendimento integral.

Da mesma forma que nas demais unidades de referencia (CRAS e CREAS), a entrevistada refere-se à ausência de protocolos de atendimento da Política de Assistência Social, o que gera um descompasso entre serviços/equipes. Antes da greve, os trabalhadores estavam em um movimento para construir esses protocolos.

O trabalho desenvolvido busca dar visibilidade ao serviço e chamar a atenção para a situação das pessoas em situação de rua. No momento da visita, o equipamento tinha realizado a Semana de luta em favor da população de rua. Para isso, inauguraram uma biblioteca, com recursos dos trabalhadores e de doações, e realizaram, pelo segundo ano consecutivo, um passeio ciclístico pela cidade. Esse trabalho é consequência de uma oficina de consertos de bicicletas que existe no CENTRO POP.

> *[...] e aí quando é no dia da luta, a gente organiza esse passeio ciclístico, então os usuários que são atendidos na unidade, eles... A gente faz uma lista com aqueles que ou estão em acompanhamento, ou são mais participativos, né? Frequentam o serviço com...Com mais frequência e aí eles participam do passeio, a gente faz o percurso todo com carro de som, é todo mundo identificado com camiseta e aí o passeio finaliza aqui na unidade quando eles oficialmente recebem as bicicletas* (Gerente, CENTRO POP-DF).

A entrevistada relatou também que, atualmente, o serviço vem recebendo demandas da população em geral pelo tipo de oferta que realiza, principalmente pela alimentação. Ela reproduz falas de demandantes de serviços:

> *"Ah, mas eu tô quase indo pra rua porque eu tô desempregado, aluguel atrasado...", né? E aí, assim, a gente tem que reforçar muito isso, né? Às vezes a gente faz o encaminhamento: "Ah, mas eu não consigo ir no CRAS, enfim, não consigo agendamento", uma série de dificuldades, e vem muito essa demanda: ou para atendimento de cadastro único, ou então pra acessar os benefícios socioassistenciais* (Gerente, CENTRO POP-DF).

Esses dados têm demonstrado que há necessidade de se repensar o fluxo dos serviços e das demandas hoje postas à Política de Assistência Social. Com as restrições do financiamento no campo das políticas sociais, a demanda da Assistência Social tem aumentado muito, o que tem sobrecarregado os trabalhadores da área. No caso do Distrito Federal, além da falta de servidores, há um número grande de trabalhadores em licença médica. O adoecimento como resultado da intensificação do trabalho vem se colocando como questão desafiante para os trabalhadores das Políticas Sociais nos anos recentes, e especificamente para o SUAS no atendimento aos indivíduos e grupos mais subalternizados da sociedade.

> *Muitos se afastam por restrição médica, né, que é uma outra demanda altíssima. Hoje se a gente comparar os dados de afastamento médico dos servidores, a gente só perde, se eu não me engano, para a Secretaria de educação* (Gerente, CENTRO POP-DF).

Um dos debates que a equipe que trabalha no CENTRO POP tem feito em relação ao trabalho com os usuários refere-se à concessão dos benefícios socioassistenciais. Há uma polêmica sobre a potencialidade deles para o atendimento das necessidades da população em situação de rua. A gerente relata que no primeiro momento concediam os benefícios, mas os resultados eram pouco efetivos, pois o recurso era utilizado para compra de drogas, na sua grande maioria. Passaram por um período de negação do benefício e atualmente consideram que o benefício deve ser acessado quando existe um trabalho social de acompanhamento do usuário.

> *[...] a equipe técnica sempre teve algumas ressalvas em relação a solicitar benefícios socioassistenciais para a população de rua. Para alguns realmente fez sentido e aí auxiliou muito, nessa superação, na saída de rua... Mas pra grande maioria, foi pra meio que pra fazer uma manutenção do vício* (Gerente, CENTRO POP-DF).

Nesse contexto, a entrevistada ressaltou a necessidade de aprofundar o debate sobre o que significa proteger, garantir direitos e realizar um trabalho de proteção social especial da Assistência Social a essa população em situação de rua. Reconhece a importância do serviço, de sua criação e reafirma a necessidade de publicizar mais o que fazem, uma vez que ainda existe muito preconceito em relação a ela.

> *Então eu, enquanto servidora da assistência, eu entendo que é um serviço que é fundamental, mas é um serviço que é invisível. Só conhece quem trabalha ou quem precisa. Se você perguntar aqui no comércio do lado, por exemplo, aonde fica o CENTRO POP, provavelmente ele não vai saber te responder porque não sabe o que é o serviço, não sabe como funciona. Algumas poucas pessoas da comunidade sabem* (Gerente, CENTRO POP-DF).

Uma das experiências relatadas no CENTRO POP refere-se ao acompanhamento dos usuários no movimento de greve dos trabalhadores da Assistência Social, em que o serviço teve sua capacidade reduzida mas manteve a porta aberta e com informações aos usuários do que estava ocorrendo. Isso gerou um movimento importante de apoio aos servidores por parte dos usuários, inclusive com participação deles nas assembleias dos servidores.

Os usuários também participam com grande interesse das Conferências. Na última, um dos usuários do CENTRO POP foi delegado da Conferência Distrital e da Nacional. Os debates e preparação das Conferências são realizados pela equipe junto a todos os usuários do serviço.

Os desafios para a realização dos trabalhos nos CRAS, CREAS e CENTROS POP são inúmeros. Nesse momento, agravados por um desmonte do Sistema, o quadro de servidores do Distrito Federal está defasado em 80%, o que impede o funcionamento do SUAS com suas atividades intrínsecas.

6. O SUAS NA PERSPECTIVA DOS QUE DELE USUFRUEM

O grupo focal com os usuários aconteceu no CRAS Ceilândia Sul, com a participação de sete pessoas, entre pais e responsáveis de adolescentes, que foram convocados para a reunião de um grupo de condicionalidades dos adolescentes que cometeram ato infracional, trabalho que, de acordo com a estrutura do SUAS, deveria estar alocado no equipamento CREAS. Essa foi a primeira reunião do grupo; muitos estavam ali no CRAS pela primeira vez.

O fato de nem todos serem usuários atendidos e acompanhados pelo CRAS comprometeu o diálogo no que diz respeito à apropriação do SUAS e ao conhecimento dos equipamentos que a compõem, além da pauta do grupo, relacionada ao cumprimento de condicionalidades, que acontecia pela primeira vez naquele espaço.

No primeiro momento, a impressão que tivemos é que, para eles(as), o objetivo do grupo focal foi trazer à tona angústias quanto à convocação para a reunião e a preocupação com as implicações para seus filhos. Concomitante ao grupo das condicionalidades, os(as) adolescentes estavam reunidos(as) com um técnico para o acompanhamento. Houve um relato que uma das adolescentes não queria comparecer à reunião por imaginar que isso poderia ocasionar sua prisão. Ressaltamos isso mais para exemplificar a dinâmica do grupo indicado para a realização do grupo focal da pesquisa.

Das experiências relatadas pelos usuários destacam-se o Programa Bolsa Família e as orientações necessárias quando procuraram o equipamento. Há uma confusão quanto à referência da Política e do profissional do Serviço Social, questão que continua presente na área.

Houve falas que "confessaram" não conhecerem nada da Política, e algumas indicando que é um direito do usuário, mas que muitas pessoas desconhecem. Ao mesmo tempo, havia usuários que estavam ali pela primeira vez, e também os que já frequentavam o CRAS, antes o Centro de Desenvolvimento Social, há 17 e 18 anos, quando não recebiam o Bolsa Família, e tinham acesso à cesta básica.

> *Eu participei há 18 anos atrás, eu recebia cesta, o leite, Bolsa Família, mas aí quando minha filha alcançou dez anos eu consegui trabalhar, aí eu fui chamada na escola, aí quando ela abriu minha carteira de trabalho, eu recebia mais de um salário mínimo e me cortaram, aí desde então nunca mais eu participei de nada, aí agora pelo fato de terem acontecido algumas coisas infelizes aí me ligaram e eu vim aqui, mas tem muitos anos* (Usuário 3, grupo focal-DF).

Aparece também a relação com o SUAS apenas no recebimento de algum benefício e/ou quando da ausência de continuidade do atendimento, ainda que a situação de vulnerabilidade não tenha sido superada. Ou até em situações em que se altera a situação imediata, ainda que ela não signifique total superação da necessidade da intervenção protetiva dos serviços.

Relataram que conhecem pessoas que acessam a "ajuda" ainda que julguem que não precisariam, pelo fato de saberem de outros que precisam mais, mas esperam que também sejam atendidos naquilo que julgam ser necessário.

> *Eu conheço, tem muita gente que está sendo ajudada, espero que a gente também seja, apesar da gente estar com os filhos, eu estou com três adolescentes já, mas estou precisando de ajuda, eu vim aqui, nem sabia para que era, mas eu espero que todas nós possamos ser ajudadas, porque tem muita gente que consegue* (Usuário 3, grupo focal-DF).

A partir daí refletem que percebem que para acessar benefícios é necessário estar em uma situação pior do que a que estão e gostariam de acessar também o que dizem ser a "ajuda" que o CRAS oferece. Isso se agrava quando os filhos vão crescendo e deixam de ser adolescentes e se veem sem a proteção estatal.

> *Eu acho assim, a única ajuda do governo que eu quero é meu filho, vai fazer 20 anos mês que vem, ele está doido para trabalhar, ele, ai mãe, eu queria tanto arrumar um serviço, tem essa que vai fazer 15 anos mês que vem, ela deu muito trabalho, ela falou, mãe, agora eu vou mudar, eu vou estudar, fazer curso, porque a outra de 18 anos ela me deu trabalho com 13 a 14 anos, como no CRAS me ajudaram, deram curso para ela, hoje ela trabalha de menor aprendiz, estuda, termina o ensino médio agora, e trabalha* (Usuário 4, grupo focal-DF).

Ao descrever os equipamentos que compõem o SUAS — CRAS, CREAS e CENTRO POP, as falas revelam que já ouviram dizer mas que desconhecem as funções, apenas indicam que sabem que são lugares que, se precisarem de ajuda, terão ali respaldo e orientação.

> *Então, não sabemos, existe, mas não sabe qual a funcionalidade, eu sabia que existia lá, mas eu não sabia o objetivo daquele centro ali, talvez eu levasse meu filho antes se eu soubesse qual era a função, porque ele queria usar droga, se eu tivesse tido orientação, então assim, existem os lugares, mas as pessoas não são informadas* (Usuário 4, grupo focal-DF).

Relatam a falta de informação e as consequências do desconhecimento das provisões que a Política de Assistência Social pode oferecer, no sentido de prevenir a ocorrência de certas situações que poderiam ser evitadas se as famílias fossem apoiadas.

> *Não, o que eu quero dizer assim, muitas vezes o filho comete algum delito por falta da informação da gente de não correr atrás de um benefício, porque é muito mal divulgado, que quanto menos a gente sabe do nosso direito, menos a gente acessa ele, eu poderia ter evitado porque eu não estava sabendo* (Usuário 4, grupo focal-DF).

Houve uma certa confusão de que o grupo focal seria para identificar demandas para o CRAS, tentamos explicar a atividade relacionada à pesquisa, porém isso persistiu até o final do grupo. Mas a expectativa que prevaleceu no grupo é por respostas e atenção às necessidades imediatas, com melhoria das informações e do acesso aos serviços.

Chamou a atenção a presença no grupo de uma usuária graduada em Serviço Social, que depois de formada passou a acessar programas sociais e acredita que toda população deveria ter acesso a mais informação e aos serviços.

A convocação dos usuários para participação no grupo de condicionalidades fez com que saíssem no meio do trabalho ou chegassem atrasados ao trabalho. Ao perguntarmos sobre o que isso poderia implicar no trabalho deles, as falas descrevem a dificuldades da vida cotidiana:

> *Aqui a vida é brava para todo mundo, homens e mulheres que está aqui, a vida de nós é a vida de cão, só dorme em casa, tem uma casa só para dormir, todo mundo tem compromisso. [...] Eu moro aqui em Brasília tem 12 anos, só domingo que eu tenho folga, quando eu tenho 15 dias de folga eu vou para o Ceará visitar minha mãe e meu pai, e aqui eu conheço pouco, até para acertar um endereço aqui, eu moro aqui faz 12 anos, mas eu não conheço nada aqui não, é só da casa para o serviço e do serviço para casa* (Usuário 7, grupo focal-DF).

As reuniões do grupo de condicionalidades acontecem no horário comercial, e, para atender a convocação, alguns têm o dia de trabalho perdido, pois, às vezes, é descontado, ou ficam devendo hora e há quem consiga apresentar o comprovante de presença e ter a falta justificada. E o fato de trabalharem o dia todo influencia em um certo distanciamento com os filhos e ainda se deparam nessa situação de terem que comparecer a essas reuniões em horário de trabalho, pois o CRAS não funciona no período noturno.

> *Como é que eu vou pagar o aluguel? Então sempre estão sozinhos em casa, por isso que acontece o que eu contei da minha filha, ela ficou presa dois dias, que eles pegaram ela na esquina vendendo droga, aí no dia que eu*

> *cheguei lá tinham descido ela para o Cruzeiro, não sabia nem andar por aquele lugar lá, eu saí 8 horas da manhã, cheguei 11 horas da noite, o dia todo, passou pelo juiz, e aqui para mim foi tão assim, sabe, eu expliquei para ela, eu cheguei de manhã, olha a hora, correndo risco, arriscando perder meu emprego, porque não é toda empresa que vai aceitar isso, depois disso ela deu uma melhorada* (Usuário 5, grupo focal-DF).

Quando o tema foi os direitos que gostariam de acessar, destacam-se os seguintes depoimentos, nos quais se evidencia a centralidade do trabalho e a valorização do acesso à educação pelas famílias atendidas.

> *Alguém para enterrar nós quando nós morrer, porque [...] eu digo, as coisas é tudo errado, eu acho, igual ela está falando, as leis é tudo errado, eu tenho 45 anos, eu nasci e me criei na roça, desde os meus 8 anos de idade que eu trabalho, hoje se você colocar um moleque de 15 anos para trabalhar para ser gente os pais é errado, o moleque de 10 anos ele tendo um servicinho, ocupando a cabeça, não tem nada de errado não, ele vai trabalhando, os pais incentivando e ele vai botando na mente que a solução dele é trabalho mesmo para conseguir as coisas, só tem direito com 18 anos, para trabalhar, para fazer isso, mas para votar na imundície com 16 anos já pode, então eu acho errado, com 16 anos ele pode votar, mas com 16 anos se ele matar um pai de família ele não pode ser preso, eu acho errado é isso aí, as coisas tinham que ser igual, do jeito que era para mim era para ela, para a senhora, para qualquer um, aí as coisas andavam, mas do jeito que anda, os pais morrendo de trabalhar e os filhos aprontando na rua, não vai para a frente nunca, pode desistir* (Usuário 7, grupo focal GDF).

> *O que eu gostaria que tivesse é que as leis realmente serem cumpridas, porque se as leis fossem realmente cumpridas não tinha essa banalização da sociedade, porque a gente é o que a gente estuda, a gente não consegue nem estudar, não consegue um trabalho honesto, a maioria trabalha, muitos estão fichados, mas assim, autônomo, igual eu, trabalho só autônoma, então eu sou prejudicada porque as leis não são cumpridas.[...] Eu acho que eles sabem muito o direito deles, mas a obrigação, eu acho que o trabalho*

> *deveria existir sim. Cumprir os direitos que a gente tem. [...] Na educação, na saúde, é a parte principal, eu acho* (Usuário 3, grupo focal GDF).

O anseio dos pais e responsáveis pelo desenvolvimento e autonomia dos adolescentes é traduzido pelo acesso ao trabalho como suficiente para sanar seus problemas. O trabalho é visto como o melhor meio de formação para a responsabilidade e autonomia das crianças e dos(as) adolescentes, sem mencionar outras provisões que poderiam acessar via equipamentos do SUAS.

Ao mesmo tempo, como afirmação dos direitos de cidadania, além do trabalho, destacam as necessidades de educação e saúde. Mencionam a importância de cursos de formação profissional, como uma demanda não atendida no CRAS, por exemplo. E "desabafam" afirmando que são chamados ao equipamento não para a prevenção e sim para cobrança, sentindo falta de um acompanhamento que permita prevenir situações vividas por seus filhos adolescentes, pela ausência de escolas, de cursos e outras atividades. Pelos depoimentos recolhidos, o CRAS é visto pelos usuários participantes do grupo focal mais como um espaço que "chama para palestra, reunião e nada mais", sem atender ao que realmente necessitam para sobrevivência e convivência com suas famílias.

Para finalizar, destaca-se um relato muito contundente de um pai que denunciou o filho à polícia por desobediência, na expectativa de que a prisão pudesse ajudá-lo a rever suas ações. Questão que interpela a Política de Assistência Social e o conjunto das políticas sociais pela sua ausência e desproteção social no atendimento às necessidades das famílias mais empobrecidas e subalternizadas de nossa sociedade. Esse foi o motivo pelo qual o pai foi chamado no grupo das condicionalidades.

Os relatos dos usuários demostram uma gama de demandas que poderiam ser objeto de intervenção dos trabalhadores do SUAS. Revelam uma população sofrida, alvo de ideias preconceituosas, com inúmeras dificuldades para acessar os serviços e benefícios socioassistenciais, mas que são compulsoriamente convocadas em reuniões para discutir o descumprimento das condicionalidades. Demanda aliás que parte do Sistema Judicial e que só pode ganhar contornos de direitos se for retrabalhada pelos técnicos numa perspectiva não punitiva.

CONCLUSÃO: SUAS colocado em xeque

A pesquisa no Distrito Federal apresentou uma realidade muito peculiar em relação à implantação do SUAS. Uma estrutura física adequada, totalmente pública — uma herança do projeto de construção e planejamento da capital do país, identificação de serviços pautada no regramento do SUAS, mas sem sua capacidade principal instalada. Os recursos humanos no SUAS são a matéria-prima para que a proteção social possa ser ofertada.

Todos os servidores que trabalham nos equipamentos e serviços da Política são servidores públicos; entretanto, a situação encontrada é de calamidade pública, uma vez que há um déficit de 80% de servidores e há serviços sem as equipes mínimas de referência, inclusive sem assistentes sociais. Em que pese os servidores entrevistados terem demonstrado conhecimento e identificação com a Política, a situação em que se encontram os serviços materializa a não-política.

É notório o desmonte dos serviços a partir de 2015 e a excessiva demanda que foi alocada para que a garantia dos benefícios da Assistência Social não seja retirada. Na ocasião da pesquisa, os poucos servidores dos CRAS estavam em mutirão tentando fazer o cadastro dos beneficiários do BPC e das famílias em restrição pelas condicionalidades do Bolsa Família.

O fluxo burocrático da Secretaria engessa em significativa medida o desenvolvimento do trabalho, tanto quanto as ações de acesso aos benefícios eventuais por parte da população, como na viabilização de participação de reuniões ou cursos por parte dos trabalhadores.

Há um anseio dos usuários de acesso a trabalho, sobretudo, pelos adolescentes como resolutiva para a situação que se encontram, seja de vulnerabilidade socioeconômica ou para provocar o distanciamento de qualquer situação que leve ao ato infracional. Há uma expectativa de que os equipamentos da Política viabilizem isso.

O Distrito Federal, na sua condição híbrida de município e estado, condensando os melhores índices de IDH e uma das maiores favelas da América Latina, constitui-se em laboratório essencial para acompanhamento do desmonte e das resistências para a manutenção do Sistema Único de Assistência Social.

A particularidade do DF também impacta quanto ao registro de informações para o Censo SUAS, pois a formatação da ferramenta não flexibiliza a identificação dos índices e dados pelas regiões administrativas e resulta que apenas Brasília é identificada pela base de dados, incorrendo no reducionismo do DF a apenas Brasília.

Os depoimentos dos trabalhadores e da gerente distrital apontam para questões fundamentais que devem ser objeto de análise para que o SUAS possa ser identificado como Sistema de Proteção Social no Distrito Federal. A vigilância socioassistencial como detonadora da compreensão do território, das demandas e das potencialidades precisa ser estabelecida. A existência de estudos defasados mostram a fragilidade dos dados e dificultam a leitura essencial para estabelecer como e com que serviços a proteção social que deve ser aferida pela política de Assistência Social tem que estar materializada no Distrito Federal.

O debate sobre os benefícios eventuais, principalmente no que se refere ao seu acesso pela população em situação de rua, demonstra que as equipes técnicas pautam os temas controversos e buscam encontrar parâmetros para sua execução. Há nesses casos um desejo expresso de construção de fluxos e de padrões que garantam acesso democrático à essa população.

O tema da capacitação e da educação permanente é pouco tratado, no CREAS existe um processo buscado pela equipe, sem vinculação à Subsecretaria, que deveria ser articulador da capacitação geral dos trabalhadores. Esse tema submerge e não ganha destaque em virtude do caos instalado pela inexistência de equipes mínimas nos serviços.

Isso provoca uma desconexão com as funções principalmente dos CRAS e CREAS, e as demandas vindas do Poder Judiciário, como o grupo de condicionalidades dos usuários, desfiguram o SUAS.

A realidade reverbera a ideia de que apenas os regramentos legais não são suficientes para a garantia da Proteção Social que cabe à Assistência Social. O desfinanciamento da política e a redução drástica do número de servidores têm impacto central na garantia das provisões sociais da Política de Assistência Social. A formalidade da legislação está construída na perspectiva da LOAS, da N/RH/SUAS, mas a realidade encontrada adverte para perdas da qualidade dos serviços e dos direitos socioassistenciais. O movimento dos trabalhadores e usuários ouvidos reitera a importância das conquistas e do asseguramento do direito à Assistência Social, mas os limites atuais colocam em sério risco essa conquista.

Referências

BRASIL. Ministério do Desenvolvimento Social e Combate à Fome (MDS). *Plano Brasil sem Miséria*, 2016. Disponível em: < <http://aplicacoes.mds.gov.br/sagirmps/ferramentas/nucleo/grupo.php?id_grupo=69> Acesso em: 4 jan. 2019.

IBGE — Instituto Brasileiro de Geografia e Estatística. *Portal*. 2019. Disponível em: < https://cidades.ibge.gov.br/brasil/df/brasilia/panorama >. Acesso em: 04 jan. 2019.

______. Instituto Brasileiro de Geografia e Estatística. *IBGE Cidades:* Indicadores Censitários. 2010. Disponível em: <https://cidades.ibge.gov.br/brasil/rs/cidades/pesquisa/23/22957>. Acesso em: 04 jan. 2019.

JATOBÁ, S. U. Densidades Urbanas nas Regiões Administrativas. *Texto para Discussão*. Brasília: Companhia de Planejamento do Distrito Federal, n. 22, fev. 2017. Disponível em: <http://www.codeplan.df.gov.br/wp-content/uploads/2018/02/TD_22_Densidades_Urbanas_nas_Regiões_Administrativas_DF.pdf > Acesso em: 4 out. 2019.

PNUD — Programa das Nações Unidas para o Desenvolvimento. *Índice de Desenvolvimento Humano Municipal Brasileiro:* Atlas do Desenvolvimento Humano no Brasil, 2013. Disponível em: <http://www.atlasbrasil.org.br/2013/pt/perfil_rm/distrito-federal-e-entorno>. Acesso em: 4 jan. 2019.

PUC-RS — Pontifícia Universidade Católica do Rio Grande do Sul; PUC-SP — Pontifícia Universidade Católica de São Paulo. *Relatório de Pesquisa do Distrito Federal.* Porto Alegre/São Paulo, 2018.

SEDES — Secretaria de Desenvolvimento Social. *Portal.* 2019. Disponível em: <http://www.sedest.df.gov.br/a-sedestmidh/>. Acesso em: 4 jan. 2019.

CONCLUSÃO GERAL

Convergências e especificidades na implementação do SUAS

Notas sobre o desmanche no contexto das contrarreformas

Raquel Raichelis

Apesar das diversidades regionais e das especificidades locais, e a despeito das distâncias que separam a realidade dos pequenos municípios e a das maiores metrópoles brasileiras, foi possível constatar tendências comuns que tipificam o SUAS e a Política de Assistência Social (PAS) nos estados e municípios pesquisados. Trata-se de tendências que remetem a processos históricos estruturantes dos Sistemas de Proteção Social em sociedades capitalistas dependentes e profundamente desiguais como o Brasil, nas quais não parece haver lugar para a política social como direito das maiorias.

Acresce-se o contexto de profunda crise política, econômica, social e civilizatória, agravado pelo golpe parlamentar de 2016, que levou à radicalização da agenda neoliberal e ao ataque sem precedentes à Seguridade Social brasileira. Processo que impôs, principalmente à Assistência Social, recém-convertida ao estatuto de política pública, retrocessos e desmanches em um contexto em que o SUAS estava em processo ascendente de consolidação, em meio a avanços, tensões e contradições que deveriam ser enfrentadas pelos diferentes sujeitos (gestores, trabalhadores, usuários, conselheiros) envolvidos em sua implementação, como também pelos movimentos sociais, fóruns e frentes de luta coletiva em defesa da Seguridade Social pública.

Foi amplamente reconhecido por todos os sujeitos participantes da pesquisa, em todas as regiões, o significado da definição da Assistência Social como política de Seguridade Social, na CF 1988, e os avanços que apresentou ao longo de mais de uma década, desde a aprovação da Política Nacional de Assistência Social (PNAS) em 2004, do Sistema Único de Assistência Social (SUAS) em 2005 e da NOB-RH/SUAS em 2006, entre outras regulações que sustentam a ossatura institucional da área. Foram destacadas as inovações no campo normativo e institucional no Governo Federal, nos estados e com mais ênfase nos municípios, impulsionando a provisão de serviços e benefícios socioassistenciais, e novos direitos principalmente para os grupos sociais mais subalternizados da classe trabalhadora.

Tais mudanças indiscutivelmente criaram nova *arquitetura* pública para a Política Nacional de Assistência Social em distintos âmbitos — na oferta institucional, na organização e prestação de serviços, na gestão do trabalho, na produção de informações, no financiamento e no controle social —, com participação ativa de assistentes sociais e de múltiplos sujeitos e organizações que assumiram a luta pela sua efetivação como campo de afirmação de direitos não contributivos.

A Lei Orgânica de Assistência Social (LOAS), normativa infraconstitucional datada de 1993, alterada em 2011 para a incorporação das novas diretrizes do SUAS no texto legal, foi responsável pela criação da sua nova matriz identitária, impulsionando o difícil trânsito, sempre inconcluso, que a tornou visível como política pública e direito dos que dela necessitarem.

Houve também avanços no reconhecimento relativo dos(as) trabalhadores(as) do SUAS como uma categoria emergente, com uma "identidade" em construção, em meio a processos de precarização no âmbito das condições, relações e gestão do trabalho. Importa destacar, neste capítulo conclusivo, que a precarização do trabalho e das condições em que ele é exercido pelos trabalhadores e trabalhadoras do SUAS, em todos os lugares institucionais em que se materializam serviços e benefícios socioassistenciais, foi a tônica que ganhou centralidade em todos os estados e municípios de todas as regiões do país, sem exceção. Acrescida da gravíssima e inaceitável situação do Distrito Federal, com um déficit de 80% de servidores da Política de Assistência Social, e com unidades de referência do SUAS sem equipes mínimas, inclusive com a ausência de assistentes sociais. Lamentavelmente, esse foi o maior consenso e a grande convergência obtida pelos dados desta pesquisa! Precariedade que se estende às estruturas físicas das unidades de referência do SUAS — CRAS, CREAS e CENTROS POP, que em sua maioria, com algumas honrosas exceções, funcionam em prédios alugados pouco adaptados, ou quando em prédios públicos em estruturas improvisadas não adequadas ao atendimento a que se destinam, sendo comum inclusive a falta de acessibilidade.

Tal situação reproduz a tendência geral do "mundo do trabalho" nessa quadra do capitalismo brasileiro, em que a tríade precarização, terceirização e flexibilização do trabalho constitui a marca do assalariamento de homens e mulheres, somada aos baixos e aviltantes salários. Quadro que se agrava enormemente se forem mulheres e jovens negros(as), moradores(as) das periferias das cidades.

Todo esse contexto reverbera fortemente no campo das políticas públicas, e mais especialmente naquelas que, como a Política de Assistência Social, não alcançaram um patamar de financiamento público previsível e continuado. Fato que se explica não apenas pelas reconhecidas dificuldades teóricas, técnicas e institucionais próprias dessa área, mas principalmente porque interessa aos governantes de todos os matizes ideológicos deixar a Assistência Social "livre" de amarras legais para que possa continuar sendo "moeda de troca" política no jogo das relações entre governantes, dirigentes, poderosos e subalternos. Como nos ensinou Martins (1994, p. 20, *apud* Raichelis, 2015, p. 85), "a política do favor, base e fundamento do Estado brasileiro, não permite nem comporta a distinção entre o público e o privado". "(...) E que sendo o clientelismo político, sobretudo, uma relação de troca de favores políticos por benefícios econômicos, é essencialmente uma *relação entre poderosos e os ricos*, e não principalmente uma relação entre os ricos e pobres" (idem, grifos do autor).

O que a pesquisa evidenciou, portanto, é que a noção de "identidade" remetida à Política de Assistência Social deve ser entendida não como algo estático e acabado, mas como processo que se constrói e reconstrói na tessitura das históricas e contraditórias relações entre sujeitos e estruturas. A plasticidade que caracteriza a "identidade" dessa Política, com suas ambiguidades e contradições, continua presente, entre marchas e contramarchas, continuidades e rupturas, considerando sua reiterada identificação com seu simulacro, o assistencialismo, que desconstrói a ação protetora do Estado como direito de cidadania.

O reconhecimento da Política de Assistência Social no âmbito de um Sistema de Seguridade Social público, constituindo seu eixo não contributivo, reforçou o caráter de proteção social articulada às demais políticas sociais voltadas à garantia de condições dignas de vida para seus usuários, congregando a partir daí esforços continuados em busca de reconhecimento da legitimidade das demandas dos sujeitos que a acessam e espaço de ampliação do seu protagonismo social.

Contudo, foi reiteradamente acentuado por trabalhadores, gestores, conselheiros a ainda presente *invisibilidade pública* da PNAS e do SUAS e seu aparato institucional materializado pelos CRAS, CREAS e CENTROS POP, assim como dos serviços de proteção social básica e especial prestados por essas unidades de referência. De modo geral, os próprios usuários, mesmo que acessem o CRAS, o CREAS e o CENTRO POP, não os relacionam à estrutura de atendimento da PNAS e do SUAS, desconhecendo, no mais das vezes, a natureza dos serviços que oferecem. A dificuldade se amplia quando a presença da rede de entidades assistenciais ou ONGs, intermediando a prestação de serviços socioassistenciais por meio do acesso ao fundo público, sobrepõe a "missão" religiosa (ou laica) dessas instituições ao caráter público do SUAS e da Política de Assistência Social como campo do direito não contributivo, reproduzindo a histórica simbiose entre o público e o privado no âmbito da reprodução social das classes trabalhadoras em nosso país.

A arquitetura jurídico-normativa-institucional que dá sustentação à PNAS e ao SUAS impulsionou também a criação de instrumentos que fazem da Assistência Social uma política pública reclamável a quem ela se destina e a seus possíveis demandantes, fato inédito em se tratando de uma área que carecia de arcabouço legal, embora no discurso dominante e na representação social seus usuários continuem identificados pela carência e pela pobreza, o avesso do direito.

Por outro lado, estudos têm demonstrado, e a pesquisa em alguns municípios evidenciou, evidenciou a judicialilzação em relação ao Benefício de Prestação Continuada (BPC), único benefício constitucionalizado dessa área, processo que ao mesmo tempo em que reconhece o demandante deste benefício assistencial — *o pobre* —, como sujeito de direito, o faz pela via da individualização do acesso ao direito, o que expõe o traço marcante de sociedades do tipo mercantil-escravagista, subordinadas ao capitalismo central dominante, como a brasileira.

Nas palavras de Singer (2018, p. 2, grifo do autor), um "traço peculiar desta sociedade é o limbo, do qual os pobres podem sair (e no qual podem voltar a cair) individualmente, mas nunca como classe. Em outras palavras, alguns pobres podem deixar de ser pobres, mas a *pobreza* não pode deixar de existir".

No que se refere aos serviços socioassistenciais e benefícios eventuais, os grupos focais com usuários realizados pelas equipes de pesquisadores(as) evidenciaram a frágil incorporação do sentido do direito pelos sujeitos, que em geral se sentem profunda e sinceramente agradecidos quando atendidos nos CRAS, CREAS e CENTROS POP. Chamou a atenção também que, via de regra, os(as) usuários(as) reconhecem na figura do(a) assistente social a personificação da Política de Assistência Social, como um espaço de acolhimento, mesmo que este se traduza em pouca efetividade no equacionamento de necessidades e demandas imediatas. Para eles(as), trata-se de um "lugar de reconhecimento em que podem falar e ser ouvidos", o que não é uma questão menor e precisa ser objeto de aprofundamento por meio de novas pesquisas.

Como é próprio da política social pública, nos quadros do capitalismo dependente na formação sócio-histórica brasileira, a Política de Assistência Social desenvolve-se em meio à contradição que reproduz sociabilidades funcionais ao capital e poder institucional e, ao mesmo tempo, introduz dispositivos de afirmação de sujeitos políticos, a depender da correlação das forças políticas em confronto. Nesse aspecto, a pesquisa evidenciou, para todas as regiões, avanços consideráveis nos processos de consolidação do SUAS, naqueles estados e municípios que, em determinados períodos, experimentaram governos progressistas ou de coalizão à esquerda, os quais efetivaram redefinições na estrutura e gestão organizacional, com notáveis mudanças na qualificação dos serviços e na valorização dos(as) trabalhadores(as). O que não implica necessariamente que esses reordenamentos ganharam enraizamento institucional capaz de resistir aos retrocessos e desmanches de governos opositores que se sucederam, como os que estamos presenciando, não apenas em nível municipal. Mas essa é outra questão que ganha relevância e merece ser objeto de novas investigações.

Outrossim, o que foi possível constatar, nos diferentes territórios brasileiros onde em sua grande heterogeneidade ocorre a disputa de projetos e concepções de assistência social, é o confronto cotidiano com a pesada herança escravista, patriarcal e patrimonialista que instituiu a *cultura do favor* na sociedade brasileira, e ainda marca indelevelmente as relações institucionais, não apenas entre governantes e governados, entre organizações populares com parlamentares e membros do sistema político-jurídico, mas também as relações entre os indivíduos e famílias com técnicos e organizações da sociedade civil, atravessadas pelo processo de refilantropização sob a égide do ideário neoliberal, que constrange o público, amplia o privado e aposta na autorresponsabilização dos indivíduos, especialmente dos pobres, pelas suas próprias condições de sobrevivência. Destaca-se aqui a "ideologia do empreendedorismo", que alimenta a ideia dos trabalhadores como "patrões de si mesmos", ocultando as relações de classe e sua funcionalidade ao capitalismo em crise.

Tal percurso da Assistência Social ficou evidenciado nos dados recolhidos pela pesquisa. Em que pesem enfrentamentos e superações, trata-se de um processo permeado de tendências conservadoras e progressistas, que disputam espaços de hegemonia num campo fértil para regressões moralizantes, disciplinadoras e meritocráticas, como é o caso da presente conjuntura política com a radicalização da ortodoxia (ultra) conservadora.

O acalorado debate que se observa em torno das diretrizes e concepções que orientam os marcos regulatórios da PNAS e do SUAS, bem como os dispositivos que vêm sendo acionados para a sua efetivação, revelam polêmicas teóricas e políticas que a presente investigação apontou (cf. Raichelis e Yazbek, 2018). Não sendo aqui o espaço para este aprofundamento cabe, no entanto, algumas sinalizações.

Uma primeira questão refere-se à presença de um sincretismo na Política de Assistência Social e no SUAS, que reproduz tendências ecléticas da política social brasileira, analisadas por Iamamoto (2014), expressas pela suposta relação de complementaridade e de convivência harmoniosa entre campos conceituais e ídeo-políticos que se antagonizam, como é o caso da afirmação de *direitos sociais* tensionados pela sociedade de classes, e a concepção de *manejo de riscos sociais*, de inspiração liberal, largamente incorporadas nos textos legais e também fortemente presente nos discursos dos sujeitos da pesquisa.

Essa tensão presente nos textos normativos e técnicos da PNAS e do SUAS com a incorporação dos conceitos de risco e vulnerabilidade, disseminados pelos organismos internacionais (Banco Mundial, PNUD, BID) no contexto das estratégias de combate à pobreza, têm sido adotados no discurso e nas práticas dos agentes sociais responsáveis pela execução de serviços, benefícios, programas e projetos, sem a necessária crítica dos fundamentos teórico-metodológicos que os orientam, o que foi evidenciado nos grupos focais com trabalhadores e nas entrevistas com gestores e conselheiros, com destaque para os programas de transferência de renda, em especial o PBF.

Um segundo bloco de questões relacionado ao anterior e tratado preliminarmente em texto já veiculado (cf. Couto; Yazbek; Silva; Raichelis, 2010) refere-se às contradições oriundas da ampliação da demanda por serviços e benefícios socioassistenciais num contexto de aprofundamento do desemprego estrutural, precarização do trabalho e insegurança social face à redução das proteções sociais decorrentes da nova *morfologia do trabalho*, de que são características a flexibilização, a informalização e a terceirização do trabalho, agravadas pelas contrarreformas levadas a efeito pelo governo que se encerrou e que tendem a se agravar ainda mais com a radicalização das "políticas de austeridade" do (des)governo atual.

O novo padrão de acumulação capitalista e a superexploração da força de trabalho sob a égide do capital financeiro mundializado vêm demonstrando que o trabalho protegido tem sido destituído de sua potência protetiva e da garantia de acesso a direitos, o que explica o fato de um número crescente de trabalhadores(as), mesmo que inseridos(as) no mercado formal de trabalho, demande proteção social pública na forma de serviços e benefícios socioassistenciais, em função da perda da qualidade do emprego, do rebaixamento dos níveis salariais, além da grande massa de desempregados e subempregados.

No âmbito da pesquisa realizada, uma observação geral sobre os usuários participantes dos grupos focais nos leva a identificar, ao menos nessa amostragem, nas áreas urbanas, a presença predominante de idosos, com maioria de mulheres, população em situação de rua, com maior presença masculina, e adolescentes de ambos os sexos. E nas áreas rurais, a presença de populações ribeirinha, quilombola e indígena, especialmente, mas não exclusivamente nas regiões norte e nordeste, e de famílias de trabalhadores sem-teto e sem-terra, espalhadas pelas diferentes regiões e cidades brasileiras.

Como analisado por Couto e Berwig (2018), trata-se de trabalhadores(as) que cotidianamente recorrem aos serviços socioassistenciais em busca de complemento ao que suas precárias rendas não garantem: são desempregados(as), afastados(as) de um mercado de trabalho perverso e excludente; são sujeitos históricos inúteis para o capital, jogados à sua própria sorte e desprovidos dos meios básicos de sobrevivência.

Estudos e pesquisas têm revelado que os(as) usuários(as) do SUAS constituem um grupo heterogêneo, mas, quando se atenta para a composição étnico-racial, identifica-se o predomínio de negros (pretos e pardos), acompanhando os dados gerais que tipificam a população brasileira para os grupos mais pobres, com destaque para mulheres.[1] São grupos que transitam pela condição de trabalhador(a) precarizado(a), de famílias migrantes, e, mais recentemente, de famílias e grupos de imigrantes, populações em situação de rua, quilombolas, indígenas, populações ribeirinhas, entre tantas outras, cujo traço definidor que as unifica é a desigualdade e a emblemática condição de subalternidade, que reverbera na aceitação das regras institucionais, das condicionalidades impostas, como se fossem naturais (*idem*).

A identificação desse grupo heterogêneo passa pela figura do *pobre incivil*, nos termos de Telles (1993, p. 13), de quem destacamos a longa citação pela sua pertinência à nossa análise.

---

1. A desigualdade entre brancos e negros no Brasil é uma das faces mais perversas da imensa fratura que separa a população brasileira. Negros são a maioria da população brasileira (54% em 2015), também são a maioria entre os que têm menor renda, estimando-se que três em cada quatro pessoas entre os 10% mais pobres do país sejam pretas ou pardas. A porcentagem de pessoas negras em situação de pobreza e extrema pobreza dobrou nos últimos 5 anos, de 2012-2017. Enquanto isso, a taxa de brancos na mesma situação manteve-se inalterada. Os índices de desemprego também são reveladores dessa desigualdade, com taxas de desemprego mais altos entre pardos (13,8%) e pretos (14,6%) do que na média da população (11,9%), além dos níveis de informalidade também serem maiores para esses grupos, com 48,3% da população negra contra 34,2% da população branca. No caso de mulheres negras, essas desigualdades se aprofundam ainda mais em todos os quesitos, como renda, desemprego, pobreza. Em relação à taxa de homicídios, por exemplo, que em 2016 foi duas vezes e meia superior de negros do que de não negros, a de mulheres negras foi 71% superior à de mulheres não negras. (cf. Caleiro, 2018).

> Essa é a matriz da incivilidade que atravessa de ponta a ponta a vida social brasileira. A exploração selvagem nas relações de trabalho é o seu exemplo paradigmático. Mas também o são a prepotência e o autoritarismo nas relações de mando, para não falar do reiterado desrespeito aos direitos civis das populações trabalhadoras. Incivilidade que se ancora num imaginário persistente que fixa a pobreza como marca da inferioridade, modo de ser que descredencia indivíduos para o exercício de seus direitos, já que percebidos numa diferença incomensurável, aquém das regras da equivalência que a formalidade da lei supõe e o exercício dos direitos deveriam concretizar, do que é prova evidente a violência policial que declara publicamente que nem todos são iguais perante a lei e que os mais elementares direitos civis só valem para os que detêm os atributos de respeitabilidade, percebidos como monopólio das "classes superiores", reservando às "classes baixas" a imposição autoritária da ordem.

Um dos achados da pesquisa, em mais de uma região, foi a participação nos grupos focais de pessoas que estavam ali na dupla condição de trabalhadores(as) e usuários(as) da Política de Assistência Social. Esse dado nos alerta para a necessidade de debater e avaliar os impactos do fato de que seus(suas) trabalhadores(as) se constituam, ao mesmo tempo, em usuários(as) dos serviços que prestam. Certamente tal situação é resultado direto do retorno acelerado da pobreza relativa e absoluta no Brasil, agravada pelos níveis alarmantes de desemprego que o país enfrenta. E, como já observamos, o trabalho assalariado perdeu força pela não recomposição do valor do salário mínimo após 2016, o que se traduz pelo empobrecimento do(a) trabalhador(a) e suas famílias, que ao ter sua renda diminuída busca o atendimento de necessidades básicas nas políticas sociais, e principalmente, na Política não contributiva de Assistência Social. Tal situação revela ainda a falácia da afirmação de que a mera existência de trabalho assalariado, ainda que precário, dispensaria o acesso aos serviços e benefícios socioassistenciais, situação evidenciada pelos discursos de vários sujeitos e apontada em alguns relatórios estaduais.

Tal contexto repõe a histórica tensão entre trabalho e assistência social, considerando ainda o silenciamento nos textos normativos da Política de Assistência Social da categoria classe social para identificação dos sujeitos a quem se destinam as prestações socioassistenciais, recorrentemente identificados como pobres e vulneráveis, como já apontado.

O que é importante destacar é que os dados colhidos pela pesquisa indicam que a Assistência Social continua a ocupar o lugar da proteção social dos "pobres" em contraponto aos trabalhadores inseridos no mercado formal, como revela a presença significativa dos denominados programas de inclusão produtiva no âmbito do SUAS, bem como a oferta de cursos profissionalizantes como "portas de saída" (ACESSUAS). A maioria dos depoimentos dos(as) usuários(as) nos grupos focais relatou atividades voltadas para integração no mercado de trabalho, ficando evidente a expectativa alimentada quanto à possibilidade de inserção laboral a partir das ofertas dos programas e dos cursos no âmbito do SUAS.

Contudo, o campo da Assistência Social, ao assumir o papel de inserir no mercado de trabalho parcela da população que não tem acesso a políticas de trabalho e emprego, acaba reiterando a subalternidade e sua desqualificação para o mercado laboral, uma vez que os cursos, via de regra, são construídos sem vinculação com a política produtiva local, legitimando uma forma de inclusão precária em trabalhos precarizados. Contudo, a complexidade do mercado de trabalho atual, que generaliza e torna permanente a precarização do trabalho para amplos segmentos da classe trabalhadora, impõe a rediscussão dessas questões no âmbito do conjunto das políticas públicas, em diálogo com a Política de Assistência Social.

Em que pese essa tendência geral, experiências que buscam romper com essa lógica foram relatadas por gestores, especialmente naquelas situações em que as políticas de Assistência Social e de Trabalho dividem a mesma Secretaria, o que tem ocorrido em alguns estados e municípios. Projetos em andamento no estado de Minas Gerais vêm priorizando o trabalho com cooperativas de mulheres catadoras de material reciclável, usuárias da Assistência Social (CadÚnico). Para a gestora estadual entrevistada, "a assistência social entra para somar e potencializar as ações da área do trabalho, não para fazer terapia ocupacional, mas para colaborar com as equipes técnicas que têm *expertise* na profissionalização dessas atividades, instalação de feiras e organização do negócio das cooperativas". Experiências como essas precisam ser acompanhadas e publicizadas, se efetivamente significarem ruptura com a lógica predominante da inclusão produtiva como "porta de saída".

Portanto, reconhecer esse movimento é fundamental para que não se atribuam à Política de Assistência Social tarefas que não lhe cabem, conferindo-lhe responsabilidades de superar a pobreza e a desigualdade social persistentes em nossa sociedade que, como é notório, demandam políticas macroeconômicas e macroestruturais que extrapolam o âmbito de uma política setorial, qualquer que seja ela.

É oportuno advertir também que os conceitos de vulnerabilidade e risco social não podem ser empregados, como se observou na pesquisa realizada, como adjetivos da condição de usuário de serviços, programas e benefícios do SUAS, culpabilizando os indivíduos pelas suas carências, desvinculados da análise crítica do movimento estrutural de produção e reprodução da desigualdade social inerente ao modo de produção capitalista, que a conjuntura atual só faz recrudescer e agravar em um país campeão mundial em índices de desigualdade.

Um terceiro bloco de questões remete ao novo ciclo de aprofundamento da programática neoliberal no país e no mundo, conduzido pelas forças hegemônicas responsáveis pelo golpe de Estado que afastou a presidente legitimamente eleita. Como analisaram Raichelis e Yazbek (2018) em uma conjuntura de avanço contrarreformista, o objetivo é o de destravar todos os limites do capital em sua busca incessante de superlucros, ao tempo em que se aprofunda o braço penal e policial do Estado.

Como base estruturante dessa investida, o neoconservadorismo apresenta-se como forma dominante de apologia da ordem capitalista globalizada e financeirizada, combatendo o Estado Social, que no Brasil nem chegou a se constituir, e cujo ideário pactuado na Carta Constitucional de 1988 foi implodido no recente embate político. Busca-se assim interromper o *ciclo de conciliação de classes* e congelar a agenda de lutas por direitos da classe trabalhadora contra a exploração desmedida do capital, de que são exemplos a aprovação da denominada "PEC do fim do mundo", a EC 95, que determina o congelamento dos investimentos públicos pelos próximos 20 anos, afetando diretamente serviços públicos e salários dos servidores. Com isso, tanto as Políticas de Seguridade Social (Previdência Social, Assistência Social e Saúde), quanto o seguro-desemprego, a educação, a habitação e o conjunto das políticas públicas terão seus recursos orçamentários reduzidos em termos reais, interditando a garantia de direitos sociais e mais ainda a sua necessária expansão. Soma-se a isso a regulamentação da terceirização para atividades meio e atividades fim e a (contra) reforma trabalhista já aprovadas, além da pauta prioritária de 2019, a contrarreforma da Previdência Social proposta pelo (des)governo atual, que desconstrói direitos conquistados historicamente pela classe trabalhadora, já aprovada pelo Senado Federal.

Como analisa Silva (2018), em texto produzido para esta pesquisa, a Assistência Social foi uma das políticas mais atingidas pelos cortes de recursos em 2018, paralisando uma trajetória orçamentária ascendente desde 2004. A autora destaca ainda que o Programa "Criança Feliz", criado no governo Temer, ganhou mais centralidade do que o próprio SUAS, com orçamento para 2018 de um milhão de reais, superior aos recursos destinados aos CRAS, de R$ 800 mil[2].

Assim como em 2018, a Proposta de Lei Orçamentária Anual (PLOA), de 2019, sofreu redução significativa na área da Assistência Social, enviada pelo Executivo ao Congresso Nacional com 57,39% de corte no Benefício de Prestação Continuada à Pessoa Idosa e 44% no

2. O Conselho Nacional de Assistência Social (CNAS) publicou no Diário Oficial da União em 20/09/2018 a Resolução n. 20, de 13 de setembro de 2018, (Brasil, 2018a) solicitando a recomposição da dotação orçamentária de 2018 e o aumento dos valores na proposta orçamentária da Assistência Social para o exercício de 2019, conforme os limites aprovados pelo Conselho Nacional por meio da Resolução CNAS n. 16/2018 (Brasil, 2018b).

Benefício de Prestação Continuada à Pessoa com Deficiência, além de cortes nos Serviços Socioassistenciais na ordem de 49,48%. De acordo com os debates realizados pelos Conselheiros Nacionais, esses cortes inviabilizarão a oferta de serviços, programas e projetos a famílias e indivíduos, o que ameaça a própria continuidade do SUAS em 2019.

Esse cenário aponta para uma conjuntura de desmanche e desconstrução do SUAS, num embate em que são confrontados dois projetos de proteção social no Brasil. Um referenciado na perspectiva de um Sistema de Proteção Social público, universal e de afirmação de direitos; e outro, que reduz a Proteção Social a programas pontuais e personalistas, como é o caso do assim chamado Programa "Criança Feliz", em que o critério da necessidade social e do direito cede lugar ao critério do mérito, da discriminação e das ações eventuais, do primeiro-damismo, voluntarismo e do fisiologismo, conforme observa Silva (2018). A manutenção e até a sobrevivência do SUAS, o maior sistema social não contributivo da América Latina, corre risco de regressão de benefícios e serviços disponibilizados a mais de 30 milhões de famílias referenciadas nos CRAS, exatamente numa conjuntura de recessão e avanço da pobreza, quando mais se amplia a demanda pela universalização da Seguridade Social pública.

O II Plano Decenal de Assistência Social (2016-2026), direcionado para a correção de rotas e ampliação dos avanços conquistados, foi retirado de pauta, mas não sem resistência, como atestam as frentes e fóruns locais, estaduais, regionais e nacional que articuladamente apresentam proposições e desenvolvem um plano de lutas em defesa da PNAS e do SUAS.

No processo de elaboração desse capítulo conclusivo, fomos surpreendidas com a interferência autoritária do Governo Federal no CNAS, que levou ao cancelamento da Conferência Nacional de Assistência Social que havia sido aprovada democraticamente por aquele colegiado, para sua realização em dezembro de 2019, coroando o ciclo de conferências municipais e estaduais que a antecederiam, como tem sido realizado desde a 1ª Conferência Nacional em 1995, no então governo FHC.

Frente a esse fato de extrema gravidade, que atenta contra as prerrogativas democráticas de um órgão colegiado democrático e participativo regulado por lei federal, o movimento de luta em defesa do SUAS, composto por entidades e organizações da sociedade civil, chamou para si a tarefa de convocação da Conferência Nacional, com o tema: "Assistência Social: direito do povo, com financiamento público e participação social", conclamando estados e municípios a participarem dessa ampla mobilização nacional, realizando também as conferências estaduais e municipais.

Em meio à grave crise social, ao profundo desfinanciamento das políticas sociais, ao corte de recursos para serviços e benefícios socioassistenciais do SUAS, a sociedade civil organizada dá mostras de que não assistirá passivamente ao desmanche da Política de Assistência Social, após uma trajetória de lutas e construção da Proteção Social não contributiva como campo de direito em nosso país.

Referências

BRASIL. Ministério do Desenvolvimento Social. *Resolução n. 20, de 13 de setembro de 2018.* Solicita a recomposição da dotação orçamentária de 2018 e da proposta orçamentária. 2018a. Disponível em: <http://www.mds.gov.br/cnas/legislacao/resolucoes/arquivos-2018/cnas-2018-020-13-09-2018.pdf> Acesso em: 26 ago. 2019.

______. Ministério do Desenvolvimento Social. *Resolução n. 16, de 11 de julho de* Dispõe sobre a aprovação da Proposta Orçamentária da Assistência Social, exercício 2019. 2018b. Disponível em: https://conferencianacional.files.wordpress.com/2018/09/cnas-2018-016-11-07-2018-aprovac3a7c3a3o-proposta-orc3a7amentc3a1ria-2019.pdf Acesso em: 26 ago. 2019.

COUTO, Berenice R.; BERWIG, Solange E. Assistência Social e Trabalho: antigas relações, novas contradições. *Anais.* Mesa Coordenada. XVI ENPESS, ABEPSS, Vitória, 2 a 7 de dezembro de 2018.

CALEIRO, João Pedro. *Os dados que mostram a desigualdade entre brancos e negros no Brasil. Exame*, 20 nov. 2018. Disponível em: <https://exame.abril.com.br/brasil/os-dados-que-mostram-a-desigualdade-entre-brancos-e-negros-no-brasil/>. Acesso em: 29 ago. 2019.

COUTO, Berenice Rojas; YAZBEK, Maria Carmelita; SILVA, Maria Ozanira da Silva e; RAICHELIS, Raquel. *O Sistema Único de Assistência Social no Brasil: uma realidade em movimento*. São Paulo: Cortez, 2010.

IAMAMOTO, Marilda V. O novo ecletismo na política social brasileira: entre o "risco social" e a luta por direitos. *Anais*. Comunicação apresentada no XIV ENPESS, ABEPSS, Natal, de 30 de novembro a 4 de dezembro de 2014.

RAICHELIS, Raquel. *Esfera Pública e Conselhos de Assistência Social — caminhos da construção democrática*. 7. ed. São Paulo: Cortez Editora, 2015 (Posfácio da autora).

______; YAZBEK, Maria Carmelita. O Sistema Único de Assistência Social no Brasil: uma construção permeada de tensões, avanços e retrocessos. *Anais*. Mesa Coordenada. XVI ENPESS, Vitória, 2 a 7 de dezembro de 2018.

______; VICENTE, Damares; ALBUQUERQUE, Valéria (Orgs.). *A nova morfologia do trabalho no Serviço Social*. São Paulo: Cortez, 2018.

SILVA, Ozanira da Silva e. A Política de Assistência Social e o Sistema Único de Assistência Social (SUAS): processo de construção e de desmonte. *Anais*. Mesa Coordenada. XVI ENPESS, Vitória, 2 a 7 de dezembro de 2018.

SINGER, André. *O lulismo em crise:* um quebra-cabeça do período Dilma (2011-2016). São Paulo: Companhia das Letras, 2018.

TELLES, Vera da S. Pobreza e cidadania: dilemas do Brasil contemporâneo. In: *Cadernos CRH*, Salvador, v. 6, n. 19, jul./dez. 1993.

Sobre os(as) autores(as)

ALBA MARIA PINHO DE CARVALHO ■ Doutora em Sociologia, com pós-doutoramento em Sociologia Política na Universidade de Coimbra. Professora do Programa de Pós-Graduação em Sociologia, do Mestrado Acadêmico e do Mestrado Profissional em Avaliação de Políticas Públicas da Universidade Federal do Ceará. Coordenadora da Rede Universitária de Pesquisadores sobre América Latina — RUPAL. Autora do livro *A questão da transformação e o trabalho social — uma análise gramsciana*, 1983. Autora e coautora de capítulos de livros sobre a contemporaneidade brasileira e artigos publicados em periódicos sobre a inserção do Brasil no capitalismo financeirizado.

E-mail: albapcarvalho@gmail.com

ANNOVA MÍRIAM FERREIRA CARNEIRO ■ Doutora em Políticas Públicas pelo Programa de Pós-Graduação em Políticas Públicas da Universidade Federal do Maranhão. Professora do Curso de Serviço Social da mesma Universidade. Pesquisadora do Grupo de Avaliação e Estudo da Pobreza e de Políticas Públicas direcionadas à Pobreza — GAEPP/UFMA. Autora e coautora de capítulos de livros e artigos publicados em periódicos científicos, dentre os quais: "Egressos do Programa Bolsa Família em São Luís-MA: dimensionamento e impacto" e "Política de Assistência Social no período 1988-2018: construção e desmonte" (coautoria).

E-mail: annova@ig.com.br

BERENICE ROJAS COUTO ■ Assistente social. Doutora em Serviço Social pela PUC-RS. Professora Titular do Programa de Pós-Graduação em Serviço Social da Escola de Humanidades da PUC-RS. Coordenadora do Grupo de Pesquisa em Proteção Social e Direitos Sociais. Pesquisadora do Núcleo de Estudos em Políticas e Economia Social — NEPES.

E-mail: berenice.couto@terra.com.br

CAROLA CARBAJAL ARREGUI ■ Assistente social. Mestre e doutora em Serviço Social pela PUC-SP. Pós-doutora em Economia pela Universidade Pierre Mendès France, em Grenoble, França. Docente e pesquisadora do Programa de Estudos Pós-Graduados em Serviço Social da PUC-SP. Vice-líder do Núcleo Pesquisa Cidades e Territórios, cadastrado no diretório do CNPq. Pesquisadora da Coordenadoria de Estudos e Desenvolvimentos de Projetos Especiais (CEDEPE) da PUC-SP. Coautora dos livros: *Vigilância Socioassistencial:* Garantia do Caráter Público da Política de Assistência Social (Brasil, MDS/CEDEPE); *SUAS 10.* Diversidade no SUAS: realidade, respostas, perspectiva (Brasil/MDS). Co-organizadora de livros e autora de capítulos de livros e de artigos em revistas especializadas nacionais e internacionais nas áreas de Serviço Social e Ciências Sociais, com especial ênfase em pesquisa, monitoramento, avaliação e vigilância socioassistencial.

E-email: carolaarregui@gmail.com

CLEONICE CORREIA ARAÚJO ■ Doutora em Políticas Públicas pelo Programa de Pós-Graduação em Políticas Públicas da UFMA. Professora do Departamento de Serviço Social da mesma Universidade. Autora do livro *Pobreza e Programas de Transferência de Renda:* concepções e significados. São Luís: EDUFMA, 2009. Autora e coautora de vários artigos publicados em periódicos de circulação nacional. Pesquisadora do Grupo de Avaliação e Estudo da Pobreza e de Políticas Direcionadas à Pobreza (GAEPP) da UFMA.

E-mail: cleo.araujo.as@hotmail.com

DAMARES VICENTE ■ Graduada em Serviço Social. Especialista em Saúde Pública. Mestre, doutora e pós-doutora em Serviço Social pela PUC-SP. Pesquisadora do NETRAB — Núcleo de Estudos e Pesquisas sobre Trabalho e Profissão — PUC-SP/CNPq e do Grupo de Estudos sobre Saúde, Trabalho e Direitos Humanos do *Sedes Sapientiae.*

E-mail: damares.vicente@gmail.com

ERIKA MAYUMI HORIBE ■ Assistente social. Mestranda no Programa de Estudos Pós-Graduados em Serviço Social da PUC-SP. Bolsista do CNPq.

E-mail: erikasansey07@gmail.com

GISSELE CARRARO ■ Assistente social. Doutora em Serviço Social pela PUC-RS. Professora do Mestrado em Políticas Públicas e Desenvolvimento Local — EMESCAM. Pesquisadora do Grupo de Estudos sobre Teoria Marxiana, Ensino e Políticas Públicas.

E-mail: gisselle.carraro@emescan.br

GRAZIELLE NAYARA FELÍCIO SILVA ■ Graduada em Serviço Social pela Universidade Estadual de Montes Claros — UNIMONTES (2011). Mestra em Serviço Social pela PUC-Rio. Doutoranda em Serviço Social pela PUC-SP. Assistente Social no Instituto Federal de Educação, Ciência e Tecnologia de São Paulo — Campus Capivari. Docente na Universidade Paulista (UNIP) — Campus Sorocaba.

E-mail: graziellefelicio@yahoo.com.br

IRMA MARTINS MORONI DA SILVEIRA ■ Mestra em Educação pela Universidade de Albany — New York. Doutora em Serviço Social pela Universidade Federal de Pernambuco (UFPE). Professora aposentada da Universidade Estadual do Ceará (UECE). Líder do Grupo de Pesquisa Políticas de Seguridade Social, Movimentos Sociais e Trabalho do Serviço Social. Pesquisadora do Laboratório de Seguridade Social e Serviço Social (LASSOSS) da UECE.

E-mail: irmoroni@gmail.com

JANE CRUZ PRATES ■ Assistente social. Mestre e doutora em Serviço Social. Professora e coordenadora do PPGSS/PUC-RS. Líder do grupo de estudos sobre Teoria Marxiana, Ensino e Políticas Públicas — GTEMPP. Coordenadora do Núcleo de Estudos em Políticas e Economia Social — NEPES. Pesquisadora de produtividade do CNPq. Editora da Revista *Textos & Contextos.*

E-mail: jprates@pucrs.br

JOANA DUARTE ■ Assistente social. Mestre e doutora em Serviço Social pela PUC-SP. Assistente social no Tribunal de Justiça-SP. Consultora e supervisora na Política de Assistência Social.

E-mail: joanamgfduarte@hotmail.com

KARINA CAPUTTI VIDAL ■ Assistente social. Servidora pública na Secretaria Municipal de Assistência Social de São José do Rio Preto-SP. Doutoranda no Programa de Estudos Pós-Graduados em Serviço Social da PUC-SP. Bolsista Capes.

E-mail: karinacaputti@yahoo.com.br.

LEILA MARIA PASSOS DE SOUZA BEZERRA ■ Doutora e Pós-Doutora em Sociologia pela Universidade Federal do Ceará (UFC). Professora do Curso de Serviço Social da Universidade Estadual do Ceará (UECE), do Programa de Pós-Graduação em Políticas Públicas (UECE) e do Mestrado em Avaliação de Políticas Públicas (MAPP-UFC). Pesquisa sobre Margens, Território, Pobreza, Estado e Políticas Públicas, Epistemologias do Sul. Autora de capítulos de livros e artigos publicados em periódicos científicos, dentre os quais: "Dimensão técnico-operativa da instrumentalidade na formação profissional em Serviço Social", no livro *Trabalho e Instrumentalidade do Serviço Social,* EdUECE/CE, 2018, e "Fronteiras Simbólicas e (Des) classificação hierárquica dos 'pobres' nas margens urbanas. *Revista de Políticas Públicas,* 2016.

E-mail: leila.passos@uece.br

LEIRIANE DE ARAÚJO SILVA ■ Mestre em Política Pública e Sociedade pela Universidade Estadual do Ceará — UECE. Professora do Curso de Serviço Social do Centro Universitário Fametro — UNIFAMETRO. Servidora pública da Prefeitura Municipal de Maracanaú-CE. Presidenta do Observatório de Práticas da Política de Assistência Social do Município de Maracanaú-CE — ObservaSUAS (2014-2017). Conselheira Presidenta do Conselho Regional de Serviço Social — CRESS/3ªRegião (Gestão 2017-2020). Pesquisadora do Laboratório de Seguridade Social e Serviço Social (LASSOSS/UECE). Pesquisa sobre pobreza, políticas públicas e assistência social.

E-mail: leirianevn@hotmail.com.

MARIA ANTONIA CARDOSO NASCIMENTO ■ Doutora em Serviço Social. Professora do Programa de Pós-Graduação em Serviço Social da UFPA. Vice-coordenadora do Grupo de Estudos e Pesquisa Trabalho, Estado e Sociedade na Amazônia (Gep-TESA), da mesma Universidade. Organizadora da coletânea *Tempos de Bolsa: estudos sobre Programas de Transferência de Renda.* Campinas: Papel Social, 2015. Autora de capítulos de livros e artigos publicados em periódicos científicos, dentre os quais "O desenvolvimento da pobreza amazônica", publicado no livro: *Desenvolvimento que queremos*: Bolsa Família como aprendizado para uma nova agenda. Rio de Janeiro: PUC-RJ, 2018 e "Feminização do desemprego nos polos desenvolvimentistas do Pará". *Revista Argumentum,* 2016.

E-mail: mariaant@ufpa.br

MARIA CARMELITA YAZBEK ■ Mestra e Doutora em Serviço Social pela Pontifícia Universidade Católica de São Paulo. Docente e pesquisadora do Programa de Pós-Graduação em Serviço Social. Pós-doutora pelo Instituto de Estudos Avançados — IEA/USP. Vice-líder do Núcleo de Estudos e Pesquisa Trabalho e Profissão (PUC-SP-CNPQ). Professora visitante de universidades da África, Portugal e Argentina. Pesquisadora 1 A do CNPq. Membro do Comitê Científico e Acadêmico da Área do Serviço Social na Universidade Nacional de La Plata (Argentina). Autora do livro *Classes subalternas e assistência social* (Cortez). Co-organizadora dos livros: *A política social brasileira no século XXI* (Cortez); *Políticas públicas de trabalho e renda no Brasil contemporâneo* (Cortez); *O Sistema Único de Assistência Social no Brasil:* uma realidade em movimento (Cortez). Autora de capítulos de livros e de artigos em revistas especializadas nacionais e internacionais nas áreas de Serviço Social e Ciências Sociais.

E-mail: mcyaz@uol.com.br

MARIA EUNICE FERREIRA DAMASCENO PEREIRA ■ Doutora em Economia Aplicada pela UNICAMP. Professora do Departamento de Serviço Social e do Programa de Pós-Graduação em Políticas Públicas da UFMA. Pesquisadora do GAEPP (Grupo de Estudo e Avaliação da Pobreza e das Políticas Direcionadas à Pobreza), onde tem participado de diversas pesquisas sobre políticas de enfrentamento à pobreza, particularmente a Política de Assistência Social, temática que tem sido objeto de reflexão de vários artigos e capítulos de livros publicados.

E-mail: eunicepereira@gmail.com

MARIA OZANIRA DA SILVA E SILVA ■ Doutora em Serviço Social pela Pontifícia Universidade Católica de São Paulo, com estágio pós-doutoral no Núcleo de Estudos de Políticas Públicas da UNICAMP. Pesquisadora Nível IA do CNPq. Professora do Programa de Pós-Graduação em Políticas Públicas da UFMA. Coordenadora do

Grupo de Avaliação e Estudo da Pobreza e de Políticas Direcionadas à Pobreza (GAEPP — www.gaepp.ufma.br). É autora, coordenadora e coautora de vários livros, entre os quais: *O Serviço Social e o Popular; Política Social Brasileira no século XXI; O Sistema Único de Assistência Social no Brasil:* uma realidade em movimento; *O Bolsa Família no Enfrentamento à Pobreza no Maranhão e Piauí; Avaliando o Bolsa Família; Avaliação de políticas e programas sociais:* teoria e prática; *Pesquisa Avaliativa:* aspectos teórico-metodológicos; *Políticas Públicas de enfrentamento à pobreza; Os Programas de Transferência de Renda na América Latina e Caribe; O Mito e a Realidade no Enfrentamento à Pobreza na América Latina*: estudo comparado de programas de transferência de renda no Brasil, Argentina e Uruguai; *O Bolsa Família:* verso e reverso.

E-mail: maria.ozanira@gmail.com

MARIA DO SOCORRO SOUSA DE ARAÚJO ■ Doutora em Políticas Públicas pela UFMA. Docente no Curso de Graduação em Serviço Social, integrando o quadro permanente de docentes do Programa de Pós-Graduação em Políticas, ambos da UFMA. É organizadora e coautora do livro *Políticas Públicas:* temas e questões afins. São Luís: EDUFMA, 2018. Autora do livro *Fome de pão e de beleza:* pobreza, filantropia e direitos sociais: São Luís: EDUFMA, 2009. Autora de capítulos dos livros e de artigos publicados em periódicos científicos.

E-mail: contato.socorro@gmail.com

NATHÁLIA LOPES C. BRANT ■ Assistente social no IFSULDEMINAS — Campus Machado. Mestre em Serviço Social pelo Programa de Pós-Graduação em Serviço Social da UNESP/Franca. Doutoranda no Programa de Estudos Pós-Graduados em Serviço Social da PUC-SP. Pesquisadora do Núcleo de Estudos e Pesquisa Trabalho e Profissão (PUC-SP-CNPq).

E-mail: nathalia.brant@ifsuldeminas.edu.br

PAULA RAQUEL DA SILVA JALES ■ Doutoranda em Políticas Públicas pela UFPI. Professora substituta da UECE. Pesquisa sobre Assistência Social, Estado, Políticas Públicas, Gestão Pública, Programas de Transferência de Renda e Direitos Sociais. Autora do artigo: "Estado neoliberal VS projeto democratizante: implicações na Política de Assistência Social Brasileira", publicado na *Revista Argumentum* (UFES).

E-mail: raquel.jales@uece.br.

RAQUEL RAICHELIS ■ Assistente social. Mestra e doutora em Serviço Social pela PUC-SP. Pós-doutora pela Universidade Autônoma de Barcelona. Docente e pesquisadora do Programa de Estudos Pós-Graduados em Serviço Social da PUC-SP. Líder do Núcleo de Estudos e Pesquisas Trabalho e Profissão da PUC-SP, cadastrado no Diretório do CNPq. Autora dos livros: *Legitimidade popular e poder público* (Cortez); *Esfera pública e Conselhos de Assistência Social:* caminhos da construção democrática (Cortez). Co-organizadora dos livros: *Gestão Social:* uma questão em debate (Educ); *A cidade de São Paulo:* relações internacionais e gestão pública (Educ); *O Sistema Único de Assistência Social no Brasil:* uma realidade em movimento (Cortez); *A nova morfologia do trabalho no Serviço Social* (Cortez). Autora de capítulos de livros e de artigos em revistas especializadas nacionais e internacionais nas áreas de Serviço Social e Ciências Sociais.

E-mail raichelis@uol.com.br

REINALDO NOBRE PONTES ■ Doutor em Sociologia pela Universidad Complutense de Madri (2007). Professor da UFPA, atuando na Faculdade de Serviço Social e no Programa de Pós-Graduação em Serviço Social, no qual ocupa a coordenação. Líder do Grupo de Estudos e Pesquisas em Serviço Social, Políticas Sociais e Formação Profissional (GEPSS). Pesquisador da área de Fundamentos do Serviço Social (Membro do GT ABEPSS) e da área de Políticas Sociais (Assistência Social). É autor dos livros *Mediação e Serviço Social* (Cortez, 7. ed.

revista e ampliada); *Cidadania X pobreza:* a dialética dos conceitos na era FHC (Apris, 2013).

E-mail: rpontes@ufpa.br

ROSANGELA DIAS OLIVEIRA DA PAZ ■ Assistente social. Mestre e doutora em Serviço Social pela PUC-SP. Vice-coordenadora do Programa de Estudos Pós-Graduados em Serviço Social da PUC-SP (gestão 2016-2019). Líder do Núcleo de Estudos e Pesquisas sobre Movimentos Sociais — Nemos/PUC-SP, cadastrado no diretório do CNPq. Co-organizadora de livros e autora de capítulos de livros, entre os quais, *Políticas públicas e direitos sociais no contexto da crise capitalista contemporânea* (Paulinas); *Trabalho social, territórios e moradia: a construção do direito à cidade* (Veras Editora); *Metodologia do trabalho social em habitação: a experiência do município de Osasco-SP*; (Educ/PUC-SP); *Assistência social e filantropia:* cenários contemporâneos (Veras Editora).

E-mail: rosangpaz@gmail.com

SALVIANA DE MARIA PASTOR SANTOS SOUSA ■ Doutora em Políticas Públicas pela UFMA. Professora Titular aposentada da UFMA. Integra o quadro de docentes permanentes do Programa de Pós-Graduação em Políticas Públicas da UFMA. É pesquisadora, bolsista de Produtividade em Pesquisa do CNPq — Nível 2. Membro do Grupo de Avaliação e Estudos da Pobreza e das Políticas Direcionadas à Pobreza (GAEPP). É Editora Científica da *Revista de Políticas Públicas* (RPP) da UFMA. Tem experiência em avaliação de políticas públicas, particularmente nos campos da gestão pública, gestão da cidade, pobreza, assistência social, saúde e educação profissional.

E-mail: salvi@200globo.com

SANDRA HELENA RIBEIRO CRUZ ■ Doutora em Ciências Socioambientais pelo Núcleo de Altos Estudos Amazônicos da UFPA. Docente da Faculdade de Serviço Social e do Programa de Pós-Graduação em Serviço Social, da UFPA. Possui artigos publicados na área do Serviço Social e áreas afins. No ano de 2018, foi coautora do artigo "Assistência Social no Estado do Pará antes do golpe Institucional de 2016"; o artigo "Belém (PA): Contradições Sociais do e no Planejamento Urbano". Vem desenvolvendo estudos e pesquisas em Política Social na intersecção com direito à cidade, assistência social, moradia, participação e controle social. É membro do Grupo de Estudos e Pesquisa Políticas Urbanas e Movimentos Sociais na Amazônia Globalizada.

E-mail: shelena@ufpa.br

SOLANGE EMILENE BERWIG ■ Assistente social. Doutora em Serviço Social pela PUC-RS. Professora do curso de Serviço Social na Universidade Federal do Pampa — UNIPAMPA. Vice-líder do grupo de pesquisa Trabalho, formação profissional em Serviço Social e Políticas Sociais na América Latina — GTFOPPS. Estuda a gestão do trabalho na política de Assistência Social e a Organização dos Trabalhadores do SUAS.

E-mail: solangeberwig@hotmail.br

TIAGO GOMES CORDEIRO ■ Assistente social. Mestre e doutor em Serviço Social pela PUC-SP. Atualmente é assistente social de carreira pública na Prefeitura Municipal de Diadema/SP.

E-mail tg.cordeiro@uol.com.br

TIAGO MARTINELLI ■ Assistente social pela Universidade do Vale do Rio dos Sinos (UNISINOS). Mestre e doutor pela Pontifícia Universidade Católica do Rio Grande do Sul (PUC-RS). Professor no curso de Serviço Social da Universidade Federal do Rio Grande do Sul (UFRGS). Integrante do Núcleo Terra, Trabalho e Política Social (Departamento de Serviço Social/UFRGS) e do Núcleo de Estudos em Políticas e Economia Social (NEPES/PUC-RS).

E-mail: timartinelli@yahoo.com.br

VALÉRIA FERREIRA SANTOS E ALMADA LIMA ■ Doutora em Políticas Públicas pela UFMA. Professora do Departamento de Economia e do Programa de Pós-Graduação em Políticas Públicas da UFMA. Pesquisadora Nível II do CNPq e do Grupo de Avaliação e Estudo da Pobreza e de Políticas Direcionadas à Pobreza (GAEPP www.gaepp.ufma.br). É coautora de livros publicados pela Cortez: *O Bolsa Família no Enfrentamento à Pobreza no Maranhão e Piauí; Avaliando o Bolsa Família:* unificação, focalização e impactos; *Os Programas de Transferência de Renda na América Latina e Caribe; O Mito e a Realidade no Enfrentamento à Pobreza na América Latina:* estudo comparado de programas de transferência de renda no Brasil, Argentina e Uruguai. É também coautora de livros publicados pela Veras Editora: *Avaliação de políticas e programas sociais: teoria e prática* e *Pesquisa Avaliativa*: aspectos teórico-metodológicos, do livro publicado pela EDUFMA: *Políticas Públicas de Enfrentamento à Pobreza,* e do livro publicado pela Editora Papel Social: *O Bolsa Família:* verso e reverso.

E-mail: valmadalima@gmail.com

VANIA NERY ■ Doutora em Serviço Social e Mestre em Psicologia Social pela PUC-SP. Consultora no campo do Sistema Único de Assistência Social.

E-mail: vanianery@gmail.com